# 백신 과학

## 중등 물리학

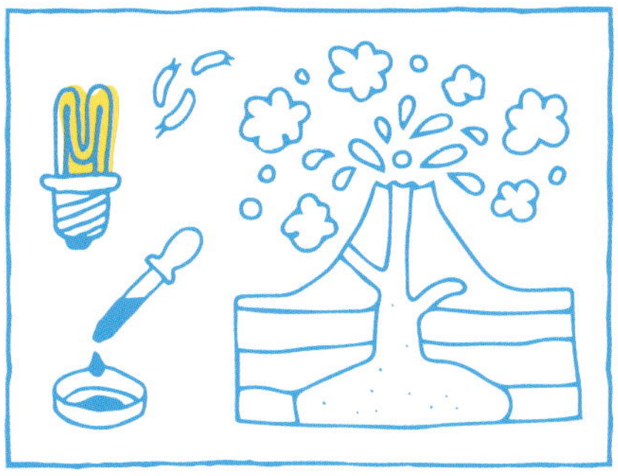

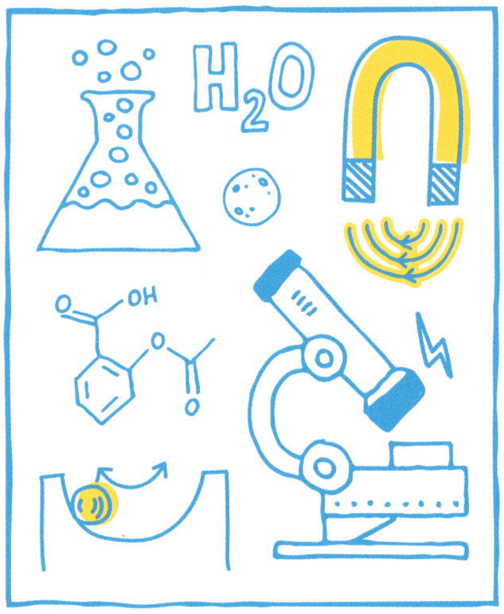

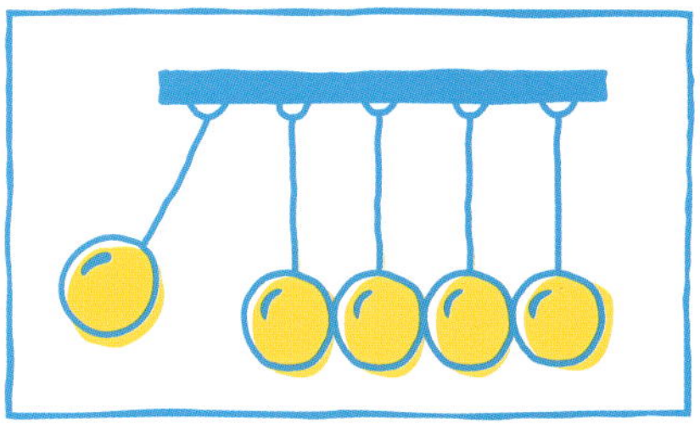

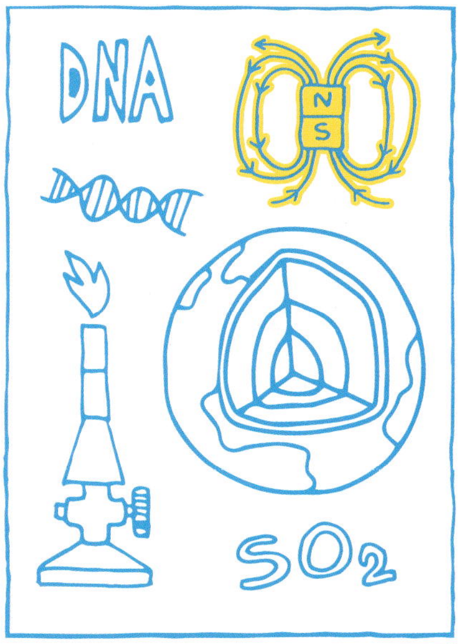

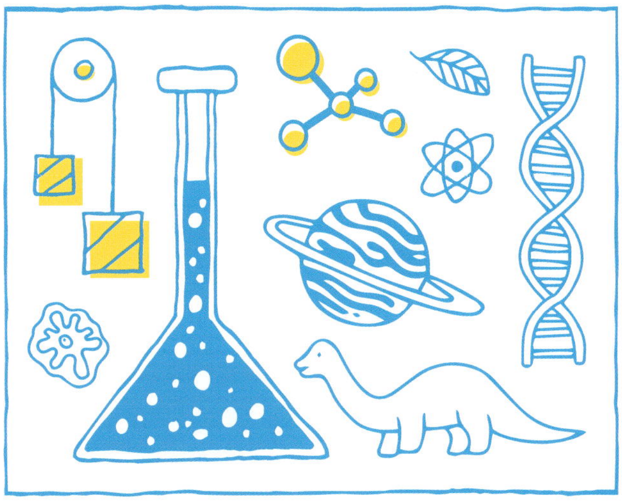

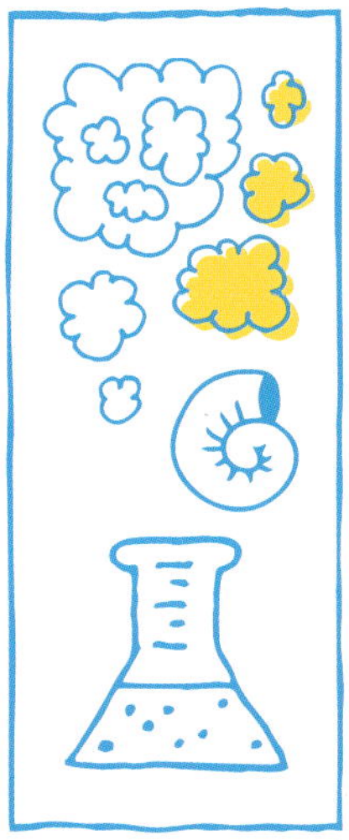

| | |
|---|---|
| **초판 6쇄** | 2025년 8월 12일 |
| **초판 1쇄** | 2021년 6월 30일 |
| **펴낸곳** | 메가스터디(주) |
| **펴낸이** | 손은진 |
| **개발 책임** | 배경윤 |
| **개발** | 이지애, 김윤희 |
| **디자인** | 주희연 |
| **마케팅** | 엄재욱, 김세정 |
| **제작** | 이성재, 장병미 |
| **주소** | 서울시 서초구 효령로 304(서초동) 국제전자센터 24층 |
| **대표전화** | 1661-5431 |
| **홈페이지** | http://www.megastudybooks.com |
| **출판사 신고 번호** | 제 2015-000159호 |
| **출간제안/원고투고** | 메가스터디북스 홈페이지 <투고 문의>에 등록 |

이 책의 저작권은 메가스터디 주식회사에 있으므로 무단으로 복사, 복제할 수 없습니다. 잘못된 책은 바꿔 드립니다.

**메가스터디BOOKS**

'메가스터디북스'는 메가스터디㈜의 교육, 학습 전문 출판 브랜드입니다.
초중고 참고서는 물론, 어린이/청소년 교양서, 성인 학습서까지 다양한 도서를 출간하고 있습니다.

• **제품명** 백신과학 중등 물리학
• **제조자명** 메가스터디㈜ • **제조년월** 판권에 별도 표기 • **제조국명** 대한민국 • **사용연령** 11세 이상
• **주소 및 전화번호** 서울시 서초구 효령로 304(서초동) 국제전자센터 24층 / 1661-5431

# 중등 과학의 정상을 향한
# 장풍 쌤의 새로운 제안!

**전국의 중학생 풍마니 여러분 반갑습니다!  중등 과학의 정상을 향한 바람 장풍입니다.**

중학교 과학을 다른 친구들보다 먼저 마스터하고 싶은 풍마니!
과학을 좋아해서 특목고에 진학하고 싶은 풍마니!
중학교 과학의 부족한 부분을 빠르게 복습해서 고등학교 과학 1등급을 목표로 하는 풍마니!

**여러분들을 위해 장풍이 새로운 책을 만들었습니다.**

중학교 과학은 물리학, 화학, 생명과학, 지구과학의 분야를 과학 과목 안에서 학기별로 안배하여 골고루 학습할 수 있게 하고 있습니다.

> 이 책은 **중학교 과학을 4개 영역으로 나눠서 각 영역별로 따로 모아 학습할 수 있도록 새롭게 구성하였습니다.** 각 영역을 모아서 학습하면 그 내용을 쉬운 개념부터 연관 원리까지 **집중적이고 체계적으로 파악할 수 있습니다.**

중학교 과학을 미리 학습하고자 하는 친구들이나 중학교 과학을 종합적으로 정리하고자 하는 친구들은 물론 일부 영역을 집중적으로 공부하려는 친구들에게 특히 유용할 것입니다.

중학교 과학이 고등학교까지 이어지므로 기본 개념을 영역별로 흐름을 잡아 공부하는 것은 가장 효율적인 과학 학습법입니다.

지금부터 장풍과 함께 중학교 과학을 똑똑하게 마스터해 봅시다.

# 물리학 영역 한눈에 보기 2015개정교육과정에 제시된 내용 기준

| 핵심 개념 | | 초등학교 | | 중학교 |
| --- | --- | --- | --- | --- |
| | | 3~4학년 | 5~6학년 | 1학년 |
| 힘과 운동 | 힘 | · 무게<br>· 수평잡기<br>· 무게 측정<br>· 용수철저울의 원리 | | · 중력(무게와 질량)<br>· 마찰력<br>· 탄성력<br>· 부력 |
| | 운동 | | · 속력<br>· 속력이 일정한 운동과<br>  속력이 변하는 운동<br>· 직선 운동<br>· 속력과 안전 | |
| 일과 에너지 | 일과 에너지 | | | |
| | 역학적 에너지 전환과 보존 | | | |
| 전기 에너지 | 전기 발생 및 전류와 전압 | | · 전기 회로<br>· 전구의 직렬연결, 병렬연결<br>· 전구의 밝기<br>· 전기 절약과 안전 | |
| | 전류의 자기 작용 | · 자기력<br>· 자석의 성질 | · 전자석 | |
| | 전기 에너지의 발생과 전환 | | | |
| 빛과 파동 | 빛과 색 | · 빛의 반사, 직진<br>· 그림자 | · 프리즘<br>· 빛의 분산과 합성<br>· 빛의 굴절과 굴절률 | · 물체를 보는 과정<br>· 빛의 합성<br>· 물체의 색 |
| | 거울과 렌즈 | · 평면거울<br>· 거울과 성질 | · 볼록렌즈 | · 빛의 반사와 굴절<br>· 여러 가지 거울에 생기는 상<br>· 여러 가지 렌즈에 생기는 상 |
| | 파동과 소리 | · 소리의 발생<br>· 소리의 세기와 높낮이<br>· 소리의 전달 | | · 파동의 발생과 종류<br>· 진폭, 진동수, 파형<br>· 소리의 3요소 |
| 열과 우리 생활 | 열 | | · 온도의 측정<br>· 열의 이동(전도, 대류)<br>· 열전도 빠르기<br>· 단열 | |
| | 비열과 열팽창 | | | |

| 중학교 | | 고등학교 | | |
| --- | --- | --- | --- | --- |
| 2학년 | 3학년 | 통합과학 | 물리학 I | 물리학 II |
| | | ·중력 | ·뉴턴 운동 법칙 | ·힘의 합성과 분해<br>·물체의 평형 |
| | ·등속 운동<br>·자유 낙하 운동<br>·중력 가속도 | ·자유 낙하 운동<br>·수평 방향으로 던진 물체의 운동<br>·관성 법칙<br>·운동량과 충격량<br>·충돌과 안전장치 | ·시공간과 운동<br>·동시성<br>·질량 - 에너지 등가성<br>·운동량 보존<br>·충격량 | ·등가 원리<br>·중력 렌즈 효과<br>·블랙홀　·가속 좌표계<br>·등가속도 운동<br>·포물선, 단진자 운동<br>·천체의 운동<br>·미시 세계의 운동 |
| | ·과학에서의 일<br>·중력에 의한 위치 에너지<br>·운동 에너지 | | ·역학적 에너지 보존 | |
| | ·역학적 에너지 전환<br>·전기 에너지 전환<br>·역학적 에너지 전환과 보존 | ·에너지 전환<br>·태양 에너지의 전환<br>·핵, 태양광, 풍력 발전 | | |
| ·마찰 전기와 정전기 유도<br>·전류, 전압, 저항<br>·옴의 법칙<br>·저항의 직렬연결, 병렬연결 | | ·신소재 | ·원자와 전기력<br>·에너지 준위<br>·고체의 에너지띠<br>·전기 전도성 | ·전하와 전기장<br>·전기력선<br>·정전기 유도<br>·유전 분극　·전기 저항 |
| ·자기장<br>·전자기력<br>·전동기 | | ·전자기 유도 | ·전류에 의한 자기장<br>·물질의 자성<br>·전자기 유도 | ·전류에 의한 자기장<br>·자기력선<br>·유도 기전력 |
| | ·전력과 전력량<br>·전기 에너지<br>·발전<br>·소비전력 | ·발전기<br>·전기 에너지 생산<br>·전력 수송<br>·에너지 보존 법칙과 전환<br>·핵, 태양광, 풍력 발전 | ·에너지 보존 법칙<br>·내부 에너지 | |
| | | | ·빛의 이중성<br>·물질의 이중성 | ·빛의 입자성<br>·입자의 파동성 |
| | | | ·파동의 요소<br>·파동의 간섭<br>·광통신-파동의 정보 전달 | ·파동의 굴절과 간섭<br>·전자기파 |
| ·온도와 열의 이동 방식<br>·전도, 대류, 복사<br>·단열 | | ·열효율 | ·열역학 제1법칙<br>·열역학 제2법칙<br>·열기관과 열효율 | ·열의 일당량 |
| ·비열<br>·열팽창 | | | | |

# 구성과 특징

## 개념 이해하기

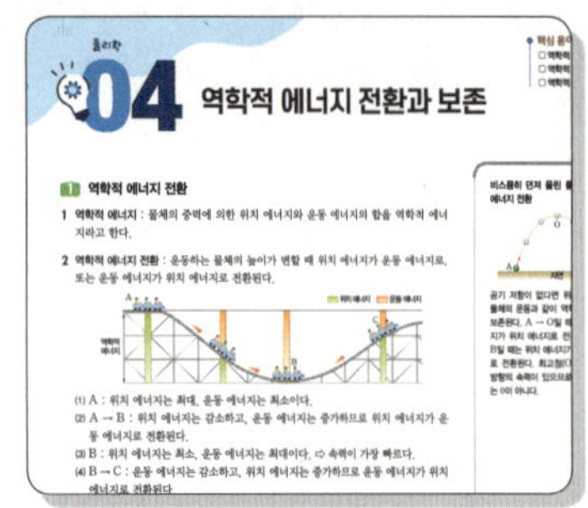

### 개념 정리

교과서를 완벽하게 분석하여 중학교 1~3학년 물리학 단원의 핵심 개념을 풍성한 시각 자료와 함께 이해하기 쉽게 정리했습니다. ★이것이 핵심!! 은 꼭 기억하세요.

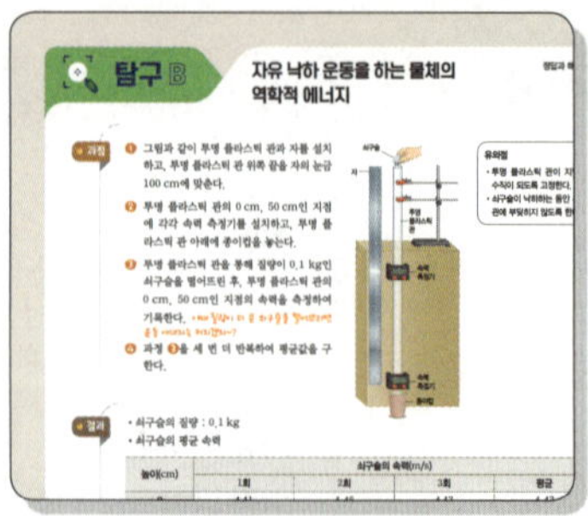

### 탐구

교과서에서 중요하게 다루는 탐구를 자세하게 설명해 주고 스스로 정리할 수 있게 했습니다. 탐구 핵심!!은 꼭 기억하세요.

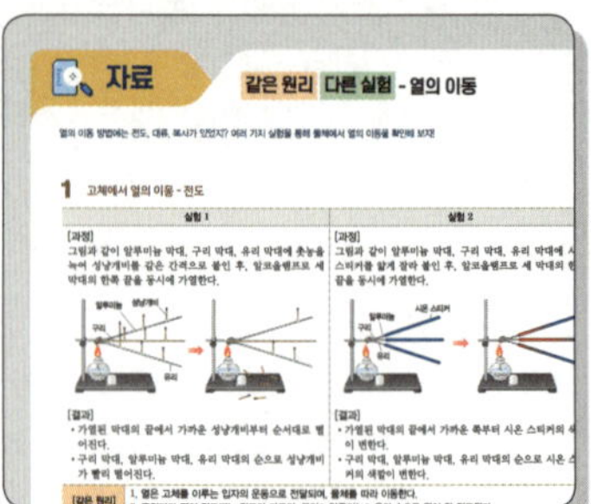

### 자료

이해하기 어려운 개념이나 자세한 설명이 필요한 개념을 완벽하게 정리했습니다.

## 개념 마스터

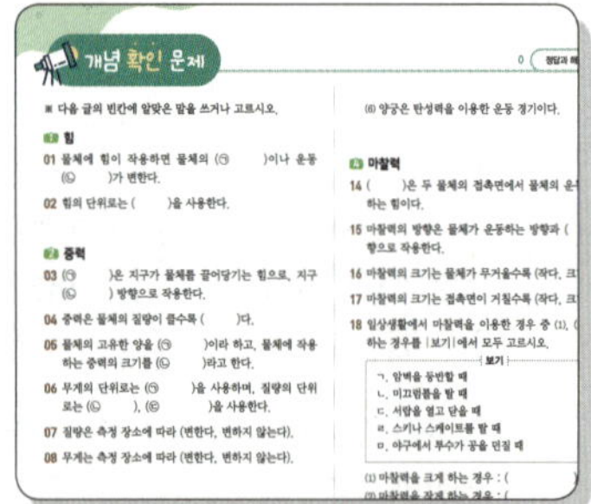

### 개념 확인 문제

중요 개념을 확인할 수 있는 빈칸 채우기, OX 문제 등 다양한 형태의 확인 문제를 풀어보세요.

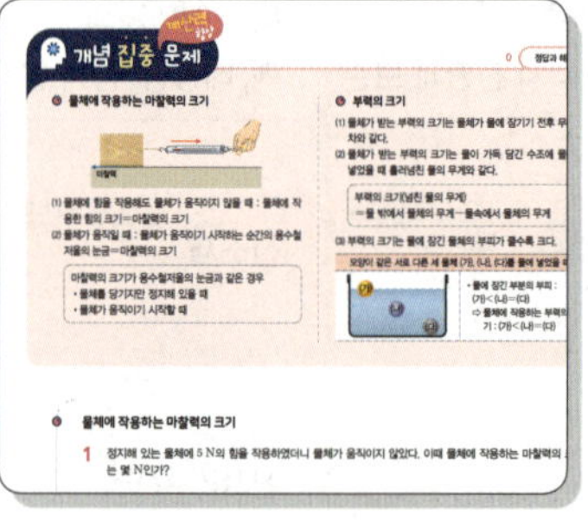

### 개념 집중 문제

개념 맞춤형 집중(계산력 향상, 암기력 향상, 자료 분석력 향상) 문제로 이해한 기념을 마스터하세요.

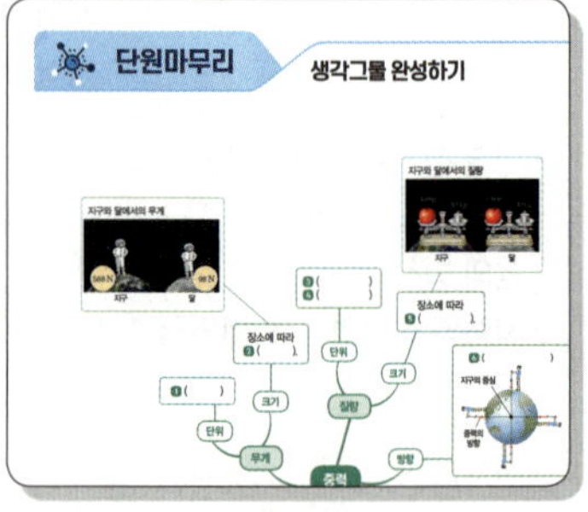

### 단원마무리

단원 내 관련 개념을 연계하여 나타낸 생각그물의 빈칸 채우기를 통해 학습한 내용을 다시 한번 확인할 수 있습니다.

## ★부록★ 시험 대비 문제

## 실력 다지기

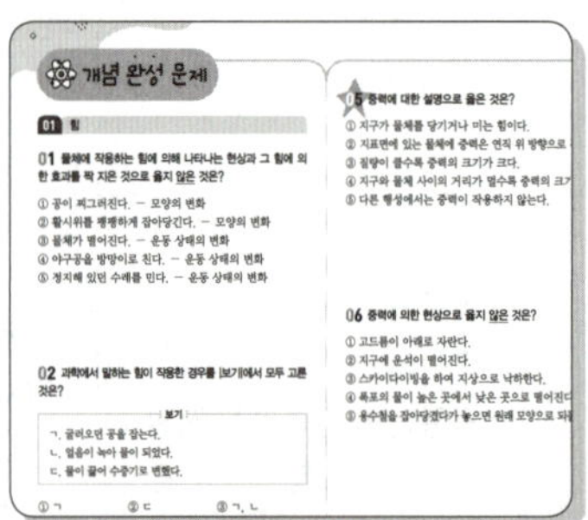

### 개념 완성 문제

단원별로 시험에 꼭 나오는 기출 문제를 엄선했으니 실력을 확인해 보세요.

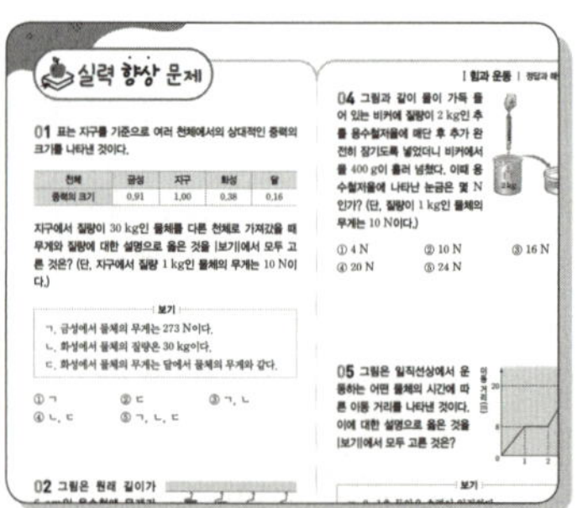

### 실력 향상 문제

수준 높은 문제로 실력을 한 단계 높여보세요.

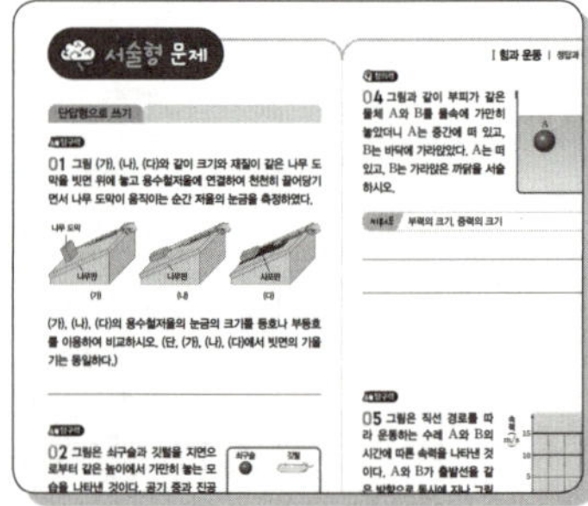

### 서술형 문제

시험에서 출제 비율과 중요도가 높아지고 있는 서술형 문제도 함께 대비해 보세요.

# 차례



***부록* 시험 대비 문제**  단원별, 단계별 실전 문제 제공
개념 완성 문제 + 실력 향상 문제 + 서술형 문제

**정답과 해설**  틀린 문제를 쉽게 해결할 수 있는 자세하고 친절한 해설 제공

# I

# 힘과 운동

물질세계에는 여러 가지 힘이 존재함을 이해하고, 특히 일상생활에서 중력, 탄성력, 마찰력, 부력이 작용하여 나타나는 현상은 어떤 것이 있는지 알아보며, 등속 운동과 자유 낙하 운동의 차이점을 이해하여 우리 주변에서 볼 수 있는 다양한 운동에 대하여 호기심과 흥미를 갖도록 한다.

★ 폭포수는 왜 아래로 떨어질까?

★ 활을 잡아당겼다 놓으면 왜 화살이 앞으로 날아갈까?

★ 빙산은 어떻게 바다 위에 떠 있을까?

★ 무빙워크, 스카이다이빙, 대관람차의 운동은 각각 어떤 원리일까?

# 01 힘



---

**힘의 효과가 아닌 경우**

- 못에 녹이 슬었다.
- 얼음이 녹아 물이 되었다.
- 물이 끓어 수증기로 변했다.

**➕ 용어**

**연직 방향**

지표면과 직각을 이루는 방향

**중력의 크기**

물체가 지구 중심에서 멀어질수록 물체에 작용하는 중력의 크기는 작아지며, 중력의 크기는 물체와 지구 사이 거리의 제곱에 반비례한다.

**떨어져 있어도 작용하는 힘**

중력은 지표면에 있는 물체뿐만 아니라 공중에 떠 있는 물체에도 작용한다.

**지구와 달에서의 무게와 질량**

- 달에서의 무게
  $=$지구에서의 무게$\times\dfrac{1}{6}$
- 지구에서의 질량$=$달에서의 질량

**우주 정거장에서의 중력**

우주 정거장은 우주 비행사가 생활하면서 우주 개발에 필요한 일을 하는 곳이다. 특히 지구 주위를 공전하는 우주 정거장은 지구에서 멀어지는 방향으로 원심력을 받기 때문에 중력의 효과가 나타나지 않는 것처럼 느껴진다.

**우주 정거장에서의 질량 비교**

무중력 상태인 우주 정거장에서 질량이 다른 물체에 같은 크기의 힘을 가하면, 질량이 작은 물체(고무공)가 질량이 큰 물체(쇠공)보다 더 빠르게 밀려난다.

---

## 1 힘



**1 과학적 의미의 힘** : 과학에서의 힘이란 물체의 모양이나 운동 방향, 빠르기(속력)와 같은 <u>운동 상태</u>를 변하게 하는 원인으로, 힘의 크기가 클수록 물체의 모양, 운동 방향, 빠르기의 변화가 크다.

| 모양의 변화 | 운동 상태의 변화 | 모양과 운동 상태의 동시 변화 |
|---|---|---|
| • 공이 찌그러진다.<br>• 활시위를 잡아당긴다.<br>• 찰흙을 누른다. | • 물체가 떨어진다.<br>• 굴러가던 공이 멈춘다.<br>• 정지해 있던 수레를 민다. | • 배구공을 세게 친다.<br>• 축구공을 발로 찬다.<br>• 야구공을 방망이로 친다. |

**2 힘의 단위와 표시**

(1) 힘의 단위 : N(뉴턴)을 사용한다.

(2) 힘의 표시 : 힘이 작용하는 곳에서 시작하여 힘의 방향으로 화살표를 그려 나타낸다. ➪ 화살표의 시작점은 힘의 작용점, 화살표의 길이는 힘의 크기, 화살표가 가리키는 방향은 힘의 방향을 나타낸다.

▲ 힘의 표시

## 2 중력

**1 중력** : 지구와 같은 천체가 물체를 끌어당기는 힘으로, 지구 중심 방향($=$연직 아래 방향)으로 작용한다.

(1) 중력의 크기 : 물체의 질량이 클수록, 지구와 물체 사이의 거리가 가까울수록 크며, 장소에 따라 달라진다.

(2) 중력에 의한 현상과 이용

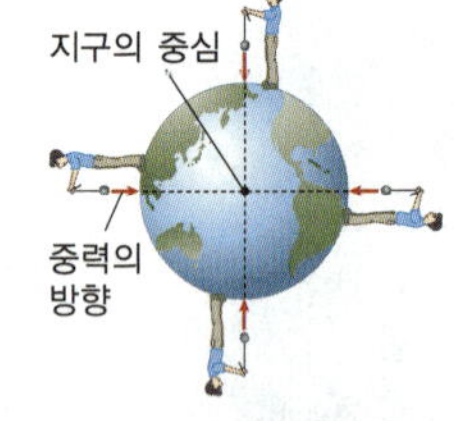


▲ 중력의 방향

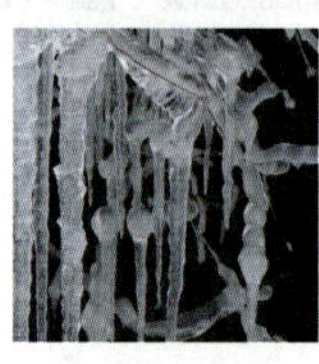
▲ 고드름

▲ 운석

▲ 폭포

▲ 스카이다이빙

▲ 수력 발전소

**2 무게와 질량**

| 구분 | 무게 | 질량 |
|---|---|---|
| 정의 | 물체에 작용하는 중력의 크기 | 물체의 고유한 양 |
| 단위 | N(뉴턴) | g(그램), kg(킬로그램) |
| 측정 기구 | 용수철저울, 앉은뱅이저울, 체중계 | 양팔저울, 윗접시저울 |
| 특징 | 측정 장소에 따라 변한다. | 측정 장소가 달라져도 변하지 않는다. |
| 무게와 질량 | • 질량이 1 kg인 물체에 작용하는 지구 중력의 크기(무게)$=9.8$ N<br>• 같은 장소에서 무게는 질량에 비례 ➪ 무게$=9.8\times$질량 | |

**3 우주 정거장에서 무게와 질량**

(1) 무게 비교 : 우주 정거장은 중력을 거의 느낄 수 없는 무중력 상태이므로, 모든 물체의 무게가 0이다. ➪ 우주 정거장에서는 물체의 무게를 비교할 수 없다.

(2) 질량 비교 : 질량은 물체의 고유한 양이므로 우주 정거장에서는 물체의 질량을 비교할 수 있다.

## 3 탄성력

**1 탄성력** : 힘을 받아 변형된 물체가 원래 모양으로 되돌아가려는 성질을 탄성이라고 하며, 탄성 때문에 나타나는 힘을 탄성력이라고 한다.

(1) **탄성력의 방향** : 탄성체에 작용하는 힘의 방향과 반대 방향으로 작용한다. ⇨ 탄성체가 원래 모양으로 되돌아가려는 방향이다.

| 용수철을 눌렀을 때 | 용수철을 잡아당겼을 때 |
|---|---|
| 용수철의 원래 길이<br>힘 ← 탄성력 → 힘 | 용수철의 원래 길이<br>힘 ← 탄성력 → 힘 |
| 용수철을 누르면 탄성력은 용수철이 줄어든 방향의 반대 방향으로 작용 | 용수철을 잡아당기면 탄성력은 용수철이 늘어난 방향의 반대 방향으로 작용 |

(2) **탄성력의 크기** : 탄성체가 늘어나거나 줄어든 길이에 비례한다. ⇨ 탄성체에 작용한 힘의 크기와 같다.

**2 탄성력의 이용**

(1) 빨래집게, 머리끈 등은 탄성력을 이용하여 물체를 고정한다.

(2) 장대높이뛰기, 번지점프, 양궁 등 운동 경기에서 물체의 탄성이나 탄성력을 이용하여 운동 방향을 바꾼다.

(3) 자전거나 자동차의 타이어에 고무의 탄성력을 이용한다.

(4) 용수철저울, 체중계, 자전거 안장 등에 용수철의 탄성력을 이용한다.

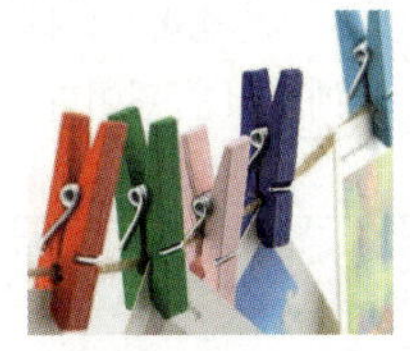
▲ 빨래집게

▲ 장대높이뛰기

▲ 번지점프

▲ 자전거 안장

**3 용수철을 이용한 무게의 측정** : 물체의 무게가 무거워질수록 용수철이 늘어나는 길이도 비례하여 길어지며, 용수철저울이나 가정용저울은 이러한 성질을 이용하여 물체의 무게를 측정한다.

### ☆ 이것이 핵심!!

중력의 크기는 물체의 질량이 클수록, 지구와 물체 사이의 거리가 가까울수록 크고, 탄성력의 크기는 용수철이 늘어나는 길이에 비례한다.

### 더 알아보기 — 추의 무게와 용수철이 늘어난 길이의 관계

• 용수철에 매다는 추의 개수가 2개, 3개, …로 증가하면 추의 무게가 2배, 3배, …로 증가한다.
  ⇨ 용수철을 당기는 힘의 크기가 증가하므로 용수철이 늘어난 길이가 2배, 3배, …로 증가한다.

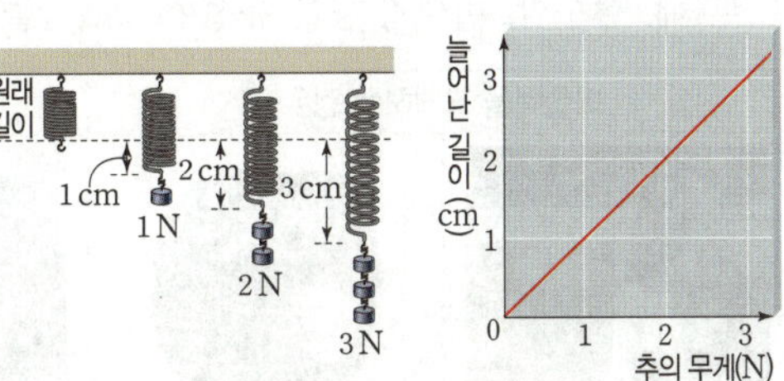


• 용수철이 늘어난 길이에 비례하는 것은 추의 개수, 추의 무게, 용수철을 잡아당기는 힘, 용수철의 탄성력이다.

---

**탄성의 한계**

탄성력의 크기는 탄성체가 늘어나거나 줄어든 길이에 비례하지만, 탄성을 유지할 수 있는 힘의 한계를 벗어나면 원래 모양으로 되돌아가기 어렵다.

**➕ 용어**

**탄성체**

용수철, 고무줄, 스펀지, 풍선 등과 같이 탄성을 가진 물체

**탄성력과 중력**

용수철에 추를 매달았을 때 용수철은 추에 작용하는 중력에 의해 아래 방향으로 늘어나며, 늘어난 용수철에는 원래 모양으로 되돌아가기 위해 위쪽 방향으로 탄성력이 작용한다. 이때 탄성력의 크기는 물체에 작용하는 중력의 크기와 같고, 탄성력의 방향은 중력의 방향과 반대 방향이다.

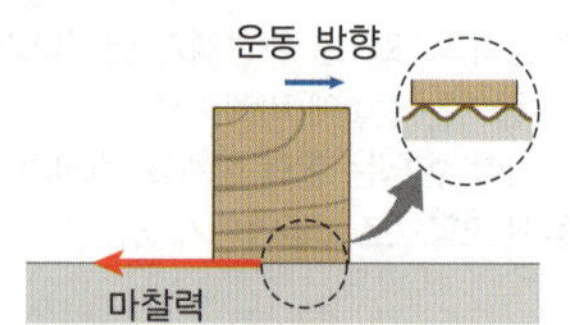

**접촉면과 마찰력**



접촉면이 매끄러워 보여도 확대해서 보면 울퉁불퉁하므로 마찰력이 생기게 된다.

**접촉면의 넓이와 마찰력의 크기 관계**

물체의 무게가 무거울수록, 접촉면이 거칠수록 마찰력이 커지지만, 접촉면의 넓이가 증가하면 단위 면적이 받는 물체의 하중 또한 줄어들어서 마찰력의 크기에 영향을 미치지는 않는다.

**빗면에서의 마찰력**

• 기울기가 완만할 때

물체가 미끄러지려는 힘의 크기와 마찰력의 크기가 같아 물체가 미끄러지지 않는다.

• 기울기가 급할 때

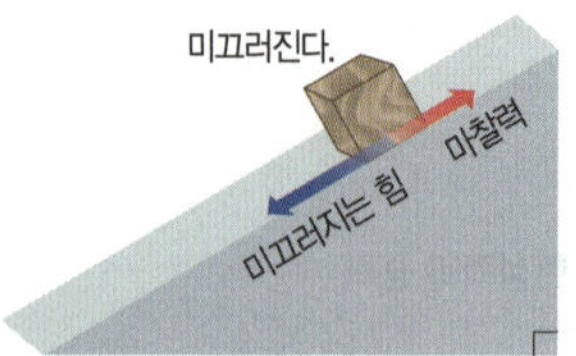



물체가 미끄러지려는 힘의 크기가 마찰력의 크기보다 커서 물체가 미끄러진다.

**➕ 용어**

**접촉면**

서로 맞닿은 면

**윤활유**

기계가 맞닿아 있는 부분의 마찰을 작게 하기 위해 사용하는 기름



---

## 4 마찰력

**1 마찰력** : 두 물체의 접촉면에서 물체의 운동을 방해하는 힘

(1) **마찰력의 방향** : 물체의 운동을 방해하는 방향으로 작용한다.

| 물체가 운동할 때 | | 물체에 힘을 작용해도 정지해 있을 때 | |
|---|---|---|---|
| 물체의 운동 방향과 반대 방향으로 작용한다. | 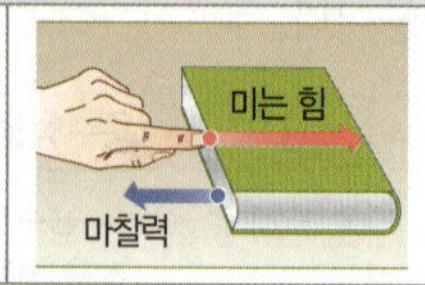<br> | 물체에 작용한 힘의 방향과 반대 방향으로 작용하여 정지 상태를 유지한다. | 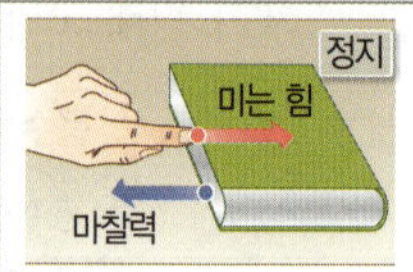<br> |

(2) **마찰력의 크기** : 물체의 무게가 무거울수록, 접촉면의 거칠기가 거칠수록 크다.

① 물체에 힘을 작용해도 정지해 있을 때 : 마찰력의 크기는 물체에 작용한 힘의 크기와 같다.

② 물체가 움직이기 시작하는 순간 : 용수철저울의 눈금은 마찰력의 크기와 같다.

> **미니 탐구** 빗면의 기울기를 이용한 마찰력의 크기 비교
>
> **과정**
>
> ① 정육면체 나무 도막의 서로 다른 면에 사포, 플라스틱판, 종이를 각각 붙인다.
>
> ② 나무 도막의 나무 면을 아래로 하여 빗면에 올려놓고 빗면을 천천히 들어 올리면서 나무 도막이 미끄러져 내려가기 시작하는 각도를 측정한다.
>
> 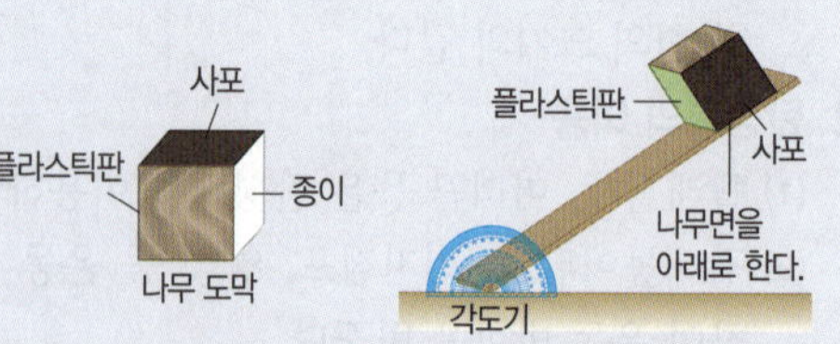
> 
>
> ③ 사포, 플라스틱판, 종이를 붙인 면을 각각 아래로 하여 빗면에 올려놓고 ②의 과정을 반복한다.
>
> **결과 및 정리**
>
> | 구분 | 나무 | 사포 | 플라스틱판 | 종이 |
> |---|---|---|---|---|
> | 거친 정도 | 거친 편이다. | 매우 거칠다. | 매끄럽다. | 매끄러운 편이다. |
> | 각도(°) | 25 | 40 | 18 | 21 |
>
> 1. 재질이 거칠수록 나무 도막이 움직이기 시작하는 빗면의 기울기가 크다.
> 2. 나무 도막이 움직이기 시작하는 빗면의 기울기가 클수록 마찰력이 크다.
> 3. 접촉면이 거칠수록 마찰력이 크다.

**2 마찰력의 이용**

(1) **마찰력을 크게 하는 경우**

① 투수가 공을 던지기 전에 송진 가루를 묻힌다.

② 계단 끝에 표면이 거친 띠를 붙여 미끄러지는 것을 막는다.

③ 등산화의 바닥을 울퉁불퉁하게 만들어 미끄러짐에 의한 사고를 예방한다.

④ 눈 오는 날 자동차 바퀴에 체인을 감아 미끄러짐에 의한 사고를 예방한다.

(2) **마찰력을 작게 하는 경우**

① 서랍을 열고 닫을 때 바퀴를 사용하거나 기름칠을 한다.

② 수영장의 미끄럼틀에 물을 흘려주어 잘 미끄러지게 한다.

③ 자전거 체인에 윤활유를 칠해 바퀴가 잘 회전하도록 한다.

④ 배, 잠수함, 비행기 등을 유선형으로 만들어 공기에 대한 마찰을 줄인다.

| 마찰력을 크게하는 경우 | | 마찰력을 작게 하는 경우 | |
|---|---|---|---|
|  |  |  | |
| 손에 묻히는 송진 가루 | 체인 감은 바퀴 | 바퀴 달린 서랍 | 수영장의 미끄럼틀 |

## 5 부력

**1 부력** : 기체나 액체 속에 들어 있는 물체를 위로 뜨게 하는 힘
  (1) **부력의 방향** : 물체를 밀어 올리는 방향으로 작용한다. ⇨ 중력의 반대 방향
     ① 부력이 중력보다 크면 물체가 물 위로 떠오르지만, 부력이 중력보다 작으면 물체는 아래로 가라앉는다.
     ② 물체가 떠 있는 상태일 때 부력과 중력의 크기는 같다.
  (2) **부력의 크기** : 물체가 밀어낸 기체나 액체의 무게와 같으며, 기체나 액체 속에 잠긴 물체의 부피에 비례한다. *물체의 질량과는 관계가 없어~*

> 부력의 크기＝물 밖에서 물체의 무게－물속에서 물체의 무게

| 물체의 무게가 같고 부력의 크기가 다를 때 | 부력의 크기가 같고 물체의 무게가 다를 때 |
|---|---|
| 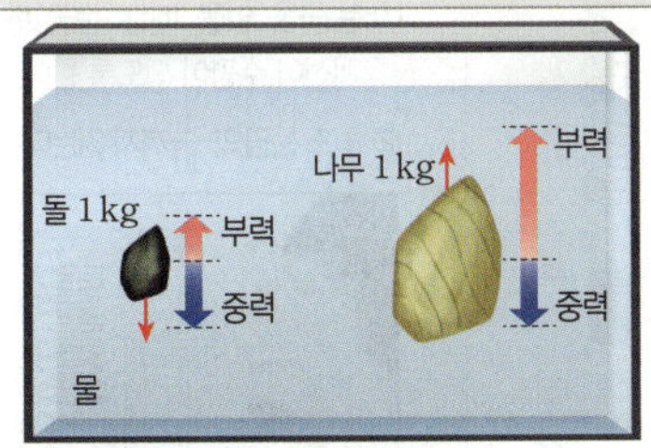 | 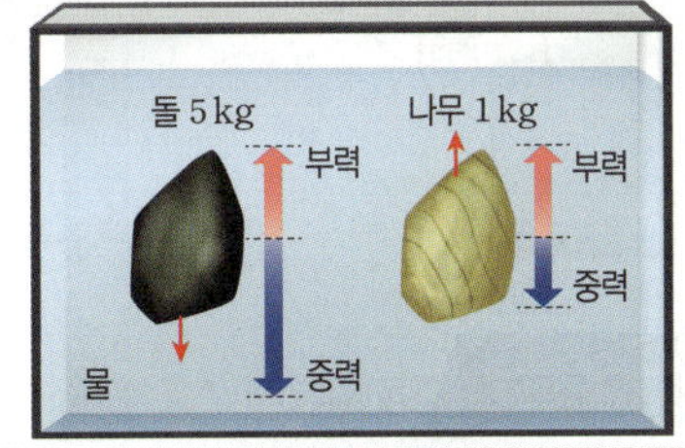 |
| • 돌과 나무의 무게가 같다.<br>　⇨ 중력의 크기가 같다.<br>• 무게가 같을 때 부피는 나무가 돌보다 커서 부력의 크기는 나무가 돌보다 크다.<br>　⇨ 돌은 부력이 중력보다 작아서 가라앉고, 나무는 부력이 중력보다 커서 위로 떠오른다. | • 돌과 나무의 잠긴 부피가 같다.<br>　⇨ 부력의 크기가 같다.<br>• 잠긴 부피가 같을 때 무게는 돌이 나무보다 크다.<br>　⇨ 돌은 부력이 중력보다 작아서 가라앉고, 나무는 부력이 중력보다 커서 위로 떠오른다. |

**2 부력의 이용**
  (1) 기체 속에서 받는 부력
     ① 헬륨을 채운 헬륨 풍선이나 비행선이 부력을 받아 위로 올라간다.
     ② 풍등이나 열기구 속 공기를 가열하여 부피를 크게 하면 더 큰 부력을 받아 하늘 위로 올라간다.
  (2) 액체 속에서 받는 부력
     ① 구명조끼나 튜브를 사용하여 물 위에 쉽게 뜰 수 있다.
     ② 물고기는 부레에 들어 있는 공기의 양을 조절하여 떠오르거나 가라앉는다.
     ③ 잠수함은 물을 내보내거나 채우면서 부력과 중력을 이용하여 떠오르거나 가라앉는다.

| 기체 속에서 받는 부력 | | 액체 속에서 받는 부력 | |
|---|---|---|---|
| 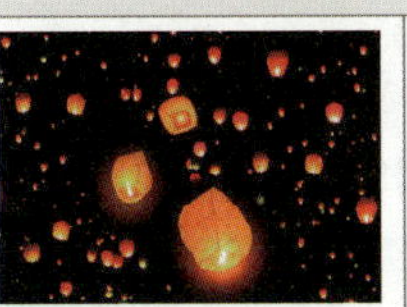 |  |  |  |
| 풍등이 하늘 위로 올라간다. | 열기구가 떠오른다. | 구명조끼로 물 위에 뜬다. | 잠수함이 떠오른다. |

### ☆ 이것이 핵심!!

> 마찰력의 크기는 물체의 무게가 무거울수록, 접촉면이 거칠수록 크고, 물체에 작용하는 부력의 크기는 물속에 잠긴 물체의 부피가 클수록 크다.

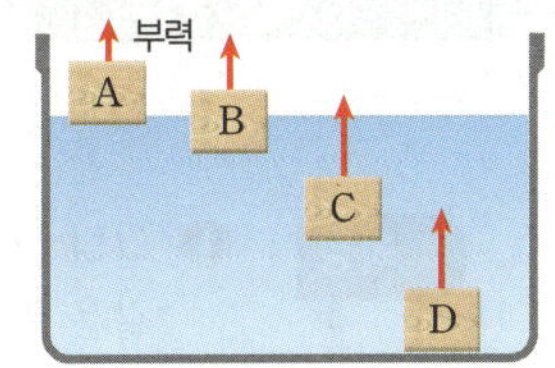

**부력의 크기**



• 물체가 물속에 잠기면서 밀어낸 물의 무게와 같다.
• 모양이 서로 같은 물체 A, B, C, D를 물에 넣었을 때 물에 잠긴 부피가 클수록 커진다.

**질량에 따른 부력의 크기 비교**

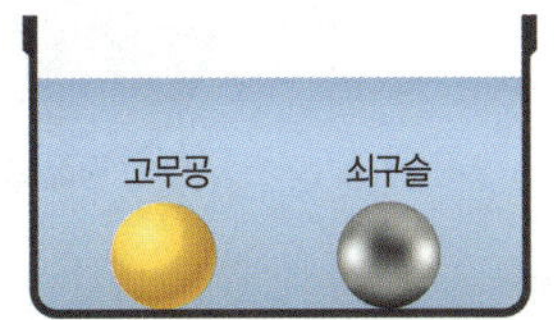



질량은 쇠구슬이 고무공보다 크지만, 물에 잠겨 있는 부피가 같으므로 부력의 크기는 같다.

**빙산**

물이 얼어서 얼음이 되면 부피가 커진다. 물속에 얼음을 넣으면 얼음에 작용하는 부력이 중력보다 커서 얼음이 떠오르게 되며, 물이 얼음을 밀어 올리는 부력으로 인해 빙산도 물 위에 떠다닌다.

**물고기의 부레**

# 탐구 A

# 용수철을 이용한 물체의 무게 측정

## 과정

❶ 그림 (가)와 같이 스탠드에 용수철을 매달고, 용수철의 끝과 자의 0점이 같은 위치에 오도록 고정시킨다.

❷ 그림 (나)와 같이 용수철에 무게가 동일한 추를 1개, 2개, …씩 매달아 용수철이 늘어난 길이를 측정한다.

> 매다는 추의 개수를 증가시키는 것은 용수철에 작용하는 힘을 점점 크게 하는 거야. 받는 힘이 커지면 용수철은 더 많이 늘어나겠지?

❸ 용수철에 매단 추의 무게에 따른 용수철이 늘어난 길이를 그래프로 나타낸다.

**유의점**
- 추가 바닥에 떨어지지 않도록 주의한다.
- 용수철의 흔들림이 멈췄을 때 용수철이 늘어난 길이를 측정한다.
- 용수철의 전체 길이가 아닌 늘어난 길이를 측정한다.
- 용수철 끝부분이 위치한 눈금을 읽는다.
- 용수철이 늘어난 길이를 읽는 방법
  ① 눈금을 읽을 때는 눈금과 시선이 수평이 되도록 한다.
  ② 최소 눈금의 $\frac{1}{10}$까지 읽는다.

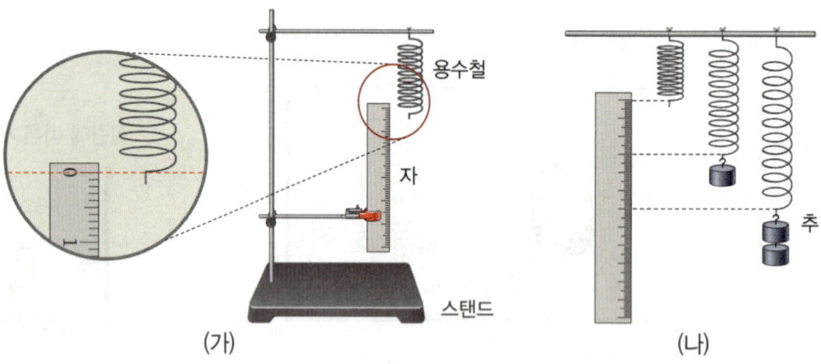


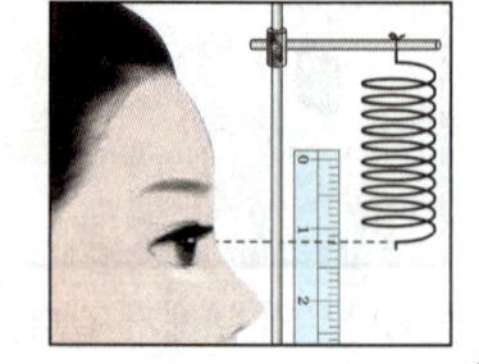

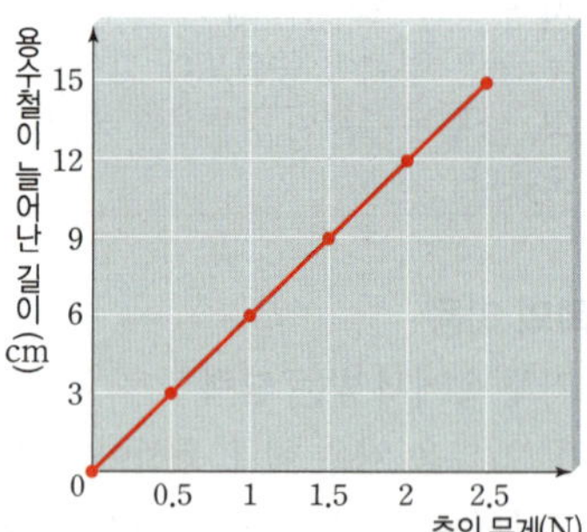

## 결과

| 추의 개수(개) | 1 | 2 | 3 | 4 | 5 |
|---|---|---|---|---|---|
| 추의 무게(N) | 0.5 | 1.0 | 1.5 | 2.0 | 2.5 |
| 용수철이 늘어난 길이(cm) | 3 | 6 | 9 | 12 | 15 |

## 정리

**1** 용수철에 매단 추의 무게가 커질수록 용수철이 늘어난 길이는 어떻게 변하는지 설명해 보자.

추의 무게가 커질수록 용수철이 늘어난 길이는 (        )한다.

**2** 그래프를 이용하여 용수철이 늘어난 길이와 추의 무게의 관계를 설명해 보자.

가로축 값이 커짐에 따라 세로축 값이 일정하게 증가하므로, 용수철이 늘어난 길이는 추의 무게에 (        )한다.

**3** 지갑을 용수철에 매달았더니 용수철이 늘어난 길이가 7.2 cm였다. 이 지갑의 무게는 얼마인지 구해 보자.

지갑의 무게를 $w$로 놓고, 추의 무게가 1.0 N일 때 용수철이 늘어난 길이는 6 cm이므로 비례식을 세우면 (㉠                 )에서 지갑의 무게 $w$는 (㉡      ) N이다.

## 🔍 탐구 핵심!!

매단 물체의 무게가 커짐에 따라 용수철이 늘어난 길이가 증가하는 성질을 이용하여 물체의 무게를 측정할 수 있다.

#  탐구 B  부력의 크기

**과정**

❶ 그림 (가)와 같이 용수철저울에 추를 매달아 무게를 측정한다.

❷ 그림 (나)와 같이 추의 절반이 물에 잠기게 하고 무게를 측정한다.

❸ 그림 (다)와 같이 추를 물속에 완전히 잠기게 하고 무게를 측정한다.

❹ 과정 ❶~❸의 실험을 2회 더 반복하여 평균 무게를 구한다.

**유의점**
- 추의 중간 부분에 사인펜으로 중심선을 그어 둔다.
- 용수철저울은 최소 눈금의 $\frac{1}{10}$까지 어림하여 읽는다.

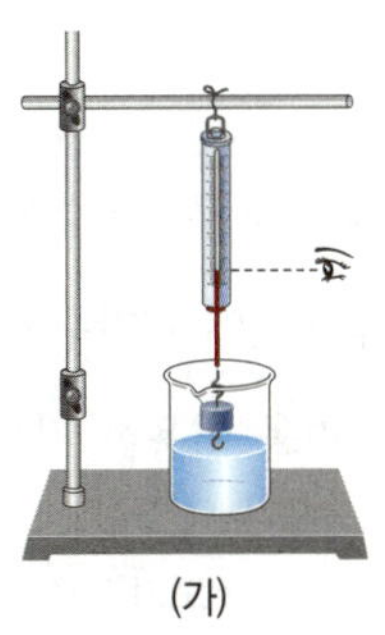

(가)

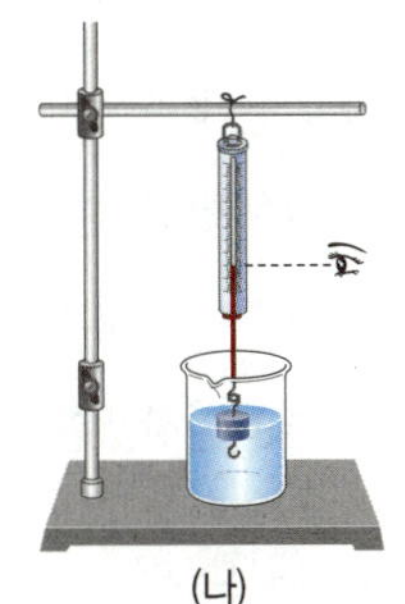

(나)

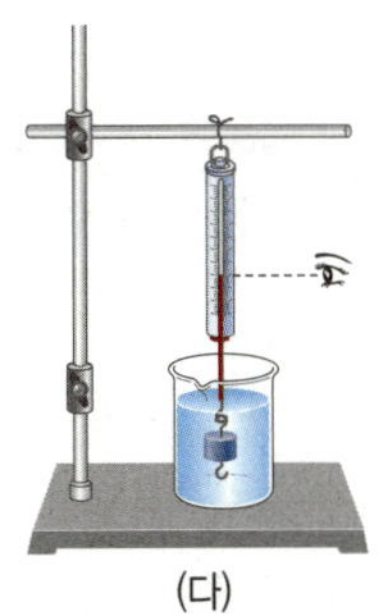

(다)

**결과**

| 구분 | 물 밖에서의 추의 무게(과정 ❶) | 절반만 잠겼을 때의 추의 무게(과정 ❷) | 완전히 잠겼을 때의 추의 무게(과정 ❸) |
|---|---|---|---|
| 1회 | 5 N | 3.2 N | 1.5 N |
| 2회 | 5 N | 3.3 N | 1.3 N |
| 3회 | 5 N | 3.1 N | 1.4 N |
| 평균 무게 | 5 N | 3.2 N | 1.4 N |

- 추를 물속에 넣으면 용수철저울의 눈금이 줄어든다.(⇨ 무게가 줄어든다.)
- 과정 ❶과 ❷에서 측정한 무게는 1.8 N만큼 차이가 난다.
- 과정 ❶과 ❸에서 측정한 무게는 3.6 N만큼 차이가 난다.

**정리**

**1 추가 받은 부력의 평균 크기는 어떻게 구하는지 설명해 보자.**

추를 물속에 담갔을 때 줄어든 추의 (㉠            )는 추가 받는 부력의 크기와 같다. 따라서 추가 받은 부력의 크기는 (㉡            )에서의 추의 무게−(㉢            )에서의 추의 무게이다.

**2 물속에 잠긴 물체의 부피와 부력의 크기의 관계를 설명해 보자.**

물속에 잠긴 물체의 부피가 클수록 부력이 (            )다.

**3 부력이 작용하는 방향을 설명해 보자.**

추를 물속에 잠기게 했을 때 추의 무게가 줄어든 까닭은 부력이 (            ) 방향으로 작용하기 때문이다.

## 🔍 탐구 핵심‼

부력은 물속에 있는 물체가 위쪽으로 받는 힘으로, 추를 용수철저울에 매달아 물속에 넣으면 부력에 의해 용수철저울의 눈금이 물속에 넣지 않았을 때보다 줄어든다.

※ 다음 글의 빈칸에 알맞은 말을 쓰거나 고르시오.

### 1 힘

**01** 물체에 힘이 작용하면 물체의 (㉠    )이나 운동 (㉡    )가 변한다.

**02** 힘의 단위로는 (    )을 사용한다.

### 2 중력

**03** (㉠    )은 지구가 물체를 끌어당기는 힘으로, 지구 (㉡    ) 방향으로 작용한다.

**04** 중력은 물체의 질량이 클수록 (    )다.

**05** 물체의 고유한 양을 (㉠    )이라 하고, 물체에 작용하는 중력의 크기를 (㉡    )라고 한다.

**06** 무게의 단위로는 (㉠    )을 사용하며, 질량의 단위로는 (㉡    ), (㉢    )을 사용한다.

**07** 질량은 측정 장소에 따라 (변한다, 변하지 않는다).

**08** 무게는 측정 장소에 따라 (변한다, 변하지 않는다).

### 3 탄성력

**09** 힘을 받아 변형된 물체가 원래 모양으로 되돌아가려는 성질을 (㉠    )이라고 하며, 이로 인해 나타나는 힘을 (㉡    )이라고 한다.

**10** 탄성력은 탄성체에 작용하는 힘의 방향과 (같은, 반대) 방향으로 작용한다.

**11** 탄성력의 크기는 탄성체가 변형된 정도가 클수록 (작다, 크다).

**12** 용수철이 늘어난 길이는 물체의 무게에 (비례, 반비례) 한다.

**13** 중력과 탄성력에 대한 설명으로 옳은 것은 ○, 옳지 <u>않</u>은 것은 ×로 표시하시오.

　(1) 중력은 지구에만 존재한다.　　　　　( ○, × )

　(2) 중력의 크기는 장소와 관계없이 항상 일정하다.
　　　　　　　　　　　　　　　　　( ○, × )

　(3) 무중력 상태에서 질량이 다른 두 물체를 구별할 수 있다.　　　　　　　　　　　　( ○, × )

　(4) 용수철을 오른쪽으로 당길 때 탄성력의 방향은 왼쪽 이다.　　　　　　　　　　　　　( ○, × )

　(5) 용수철이 늘어난 길이가 3배가 되면 탄성력의 크기 는 9배가 된다.　　　　　　　　　( ○, × )

　(6) 양궁은 탄성력을 이용한 운동 경기이다.　( ○, × )

### 4 마찰력

**14** (    )은 두 물체의 접촉면에서 물체의 운동을 방해 하는 힘이다.

**15** 마찰력의 방향은 물체가 운동하는 방향과 (    ) 방 향으로 작용한다.

**16** 마찰력의 크기는 물체가 무거울수록 (작다, 크다).

**17** 마찰력의 크기는 접촉면이 거칠수록 (작다, 크다).

**18** 일상생활에서 마찰력을 이용한 경우 중 (1), (2)에 해당 하는 경우를 |보기|에서 모두 고르시오.

> ┤ 보기 ├
> ㄱ. 암벽을 등반할 때
> ㄴ. 미끄럼틀을 탈 때
> ㄷ. 서랍을 열고 닫을 때
> ㄹ. 스키나 스케이트를 탈 때
> ㅁ. 야구에서 투수가 공을 던질 때

(1) 마찰력을 크게 하는 경우 : (　　　　　)
(2) 마찰력을 작게 하는 경우 : (　　　　　)

### 5 부력

**19** (    )은 기체나 액체 속에 들어 있는 물체를 위로 뜨 게 하는 힘이다.

**20** 부력의 방향은 중력과 (    ) 방향이다.

**21** 부력의 크기는 물체가 밀어낸 기체나 액체의 (㉠    ) 와 같으며, 기체나 액체 속에 잠긴 물체의 (㉡    ) 에 비례한다.

**22** 마찰력과 부력에 대한 설명으로 옳은 것은 ○, 옳지 <u>않</u> 은 것은 ×로 표시하시오.

　(1) 마찰력의 크기는 접촉면의 넓이와는 관계가 없다.
　　　　　　　　　　　　　　　　　( ○, × )

　(2) 물체의 무게가 가벼워지면 물체에 작용하는 마찰력 의 크기가 작아진다.　　　　　　( ○, × )

　(3) 물체에 힘을 작용하였을 때 물체가 움직이지 않았다 면 마찰력은 0이다.　　　　　　　( ○, × )

　(4) 물체에 작용하는 부력이 중력보다 크면 물체는 아래 로 가라앉는다.　　　　　　　　　( ○, × )

　(5) 물에 잠긴 물체에 작용하는 부력의 크기는 물체가 밀 어낸 물의 무게와 같다.　　　　　( ○, × )

## 개념 집중 문제

### ◉ 무게와 질량

(1) 무게 : 물체에 작용하는 중력의 크기로, 단위로는 N(뉴턴)을 사용하며, 측정 장소에 따라 변한다.
　⇨ 질량이 1 kg인 물체에 작용하는 지구 중력의 크기(무게)=9.8 N
　⇨ 달에서의 중력이 지구에서 중력의 $\frac{1}{6}$이므로 달에서의 무게=지구에서의 무게$\times\frac{1}{6}$

(2) 질량 : 물체의 고유한 양으로, 단위로는 g(그램), kg(킬로그램)을 사용하며, 측정 장소가 달라져도 변하지 않는다.

(3) 무게와 질량의 관계 : 같은 장소에서 무게는 질량에 비례한다.
　⇨ 무게=9.8×질량

### ◉ 용수철을 이용한 무게 측정(탄성력과 중력)

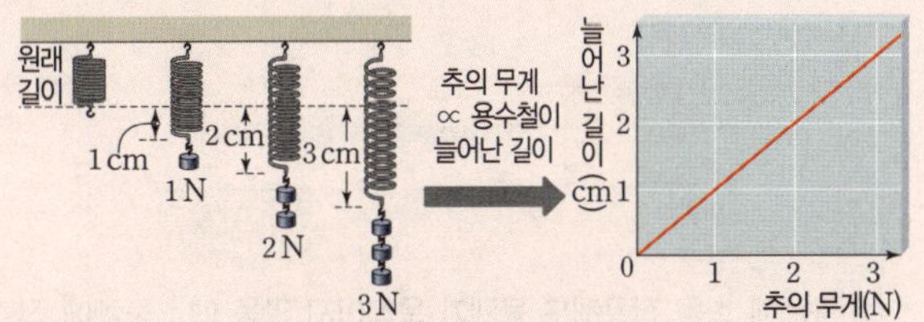

용수철이 늘어난 길이∝추의 개수∝추의 무게∝용수철을 잡아당긴 힘∝용수철의 탄성력

---

### ◉ 무게와 질량

**1** 지구에서 질량이 15 kg인 물체의 (1) 지구에서의 무게와 (2) 달에서의 무게는 각각 몇 N인가? 또, (3) 달에서의 질량은 몇 kg인가? (단, 지구에서 질량이 1 kg인 물체의 무게는 9.8 N이다.)

**2** 달에서 질량이 30 kg인 물체의 (1) 지구에서의 무게와 (2) 달에서의 무게는 각각 몇 N인가? (단, 지구에서 질량이 1 kg인 물체의 무게는 9.8 N이다.)

**3** 지구에서 무게가 29.4 N인 물체의 (1) 달에서의 무게는 몇 N이고, (2) 달에서의 질량은 몇 kg인가? (단, 지구에서 질량이 1 kg인 물체의 무게는 9.8 N이다.)

**4** 달에서 무게가 9.8 N인 물체의 (1) 지구에서의 무게는 몇 N이고, (2) 지구에서의 질량은 몇 kg인가? (단, 지구에서 질량이 1 kg인 물체의 무게는 9.8 N이다.)

### ◉ 용수철을 이용한 무게 측정

**5** 무게가 2 N인 추 1개를 매달 때 1 cm 늘어나는 용수철이 있다. 이 용수철에 무게가 2 N인 추 5개를 매달면 용수철은 몇 cm 늘어나는가?

**6** 질량이 3 kg인 추 1개를 매달 때 2 cm 늘어나는 용수철이 있다. 이 용수철에 추를 매달아 12 cm 늘어났다면, 매단 추의 개수는 몇 개인가?

**7** 처음 길이가 20 cm인 용수철에 무게가 10 N인 추 1개를 매달았더니 용수철의 전체 길이가 25 cm가 되었다. 이 용수철에 무게가 5 N인 물체를 매달았을 때 용수철의 전체 길이는 몇 cm인가?

**8** 처음 길이가 40 cm인 용수철을 6 N의 힘으로 당겼더니 용수철의 전체 길이가 52 cm가 되었다. 이 용수철에 어떤 물체를 매달아서 전체 길이가 64 cm가 되었다면, 이 물체의 무게는 몇 N인가?

## 물체에 작용하는 마찰력의 크기

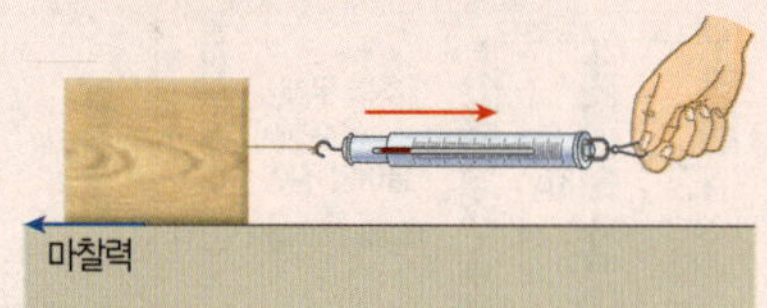


(1) 물체에 힘을 작용해도 물체가 움직이지 않을 때 : 물체에 작용한 힘의 크기＝마찰력의 크기
(2) 물체가 움직일 때 : 물체가 움직이기 시작하는 순간의 용수철저울의 눈금＝마찰력의 크기

> 마찰력의 크기가 용수철저울의 눈금과 같은 경우
> • 물체를 당기지만 정지해 있을 때
> • 물체가 움직이기 시작할 때

## 부력의 크기

(1) 물체가 받는 부력의 크기는 물체가 물에 잠기기 전후 무게의 차와 같다.
(2) 물체가 받는 부력의 크기는 물이 가득 담긴 수조에 물체를 넣었을 때 흘러넘친 물의 무게와 같다.

> 부력의 크기(넘친 물의 무게)
> ＝물 밖에서 물체의 무게－물속에서 물체의 무게

(3) 부력의 크기는 물에 잠긴 물체의 부피가 클수록 크다.

모양이 같은 서로 다른 세 물체 (가), (나), (다)를 물에 넣었을 때

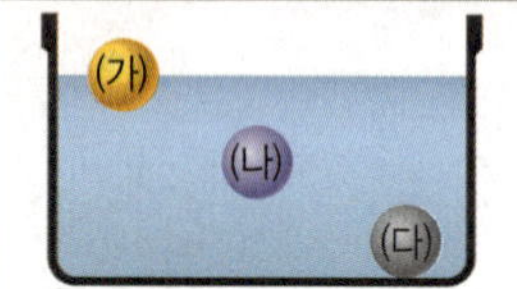


• 물에 잠긴 부분의 부피 : (가)＜(나)＝(다)
⇨ 물체에 작용하는 부력의 크기 : (가)＜(나)＝(다)

---

## 물체에 작용하는 마찰력의 크기

**1** 정지해 있는 물체에 5 N의 힘을 작용하였더니 물체가 움직이지 않았다. 이때 물체에 작용하는 마찰력의 크기는 몇 N인가?

**2** 무게가 10 N인 물체를 6 N의 힘을 작용해 빗면을 따라 끌어당겼더니 움직이기 시작했다. 이때 물체에 작용하는 마찰력의 크기는 몇 N인가?

## 부력의 크기

**3** 그림과 같이 무게가 10 N인 추를 용수철저울에 매달아 물이 들어 있는 비커에 넣었더니 용수철저울의 눈금이 3 N이 되었다.
(1) 물속에 잠긴 추에 작용하는 부력의 크기는 몇 N인가?

(2) 같은 추 3개를 매달아 물속에 넣었을 때 물속에서 추 3개에 작용하는 부력의 크기는 몇 N인가?

(3) 같은 추 3개를 매달아 물속에 넣었을 때 추 3개의 무게는 몇 N인가?

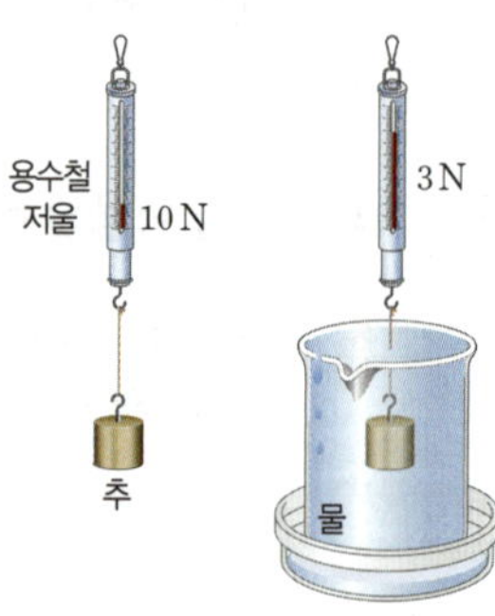


**4** 그림과 같이 물이 가득 들어 있는 비커에 무게가 5 N인 추를 용수철저울에 매달아 추가 완전히 잠기도록 넣었더니 넘친 물의 무게가 2 N이었다.
(1) 이때 추에 작용하는 부력의 크기는 몇 N인가?

(2) 이때 용수철저울에 나타난 눈금은 몇 N인가?

(3) 이 추를 물에 반쯤 잠기도록 넣었더니 1 N의 물이 흘러넘쳤다. 이때 추에 작용하는 부력의 크기는 몇 N인가?

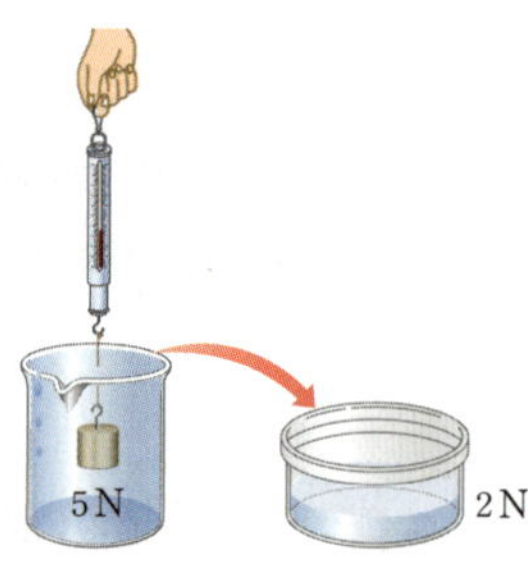

# 02 운동



## 1 운동의 기록

**1 운동** : 시간에 따라 물체의 위치가 변하는 현상을 운동이라고 하며, 운동하는 동안 움직인 거리를 이동 거리라고 한다.

**2 속력** : 일정한 시간 동안 물체가 이동한 거리를 나타낸 값으로, 운동하는 물체의 빠르기를 나타낸다. └→ 단위 시간(1초, 1시간 등)

(1) 속력의 단위 : m/s, km/h 등을 사용한다.

$$\text{속력(m/s)} = \frac{\text{이동 거리(m)}}{\text{걸린 시간(s)}}, \quad v = \frac{s}{t}$$

(2) 운동하는 물체의 빠르기 비교 : 같은 거리를 이동한 경우 걸린 시간이 짧을수록 더 빠르고, 같은 시간 동안 이동한 경우 이동한 거리가 길수록 더 빠르다.

| 구분 | 1분에 720 m를 달리는 조랑말 | 1분에 600 m를 달리는 자전거 | 2분에 600 m를 달리는 사람 |
|---|---|---|---|
| 속력 계산 | $\frac{720 \text{ m}}{1 \text{ min}} = \frac{720 \text{ m}}{60 \text{ s}}$ $= 12 \text{ m/s}$ | $\frac{600 \text{ m}}{1 \text{ min}} = \frac{600 \text{ m}}{60 \text{ s}}$ $= 10 \text{ m/s}$ | $\frac{600 \text{ m}}{2 \text{ min}} = \frac{600 \text{ m}}{120 \text{ s}}$ $= 5 \text{ m/s}$ |

⇨ 같은 시간 동안 조랑말이 자전거보다 먼 거리를 이동하고, 같은 거리를 이동하는 데 자전거가 사람보다 걸린 시간이 짧다. 따라서 빠르기는 조랑말＞자전거＞사람 순이다.

(3) 평균 속력 : 물체의 속력이 일정하지 않을 때, 물체가 이동한 전체 거리를 총 걸린 시간으로 나눈 값이다.

$$\text{평균 속력(m/s)} = \frac{\text{전체 이동 거리(m)}}{\text{총 걸린 시간(s)}}$$

## 3 운동 기록 장치

(1) 다중 섬광 사진 : 어두운 곳에서 일정한 시간 간격으로 빛을 비춰 물체의 운동을 찍은 사진이다. ⇨ 운동 방향 쪽의 물체가 나중에 찍힌 사진이고, 속력이 빠를수록 물체 사이의 간격이 넓다.

▲ 다중 섬광 사진



**물체의 운동을 일정한 시간 간격으로 나타낸 다중 섬광 사진 해석하기**

⇨ 물체 사이의 간격은 속력을 의미한다.
⇨ 물체 사이의 거리와 시간의 간격을 알면 물체의 속력을 구할 수 있다.



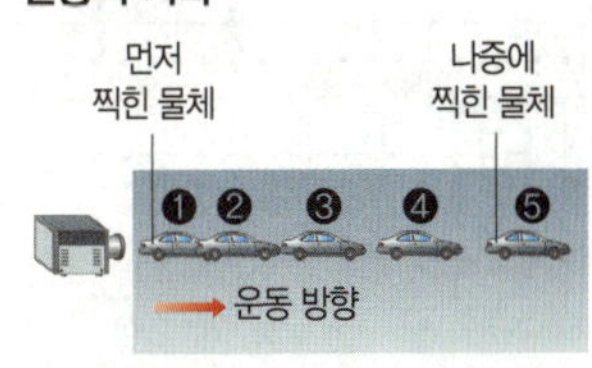

(2) **시간기록계** : 일정한 시간 간격으로 물체와 연결된 종이 테이프에 타점을 찍어 물체의 운동을 기록하는 장치이다. ⇨ 운동 방향 쪽의 타점이 먼저 찍힌 타점이고, 속력이 빠를수록 타점 사이의 간격이 넓다.

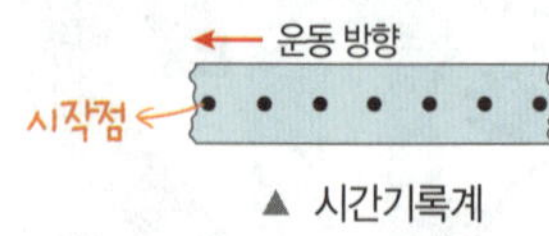


★ 이것이 핵심!!

단위 시간 동안 물체가 이동한 거리를 나타낸 값을 속력이라 하고, 단위로는 m/s, km/h를 사용한다.

## ② 등속 운동

**1 등속 운동** : 물체가 운동할 때 시간에 따라 속력이 일정한 운동으로, 등속 운동을 하는 물체는 같은 시간 동안 이동한 거리가 같다. 따라서 물체와 물체 사이의 간격이 일정하게 나타난다.

예 무빙워크, 컨베이어, 에스컬레이터 등

▲ 무빙워크

▲ 컨베이어

▲ 에스컬레이터

**2 등속 운동을 하는 물체의 그래프**

| 시간－이동 거리 그래프 | 시간－속력 그래프 |
| --- | --- |
| 기울기＝$\dfrac{이동 거리}{시간}$＝속력<br><br>이동 거리 / 거리 / 시간 | 넓이＝속력×시간<br>＝이동 거리 |
| 이동 거리가 시간에 비례하여 증가하므로 원점을 지나는 기울어진 직선 모양이며, 기울기가 클수록 속력이 빠르다. | 속력은 시간에 관계없이 일정하므로 시간축에 나란한 직선 모양이다. |

더 알아보기

**등속 운동을 하는 두 물체 A와 B의 그래프 비교**

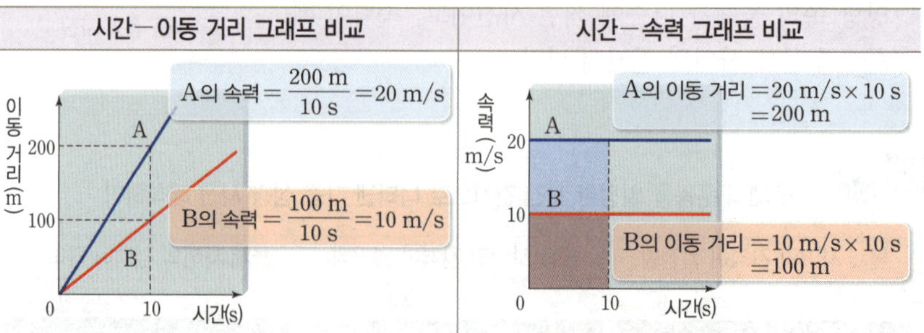

| 시간－이동 거리 그래프 비교 | 시간－속력 그래프 비교 |
| --- | --- |
| A의 속력＝$\dfrac{200\ \text{m}}{10\ \text{s}}$＝20 m/s<br>B의 속력＝$\dfrac{100\ \text{m}}{10\ \text{s}}$＝10 m/s | A의 이동 거리＝20 m/s×10 s＝200 m<br>B의 이동 거리＝10 m/s×10 s＝100 m |
| A의 기울기가 B의 기울기보다 큰 것은 A의 속력이 B의 속력보다 빠르다는 것을 의미한다.<br>⇨ 시간－이동 거리 그래프에서 기울기가 큰 A가 B보다 속력이 빠르다. | A의 아랫부분 넓이가 B의 아랫부분 넓이의 2배인 것은 A의 이동 거리가 B의 이동 거리의 2배인 것을 의미한다.<br>⇨ 시간－속력 그래프에서 세로축 값이 큰 A가 B보다 속력이 빠르다. |

---

**등속 운동을 기록한 다중 섬광 사진**

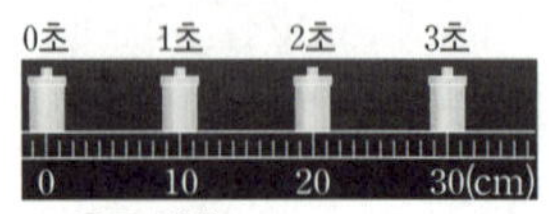

⇨ 운동 방향

물체 사이의 간격이 일정하며, 단위 시간 동안 이동한 거리가 일정하므로 이동 거리는 시간에 비례하여 증가한다.

**기울기**

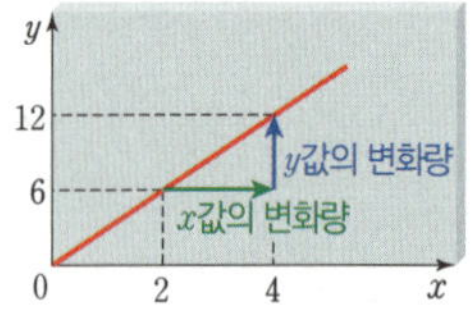


수평한 선에 대해 기울어진 정도를 나타내는 말로, 기울기＝$\dfrac{y값의 변화량}{x값의 변화량}$ 으로 구할 수 있다.

**등속 운동을 기록한 종이테이프**

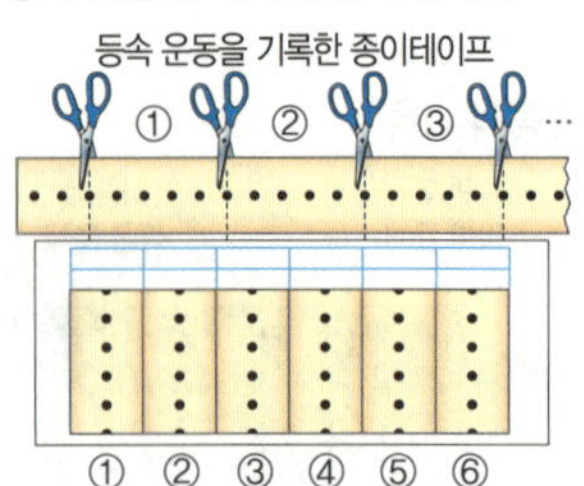


타점 사이의 간격이 일정하며, 같은 타점 간격으로 자른 종이테이프의 길이가 일정하다.

## 3 자유 낙하 운동

**1 자유 낙하 운동** : 공기 저항이 없을 때 공중에 정지해 있던 물체가 중력만의 영향을
받아 아래로 떨어지는 운동이다.

(1) **속력 변화** : 물체의 운동 방향과 같은 방향으로 작용하는 중력에 의해 자유 낙하
운동을 하는 물체는 속력이 1초마다 9.8 m/s씩 증가한다.

$$속력 = 9.8 \times 시간 \Rightarrow v = 9.8\,t$$

(2) **중력 가속도 상수** : 자유 낙하 운동을 하는 물체의 1초당 속력 변화량인 9.8을 중
력 가속도 상수라고 한다.

(3) **자유 낙하 운동을 하는 물체의 시간－속력 그래
프** : 속력이 일정하게 증가하므로 원점을 지나는
기울어진 직선 모양이며, 속력 변화량이 9.8이
므로 기울기가 9.8이다.

(4) **이동 거리** : 같은 시간 동안 물체가 이동하는 거
리는 점점 증가한다.

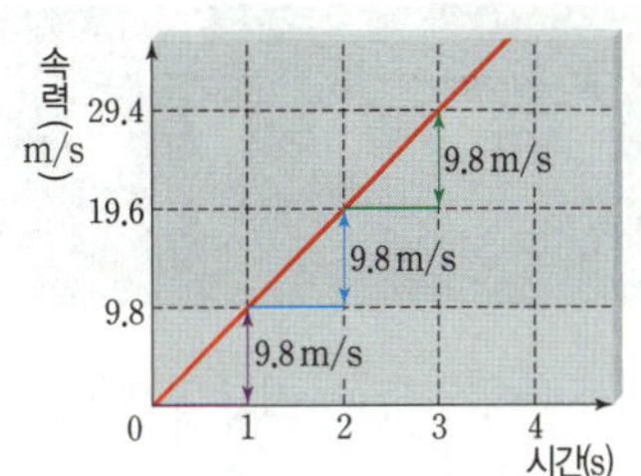


**2 질량이 다른 물체의 자유 낙하 운동** : 같은 높이에서
동시에 자유 낙하 운동을 하는 물체의 속력은 물체
의 질량에 관계없이 1초마다 9.8 m/s씩 증가한다.
즉, 물체의 속력 변화는 질량에 관계없이 일정하
므로 물체는 질량에 관계없이 지면에 동시에 도달
한다.

**3 공기 저항이 낙하 운동에 미치는 영향(공기 중과 진공 중에서의 낙하 운동)**

| 공기 중에서의 낙하 운동(공기 저항 있음) | 진공 중에서의 낙하 운동(공기 저항 없음) |
| --- | --- |
| 물체가 운동 방향과 반대 방향으로 공기 저항을 받으므로 공기 저항을 적게 받는 쇠구슬이 깃털보다 먼저 떨어진다.  | 물체가 운동하면서 공기 저항을 받지 않으므로 물체의 질량에 관계없이 쇠구슬과 깃털이 동시에 떨어진다. 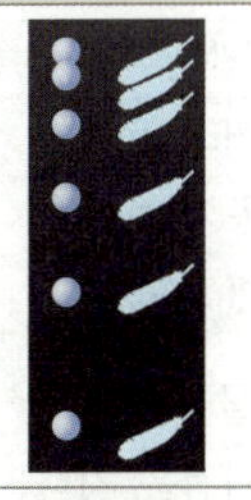 |

### ★ 이것이 핵심!!

1. 등속 운동을 하는 물체의 시간－이동 거리 그래프에서 기울기는 속력과 같고, 시간－속력 그래프에
서 아랫부분의 넓이는 이동 거리와 같다.
2. 자유 낙하 운동을 하는 물체의 속력은 질량에 관계없이 1초마다 9.8 m/s씩 증가한다.

### 더 알아보기

**등속 운동과 자유 낙하 운동의 시간－속력 그래프 비교**

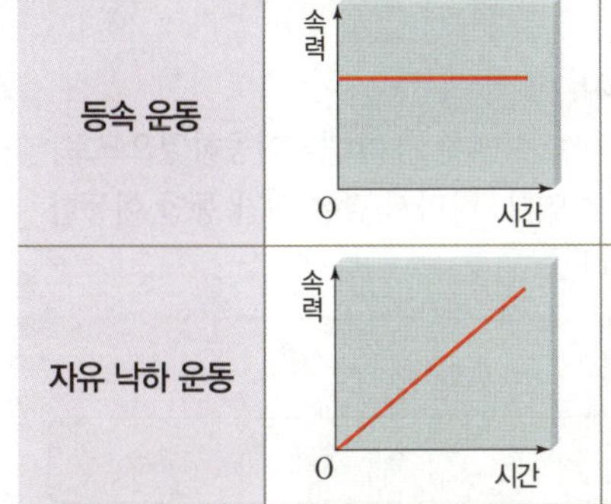

| | | |
| --- | --- | --- |
| 등속 운동 |  | 속력이 일정하다.<br>⇨ 시간－속력 그래프가 시간축과 나란한 직선 모양이다.<br>⇨ 같은 시간 동안 이동한 거리가 일정하다. |
| 자유 낙하 운동 |  | 속력이 일정하게 증가한다.<br>⇨ 시간－속력 그래프가 원점을 지나는 기울어진 직선 모양이다.<br>⇨ 같은 시간 동안 이동한 거리가 점점 증가한다. |

---

**자유 낙하 운동을 하는 물체**

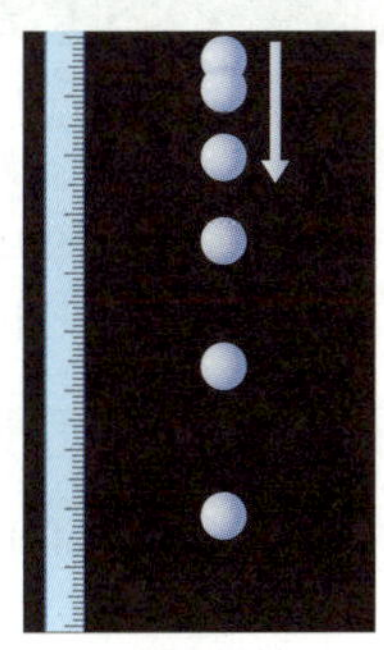

물체 사이의 간격은 일정한 시간 동안
물체가 이동한 거리이므로 속력을 나타
내며, 자유 낙하 운동을 하는 물체는 시
간에 따라 속력이 일정하게 증가한다.

**중력의 크기**

물체에 작용하는 중력의 크기는 물체
의 무게와 같고 무게는 질량에 비례하
므로 9.8에 질량을 곱하여 구한다. 이
때 질량의 단위는 g(그램), kg(킬로그
램), 무게의 단위는 N(뉴턴)이다.

$$중력의 크기(N) = 9.8 \times 질량(kg)$$

**➕ 용어**

**공기 저항력**

공기가 물체의 운동을 방해하는
힘으로, 공기 중에서 움직이는 물
체에 작용하는 마찰력

**중력 가속도**

자유 낙하 운동을 하는 물체의 시
간에 따른 속력 변화 정도로, 단
위는 $m/s^2$이다.

**진공**

물질이 전혀 존재하지 않는 공간
으로, 진공 중에서 운동하는 물체
는 공기 저항을 받지 않는다.

# 등속 운동을 하는 물체의 자료 분석

**과정**

❶ 그림 (가)와 (나)는 일정한 속력으로 운동하는 공 A, B의 위치를 1초 간격으로 찍은 사진을 나타낸 것이다.

(가)
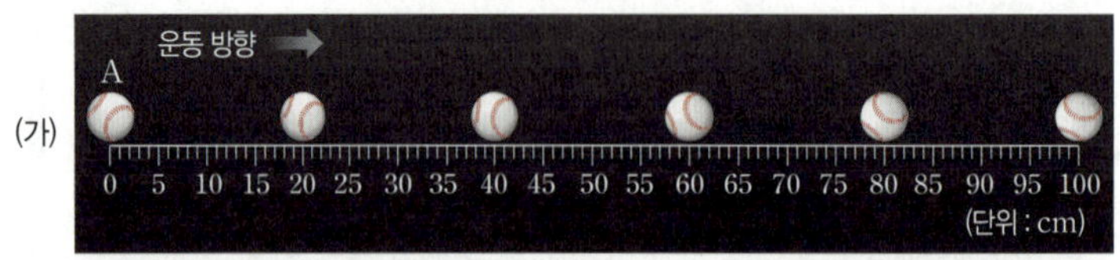


(나)
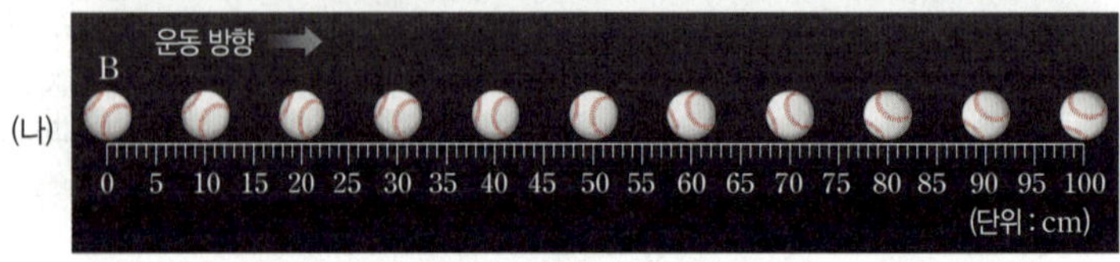


> **유의점**
> • 구간 이동 거리의 단위를 cm에서 m로 바꾸어 속력의 단위를 계산한다.
> • 표에서 구한 속력은 평균값이므로 그래프로 나타낼 때는 중앙에 표시한다.

❷ 공의 처음 위치에서 1초, 2초, … 지난 후의 이동 거리를 표에 각각 기록한다.

❸ 각 구간 이동 거리와 속력을 계산하여 표에 각각 기록한다.

❹ 공의 시간에 따른 이동 거리와 시간에 따른 속력을 그래프로 나타낸다.

**결과**

| A | 시간(s) | 0 | 1 | 2 | 3 | 4 | 5 |
|---|---|---|---|---|---|---|---|
| | 이동 거리(cm) | 0 | 20 | 40 | 60 | 80 | 100 |
| | 구간 이동 거리(cm) | | 20 | 20 | 20 | 20 | 20 |
| | 속력(m/s) | | 0.2 | 0.2 | 0.2 | 0.2 | 0.2 |

| B | 시간(s) | 0 | 1 | 2 | 3 | 4 | 5 |
|---|---|---|---|---|---|---|---|
| | 이동 거리(cm) | 0 | 10 | 20 | 30 | 40 | 50 |
| | 구간 이동 거리(cm) | | 10 | 10 | 10 | 10 | 10 |
| | 속력(m/s) | | 0.1 | 0.1 | 0.1 | 0.1 | 0.1 |

• 등속 운동을 하는 물체의 시간−이동 거리 그래프는 원점을 지나는 기울어진 직선 모양이고, 시간−속력 그래프는 시간축에 나란한 직선 모양이다.

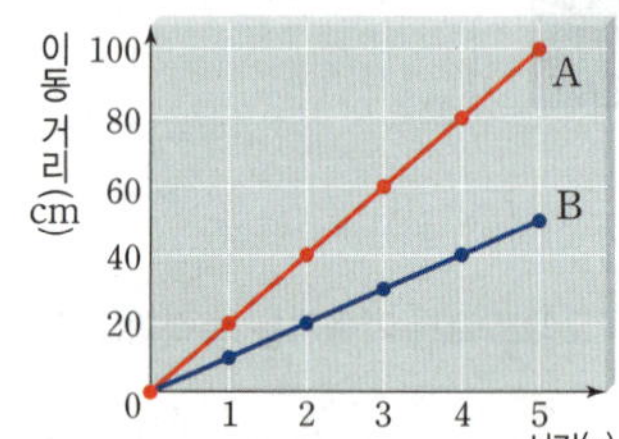


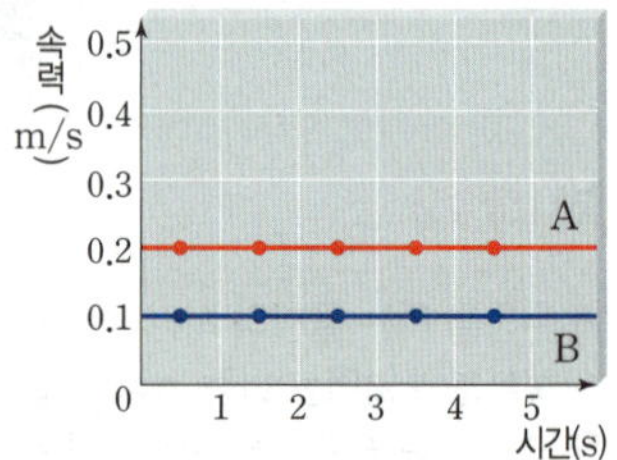


**정리**

**1** 등속 운동을 하는 물체의 시간에 따른 이동 거리의 변화를 설명해 보자.

등속 운동을 하는 물체의 이동 거리는 시간에 따라 일정하게 (　　　　)한다.

**2** 등속 운동을 하는 공 A와 B의 시간에 따른 속력을 비교하여 설명해 보자.

A는 5초 동안 (㉠　　　　) cm를 이동하였고, B는 5초 동안 (㉡　　　　) cm를 이동하였으므로, 같은 시간 동안 (㉢　　　　)가 (㉣　　　　)보다 더 많이 이동하였다. 따라서 같은 시간 동안 이동한 거리가 긴 (㉤　　　　)의 속력이 (㉥　　　　)의 속력보다 크다.

🔍 **탐구 핵심!!**

> 등속 운동을 하는 물체의 이동 거리는 시간에 비례하여 증가한다.

# 탐구 B — 질량이 다른 두 물체가 자유 낙하 할 때 시간에 따른 속력 변화

## 과정

❶ 그림은 자유 낙하 운동을 하는 탁구공을 0.1초 간격으로 나타낸 것이다.

❷ 탁구공의 시간에 따른 처음 위치로부터의 이동 거리를 표에 기록한다.

❸ 각 구간 이동 거리와 속력을 계산하여 표에 기록한다.

❹ 탁구공의 시간에 따른 속력을 그래프로 나타낸다.

❺ 탁구공과 크기와 모양이 비슷한 골프공을 이용하여 과정 ❶~❹를 반복한다. 물체의 크기와 모양이 비슷하면 공기저항의 영향을 비슷하게 받기 때문에 이 영향을 무시할 수 있어.

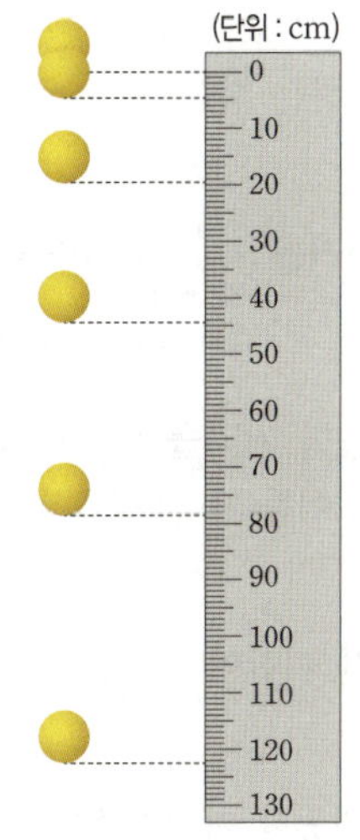


**유의점**
- 구간 이동 거리의 단위를 cm에서 m로 바꾸어 속력의 단위를 계산한다.
- 표에서 구한 속력은 평균값이므로 그래프로 나타낼 때는 중앙에 표시한다.

## 결과

| 시간(s) | 0 | 0.1 | 0.2 | 0.3 | 0.4 | 0.5 |
|---|---|---|---|---|---|---|
| 이동 거리(cm) | 0 | 4.9 | 19.6 | 44.1 | 78.4 | 122.5 |
| 구간 이동 거리(cm) | | 4.9 | 14.7 | 24.5 | 34.3 | 44.1 |
| 속력(m/s) | | 0.49 | 1.47 | 2.45 | 3.43 | 4.41 |
| 속력 변화(m/s) | | | 0.98 | 0.98 | 0.98 | 0.98 |

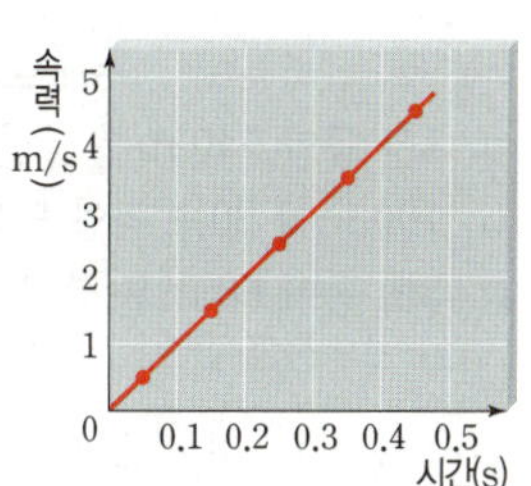


- 탁구공과 골프공이 자유 낙하 할 때 속력 변화량은 0.1초에 0.98로 일정하다.
- 자유 낙하 운동을 하는 물체의 시간에 따른 속력 변화는 질량에 관계없이 일정하다.

## 정리

**1** 자유 낙하 운동을 하는 물체의 시간에 따른 속력의 변화에 대해 설명해 보자.

자유 낙하 운동을 하는 물체는 시간에 따라 속력이 (　　　　)하게 증가한다.

**2** 탁구공과 골프공에 작용하는 중력의 크기를 비교해 보자.

중력의 크기는 질량에 (㉠　　　　)하므로, 질량이 큰 골프공에 작용하는 중력의 크기가 탁구공에 작용하는 중력의 크기보다 (㉡　　　　)다.

**3** 탁구공과 골프공의 속력이 어떻게 변하는지 설명해 보자.

공기 저항을 무시할 때, 자유 낙하 운동을 하는 물체의 속력은 질량에 관계없이 1초마다 (　　　　) m/s씩 증가한다.

## 🔍 탐구 핵심!!

공기 저항을 무시할 수 있을 때 같은 높이에서 동시에 떨어뜨린 물체는 질량에 관계없이 지면에 동시에 도달한다.

※ 다음 글의 빈칸에 알맞은 말을 쓰거나 고르시오.

### 1 운동의 기록

**01** 시간에 따라 물체의 위치가 변하는 현상을 (　　　)이라고 한다.

**02** 물체가 운동하는 동안 움직인 거리를 (　　　)라고 한다.

**03** 속력의 단위로는 (㉠　　　), (㉡　　　) 등을 사용한다.

**04** 일정한 시간 동안 물체가 이동한 거리를 나타낸 값을 (㉠　　　)이라고 하며, 물체의 이동 거리를 (㉡　　　)으로 나누어 구한다.

**05** 같은 거리를 이동한 경우 걸린 시간이 (짧을, 길)수록 속력이 빠르다.

**06** 같은 시간 동안 이동한 경우 이동한 거리가 (짧을, 길)수록 속력이 빠르다.

**07** |보기| 중 속력이 빠른 것부터 순서대로 나열하시오.

(　　　　　)

| 보기 |
ㄱ. 1분 동안 540 m를 달린 자전거
ㄴ. 100 m를 20초 동안 달린 사람
ㄷ. 3초 동안 60 m를 달린 사자

**08** 물체의 속력이 일정하지 않을 때, 물체가 이동한 전체 거리를 총 걸린 시간으로 나눈 값이 (　　　)이다.

**09** 어두운 곳에서 일정한 (　　　) 간격으로 빛을 비춰 물체의 운동을 찍은 사진을 다중 섬광 사진이라고 한다.

**10** 다중 섬광 사진에서 속력이 빠를수록 물체 사이의 간격이 (　　　).

**11** 다중 섬광 사진에서 물체의 운동 방향 쪽의 물체가 가장 (　　　) 찍힌 사진이다.

### 2 등속 운동

**12** 속력이 일정한 운동을 (　　　) 운동이라고 한다.

**13** 등속 운동을 하는 물체의 시간-이동 거리 그래프에서 이동 거리는 시간에 (㉠ 비례, 반비례)하며, 기울기가 클수록 속력이 (㉡ 빠르다, 느리다).

**14** 등속 운동을 하는 물체의 시간-속력 그래프는 시간축에 (㉠　　　) 직선 모양이며, 그래프 아랫부분의 넓이는 (㉡　　　)를 나타낸다.

**15** 등속 운동을 하는 물체의 시간-속력 그래프에서 세로축 값이 (클, 작을)수록 속력이 빠른 운동이다.

**16** 등속 운동을 기록한 종이테이프에서 타점 사이의 간격은 (　　　)하다.

### 3 자유 낙하 운동

**17** 공기 저항이 없을 때 공중에 정지해 있던 물체가 중력만을 받아 아래로 떨어지는 운동을 (　　　) 운동이라고 한다.

**18** 자유 낙하 운동을 하는 물체에는 연직 아래 방향으로 (　　　)이 작용한다.

**19** 자유 낙하 하는 물체의 시간-속력 그래프는 원점을 지나는 기울어진 (㉠　　　) 모양이며, 같은 시간 동안 물체가 이동한 거리는 점점 (㉡　　　)한다.

**20** 자유 낙하 운동을 하는 물체의 속력은 질량에 관계없이 1초마다 (　　　) m/s씩 증가한다.

**21** 공기 저항이 있을 때, 같은 높이에서 동시에 떨어뜨리면 쇠구슬이 깃털보다 (　　　) 떨어진다.

**22** 공기 저항이 없을 때, 같은 높이에서 동시에 떨어뜨리면 쇠구슬과 깃털은 (　　　) 떨어진다.

**23** 등속 운동과 자유 낙하 운동에 대한 설명으로 옳은 것은 ○, 옳지 않은 것은 ×로 표시하시오.

(1) 등속 운동은 시간에 따라 이동 거리가 일정하게 증가하는 운동이다. (○, ×)

(2) 등속 운동을 하는 물체의 시간-이동 거리 그래프는 기울어진 직선 모양이다. (○, ×)

(3) 등속 운동을 하는 물체의 시간-속력 그래프에서 기울기가 의미하는 것은 이동 거리이다. (○, ×)

(4) 등속 운동을 하는 물체의 예로는 무빙워크, 에스컬레이터 등이 있다. (○, ×)

(5) 자유 낙하 운동을 하는 물체는 시간에 따라 속력이 일정하게 감소한다. (○, ×)

(6) 자유 낙하 운동을 하는 물체의 속력은 물체가 자유 낙하 운동을 한 시간에 비례한다. (○, ×)

(7) 골프공과 탁구공이 자유 낙하 할 때 속력 변화량은 일정하게 증가한다. (○, ×)

(8) 진공 중에서 낙하하는 동안 쇠구슬과 깃털의 속력이 증가하는 정도는 같다. (○, ×)

(9) 진공 중에서 질량이 다른 두 물체가 같은 높이에서 동시에 자유 낙하 운동을 하면 질량이 큰 물체가 먼저 떨어진다. (○, ×)

# 개념 집중 문제

**자료 분석력 향상**

## ● 속력 구하기

・속력(m/s) = $\dfrac{\text{이동 거리(m)}}{\text{걸린 시간(s)}}$ [단위 : m/s, km/h]

## ● 등속 운동과 자유 낙하 운동

(1) 등속 운동 : 시간에 따라 속력이 일정한 운동

・등속 운동을 하는 물체의 그래프

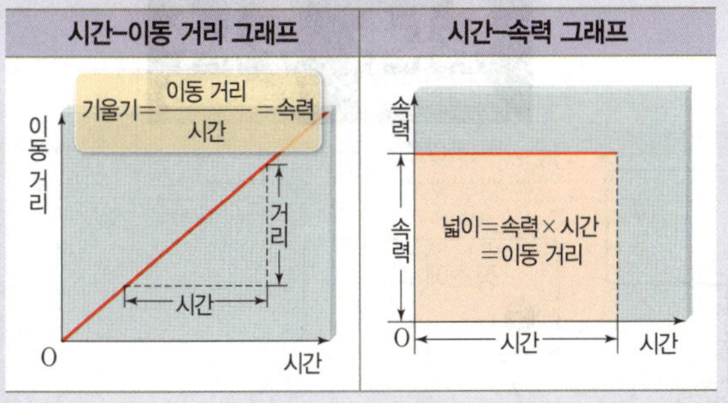


(2) 자유 낙하 운동 : 공기 저항이 없을 때 정지해 있던 물체가 중력만의 영향을 받아 아래로 떨어지는 운동

⇨ 자유 낙하 운동을 하는 물체의 속력은 1초에 9.8 m/s씩 증가한다.

・자유 낙하 운동을 하는 물체의 시간-속력 그래프 : 속력이 시간에 비례하여 증가하는 직선 형태이며, 그래프의 기울기는 중력 가속도 상수(9.8)와 같다.

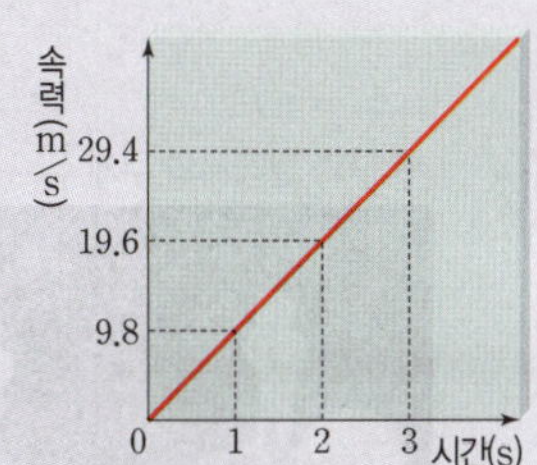


・질량이 다른 물체의 자유 낙하 운동 : 같은 높이에서 동시에 자유 낙하 운동을 하는 물체는 질량에 관계없이 속력이 일정하게 증가하므로 지면에 동시에 도달한다.

## ● 속력 구하기

**1** 다음 각 물체의 속력(m/s)을 구하시오.

(1) 1초 동안 15 m를 이동하는 자전거

(2) 1분 동안 600 m를 이동하는 자동차

(3) 2분 동안 1.2 km를 이동하는 오토바이

(4) 1시간 동안 24000 m를 이동하는 택시

(5) 3시간 동안 120 km를 이동하는 버스

## ● 등속 운동과 자유 낙하 운동

**2** 그림은 동일한 지점을 동시에 지나 일직선상에서 운동하는 물체 A와 B의 시간에 따른 이동 거리를 나타낸 것이다.

(1) 5초일 때 A와 B 사이의 거리는 몇 m인가?

(2) A와 B의 속력은 각각 몇 m/s인가?

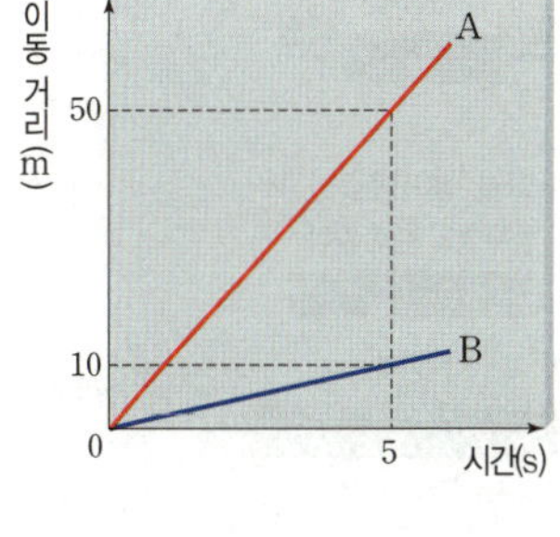


**3** 그림과 같이 질량이 각각 1 kg과 5 kg인 물체 A와 B를 같은 높이에서 동시에 떨어뜨렸다. A와 B가 지면에 도달할 때까지의 속력 변화의 비(A : B)는 얼마인가? (단, 공기 저항은 무시한다.)

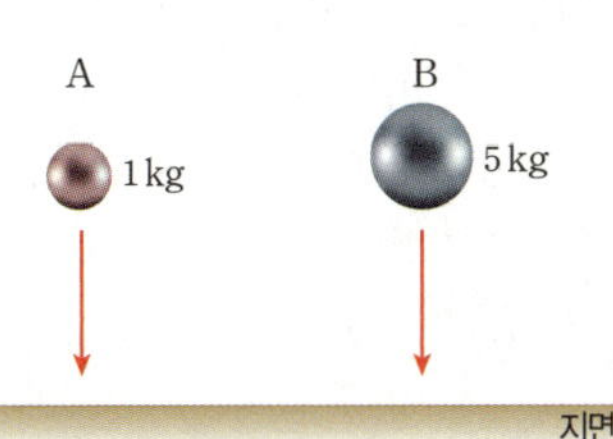

# 단원마무리 생각그물 완성하기

## 힘

### 중력
- 무게
  - 단위: ❶ (          )
  - 크기: 장소에 따라 ❷ (          ).

지구와 달에서의 무게

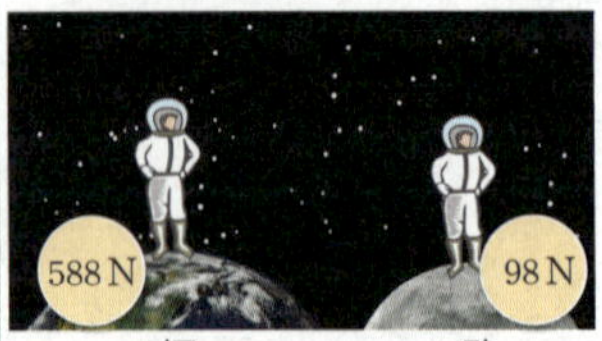

588 N
98 N


지구 달

- 질량
  - 단위: ❸ (          ) ❹ (          )
  - 크기: 장소에 따라 ❺ (          ).

지구와 달에서의 질량

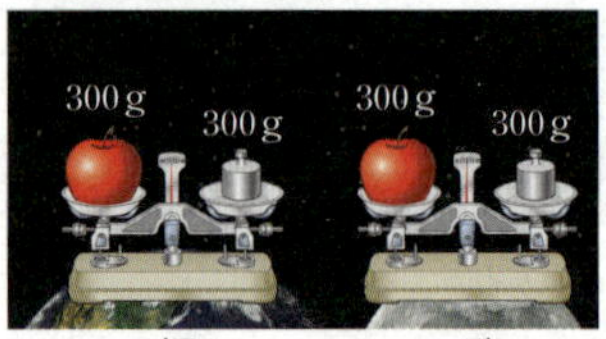

300 g
300 g
300 g
300 g


지구 달

- 방향: ❻ (          )

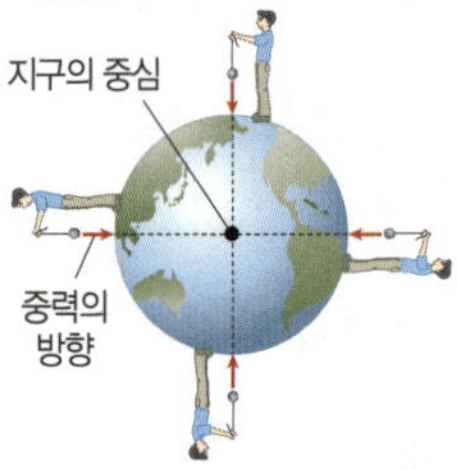

지구의 중심
중력의 방향


### 탄성력
- 정의: 탄성체가 원래 모양으로 되돌아가려는 힘
- 크기: 탄성체가 늘어나거나 줄어든 길이에 ❼ (          )
- 방향: 탄성체에 작용하는 힘과 ❽ (          ) 방향

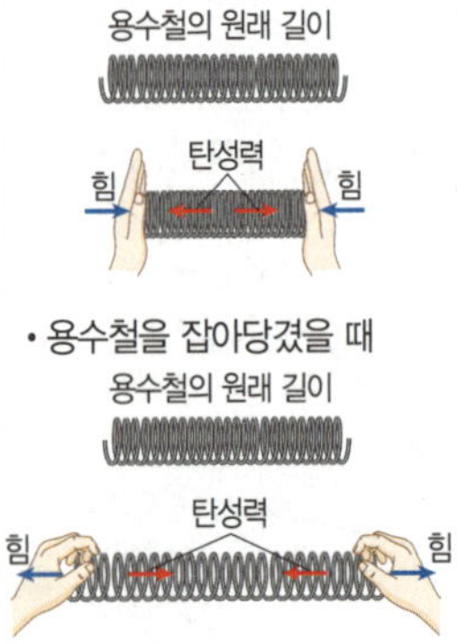

• 용수철을 눌렀을 때
용수철의 원래 길이
탄성력
힘
힘
• 용수철을 잡아당겼을 때
용수철의 원래 길이
탄성력
힘
힘


### 부력
- 크기

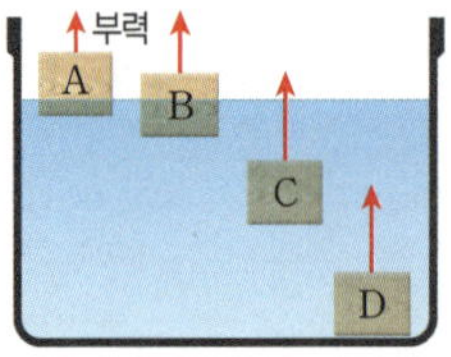

부력
A
B
C
D


A ❾ (     ) B ❿ (     ) C ⓫ (     ) D

- 방향: 중력의 ⓬ (          ) 방향

### 마찰력
- 정의: 물체의 운동을 방해하는 힘
- 방향: 물체의 운동을 방해하는 방향
- 크기: 물체의 무게가 무거울수록, 접촉면이 거칠수록 ⓭ (          ).

• 물체의 무게와 마찰력의 관계

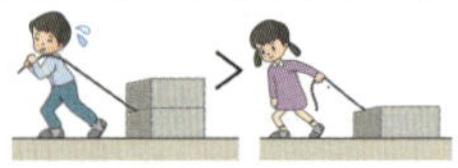

• 접촉면의 거칠기와 마찰력의 관계

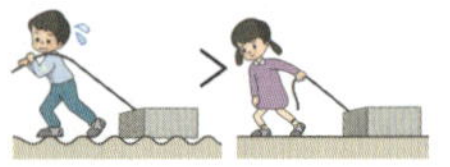

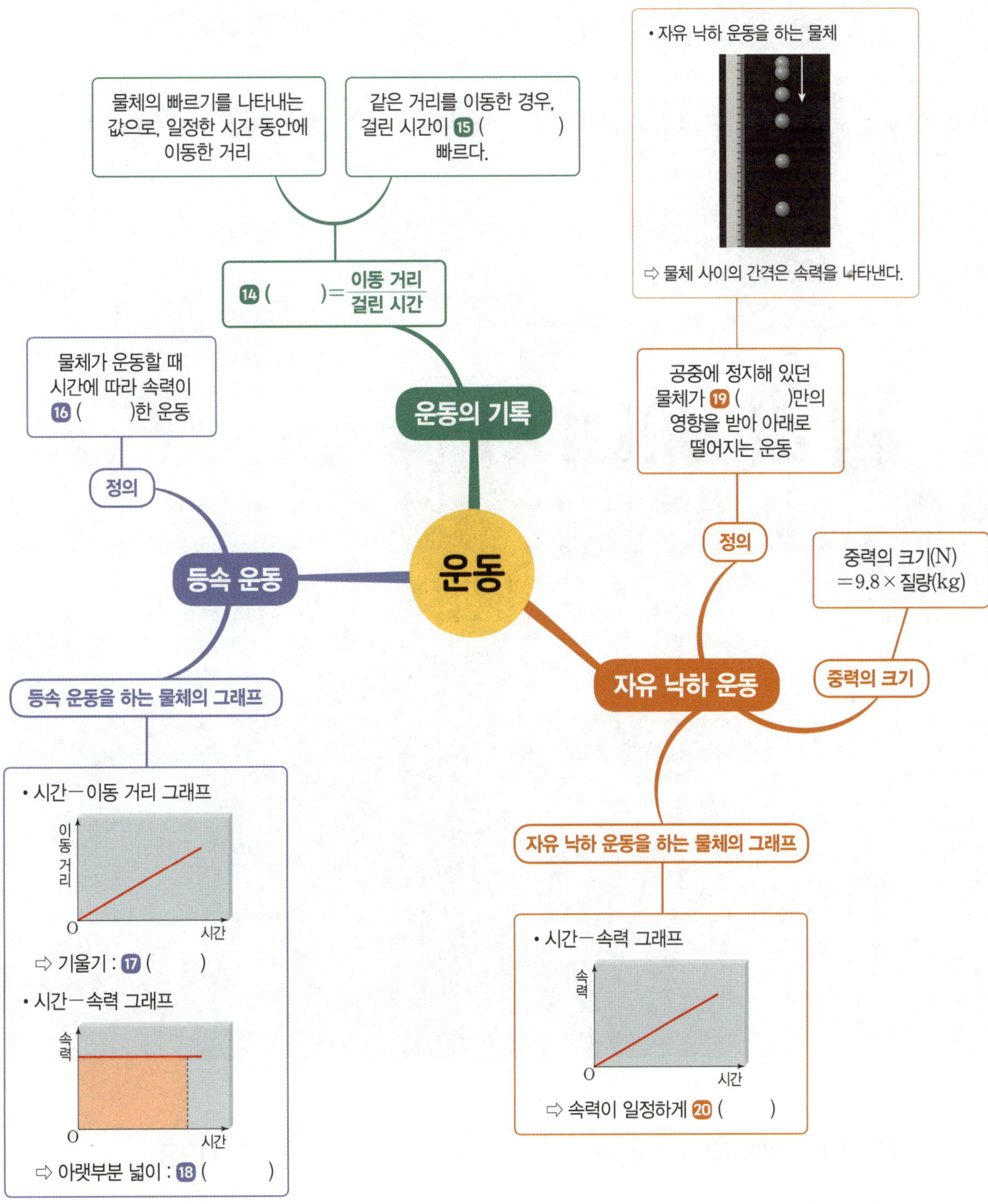
물체의 빠르기를 나타내는 값으로, 일정한 시간 동안에 이동한 거리

같은 거리를 이동한 경우, 걸린 시간이 15 (　　　) 빠르다.

• 자유 낙하 운동을 하는 물체

⇨ 물체 사이의 간격은 속력을 나타낸다.

14 (　　　) = 이동 거리 / 걸린 시간

운동의 기록

물체가 운동할 때 시간에 따라 속력이 16 (　　　)한 운동

공중에 정지해 있던 물체가 19 (　　　)만의 영향을 받아 아래로 떨어지는 운동

정의

등속 운동

운동

정의

중력의 크기(N) = 9.8 × 질량(kg)

자유 낙하 운동

중력의 크기

등속 운동을 하는 물체의 그래프

• 시간－이동 거리 그래프

이동 거리

O　시간

⇨ 기울기 : 17 (　　　)

• 시간－속력 그래프

속력

O　시간

⇨ 아랫부분 넓이 : 18 (　　　)

자유 낙하 운동을 하는 물체의 그래프

• 시간－속력 그래프

속력

O　시간

⇨ 속력이 일정하게 20 (　　　)

# II

# 일과 에너지

일과 에너지가 일상생활에서 다양한 의미로 사용됨을 이해하고, 우리 주변에서 위치 에너지와 운동 에너지를 갖는 것은 어떤 것이 있는지 알아보며, 위치 에너지와 운동 에너지의 합인 역학적 에너지의 변화에 대해 궁금증을 유발하도록 한다.

★ 과학에서 일을 한다는 것은 무엇일까?

★ 공중에 정지해 있던 물방울이 비가 되어 떨어질 때 어떤 에너지가 생길까?

★ 롤러코스터는 어느 지점을 지날 때 속력이 가장 클까?

★ 스키 점프를 하는 사람의 역학적 에너지는 어떻게 변할까?

# 03 일과 에너지



---

### ➕ 용어

**1 J(줄)**

1 N의 힘으로 물체를 힘과 같은 방향으로 1 m만큼 움직일 때 한 일의 양으로, 일의 단위인 줄의 명칭은 영국의 물리학자 Joule의 이름에서 유래되었다.

---

## 1 과학에서의 일

**1 일** : '일'이라는 단어는 일상생활에서 다양하게 쓰이지만, 과학에서의 일과 일상생활에서 말하는 일의 의미는 다르다.
  (1) 일상생활에서의 일 : 무엇을 이루기 위해 하는 정신적 활동이나 몸을 움직이는 인간의 활동을 모두 일이라고 한다.
  (2) 과학에서의 일 : 물체에 힘이 작용하여 그 힘의 방향으로 물체를 이동시킬 때 일을 했다고 한다.

**2 일의 양($W$)** : 물체에 작용한 힘의 크기($F$)와 물체가 힘의 방향으로 이동한 거리($s$)의 곱으로 구한다.

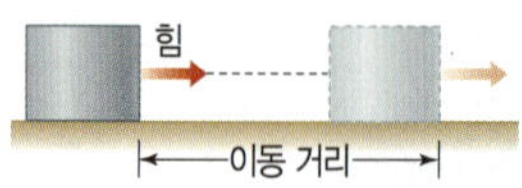


$$일(J) = 힘(N) \times 이동\ 거리(m),\ W = F \times s$$

  (1) 일의 단위 : J(줄)을 사용한다.
  (2) 작용한 힘의 크기가 같을 때 : 물체의 이동 거리가 길수록 물체에 한 일의 양이 많다.
  (3) 물체의 이동 거리가 같을 때 : 작용한 힘의 크기가 클수록 물체에 한 일의 양이 많다.

**3 과학에서 일을 하지 않은 경우(＝일의 양이 0인 경우)**
  (1) 물체에 작용한 힘이 0일 때 : 마찰이 없는 수평면에서 물체가 등속 운동을 할 때, 무중력 상태인 우주 공간에서 우주선이 등속 운동을 할 때 등 ⇨ 물체가 이동하더라도 물체에 작용한 힘이 0이면 힘이 한 일의 양은 0이다.
  (2) 물체가 이동한 거리가 0일 때 : 벽이나 큰 바위를 미는 것처럼 힘이 작용해도 물체가 움직이지 않을 때, 역기를 들고 가만히 서 있을 때 등 ⇨ 물체에 힘이 작용하더라도 물체가 이동하지 않으면 이동 거리가 0이므로 힘이 한 일의 양은 0이다.
  (3) 힘의 방향과 물체의 이동 방향이 수직일 때 : 책 등의 물건을 들고 수평 방향으로 걸어갈 때, 인공위성과 같이 등속 원운동을 할 때 ⇨ 물체가 힘의 방향으로 이동한 거리가 0이므로 힘이 한 일의 양은 0이다.

▲ 물체에 작용한 힘이 0일 때

▲ 물체가 이동한 거리가 0일 때

▲ 힘의 방향과 물체의 이동 방향이 수직일 때

---

### 힘의 방향과 물체의 이동 방향이 나란하지 않을 때

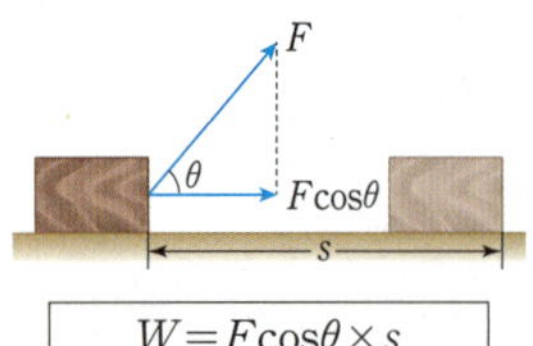


$$W = F\cos\theta \times s$$

물체에 작용한 힘과 물체의 이동 방향이 나란하지 않은 경우 물체를 이동시킨 일의 양은 물체가 이동한 방향으로 작용한 힘의 크기만 고려하여 계산한다.

---

### 힘과 이동 거리의 관계 그래프

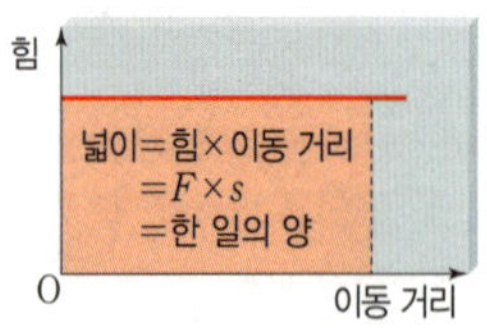

▲ 힘의 크기가 일정할 때

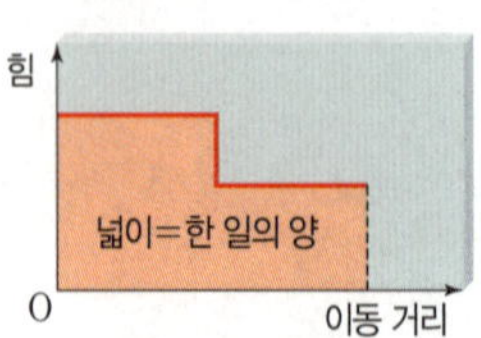

▲ 힘의 크기가 일정하지 않을 때

이동 거리—힘 그래프 아랫부분의 넓이는 힘과 이동 거리의 곱이므로 한 일의 양을 나타낸다.

---

🧪 **생활 속 과학**　　**1 kcal는 몇 J(줄)일까?**

식이요법을 하는 사람들은 흔히 음식의 칼로리를 중요시한다. 이때 칼로리는 kcal(킬로칼로리)라고 하는 열량의 단위이며, 1 kcal는 약 4184 J에 해당한다.

---

## 2 일과 에너지의 관계

### 1 에너지

(1) 에너지 : 어떤 물체가 가진 일을 할 수 있는 능력을 에너지라고 한다. ⇨ 물체가 낙하하거나 움직일 때, 석유가 타서 열이 발생할 때 등 한 형태에서 다른 형태로 변할 때 에너지의 효과가 나타나며, 에너지는 다양한 형태로 존재한다.

(2) 에너지의 단위 : J(줄)을 사용한다.

에너지는 그 물체가 할 수 있는 일의 양과 같으니까 일의 단위와 같은 J(줄)을 사용해~

### 2 일과 에너지의 관계 : 한 종류의 에너지는 일을 통해 다른 종류의 에너지로 전환될 수 있는데, 일을 하기 위해서는 에너지가 필요하므로 물체에 일을 하면 사용한 에너지가 물체의 에너지로 전환된다. ⇨ 에너지는 일로, 일은 다시 에너지로 전환될 수 있다.

$$\text{에너지} \Rightarrow \text{일} \Rightarrow \text{에너지}$$

일을 통해 에너지가 생성되는 것이 아니라 하나의 에너지가 다른 에너지로 전환되는 거야~!

(1) 물체가 일을 했을 때 : 한 일의 양만큼 물체의 에너지가 감소한다.

(2) 물체에 일을 해 주었을 때 : 물체에 해 준 일의 양만큼 물체의 에너지가 증가한다.

(3) 일이 에너지로 전환되는 예

| | | |
|---|---|---|
| 쇼트트랙 |  | 뒤에 있는 쇼트트랙 선수가 앞 선수에게 힘을 주어 미는 일을 하면 앞에 있는 선수의 에너지가 증가한다. |
| 역도 |  | 역도 선수가 힘을 주어 역기를 들어 올리는 일을 하면 역기의 에너지가 증가한다. |

★ 이것이 핵심!!

물체가 일을 하면 한 일의 양만큼 물체의 에너지가 감소하고, 물체에 일을 해 주면 물체에 해 준 일의 양만큼 물체의 에너지가 증가한다.

더 알아보기 **여러 가지 에너지**

| 에너지 | 중력에 의한 위치 에너지 | 운동 에너지 | 화학 에너지 | 소리 에너지 |
|---|---|---|---|---|
| 정의 | 높은 곳에 있는 물체가 가지는 에너지 | 운동하는 물체가 가지는 에너지 | 화학 결합에 의해 물질 내에 저장되어 있는 에너지 | 소리가 가지는 에너지 |
| 예 | 댐에 저장된 물, 나무에 달린 사과 등 | 달리는 자동차, 굴러가는 공 등 | 화석 연료, 건전지 등 | 텔레비전, 라디오 등 |

| 에너지 | 전기 에너지 | 열에너지 | 핵에너지 | 빛에너지 |
|---|---|---|---|---|
| 정의 | 전류나 전기를 띤 물체가 가지는 에너지 | 원자나 분자의 운동에 의한 에너지 | 원자핵들이 합쳐지거나 쪼개질 때 방출하는 에너지 | 전자기파의 일종인 빛이 가지고 있는 에너지 |
| 예 | 전열기, 전등, 전동기 등 | 찜질팩, 엔진, 용광로 등 | 핵발전, 방사선 치료 등 | 가시광선, X선, 적외선, 자외선 등 |

---

**에너지의 크기**

에너지는 일로 전환될 수 있고, 일은 에너지로 전환될 수 있으므로 물체가 한 일의 양으로 물체가 가지고 있던 에너지의 크기를 측정할 수 있다.

**일의 주체와 대상**

기계나 사람이 일을 한다는 것은 기계나 사람이 물체에 힘을 작용하여 힘의 방향으로 물체를 이동시킨다는 것을 의미한다.

- 물체를 일정한 속력으로 들어 올리면 기계나 사람이 물체에 작용하는 중력에 대하여 일을 한 것이다.
- 마찰이 있는 수평면에서 물체를 일정한 속력으로 밀면 물체에 작용하는 마찰력에 대하여 일을 한 것이다.

## 3 중력에 의한 위치 에너지

**1 중력에 대해 한 일(물체를 들어 올릴 때 한 일)**

(1) 물체를 일정한 속력으로 들어 올리기 위해서는 중력과 크기가 같고 방향이 반대인 힘이 물체에 계속 작용해야 한다.

(2) 작용한 힘은 물체의 무게와 같으므로 중력에 대해 한 일의 양은 물체의 무게와 물체를 들어 올린 높이의 곱으로 구한다.

▲ 중력에 대한 일

$$중력에 대해 한 일(J) = 물체의 무게(N) \times 들어 올린 높이(m)$$
$$= 9.8 \times 질량 \times 들어 올린 높이 = 9.8mh$$

**2 중력에 의한 위치 에너지** : 중력이 작용하는 곳에서 어떤 높이에 있는 물체가 가지는 에너지이다.

(1) 중력에 의한 위치 에너지의 크기 : 질량이 $m(\mathrm{kg})$인 물체를 높이 $h(\mathrm{m})$만큼 들어 올릴 때 한 일의 양으로, 9.8과 물체의 질량과 높이를 곱한 값과 같다.

$$중력에 의한 위치 에너지(J) = 9.8 \times 질량(\mathrm{kg}) \times 높이(\mathrm{m})$$
$$= 9.8mh \ (단위 : \mathrm{J})$$



(2) 기준면에 따른 중력에 의한 위치 에너지 : 물체의 위치가 일정하더라도 기준면에 따라 물체의 중력에 의한 위치 에너지는 달라진다.

① 기준면이 지면일 때 : $E_{위치} = 9.8mh_1$
② 기준면이 베란다일 때 : $E_{위치} = 9.8m(h_1 - h_2)$
③ 기준면이 옥상일 때 : $E_{위치} = 9.8m \times 0 = 0$

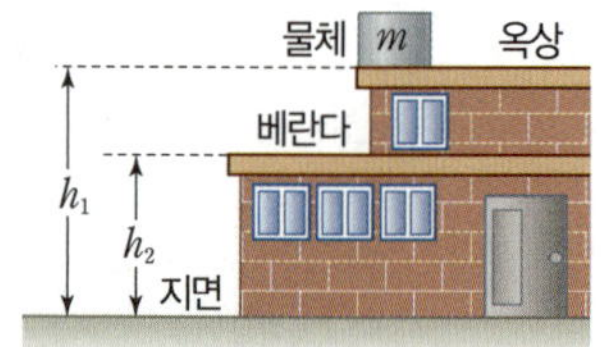


**3 중력에 의한 위치 에너지와 질량 및 높이의 관계** : 물체를 들어 올리려면 물체의 무게만큼의 힘이 작용해야 하므로 물체의 중력에 의한 위치 에너지는 무게(질량)와 들어 올린 높이에 각각 비례한다.

| 중력에 의한 위치 에너지와 질량의 관계 | 중력에 의한 위치 에너지와 높이의 관계 |
|---|---|
|  |  |
| 물체의 높이가 일정할 때, 중력에 의한 위치 에너지는 질량에 비례한다.<br>⇨ 중력에 의한 위치 에너지∝질량 | 물체의 질량이 일정할 때, 중력에 의한 위치 에너지는 물체의 높이에 비례한다.<br>⇨ 중력에 의한 위치 에너지∝높이 |

**4 중력에 의한 위치 에너지와 일의 관계** : 중력에 의한 위치 에너지는 일로, 일은 중력에 의한 위치 에너지로 서로 전환된다.

(1) 물체에 일을 해 줄 때 : 물체에 해 준 일의 양만큼 물체의 중력에 의한 위치 에너지가 증가한다. 예 돌에 힘을 주어 높은 곳으로 옮기면 돌에 해 준 일만큼 돌의 중력에 의한 위치 에너지가 증가한다. → 물체를 들어 올릴 때 한 일=물체의 증가한 중력에 의한 위치 에너지

(2) 물체가 일을 할 때 : 물체가 한 일의 양만큼 물체의 중력에 의한 위치 에너지가 감소한다. 예 돌이 떨어지면서 아래에 있는 말뚝을 박을 때 한 일만큼 돌의 중력에 의한 위치 에너지가 감소한다. → 물체가 낙하할 때 한 일=물체의 감소한 위치 에너지



위치 에너지는 물체의 질량과 높이의 곱에 비례한다.

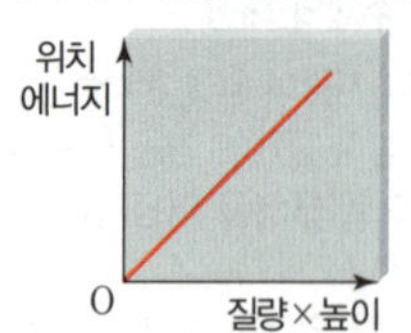

추의 높이가 높을수록, 추의 질량이 클수록 말뚝이 깊이 박힌다.

## 4 운동 에너지

**1 운동 에너지** : 운동하는 물체가 가지는 에너지이다.
  (1) 운동 에너지의 크기 : 질량이 $m(\text{kg})$인 물체가 속력 $v(\text{m/s})$로 운동하고 있을 때 갖는 운동 에너지로, $\frac{1}{2}$과 물체의 질량과 속력의 제곱을 곱한 값과 같다.

$$운동 \text{ 에너지(J)} = \frac{1}{2} \times 질량(\text{kg}) \times (속력)^2 (\text{m/s})^2 = \frac{1}{2}mv^2 (단위 : \text{J})$$



  (2) 운동 에너지의 예 : 하늘을 나는 비행기, 떨어지는 빗방울, 풍력 발전, 파력 발전 등

**2 운동 에너지와 질량 및 속력의 관계**
  (1) 물체의 운동 에너지는 물체의 질량이 클수록, 속력이 빠를수록 크다.

| 운동 에너지와 질량의 관계 | 운동 에너지와 (속력)²의 관계 |
| --- | --- |
| 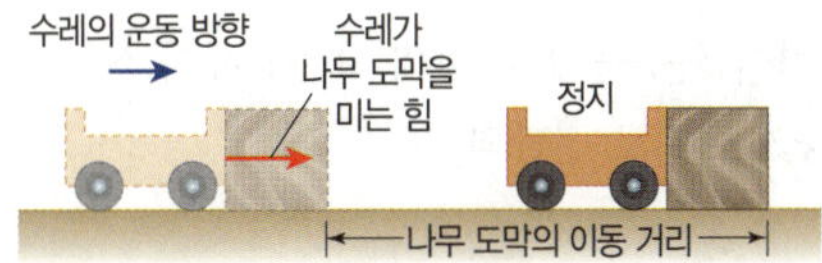 | |
| 물체의 속력이 일정할 때, 운동 에너지는 물체의 질량에 비례한다. ⇨ 운동 에너지 ∝ 질량 | 물체의 질량이 일정할 때, 운동 에너지는 물체의 속력의 제곱에 비례한다. ⇨ 운동 에너지 ∝ (속력)² |

  (2) 운동 에너지와 일의 관계
    ① 운동하는 수레가 나무 도막에 충돌하면 수레의 운동 에너지가 나무 도막을 밀어내는 일로 전환된다.



    ⇨ 수레의 운동 에너지 감소량 = 수레가 나무 도막에 한 일
            = 나무 도막에 작용한 힘의 크기 × 나무 도막의 이동 거리
    ② 나무 도막의 이동 거리는 수레의 운동 에너지에 비례한다.

**3 중력이 한 일(물체가 자유 낙하 할 때 한 일)과 운동 에너지의 관계** : 물체를 공중에서 놓으면 물체가 중력을 받아 중력의 방향으로 이동한다. 즉, 자유 낙하 하는 동안 중력이 물체에 일을 하며, 이 일이 물체의 운동 에너지로 전환된다.

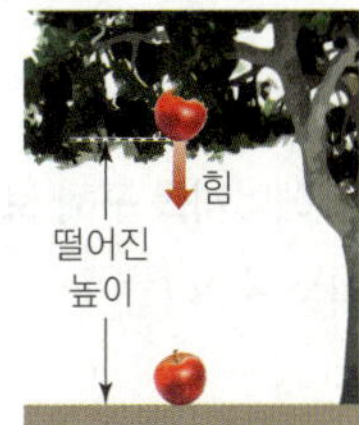


  (1) 중력이 한 일의 양은 중력의 크기와 물체가 낙하한 거리의 곱으로 구한다. 

$$중력이 \text{ 한 일(J)} = 중력(\text{N}) \times 떨어진 높이(\text{m})$$

  (2) 물체의 질량이 클수록, 물체가 낙하한 거리가 길수록 중력이 물체에 한 일의 양이 많아지므로 물체의 운동 에너지가 커진다.

**★ 이것이 핵심!!**

> 중력에 의한 위치 에너지는 물체의 질량과 높이에 각각 비례하고, 운동 에너지는 물체의 질량과 속력의 제곱에 각각 비례한다.

---

**운동 에너지의 크기 측정**
에너지는 물리적인 일을 할 수 있는 능력으로, 물체의 에너지를 직접 측정하는 대신 물체가 할 수 있는 일의 양을 측정하여 에너지의 크기를 구할 수 있다.

**운동 에너지와 질량 및 (속력)²의 관계**

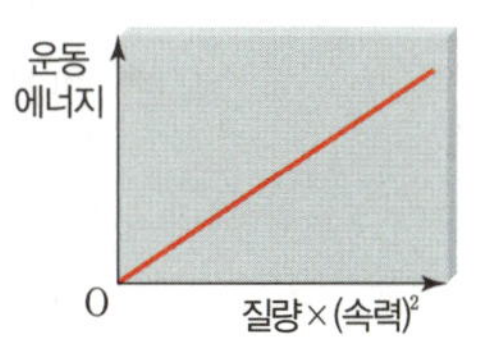


운동 에너지는 물체의 질량과 (속력)²의 곱에 비례한다.

**운동 에너지의 전환**
수레에 미는 일을 하면 힘이 한 일의 양만큼 수레의 운동 에너지가 증가하고, 운동하는 수레가 나무 도막을 미는 일을 하면 그 일의 양만큼 수레의 운동 에너지가 감소한다. 이와 같이 운동 에너지는 일로, 일은 운동 에너지로 서로 전환된다.

**자동차의 제동 거리**

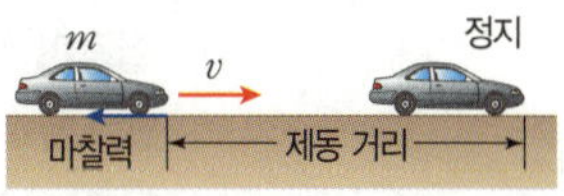


- 제동 거리 : 달리고 있던 자동차가 브레이크 페달을 밟는 순간부터 완전히 멈출 때까지의 거리
- 자동차의 제동 거리와 속력의 관계 : 자동차의 질량을 $m$, 브레이크를 밟기 전 자동차의 속력을 $v$라고 하면 $\frac{1}{2}mv^2 = $ 마찰력 × 제동 거리이다. 따라서 제동 거리는 $v^2$에 비례한다.

# 탐구

# 중력이 한 일과 운동 에너지의 관계

## 과정

1. 그림과 같이 스탠드를 이용하여 투명 관과 자를 설치하고, 투명 관의 아래에 모래를 넣은 컵을 놓는다.

2. 투명 관의 위쪽 입구(A)에서 아래로 0.5 m 떨어진 위치(B)에 속력 측정기를 설치한다.

3. A에서 질량이 0.1 kg인 쇠구슬을 떨어뜨리면서 B를 지날 때의 속력을 측정한다.

4. 과정 3을 두 번 더 반복하여 쇠구슬의 평균 속력을 구한다.

과정을 여러 번 반복하는 까닭은 오차를 줄이기 위해서야~

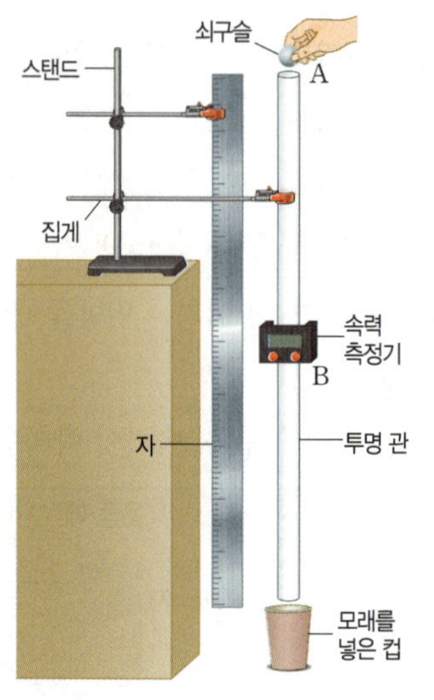


## 결과

• 쇠구슬의 질량 : 0.1 kg
• A에서 B까지의 거리 : 0.5 m
• 쇠구슬의 평균 속력

| 횟수 | 1회 | 2회 | 3회 | 평균 |
|---|---|---|---|---|
| 평균 속력(m/s) | 3.13 | 3.12 | 3.14 | 3.13 |

• 쇠구슬이 A에서 B까지 떨어지는 동안 중력이 쇠구슬에 한 일의 양=B에서 쇠구슬의 운동 에너지
  ⇨ 중력이 쇠구슬에 한 일이 쇠구슬의 운동 에너지로 전환되었다.

## 정리

**1 쇠구슬이 A에서 B까지 떨어지는 동안 중력이 한 일의 양을 구해 보자.**

쇠구슬이 A에서 B까지 떨어지는 동안 중력이 쇠구슬에 한 일의 양은 물체에 작용하는 중력의 크기와 물체의 (㉠     )를 곱한 값이다. 따라서 $9.8 ×$ (㉡     ) N × (㉢     ) m= (㉣     ) J이다.

**2 B에서 쇠구슬의 운동 에너지를 구해 보자.**

B에서의 운동 에너지는 $\frac{1}{2} ×$ (㉠     ) kg × (㉡     )$(m/s)^2 ≒$ (㉢     ) J이다.

**3 질량이 2배인 쇠구슬을 사용하여 위 실험을 한다면, 쇠구슬의 운동 에너지는 몇 배가 되는지 설명해 보자.**

질량이 2배가 되면 쇠구슬에 작용하는 중력의 크기가 (㉠     )배가 되므로 중력이 쇠구슬에 한 일의 양이 (㉡     )배가 된다. 따라서 쇠구슬의 운동 에너지는 (㉢     )배가 된다.

## 🔍 탐구 핵심 !!

물체가 높은 곳에서 낙하할 때 물체에 중력이 작용하여 일을 하며, 중력이 물체에 한 일은 물체의 운동 에너지로 전환된다.

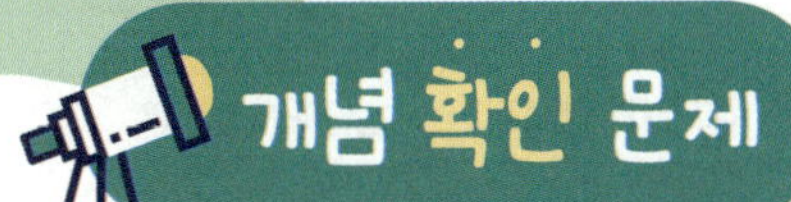
# 개념 확인 문제

※ 다음 글의 빈칸에 알맞은 말을 쓰거나 고르시오.

## 1 과학에서의 일

**01** 과학에서의 일은 물체에 (㉠　　)이 작용하여 (㉡　　)의 방향으로 물체를 이동시키는 경우를 말한다.

**02** 일의 양은 물체에 작용한 (㉠　　)의 크기와 물체의 (㉡　　)의 곱으로 구한다.

**03** 힘의 방향과 물체의 이동 방향이 수직일 때 힘이 한 일은 (　　)이다.

**04** 수평면에 놓인 물체에 10 N의 힘을 작용하여 수평 방향으로 3 m 이동시켰을 때 한 일의 양은 (　　) J이다.

**05** 과학에서의 일을 한 경우를 |보기|에서 모두 고르시오.
(　　　　)

┤ 보기 ├
ㄱ. 1층에 있는 책상을 3층으로 옮겼다.
ㄴ. 1시간 동안 음악을 들으면서 책을 읽었다.
ㄷ. 바위를 밀었으나 움직이지 않았다.
ㄹ. 마찰이 없는 얼음판 위에서 스케이트를 타고 일정한 속력으로 움직였다.
ㅁ. 탁자를 수평 방향으로 밀어 2 m를 옮겼다.

## 2 일과 에너지의 관계

**06** 일을 할 수 있는 능력을 (　　)라고 한다.

**07** 일과 (　　)는 서로 전환될 수 있다.

**08** 물체가 일을 했을 때 한 일의 양만큼 물체의 에너지가 (증가, 감소)한다.

**09** 물체에 일을 해 주었을 때 물체에 해 준 일의 양만큼 물체의 에너지가 (증가, 감소)한다.

**10** 과학에서의 일과 에너지에 대한 설명으로 옳은 것은 ◯, 옳지 <u>않은</u> 것은 ×로 표시하시오.

(1) 일의 양을 나타내는 단위로는 J(줄)을 사용한다.
(◯, ×)

(2) 물체가 힘의 방향과 수직인 방향으로 이동하였다면 일의 양이 최대가 된다. (◯, ×)

(3) 에너지의 단위는 일의 단위와 같다. (◯, ×)

(4) 에너지를 가지고 있는 물체는 일을 할 수 있다.
(◯, ×)

(5) 에너지는 일로 전환되지만, 일은 에너지로 전환될 수 없다. (◯, ×)

(6) 50 J의 에너지를 가지고 있는 물체에 40 J의 일을 해 주면, 이 물체의 에너지는 10 J이 된다. (◯, ×)

## 3 중력에 의한 위치 에너지

**11** 높은 곳에 있는 물체가 가지는 에너지를 중력에 의한 (　　) 에너지라고 한다.

**12** 높은 곳에 있는 물체가 가진 중력에 의한 위치 에너지의 크기는 (㉠　　)과 물체의 (㉡　　)과 높이를 곱한 값과 같다.

**13** 중력에 의한 위치 에너지는 물체의 높이가 일정할 때 (　　)에 비례한다.

**14** 중력에 의한 위치 에너지는 물체의 질량과 높이의 곱에 (　　)한다.

**15** 추의 질량이 (㉠　　)수록, 추의 높이가 (㉡　　)을수록 말뚝이 깊이 박힌다.

**16** 물체가 일을 할 때 물체가 한 일의 양만큼 물체의 중력에 의한 위치 에너지는 (　　)한다.

## 4 운동 에너지

**17** 운동하는 물체가 가지는 에너지를 (　　) 에너지라고 한다.

**18** 운동 에너지의 크기는 (㉠　　)과 물체의 (㉡　　)과 (㉢　　)을 곱한 값이다.

**19** 물체의 운동 에너지는 물체의 질량이 (㉠　　)수록, 속력이 (㉡　　)수록 크다.

**20** 운동 에너지의 크기는 물체의 질량이 일정할 때 (　　)에 비례한다.

**21** 정지한 물체에 힘을 가하여 물체를 움직이게 하면 물체의 운동 에너지는 (증가, 감소)한다.

**22** 물체가 자유 낙하 할 때 물체가 낙하한 거리가 (길, 짧을)수록 물체의 운동 에너지가 증가한다.

**23** 중력에 의한 위치 에너지와 운동 에너지에 대한 설명으로 옳은 것은 ◯, 옳지 <u>않은</u> 것은 ×로 표시하시오.

(1) 기준면에 있는 물체의 위치 에너지는 0이다.
(◯, ×)

(2) 물체를 들어 올릴 때에는 중력에 대해 일을 한다.
(◯, ×)

(3) 운동하던 물체의 속력이 2배가 되면 운동 에너지는 2배가 된다. (◯, ×)

(4) 공기 저항이 없는 공간에서도 낙하하는 물체는 운동 에너지가 존재한다. (◯, ×)

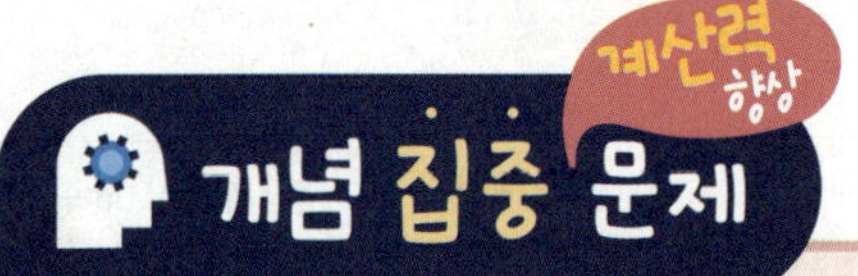

# 개념 집중 문제

## ● 과학에서의 일

물체에 힘이 작용하여 그 힘의 방향으로 물체를 이동시켰을 때 일을 했다고 한다.

⇨ 일(J)＝힘(N)×이동 거리(m)

(1) 과학에서 일을 하지 않은 경우 : 물체에 작용한 힘이 0일 때, 물체가 이동한 거리가 0일 때, 힘의 방향과 물체의 이동 방향이 수직일 때

(2) 에너지와 일은 서로 전환된다.

## ● 중력에 의한 위치 에너지와 운동 에너지

| 중력에 의한 위치 에너지 | 운동 에너지 |
|---|---|
| $9.8×질량(kg)×높이(m)$ $=9.8mh$ | $\frac{1}{2}×질량(kg)×(속력)^2(m/s)^2$ $=\frac{1}{2}mv^2$ |
| 질량과 높이에 각각 비례 | 질량과 $(속력)^2$에 각각 비례 |

---

### 과학에서의 일

**1** 물체에 30 N의 힘이 작용하여 물체를 힘의 방향으로 10 m 이동시켰다. 이때 힘이 물체에 해 준 일은 몇 J인가?

**2** 물체가 처음 가진 에너지는 20 J이었다. 이 물체에 10 J의 일을 해 주었을 때, 물체의 에너지는 몇 J인가?

### 중력에 의한 위치 에너지

**3** 질량이 10 kg인 물체를 3 m 들어 올릴 때 한 일의 양은 몇 J인가? (단, 질량이 1 kg인 물체의 무게는 9.8 N이다.)

**4** 질량이 5 kg인 물체가 지면으로부터 2 m 높이에 있을 때, 이 공이 떨어지면서 지면에 할 수 있는 일의 양은 몇 J인가? (단, 질량이 1 kg인 물체의 무게는 9.8 N이다.)

**5** 그림은 질량이 각각 1 kg, 3 kg인 물체 A와 B가 지면으로부터 각각 5 m, 2 m 높이에 있을 때의 모습을 나타낸 것이다. 두 물체가 가지는 중력에 의한 위치 에너지의 비(A : B)는 얼마인가?

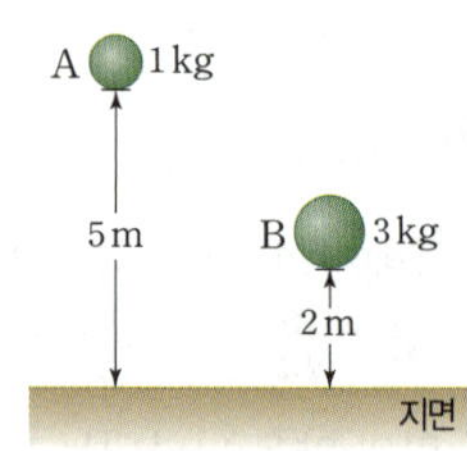


### 운동 에너지

**6** 질량이 10 kg인 물체가 10 m/s의 속력으로 운동하고 있을 때, 이 물체의 운동 에너지는 몇 J인가?

**7** 질량이 6 kg인 실험용 수레가 책상 위에서 움직이고 있을 때, 이 수레의 운동 에너지가 27 J이었다면 수레의 속력은 몇 m/s인가?

**8** 운동하고 있는 (1) 수레의 질량을 3배로 늘렸을 때와 (2) 속력을 3배로 늘렸을 때 수레의 운동 에너지는 각각 몇 배가 되겠는가?

# 04 역학적 에너지 전환과 보존



## 1 역학적 에너지 전환

**1 역학적 에너지** : 물체의 중력에 의한 위치 에너지와 운동 에너지의 합을 역학적 에너지라고 한다.

**2 역학적 에너지 전환** : 운동하는 물체의 높이가 변할 때 위치 에너지가 운동 에너지로, 또는 운동 에너지가 위치 에너지로 전환된다.

(1) A : 위치 에너지는 최대, 운동 에너지는 최소이다.

(2) A → B : 위치 에너지는 감소하고, 운동 에너지는 증가하므로 위치 에너지가 운동 에너지로 전환된다.

(3) B : 위치 에너지는 최소, 운동 에너지는 최대이다. ⇨ 속력이 가장 빠르다.

(4) B → C : 운동 에너지는 감소하고, 위치 에너지는 증가하므로 운동 에너지가 위치 에너지로 전환된다.

⇨ 공기 저항이나 마찰이 없을 때 역학적 에너지는 일정하다.

물체가 올라가는 동안 속력이 점점 감소하다가 최고점에 이르는 순간 속력이 0이 되지~

**3 연직 위로 던져 올린 물체와 자유 낙하 하는 물체의 역학적 에너지 전환**

| 연직 위로 던져 올린 물체 | 자유 낙하 하는 물체 |
| --- | --- |
| 정지<br>위치 에너지<br>운동 에너지 | 정지<br>위치 에너지<br>운동 에너지 |
| 물체의 운동 방향과 반대 방향으로 중력이 작용하여 운동 에너지는 감소하고 위치 에너지는 증가한다.<br>⇨ 운동 에너지가 위치 에너지로 전환되는 역학적 에너지 전환이 일어난다. | 물체에 중력만 작용하여 낙하하는 동안 위치 에너지는 감소하고 운동 에너지는 증가한다.<br>⇨ 위치 에너지가 운동 에너지로 전환되는 역학적 에너지 전환이 일어난다. |

### 🔬 생활 속 과학 · 장대높이뛰기 선수의 역학적 에너지 전환

장대높이뛰기 선수가 도약을 하기 위해 달려갈 때는 운동 에너지만 가지고 있으며, 이 운동 에너지는 장대를 휘게 만들어 탄성력에 의한 위치 에너지로 저장되었다가 선수의 위치를 높이는 데 이용된다. 즉, 장대높이뛰기 선수의 역학적 에너지는 운동 에너지 → 탄성력에 의한 위치 에너지 → 중력에 의한 위치 에너지 → 운동 에너지 순으로 전환된다.

---

**비스듬히 던져 올린 물체의 역학적 에너지 전환**

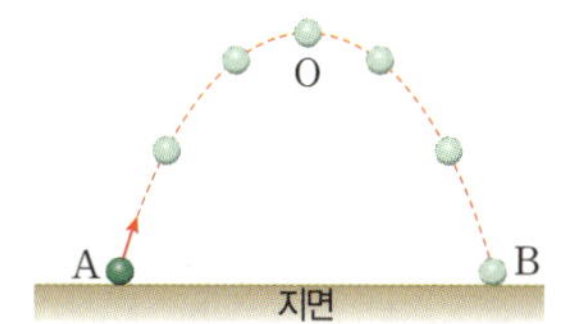


공기 저항이 없다면 위로 던져 올린 물체의 운동과 같이 역학적 에너지는 보존된다. A → O일 때는 운동 에너지가 위치 에너지로 전환되며, O → B일 때는 위치 에너지가 운동 에너지로 전환된다. 최고점(O)에서는 수평 방향의 속력이 있으므로 운동 에너지는 0이 아니다.

**반원형 그릇에서 물체의 역학적 에너지 전환**

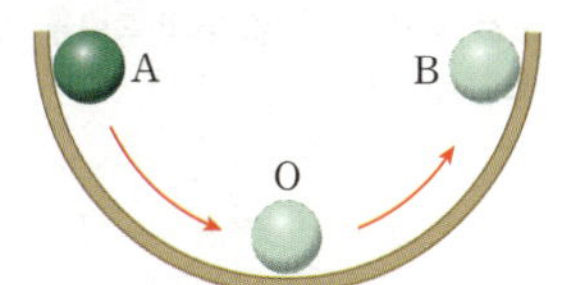


A → O일 때는 위치 에너지가 운동 에너지로 전환되며, O → B일 때는 운동 에너지가 위치 에너지로 전환된다.

**역학적 에너지 전환의 예**

• 수영 선수의 다이빙 : 수영 선수가 다이빙할 때 위치 에너지가 운동 에너지로 전환된다.

• 놀이공원의 자이로드롭 : 놀이공원의 자이로드롭이 내려올 때 위치 에너지가 운동 에너지로 전환된다.

**역학적 에너지 보존 법칙**

공기 저항이나 마찰이 없으면 운동하는 물체의 역학적 에너지는 항상 일정하게 보존되는데, 이를 역학적 에너지 보존 법칙이라고 하며 낙하 운동뿐만 아니라 중력만을 받으면서 높이와 속력이 변하는 물체의 운동에서 모두 성립한다.

## ② 역학적 에너지 보존

**1 역학적 에너지 보존 법칙** : 공기 저항이나 마찰이 없을 때, 운동하는 물체의 역학적 에너지는 항상 일정하게 보존된다.

> 역학적 에너지＝위치 에너지＋운동 에너지＝일정

**2 자유 낙하 하는 물체의 역학적 에너지 보존** : 물체가 자유 낙하 하는 동안 위치 에너지는 감소하고 운동 에너지는 증가하며, 자유 낙하 하는 모든 지점에서 역학적 에너지는 항상 일정하다.

| | | |
|---|---|---|
| O<br>(최고점) | 위치 에너지 : $9.8mh$<br>운동 에너지 : $0$<br>역학적 에너지 : $9.8mh$ | |
| A | 위치 에너지 : $9.8mh_1$<br>운동 에너지 : $\frac{1}{2}mv_1^2$<br>역학적 에너지 : $9.8mh_1+\frac{1}{2}mv_1^2=9.8mh$ | |
| B | 위치 에너지 : $9.8mh_2$<br>운동 에너지 : $\frac{1}{2}mv_2^2$<br>역학적 에너지 : $9.8mh_2+\frac{1}{2}mv_2^2=9.8mh$ | |
| C<br>(최저점) | 위치 에너지 : $0$<br>운동 에너지 : $\frac{1}{2}mv^2$<br>역학적 에너지 : $\frac{1}{2}mv^2=9.8mh$ | |

⇨ 물체가 A에서 B로 자유 낙하 하는 동안 감소한 위치 에너지는 $9.8mh_1-9.8mh_2$이고, 증가한 운동 에너지는 $\frac{1}{2}mv_2^2-\frac{1}{2}mv_1^2$이다. 모든 위치에서 역학적 에너지는 같아~!

**역학적 에너지 보존을 이용한 위치 에너지와 운동 에너지 예측**

• 공을 위로 던져 올릴 때 : 물체의 처음 속력을 알면 운동 에너지를 구할 수 있고, 최고점에서의 위치 에너지가 처음 운동 에너지와 같으므로 최고점의 높이를 예측할 수 있다.

• 물체가 자유 낙하 할 때 : 물체의 처음 높이를 알면 위치 에너지를 구할 수 있고, 지면에 도달할 때의 운동 에너지가 처음 위치 에너지와 같으므로 지면에 도달할 때의 속력을 예측할 수 있다.

### 3 진자의 왕복 운동에서 역학적 에너지 보존

| | | |
|---|---|---|
| A<br>(최고점) | 위치 에너지: 최대<br>운동 에너지: 0 | |
| A → O | 위치 에너지: 감소<br>운동 에너지: 증가<br>⇨ 위치 에너지가 운동 에너지로 전환 | |
| O<br>(최저점) | 위치 에너지: 최소<br>운동 에너지: 최대 | |
| O → B | 운동 에너지: 감소<br>위치 에너지: 증가<br>⇨ 운동 에너지가 위치 에너지로 전환 | |
| B<br>(최고점) | 위치 에너지: 최대<br>운동 에너지: 0 | |

⇨ 공기 저항을 무시할 때 역학적 에너지는 일정하게 보존된다.

➕ **용어**

**진자**

추를 매달아 일정한 시간 간격으로 왕복 운동할 수 있도록 만든 장치이다.

⭐ 이것이 핵심!!!

역학적 에너지는 위치 에너지와 운동 에너지의 합이고, 공기 저항이나 마찰이 없을 때 운동하는 물체의 역학적 에너지는 항상 일정하게 보존된다.

# 탐구  자유 낙하 운동을 하는 물체의 역학적 에너지

**과정**

❶ 그림과 같이 투명 플라스틱 관과 자를 설치하고, 투명 플라스틱 관 위쪽 끝을 자의 눈금 100 cm에 맞춘다.

❷ 투명 플라스틱 관의 0 cm, 50 cm인 지점에 각각 속력 측정기를 설치하고, 투명 플라스틱 관 아래에 종이컵을 놓는다.

❸ 투명 플라스틱 관을 통해 질량이 0.1 kg인 쇠구슬을 떨어뜨린 후, 투명 플라스틱 관의 0 cm, 50 cm인 지점의 속력을 측정하여 기록한다. *이때 질량이 더 큰 쇠구슬을 떨어뜨리면 운동 에너지는 커지겠지~?*

❹ 과정 ❸을 세 번 더 반복하여 평균값을 구한다.

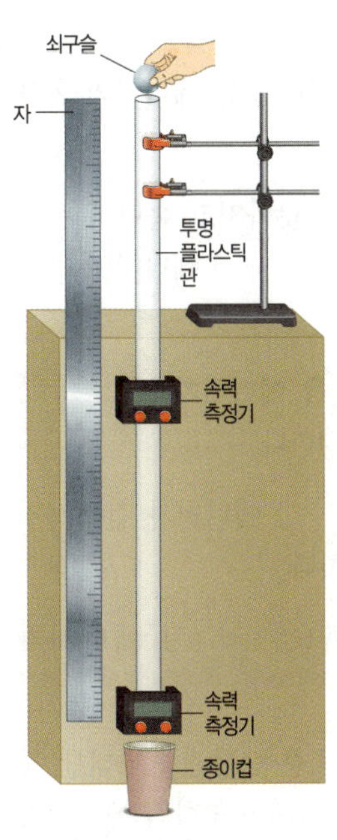


**유의점**
• 투명 플라스틱 관이 지면에 수직이 되도록 고정한다.
• 쇠구슬이 낙하하는 동안 투명 관에 부딪히지 않도록 한다.

**결과**

• 쇠구슬의 질량 : 0.1 kg
• 쇠구슬의 평균 속력

| 높이(cm) | 쇠구슬의 속력(m/s) | | | |
|---|---|---|---|---|
| | 1회 | 2회 | 3회 | 평균 |
| 0 | 4.41 | 4.45 | 4.43 | 4.43 |
| 50 | 3.15 | 3.11 | 3.13 | 3.13 |

• 쇠구슬의 역학적 에너지(단, 운동 에너지는 셋째자리에서 반올림한다.)

| 높이(cm) | 위치 에너지(J) | 운동 에너지(J) | 역학적 에너지(J) |
|---|---|---|---|
| 0 | 0 | 0.98 | 0.98 |
| 50 | 0.49 | 0.49 | 0.98 |
| 100 | 0.98 | 0 | 0.98 |

**정리**

**1** 쇠구슬이 100 cm 높이에서 자유 낙하 하는 동안 위치 에너지와 운동 에너지의 변화량에 대해 설명해 보자.

쇠구슬이 자유 낙하 하는 동안 위치 에너지는 0.98 J만큼 (㉠            )하였고, 운동 에너지는 0.98 J만큼 (㉡            )하였다.

**2** 쇠구슬의 높이에 따른 역학적 에너지의 변화에 대해 설명해 보자.

쇠구슬의 높이에 관계없이 역학적 에너지는 0.98 J로 (            )된다.

**3** 속력 측정기의 위치를 50 cm에서 80 cm로 변경하여 위 실험을 한다면, 위치 에너지, 운동 에너지, 역학적 에너지는 어떻게 변하는지 설명해 보자.

속력 측정기의 위치를 50 cm에서 80 cm로 변경하여 실험을 하면 (㉠            ) 에너지는 증가하고 (㉡            ) 에너지는 감소하지만, (㉢            ) 에너지는 항상 일정하게 보존된다.

🔍 **탐구 핵심!!**

공기 저항이나 마찰이 없을 때 운동하는 물체의 역학적 에너지는 항상 일정하게 보존된다.

## 개념 확인 문제

※ 다음 글의 빈칸에 알맞은 말을 쓰거나 고르시오.

### 1 역학적 에너지 전환

**01** 물체의 중력에 의한 위치 에너지와 운동 에너지의 합을 (　　　) 에너지라고 한다.

**02** 롤러코스터가 내려올 때 높이가 낮아지고 속력이 증가하면서 (㉠　　　) 에너지가 (㉡　　　) 에너지로 전환된다.

**03** 연직 위로 던져 올린 물체는 운동 에너지가 (㉠　　　)하고, 위치 에너지가 (㉡　　　)한다.

**04** 자유 낙하 하는 물체는 (㉠　　　) 에너지가 감소하지만, (㉡　　　) 에너지는 일정하다.

**05** 수영 선수가 다이빙할 때는 (㉠　　　) 에너지가 (㉡　　　) 에너지로 전환된다.

**06** |보기|는 질량이 같은 세 물체의 운동 상태를 나타낸 것이다. 지면을 기준면으로 할 때 물체의 역학적 에너지가 큰 순서대로 나열하시오. (단, 공기 저항이나 마찰은 무시한다.)　　　　　(　　　　　)

> ┤ 보기 ├
> ㄱ. 15 m 높이의 나무에 매달려 있는 사과
> ㄴ. 지면에서 1초당 5 m를 굴러가는 공
> ㄷ. 1 m 높이의 책상 위에서 1 m/s의 속력으로 운동하는 실험용 수레

**07** 질량이 2 kg인 물체가 5 m 높이에서 자유 낙하 하였을 때, 지면에 도달한 순간 물체의 운동 에너지는 (㉠　　　) J이며, 역학적 에너지는 (㉡　　　) J이다.

### 2 역학적 에너지 보존

**08** 공기 저항이나 마찰이 없을 때, 운동하는 물체의 역학적 에너지는 항상 일정하게 (　　　)된다.

**09** 진자 운동을 하는 물체는 최고점에서 (㉠ 위치, 운동) 에너지가 최대이고, 최저점에서 (㉡ 위치, 운동) 에너지가 최대이다.

**10** 진자 운동을 하는 물체가 최저점에서 최고점으로 이동할 때 위치 에너지는 (㉠ 증가, 감소)하고, 운동 에너지는 (㉡ 증가, 감소)한다.

**11** 비스듬히 던져 올린 물체가 최고점으로 올라가는 동안 속력이 느려져서 운동 에너지는 (㉠ 증가, 감소)하고, 높이가 높아져서 위치 에너지는 (㉡ 증가, 감소)한다.

**12** 물체의 에너지에 대한 설명으로 옳은 것은 ○, 옳지 <u>않</u>은 것은 ×로 표시하시오. (단, 공기 저항이나 마찰은 무시한다.)

(1) 위치 에너지는 운동 에너지로 전환될 수 없지만, 운동 에너지는 위치 에너지로 전환될 수 있다.　(○, ×)

(2) 롤러코스터의 운동 에너지는 가장 낮은 지점에서 가장 크다.　(○, ×)

(3) 위치 에너지와 운동 에너지의 합은 항상 일정하게 보존된다.　(○, ×)

(4) 자유 낙하 운동을 하는 물체의 위치 에너지 감소량은 운동 에너지의 증가량과 같다.　(○, ×)

(5) 비스듬히 던져 올린 물체는 최고점에서 역학적 에너지가 최대이다.　(○, ×)

**13** 그림은 연직 위로 던져 올라갔다가 낙하하는 물체의 운동을 나타낸 것이다. 이에 대한 설명으로 옳은 것은 ○, 옳지 <u>않</u>은 것은 ×로 표시하시오. (단, 공기 저항은 무시한다.)

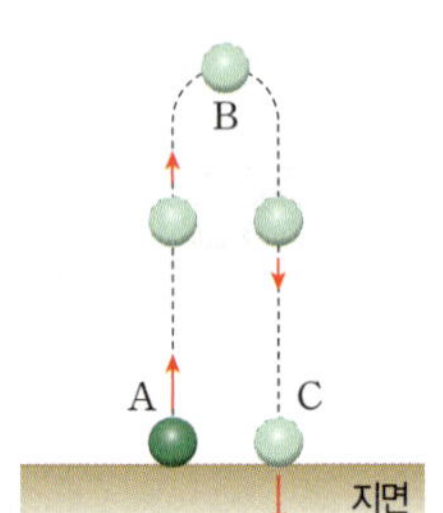


(1) A → B 구간에서 위치 에너지는 감소한다.　(○, ×)

(2) B → C 구간에서 운동 에너지는 증가한다. (○, ×)

(3) 역학적 에너지는 A에서가 C에서보다 크다.( ○, × )

**14** 그림은 반원형 그릇에서 물체의 운동을 나타낸 것이다. 빈칸에 알맞은 말을 고르시오. (단, 공기 저항이나 마찰은 무시한다.)

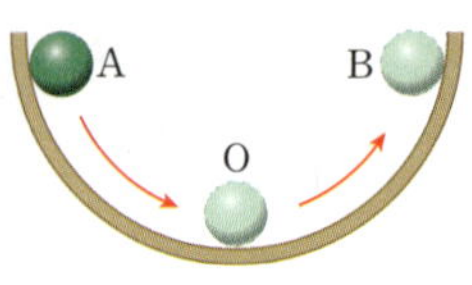


(1) A → O 구간에서 (㉠ 위치, 운동) 에너지가 (㉡ 위치, 운동) 에너지로 전환된다.

(2) O → B 구간에서 (㉠ 위치, 운동) 에너지가 (㉡ 위치, 운동) 에너지로 전환된다.

**15** 그림은 질량이 $m$인 물체를 높이 $h$에서 가만히 놓아 낙하시키는 모습을 나타낸 것이다. 빈칸에 알맞은 말을 고르시오. (단, 공기 저항은 무시한다.)

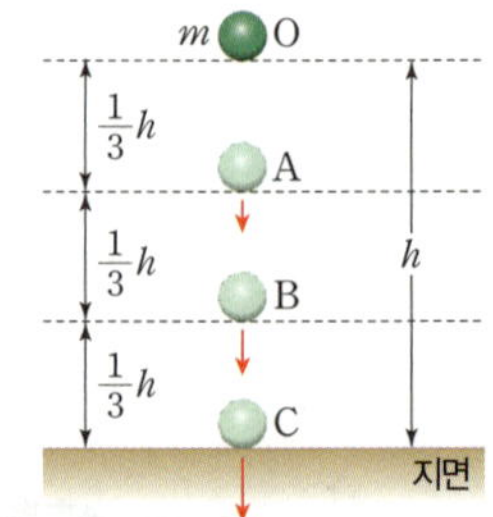


(1) A에서 위치 에너지는 운동 에너지보다 (크다, 작다).

(2) C에서 물체의 역학적 에너지의 크기는 물체의 (위치, 운동) 에너지와 같다.

◎ **역학적 에너지 전환**

운동하는 물체의 높이가 변할 때 위치 에너지가 운동 에너지로, 또는 운동 에너지가 위치 에너지로 전환된다.

(1) 역학적 에너지＝중력에 의한 위치 에너지＋운동 에너지
(2) 연직 위로 던져 올린 물체 : 증가한 위치 에너지＝감소한 운동 에너지
(3) 자유 낙하 하는 물체 : 증가한 운동 에너지＝감소한 위치 에너지

◎ **역학적 에너지 보존**

공기 저항이나 마찰이 없을 때, 운동하는 물체의 역학적 에너지는 항상 일정하게 보존된다.

> 역학적 에너지＝위치 에너지＋운동 에너지
> ＝일정

## 역학적 에너지 전환과 보존

**1** 질량이 1 kg인 물체를 2.5 m 높이에서 가만히 놓았을 때, 지면에 도달하는 순간 물체의 속력은 몇 m/s인가? (단, 공기 저항은 무시한다.)

**2** 지면으로부터 15 m 높이인 옥상에서 질량이 2 kg인 공을 가만히 놓았다. (단, 공기 저항은 무시한다.)

(1) 지면으로부터 10 m 높이인 지점을 지나는 순간 공의 운동 에너지는 몇 J인가?

(2) 지면으로부터 5 m 높이인 지점을 지나는 순간 공의 속력은 몇 m/s인가?

**3** 질량이 8 kg인 공을 연직 위로 7 m/s의 속력으로 던져 올렸을 때, 공이 올라갈 수 있는 최고 높이는 몇 m인가? (단, 공기 저항은 무시한다.)

**4** 지면으로부터 10 m 높이인 옥상에 질량이 2 kg인 물체가 있다. (단, 공기 저항은 무시한다.)

(1) 물체를 연직 위로 14 m/s의 속력으로 던져 올렸을 때 물체가 올라간 최고 높이는 지면으로부터 몇 m 떨어져 있는가?

(2) 물체를 연직 위로 6 m/s의 속력으로 던져 올렸을 때 지면에 도달하는 순간 물체의 역학적 에너지는 몇 J인가?

**5** 지면으로부터 10 m 높이인 곳에서 질량이 500 g인 물체를 가만히 놓았을 때, 운동 에너지가 위치 에너지의 4배가 되는 지점은 지면으로부터 몇 m 떨어져 있는가?

# 단원마무리 생각그물 완성하기

## 일과 에너지

### 과학에서의 일

**정의**

물체에 힘이 작용하여 그 힘의 방향으로 물체가 이동

- 일의 양($W$)

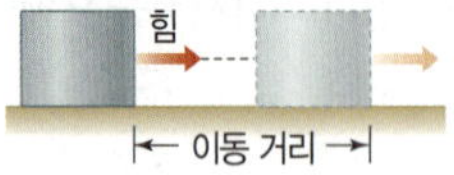


⇨ 일(J)=힘(N)×이동 거리(m)

**일의 양이 0인 경우**

- 힘이 0인 경우
- **1** (　　　)가 0인 경우
- 힘의 방향과 이동 방향이 **2** (　　　)인 경우

**일과 에너지의 관계**

에너지는 일로, 일은 에너지로 **3** (　　　)된다.

### 중력에 의한 위치 에너지

**크기**

$E_{위치}$= **4** (　　　)
(단위 : J)

**질량 및 높이와의 관계**

- 질량에 따른 위치 에너지

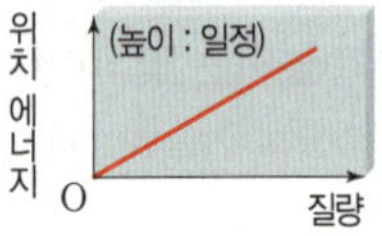


⇨ 높이가 일정할 때 위치 에너지는 질량에 **5** (　　　)

- 높이에 따른 위치 에너지

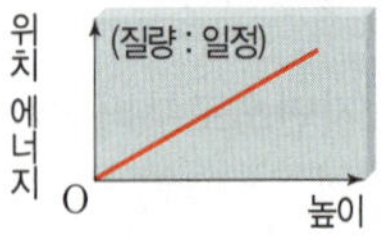


⇨ 질량이 일정할 때 위치 에너지는 높이에 **6** (　　　)

**위치 에너지와 일의 관계**

- 물체에 해 준 일의 양만큼 물체의 위치 에너지가 **7** (　　　)
- 물체가 한 일의 양만큼 물체의 위치 에너지가 **8** (　　　)

### 운동 에너지

**크기**

$E_{운동}$= **9** (　　　)
(단위 : J)

**중력이 한 일과 운동 에너지의 관계**

물체의 질량이 **10** (　　　)수록, 물체가 낙하한 거리가 **11** (　　　)수록 물체의 운동 에너지가 커짐

**질량 및 속력과의 관계**

- 질량에 따른 운동 에너지

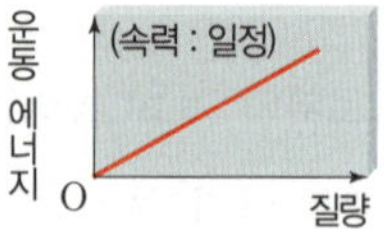


⇨ 속력이 일정할 때 운동 에너지는 질량에 **12** (　　　)

- 속력에 따른 운동 에너지

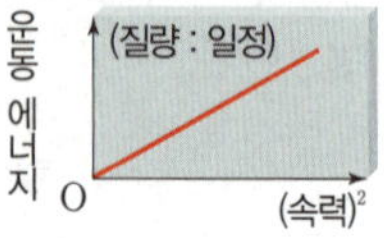


⇨ 질량이 일정할 때 운동 에너지는 (속력)$^2$에 **13** (　　　)

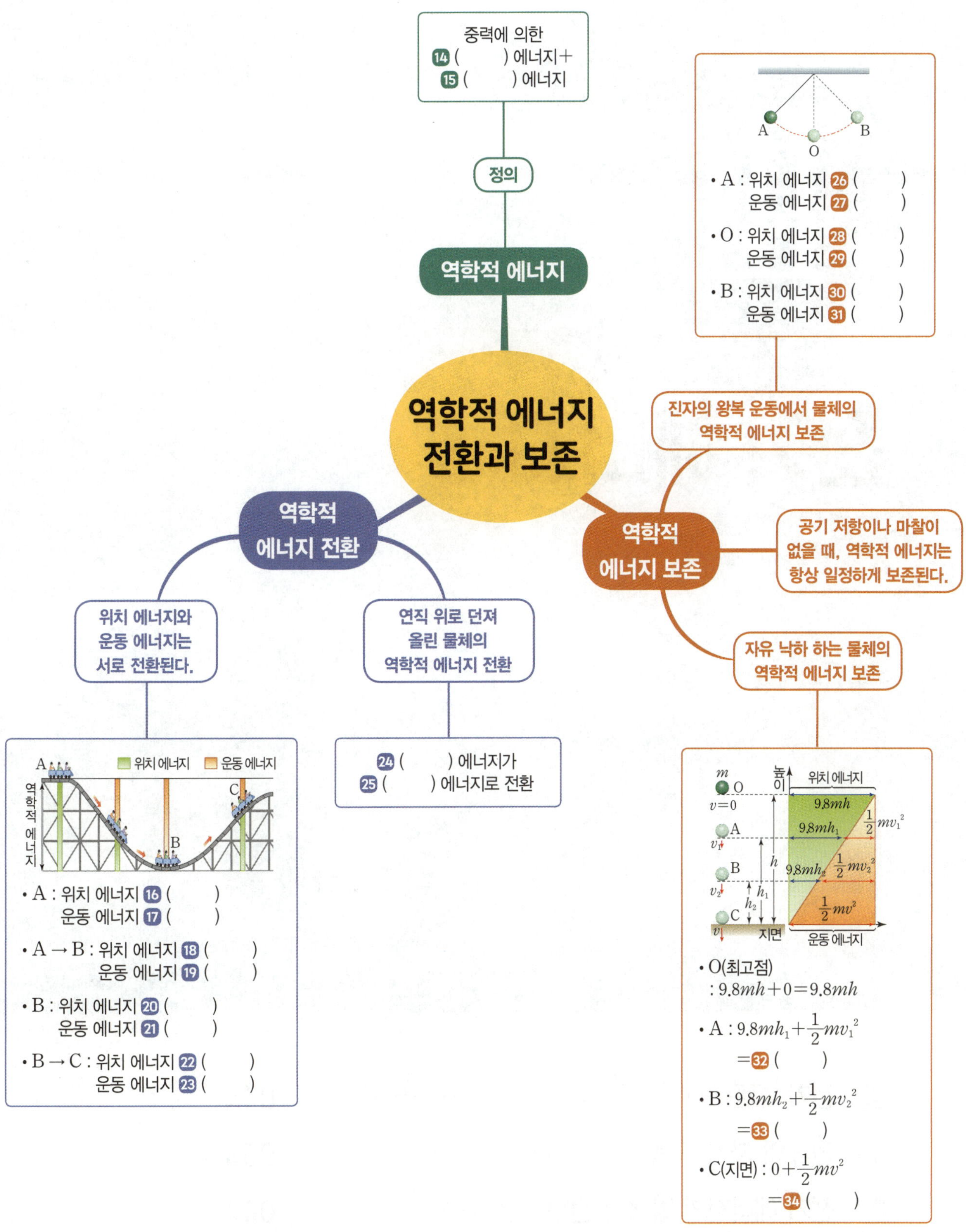
중력에 의한
14 (      ) 에너지+
15 (      ) 에너지

정의

역학적 에너지

역학적 에너지
전환과 보존

역학적
에너지 전환

역학적
에너지 보존

위치 에너지와
운동 에너지는
서로 전환된다.

연직 위로 던져
올린 물체의
역학적 에너지 전환

진자의 왕복 운동에서 물체의
역학적 에너지 보존

공기 저항이나 마찰이
없을 때, 역학적 에너지는
항상 일정하게 보존된다.

자유 낙하 하는 물체의
역학적 에너지 보존

A
O
B
· A : 위치 에너지 26 (      )
      운동 에너지 27 (      )
· O : 위치 에너지 28 (      )
      운동 에너지 29 (      )
· B : 위치 에너지 30 (      )
      운동 에너지 31 (      )

A
B
C
위치 에너지   운동 에너지
역학적 에너지
· A : 위치 에너지 16 (      )
      운동 에너지 17 (      )
· A → B : 위치 에너지 18 (      )
          운동 에너지 19 (      )
· B : 위치 에너지 20 (      )
      운동 에너지 21 (      )
· B → C : 위치 에너지 22 (      )
          운동 에너지 23 (      )

24 (      ) 에너지가
25 (      ) 에너지로 전환

위치 에너지
운동 에너지

· O(최고점)
  : 9.8mh+0=9.8mh
· A : 9.8mh₁+½mv₁²
  =32 (      )
· B : 9.8mh₂+½mv₂²
  =33 (      )
· C(지면) : 0+½mv²
      =34 (      )

# III

# 전기 에너지

물체가 대전되는 현상과 정전기 유도 현상을 관찰하고, 원자 모형으로 전기 현상을 설명하며, 우리 주변의 전기와 자기 현상에 관심을 가진다. 전기 회로에서 전하의 일정한 흐름이 만드는 전압의 역할을 이해하여 전압과 저항, 전류 사이의 관계를 추론하도록 한다. 또한 전기 에너지는 발전기에서 역학적 에너지로부터 전환된 것이며, 필요에 따라 다양한 형태의 에너지로 전환되어 사용되고, 에너지가 전환되는 과정에서 그 총량은 보존됨을 이해하도록 한다.

★ 머리카락을 빗으면 왜 머리카락이 플라스틱 빗에 달라붙을까?

★ 크리스마스트리의 전구는 왜 반짝거릴까?

★ 헤드폰에 왜 금속이 달라붙을까?

★ 풍력 발전기로 어떻게 전기 에너지를 만들 수 있을까?

# 05 전기



**원자의 구조**

➕ **용어**

**전하**
물체가 띠는 전기적 성질. 물체가 전기적 현상을 나타내는 원인

**마찰 전기에 의한 현상**
- 비질을 할 때 빗자루에 먼지들이 달라붙는다.
- 스웨터를 벗을 때 머리카락이 스웨터에 달라붙는다.
- 풍선을 머리카락에 문지르면 풍선에 머리카락이 달라붙는다.

**절연체에서의 정전기 유도**
자유 전자가 없는 절연체에서는 대전체의 전기력에 의해 절연체 원자 내의 전자가 한쪽으로 쏠리면서 양 끝이 약하게 전하를 띠게 된다.

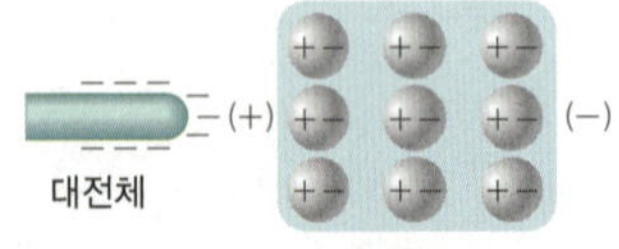


## 1 마찰 전기와 정전기 유도

### 1 마찰 전기

(1) **원자의 구조** : 물질을 이루는 입자인 원자는 (＋)전하를 띠는 원자핵과 (－)전하를 띠는 전자로 이루어져 있으며, 보통 한 원자를 이루는 원자핵의 (＋)전하량과 전자의 총 (－)전하량이 같아 원자는 전기적으로 중성을 띤다.

(2) **전기력** : 전기(전하)를 띤 물체 사이에 작용하는 힘으로, 끌어당기는 힘과 밀어내는 힘이 존재한다.

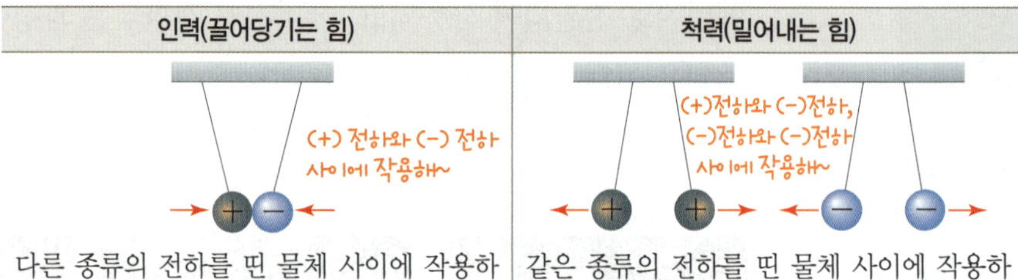


| 인력(끌어당기는 힘) | 척력(밀어내는 힘) |
| --- | --- |
| 다른 종류의 전하를 띤 물체 사이에 작용하는 서로 끌어당기는 힘 | 같은 종류의 전하를 띤 물체 사이에 작용하는 서로 밀어내는 힘 |

→ 마찰 전기는 다른 곳으로 쉽게 이동하지 못하고 물체에 머물러 있어서 정전기라고도 해~

(3) **마찰 전기** : 서로 다른 두 물체를 마찰하면 한 물체에서 다른 물체로 전자가 이동하여 전자를 잃은 물체는 (＋)전하를 띠고, 전자를 얻은 물체는 (－)전하를 띠게 된다. 즉, 서로 다른 두 물체를 마찰하면 두 물체가 서로 다른 종류의 전하를 띠게 되는데, 이를 마찰 전기라고 한다.

- **대전과 대전체** : 일반적으로 물체는 (＋)전하량과 (－)전하량이 같아 전기를 띠지 않지만, 서로 다른 물체를 마찰하면 전자의 이동에 의해 물체가 전기를 띠게 된다. 이처럼 물체가 전기를 띠는 현상을 대전, 대전된 물체를 대전체라고 한다.

| 전자의 이동 | 털 → 풍선 |
| --- | --- |
| 전자를 얻은 풍선 | (－)전하로 대전 |
| 전자를 잃은 털 | (＋)전하로 대전 |

### 2 정전기 유도

(1) **정전기 유도** : 금속에 대전체를 가까이 하면 대전체와의 전기력에 의해 금속 내의 전자(자유 전자)가 이동하여 금속의 양 끝이 서로 다른 종류의 전하를 띠게 되며, 이와 같은 과정으로 물체에 전하가 유도되는 현상을 정전기 유도라고 한다.

(2) **대전되는 전하의 종류** : 금속에 대전체를 가까이 하면 대전체와 가까운 쪽은 대전체와 다른 종류의 전하를 띠고, 대전체와 먼 쪽은 대전체와 같은 종류의 전하를 띤다.

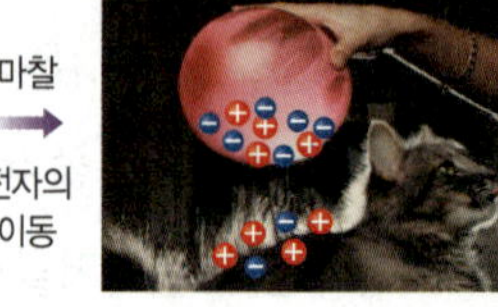


| (＋)대전체를 가까이 할 때 | (－)대전체를 가까이 할 때 |
| --- | --- |
| 금속 막대 내의 전자는 인력을 받아 대전체와 가까운 쪽으로 이동한다. | 금속 막대 내의 전자는 척력을 받아 대전체와 먼 쪽으로 이동한다. |

## 2 검전기

**1 검전기** : 대전체를 금속에 가까이 할 때 발생하는 정전기 유도 현상을 이용하여 물체의 대전 여부를 알아보는 장치이다.

(1) **구조** : 금속판이 달린 금속 막대가 유리병 안에 들어 있고, 금속 막대의 끝부분에는 가벼운 금속박이 2개 붙어 있다. 금속판, 금속 막대, 금속박은 모두 붙어 있어서 전자가 자유롭게 이동할 수 있어~

(2) **원리** : 검전기의 금속판에 대전체를 가까이 하면 정전기 유도 현상이 일어난다.

| | |
|---|---|
| 금속판 | 대전체와 가깝다. ⇨ 대전체와 다른 종류의 전하가 유도 |
| 금속박 | 대전체와 멀다. ⇨ 대전체와 같은 종류의 전하가 유도 ⇨ 이때 같은 종류의 전하로 대전된 금속박은 척력이 작용하여 벌어진다. |

**2 검전기를 통해 알 수 있는 것**

(1) **물체의 대전 여부** : 검전기의 금속판에 대전되지 않은 물체를 가까이 하면 금속박이 움직이지 않는다. 검전기의 금속판에 (+)전하 또는 (−)전하로 대전된 대전체를 가까이 하면 금속박이 벌어진다. 이처럼 금속박의 변화 유무를 통해 물체의 대전 여부를 판단할 수 있다.

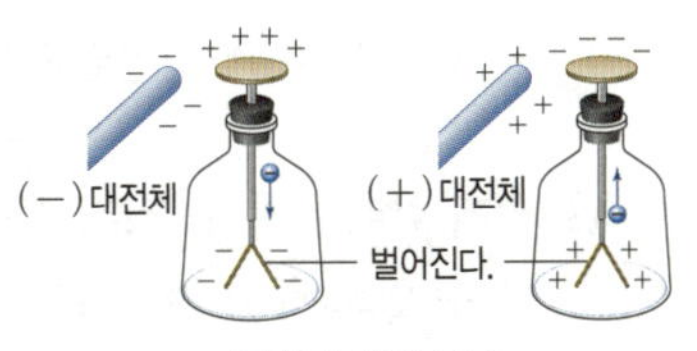


▲ 물체의 대전 여부

(2) **대전된 전하의 양 비교** : 대전된 전하의 양이 적을 때보다 많을 때 전자를 더 많이 끌어당기거나 밀어낼 수 있기 때문에 금속박이 벌어지는 정도를 통해 대전된 전하의 양을 비교할 수 있다.

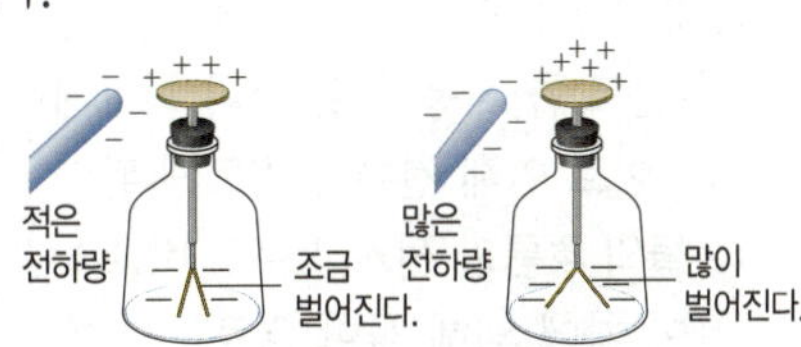


▲ 대전체의 전하량 비교

(3) **대전된 전하의 종류 판단** : 대전된 검전기와 같은 종류의 전하로 대전된 물체를 가까이 하면 금속박이 더 벌어지고, 대전된 검전기와 다른 종류의 전하로 대전된 물체를 가까이 하면 금속박이 오므라든다. 이처럼 (+)전하 또는 (−)전하로 대전된 검전기를 이용하여 대전된 전하의 종류를 판단할 수 있다.

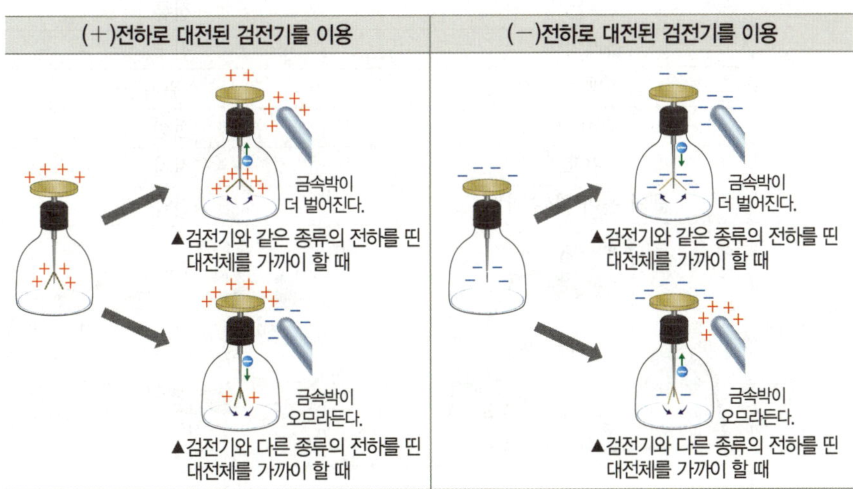


---

### 검전기의 구조

**접촉에 의한 대전**

- (+)대전체를 검전기의 금속판에 접촉하면 검전기의 전자가 대전체로 빠져나가고, 대전체를 멀리하면 검전기는 (+)전하를 띤다.
- (−)대전체를 검전기의 금속판에 접촉하면 대전체의 전자가 검전기로 이동하여 검전기는 (−)전하를 띤다.

**암기 Tip**

벌어지면 **같은** 전하
오므라들면 **다른** 전하

---

### ★ 이것이 핵심!!

1. 서로 다른 물체를 마찰하면 (−)전하를 띤 전자가 이동하여 물체가 전하를 띠게 된다.
2. 대전체를 금속에 가까이 하면 대전체와 가까운 쪽은 대전체와 다른 종류의 전하, 대전체와 먼 쪽은 대전체와 같은 종류의 전하를 띤다.
3. 대전된 검전기에 대전체를 가까이 할 때 금속박이 더 벌어지면 같은 종류의 전하로 대전된 대전체이고, 오므라들면 다른 종류의 전하로 대전된 대전체이다.

### 3 전류와 전압

**전류의 방향과 전자의 이동 방향이 반대인 까닭**

전자의 존재를 알지 못했을 때 과학자들은 전류가 전지의 (+)극에서 전지의 (−)극으로 전선을 따라 흐른다고 약속하였다. 그 후 전자의 존재가 알려지고, 전류는 (−)전하인 전자의 흐름이라는 것이 밝혀졌지만, 전류의 방향은 그대로 사용하기로 하여 전류의 방향과 전자의 이동 방향이 반대가 된 것이다.

**1 전류** : 전하의 흐름으로, 도선을 통해 전자가 이동하면서 전하를 운반한다. 서로 다른 종류의 전하를 띠고 있는 두 물체 또는 전하량이 다른 두 물체를 도선으로 연결하면 전자가 전기력을 받아 이동하며 전류가 흐른다.

(1) **전류의 방향** : 전자의 이동 방향과 반대이다.
  ① 전류의 방향 : 전지의 (+)극 → (−)극
  ② 전자의 이동 방향 : 전지의 (−)극 → (+)극
  ③ 전선 속 전자의 운동 : 전류가 흐르지 않을 때는 전자가 도선 내에서 불규칙적으로 이동하지만, 전류가 흐를 때는 전자가 전지의 (−)극에서 (+)극으로 이동한다.

▲ 전류와 전자의 이동 방향

(2) **전류의 세기($I$)** : 1초 동안 도선의 단면을 통과하는 전하의 양으로, 단위로는 A(암페어) 또는 mA(밀리암페어)를 사용한다.

*1A는 1초 동안 도선의 단면을 통해 전자 6.25×10¹⁸개가 통과할 때의 세기이다*

(3) **전기 회로** : 전지, 스위치 등과 같은 전기 기구들을 도선으로 연결하여 전류가 흐를 수 있도록 한 것이다.

**A(암페어)와 mA(밀리암페어)의 관계**

$1\,\text{A} = 1000\,\text{mA}$

**2 전압($V$)** : 전기 회로에서 전류를 흐르게 하는 능력을 전압이라고 하며, 단위로는 V(볼트)를 사용한다. 전기 회로에서는 전지에 의해 전하의 전기적인 위치 차가 생기고, 이로 인해 전류가 흐르게 된다.

• **물의 흐름과 전기 회로의 비교** : 전기 회로에서 전압에 의해 전류가 흐르는 것은 높이 차에 의해 물이 흐르는 것에 비유할 수 있다. 높은 곳에서 물이 떨어지면서 물레방아를 돌리는 것처럼 전류가 흐르면서 전구에 불이 켜지고, 펌프가 물을 끌어 올려 물을 계속 흐르게 하는 것처럼 전지가 전자를 계속 이동하게 하여 전압을 유지시키고 전류를 계속 흐르게 한다.

**전기 회로에서 전류의 세기**

전류가 흐를 때, 전구(저항)를 통과하기 전후에 전류의 세기는 변하지 않는다(전하량 보존). 이때 전자가 가진 전기 에너지는 빛에너지, 열에너지 등으로 전환된다.

| 물 흐름 모형 | 전기 회로 |
| --- | --- |
| 흐르는 물 | 전류 |
| 물레방아 | 전구 |
| 밸브 | 스위치 |
| 파이프 | 전선 |
| 펌프 | 전지 |
| 물의 높이 차(수압) | 전압 |



**3 전압과 전류의 측정**

(1) 전기 회로에서 전류의 세기는 전류계, 전압의 크기는 전압계로 측정한다.
(2) 전류계와 전압계의 (+)단자는 전지의 (+)극에, (−)단자는 전지의 (−)극에 연결한다.
(3) 전류계는 전기 회로에 직렬로 연결하고, 전압계는 전기 회로에 병렬로 연결하여 측정한다.

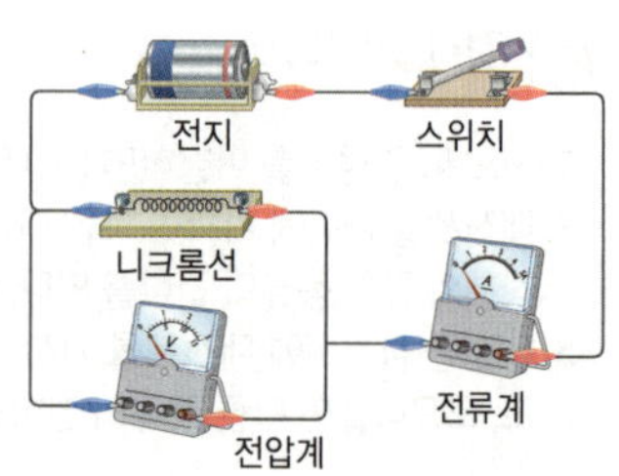

## 더 알아보기 — 전류계와 전압계의 눈금 읽는 방법

(1) 전류계의 눈금 읽는 방법 : 전기 회로에 연결된 (−)단자에 해당하는 눈금을 읽는다.

전류의 세기 : 30 mA

전류의 세기 : 300 mA

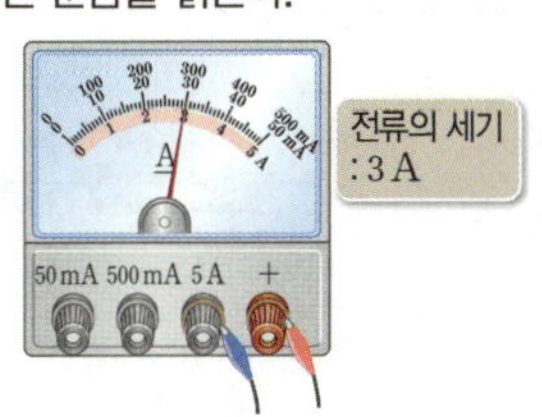
전류의 세기 : 3 A

(2) 전압계의 눈금 읽는 방법 : 전기 회로에 연결된 (−)단자에 해당하는 눈금을 읽는다.

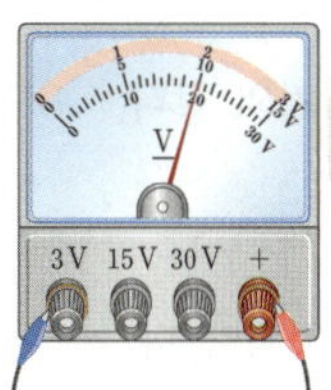
전압의 크기 : 2 V

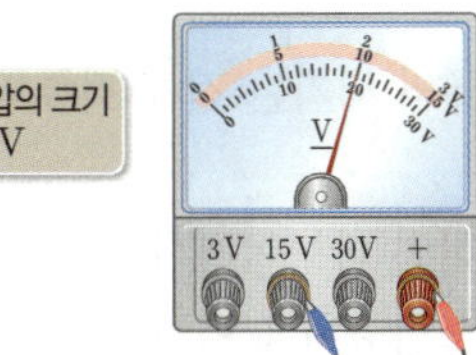
전압의 크기 : 10 V

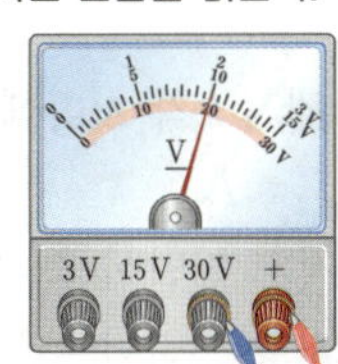
전압의 크기 : 20 V

### 4 전압, 전류, 저항의 관계

**1 전기 저항(저항, $R$)** : 전기 회로에서 전류의 흐름을 방해하는 정도를 전기 저항 또는 저항이라고 하며, 단위로는 $\Omega$(옴)을 사용한다. 전자가 도체 내의 원자와 충돌하기 때문에 전류의 흐름(또는 전자의 이동)이 방해를 받는다.

- 전기 저항의 크기 : 전기 저항은 물질의 종류에 따라 달라지며, 같은 물질이라도 길이와 단면적에 따라 달라진다.
  ① 물질의 종류 : 물질의 종류에 따라 원자의 배열 상태가 다르므로 저항이 다르다.
  ② 전선의 길이 : 전선이 길수록 전자가 원자와 충돌하는 횟수가 많아지므로 저항이 커진다.
  ③ 전선의 단면적(굵기) : 전선의 단면적(굵기)이 클수록 한꺼번에 많은 전자가 이동할 수 있으므로 저항이 작아진다.

**2 전압, 전류, 저항의 관계** : 도체에 흐르는 전류의 세기($I$)는 도체의 양 끝에 걸린 전압($V$)에 비례하고, 도체의 저항($R$)에 반비례한다. ⇨ 옴의 법칙

| 전류와 전압의 관계 | 전류와 저항의 관계 | 전압과 저항의 관계 |
| --- | --- | --- |
| 저항이 일정할 때, 전압이 클수록 전류의 세기가 커진다. ⇨ $I \propto V$ | 전압이 일정할 때, 저항이 클수록 전류의 세기가 작아진다. ⇨ $I \propto \dfrac{1}{R}$ | 전류의 세기가 일정할 때, 저항이 클수록 저항에 걸린 전압이 커진다. ⇨ $V \propto R$ |

$$I = \frac{V}{R}, \quad V = IR, \quad R = \frac{V}{I}$$

#### ★ 이것이 핵심!!

도체에 흐르는 전류의 세기는 전압에 비례, 저항에 반비례한다.
$V = IR$ 삐르, 빌!

---

**용어**

**도체**
저항이 작아서 전류가 잘 흐르는 물질
예 은, 금, 구리, 알루미늄 등

**전선의 길이와 단면적에 따른 전기 저항**

$$전기\ 저항 \propto \frac{전선의\ 길이}{전선의\ 단면적}$$

**옴의 법칙**

도체에 흐르는 전류의 세기는 전압에 비례하고, 저항에 반비례한다.

$$⇨ 전류의\ 세기 = \frac{전압}{저항}$$

**암기 Tip**

**옴의 법칙 암기!**

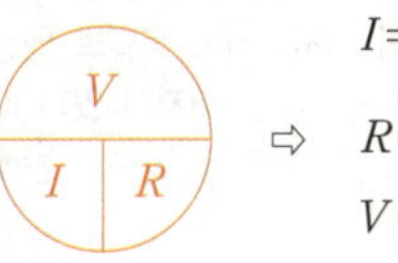

$$I = \frac{V}{R}$$
$$R = \frac{V}{I}$$
$$V = IR$$

**전기 회로도**

전기 회로 내의 전기 기구를 간단히 전기 기호를 사용하여 표시한 그림

| 이름 | 전지 | 저항 | 전구 |
|---|---|---|---|
| 기호 | $(-)\ \|\ (+)$ | —Ｗ— | —◯— |
| 이름 | 스위치 | 전류계 | 전압계 |
| 기호 | —◦／◦— | —Ⓐ— | —Ⓥ— |

**가정용 콘센트**

각 전기 기구들 중 하나의 전선이 끊어지거나 전원을 꺼도 다른 전기 기구의 사용에는 지장이 없지만, 콘센트에 전기 기구를 한번에 많이 연결하면 전체 저항이 작아져서 센 전류가 흐르므로 화재의 위험이 커진다.

**크리스마스트리용 전구**

크리스마스트리용 전구에는 많은 개수의 전구가 연결되어 있다. 몇 개의 전구가 직렬로 연결된 그룹이 있고, 그룹과 그룹이 병렬로 연결되어 있다. 직렬로 연결한 전구끼리는 동시에 깜빡이고, 한 개의 전구가 꺼지면 이 그룹의 모든 전구가 꺼진다. 반면 한 그룹의 전구들이 꺼지더라도 병렬로 연결된 다른 전구 그룹은 꺼지지 않기 때문에 크리스마스트리용 전구가 반짝거릴 수 있다.

---

## 5 저항의 연결

**1 저항의 직렬연결** : 여러 개의 저항을 전원에 직렬로 연결하면 전류가 하나의 경로를 통해 흐른다.

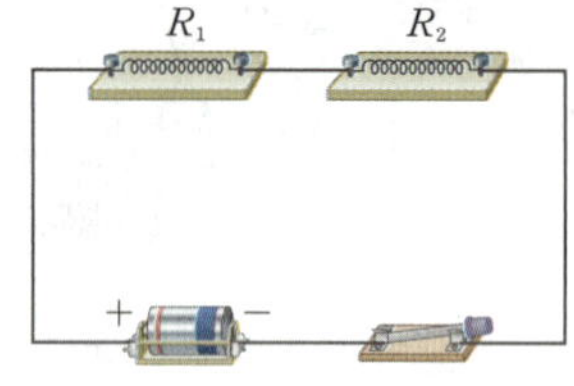
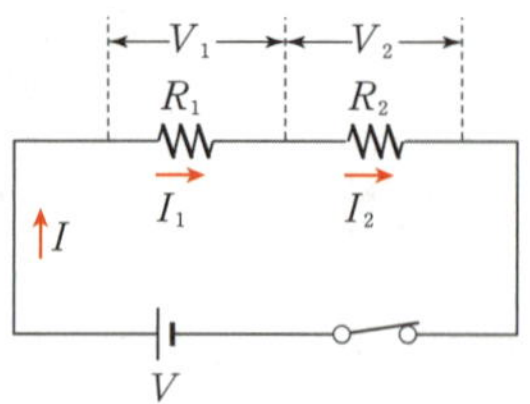

(1) **전류의 세기** : 각 저항에 흐르는 전류의 세기는 전체 전류의 세기와 같다.
$$\Rightarrow I = I_1 = I_2$$

(2) **전압** : 전체 전압이 각 저항에 비례하여 나누어져서 걸린다. $\Rightarrow V = V_1 + V_2$

(3) **저항** : 저항을 직렬로 연결하는 것은 저항의 길이가 길어지는 것과 같다.

① 저항을 많이 연결할수록 전체 저항은 커지고 전체 전류의 세기는 약해진다.

저항이 전구라면 직렬로 연결할수록 전구 하나의 밝기가 어두워져~!

② 저항 하나의 연결이 끊어지면 회로 전체에 전류가 흐르지 않는다.

(4) **저항의 직렬연결 쓰임새**

① **장식용 전구** : 모든 전구가 함께 꺼지고 켜지며, 전구 하나가 고장나면 모든 전구에 불이 켜지지 않는다.

② **퓨즈** : 전기 기구에 과도하게 센 전류가 흐르면 퓨즈가 끊어져 회로에 더 이상 전류가 흐르지 못하도록 한다.

▲ 퓨즈

**2 저항의 병렬연결** : 여러 개의 저항을 전원에 병렬로 연결하면 저항이 각각 전원에 연결된다.

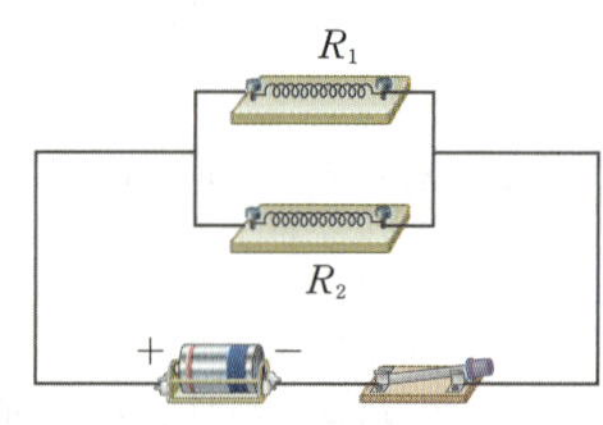
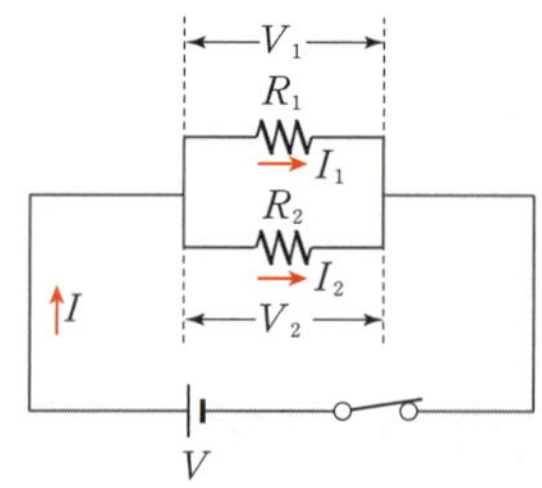

(1) **전류의 세기** : 저항의 크기에 반비례하여 전체 전류가 나누어져서 흐른다.
$$\Rightarrow I = I_1 + I_2$$

(2) **전압** : 각 저항에 걸리는 전압은 전체 전압과 같다. $\Rightarrow V = V_1 = V_2$

(3) **저항** : 저항을 병렬로 연결하는 것은 저항의 단면적이 커지는 것과 같다.

① 저항을 많이 연결할수록 전체 저항은 작아지고 전체 전류의 세기는 세진다.

저항이 전구라면 병렬로 전구를 더 연결하더라도 전구 하나의 밝기는 일정해!

② 저항 하나의 연결이 끊어져도 다른 저항에는 전류가 계속 흐른다.

(4) **저항의 병렬연결 쓰임새**

① **멀티탭** : 멀티탭에 여러 전기 기구를 함께 연결해도 각 전기 기구에 같은 전압이 걸린다.

② **건물의 전기 배선** : 건물의 전기 기구는 병렬로 연결되어 있어 각각 따로 켜거나 끌 수 있다.

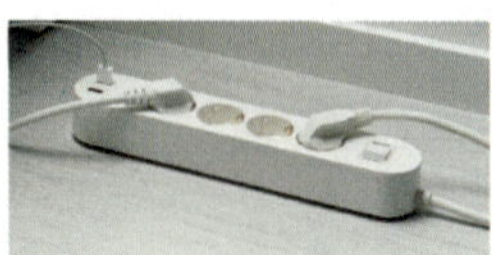

▲ 멀티탭

⭐ **이것이 핵심!!**

> 저항을 직렬로 연결하면 각 저항에 흐르는 전류의 세기는 전체 전류의 세기와 같고($I = I_1 = I_2$), 저항을 병렬로 연결하면 각 저항에 걸리는 전압은 전체 전압과 같다($V = V_1 = V_2$).

# 탐구 A · 검전기에서의 정전기 유도 현상

## 과정

① 실험을 시작하기 전 검전기의 금속박이 오므라들어 있는지 확인한다.

② 전하를 띠지 않은 플라스틱 막대를 검전기의 금속판에 가까이 한 후 금속박의 변화를 관찰한다.

③ 털가죽에 3~4회 마찰한 플라스틱 막대를 검전기의 금속판에 가까이 한 후 금속박의 변화를 관찰한다. 털가죽은 플라스틱 막대보다 전자를 잃기 쉽기 때문에 두 물체를 마찰하면 플라스틱 막대는 (−)전하로 대전되지~

④ 털가죽에 10회 이상 마찰한 플라스틱 막대를 검전기의 금속판에 가까이 한 후 금속박의 변화를 관찰한다. 털가죽에 마찰을 많이 할수록 플라스틱 막대에 대전된 전하의 양이 많아져~

### 유의점

• 건조한 환경에서 실험이 잘 될 수 있으므로, 실험실 환경을 건조하게 유지시킨다.
• 검전기의 금속박은 매우 얇아 떨어지기 쉬우므로 조심히 다룬다.
• (−)전하로 대전된 플라스틱 막대를 검전기의 금속판에 직접 닿게 하면 검전기로 전자가 이동하게 되므로 플라스틱 막대가 검전기에 닿지 않도록 유의한다.

## 결과

## 정리

**1** 대전되지 않은 플라스틱 막대를 검전기의 금속판에 가까이 할 때 아무런 변화가 일어나지 않는 까닭을 설명해 보자.

대전되지 않은 물체는 전하를 띠지 않아 검전기에서 (　　　　) 현상이 나타나지 않으므로 금속박에 아무런 변화가 일어나지 않는다.

**2** 털가죽과 마찰한 플라스틱 막대를 검전기의 금속판에 가까이 할 때 금속박이 벌어지는 까닭을 설명해 보자.

털가죽에 플라스틱 막대를 마찰하면 플라스틱 막대는 (−)전하로 대전된다. 이 플라스틱 막대를 검전기의 금속판에 가까이 하면, (−)전하로 대전된 플라스틱 막대에 의해 검전기의 (㉠　　　　)에 있는 전자가 (㉡　　　　) 쪽으로 이동하여 금속박 두 가닥이 모두 (㉢　　　　)전하로 대전되어 척력이 작용하므로 금속박은 (㉣　　　　).

**3** 털가죽을 마찰하는 횟수와 금속박 변화의 관계를 설명해 보자.

털가죽을 마찰하는 횟수가 많아질수록 플라스틱 막대에 대전되는 전하의 양이 (㉠　　　　)지므로 플라스틱 막대를 검전기의 금속판에 가까이 할 때 금속박에 대전되는 전하의 양이 (㉡　　　　)진다. 따라서 금속박에 작용하는 척력이 더 강해져 금속박이 더 많이 (㉢　　　　).

## 탐구 핵심!!

검전기에 대전체를 가까이 하면 정전기 유도 현상이 일어나 금속판에는 대전체와 다른 종류의 전하가, 금속박에는 대전체와 같은 종류의 전하가 유도된다. 따라서 검전기의 금속박은 벌어진다.

## 탐구 B · 전류, 전압, 저항 사이의 관계

**● 과정**

① 그림과 같이 길이가 긴 니크롬선의 양 끝에 걸리는 전압과 니크롬선에 흐르는 전류를 측정할 수 있도록 회로를 연결한다. 전기 회로도가 복잡하기 때문에 기본 회로도에 전류계와 전압계를 추가적으로 연결하면 쉽게 연결할 수 있어!

**유의점**
- 여러 가지 전기 기구를 연결하기 때문에 전기 회로도를 확인하며 정확하게 연결할 수 있도록 한다.
- 실험값을 읽은 뒤 바로 스위치를 꺼서 니크롬선이 뜨거워지지 않도록 한다.
- 니크롬선이 뜨거워질 경우를 대비하여 니크롬선을 만질 때 장갑을 착용하도록 한다.

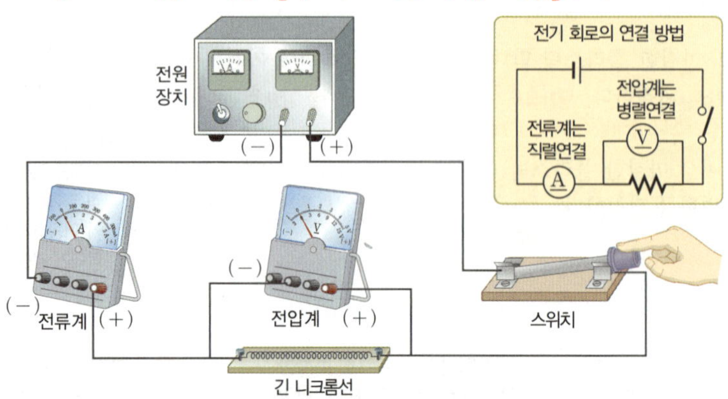


② 스위치를 닫은 후 전원 장치를 조절하여 전압계의 눈금이 1.5 V, 3.0 V, 4.5 V, 6.0 V일 때 전류의 세기를 측정하고, 그래프를 그린다.

③ 길이가 짧은 니크롬선으로 바꾸어 과정 ②를 반복한다.
저항은 전선의 길이에 비례, 전선의 단면적에 반비례! 길이가 짧은 니크롬선은 저항이 더 작아~

**● 결과**

- 길이가 긴 니크롬선

| 전압(V) | 1.5 | 3.0 | 4.5 | 6.0 |
|---|---|---|---|---|
| 전류(A) | 0.04 | 0.08 | 0.11 | 0.15 |

- 길이가 짧은 니크롬선

| 전압(V) | 1.5 | 3.0 | 4.5 | 6.0 |
|---|---|---|---|---|
| 전류(A) | 0.08 | 0.15 | 0.23 | 0.30 |

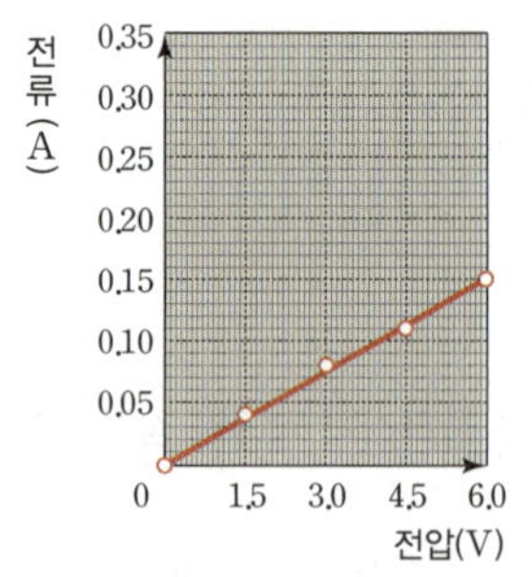
▲ 길이가 긴 니크롬선을 연결했을 때

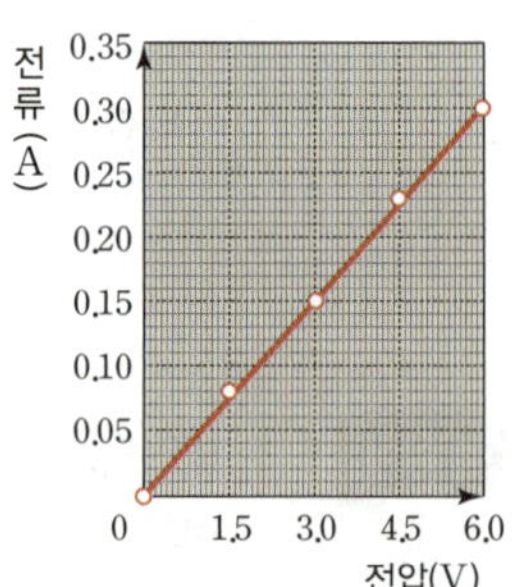
▲ 길이가 짧은 니크롬선을 연결했을 때

**● 정리**

**1 전압과 전류의 세기의 관계를 설명해 보자.**
길이가 같은 니크롬선으로 실험할 때, 전압이 클수록 전류의 세기가 커지므로 전압과 전류의 세기는 (          )한다.

**2 저항과 전류의 세기의 관계를 설명해 보자.**
전압이 같을 때, 니크롬선의 길이가 길면 전류의 세기가 (㉠          )고 니크롬선의 길이가 짧으면 전류의 세기가 (㉡          )다. 니크롬선의 길이가 길수록 저항이 커지므로 전류의 세기는 저항에 (㉢          )한다.

**3 저항, 전압, 전류의 세기의 관계를 설명해 보자.**
길이가 같은 니크롬선에 걸리는 전압과 전류의 비는 (㉠          )하며, 전류에 대한 전압의 비를 (㉡          )이라고 한다.

**🔍 탐구 핵심 !!**

> 저항이 일정할 때 전압과 전류의 세기는 비례하고, 전압이 일정할 때 저항과 전류의 세기는 반비례한다.

## 개념 확인 문제

※ 다음 글의 빈칸에 알맞은 말을 쓰거나 고르시오.

### 1 마찰 전기와 정전기 유도

**01** 원자는 (㉠　　　)전하를 띠는 원자핵과 (㉡　　　)전하를 띠는 전자로 이루어져 있다.

**02** 전기력은 대전체 사이에 작용하는 힘으로, 다른 종류의 전하를 띤 물체 사이에서는 서로 끌어당기는 힘인 (㉠　　　)이, 같은 종류의 전하를 띤 물체 사이에서는 서로 밀어내는 힘인 (㉡　　　)이 작용한다.

**03** 물체의 대전은 (　　　)의 이동에 의해 일어난다.

**04** 물체에 대전체를 가까이 하면 대전체와 (㉠ 가까운, 먼) 쪽에는 대전체와 다른 종류의 전하가 유도되고, 대전체와 (㉡ 가까운, 먼) 쪽에는 대전체와 같은 종류의 전하가 유도된다.

**05** 마찰 전기와 정전기 유도에 대한 설명으로 옳은 것은 ○, 옳지 <u>않은</u> 것은 ×로 표시하시오.

　(1) 서로 다른 두 물체를 마찰할 때 전자를 잃은 물체는 (−)전하를 띤다. 　　　　　　　　　( ○ , × )

　(2) (＋)전하로 대전된 대전체를 금속 막대에 가까이 할 때 금속 막대 내의 전자는 대전체와 가까운 쪽으로 이동한다. 　　　　　　　( ○ , × )

### 2 검전기

**06** 검전기는 대전체와 금속 사이의 (　　　) 현상을 이용한 장치이다.

**07** 대전되지 않은 검전기의 금속판에 (−)대전체를 가까이 하면 금속박이 (오므라든다, 벌어진다).

**08** 검전기에 대한 설명으로 옳은 것은 ○, 옳지 <u>않은</u> 것은 ×로 표시하시오.

　(1) (−)전하로 대전된 검전기에 (＋)대전체를 가까이 할 때 금속박은 오므라든다. 　　　( ○ , × )

　(2) (＋)전하로 대전된 검전기에 (＋)대전체를 가까이 할 때 금속박은 오므라든다. 　　　( ○ , × )

### 3 전류와 전압

**09** (　　　)는 전하의 흐름이다.

**10** 전기 회로에서 전류의 방향은 전지의 (㉠　　　)극에서 (㉡　　　)극으로, 전자의 이동 방향과 (㉢ 같은, 반대) 방향이다.

**11** 전류의 세기를 나타내는 단위는 (A, V)이다.

**12** 전기 회로에 전류를 흐르게 하는 능력을 (　　　)이라고 한다.

**13** 전기 회로에서 (　　　)는 물의 흐름에서 물을 계속 흐르게 하는 펌프와 같은 역할을 한다.

**14** 전류의 세기를 측정할 때 전류계는 전기 회로에 (㉠ 직렬, 병렬)로, 전압의 크기를 측정할 때 전압계는 전기 회로에 (㉡ 직렬, 병렬)로 연결한다.

### 4 전압, 전류, 저항의 관계

**15** 전류의 흐름을 방해하는 정도를 (　　　)이라고 한다.

**16** 물질의 종류가 같을 때 전기 저항은 물질의 (㉠ 길이, 단면적)에 비례하고, (㉡ 길이, 단면적)에 반비례한다.

**17** 전기 회로에서 저항이 일정할 때 전류의 세기는 전압에 (㉠ 비례, 반비례)하고, 전압이 일정할 때 전류의 세기는 저항에 (㉡ 비례, 반비례)한다.

**18** 전류의 세기가 일정할 때, 저항이 클수록 저항에 걸린 전압이 (작다, 크다).

### 5 저항의 연결

**19** (1), (2)에 해당하는 경우를 |보기|에서 모두 고르시오.

> **│보기│**
> ㄱ. 각 저항에 흐르는 전류의 세기가 같다.
> ㄴ. 각 저항에 걸리는 전압이 같다.
> ㄷ. 각 저항에 흐르는 전류의 세기의 합은 전체 전류의 세기와 같다.
> ㄹ. 각 저항에 걸리는 전압의 합은 전체 전압과 같다.
> ㅁ. 저항을 연결할수록 전체 저항이 커진다.
> ㅂ. 저항을 연결할수록 전체 저항이 작아진다.

　(1) 저항을 직렬로 연결한 경우 : (　　　　)
　(2) 저항을 병렬로 연결한 경우 : (　　　　)

**20** 가정용 콘센트에 대한 설명으로 옳은 것은 ○, 옳지 <u>않은</u> 것은 ×로 표시하시오.

　(1) 연결된 전기 기구 중 한 개의 전선이 끊어지면 모든 전기 기구를 사용할 수 없다. 　　　( ○ , × )

　(2) 전기 기구를 많이 연결할수록 센 전류가 흐른다.
　　　　　　　　　　　　　　　( ○ , × )

　(3) 연결된 모든 전기 기구에는 같은 크기의 전압이 걸린다.
　　　　　　　　　　　　　　　( ○ , × )

## ● 마찰 전기

서로 다른 두 물체를 마찰할 때 전자의 이동에 의해 두 물체가 띠는 전기
(1) 마찰한 두 물체는 서로 다른 종류의 전하를 띤다.
(2) 전자를 잃은 물체는 (+)전하를 띠고, 전하를 얻은 물체는 (−)전하를 띤다.

## ● 검전기의 대전 원리(손가락을 검전기에 접촉했을 때)

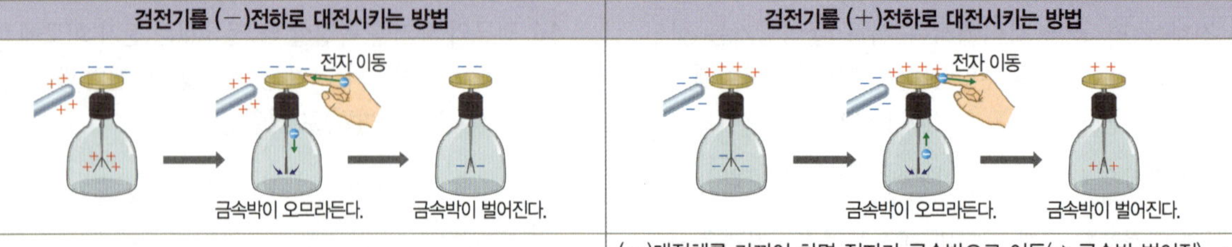

| 검전기를 (−)전하로 대전시키는 방법 | 검전기를 (+)전하로 대전시키는 방법 |
| --- | --- |
| (+)대전체를 가까이 하면 전자가 금속판으로 이동(⇨ 금속박 벌어짐) → 금속판에 손가락을 대면 손에서 전자들이 검전기로 이동(⇨ 금속박 오므라듦) → 대전체와 손가락을 치우면 검전기는 처음보다 전자가 늘어났으므로 금속판과 금속박이 모두 (−)전하로 대전된다.(⇨ 금속박 벌어짐) | (−)대전체를 가까이 하면 전자가 금속박으로 이동(⇨ 금속박 벌어짐) → 금속판에 손가락을 대면 손가락을 통해 검전기의 전자가 빠져나감(⇨ 금속박 오므라듦) → 대전체와 손가락을 치우면 검전기는 처음보다 전자가 줄어들었으므로 금속판과 금속박이 모두 (+)전하로 대전된다.(⇨ 금속박 벌어짐) |

## ● 마찰 전기

**[1~3]** 다음은 두 물체를 마찰할 때 전자를 잃기 쉬운 것부터 순서대로 나열한 것이다.

> (+) 털가죽 – 유리 – 명주 – 나무 – 고무 – 플라스틱 (−)

**1** 털가죽과 나무 막대를 마찰할 경우 전자를 얻는 물체를 쓰시오.

**2** 유리 막대와 명주 헝겊을 마찰할 경우 (+)전하로 대전되는 물체를 쓰시오.

**3** 위의 물체 중 나무 막대와 마찰할 경우 (−)전하로 대전되는 물체를 모두 쓰시오.

## ● 검전기의 대전 원리(손가락을 검전기에 접촉했을 때)

**[4~6]** 그림은 검전기를 이용하여 정전기 유도 현상에 대해 실험하는 과정을 나타낸 것이다.

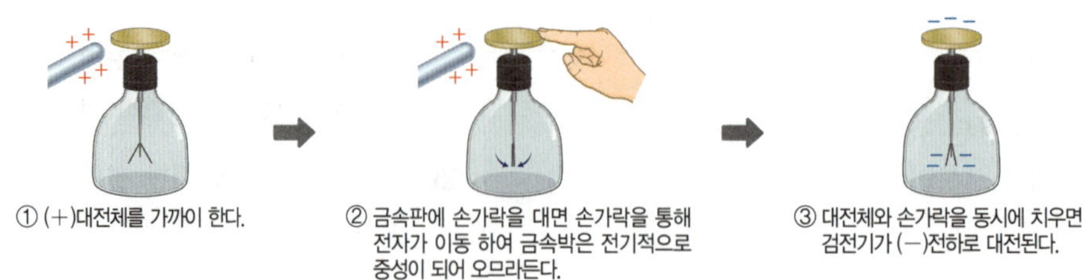


**4** 과정 ①에서 금속판과 금속박은 어떻게 대전되는지 검전기 내부의 전자 이동과 관련지어 설명하시오.

**5** 과정 ①에서 금속박 사이에 작용하는 힘과 금속박의 변화에 대해 설명하시오.

**6** 과정 ③에서 (+)대전체를 가까이 하면 금속박은 어떻게 되는지 설명하시오.

## 전압, 전류, 저항의 관계

도체에 흐르는 전류의 세기는 전압에 비례하고, 저항에 반비례한다.

$$\text{전류의 세기(A)} = \frac{\text{전압(V)}}{\text{저항}(\Omega)}$$

$$I = \frac{V}{R}$$

$$V = IR$$

$$R = \frac{V}{I}$$

## 저항의 연결

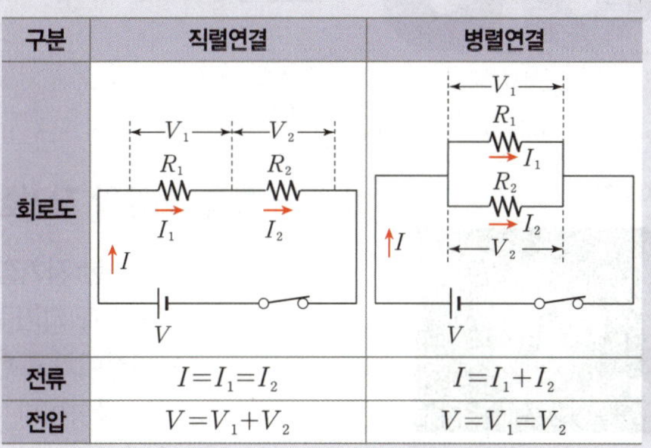

| 구분 | 직렬연결 | 병렬연결 |
|---|---|---|
| 회로도 | | |
| 전류 | $I = I_1 = I_2$ | $I = I_1 + I_2$ |
| 전압 | $V = V_1 + V_2$ | $V = V_1 = V_2$ |

---

### 전압, 전류, 저항의 관계

[1~3] 그림은 두 니크롬선 A, B에 걸어 준 전압을 변화시키면서 저항에 흐르는 전류의 세기를 측정한 결과를 나타낸 것이다.

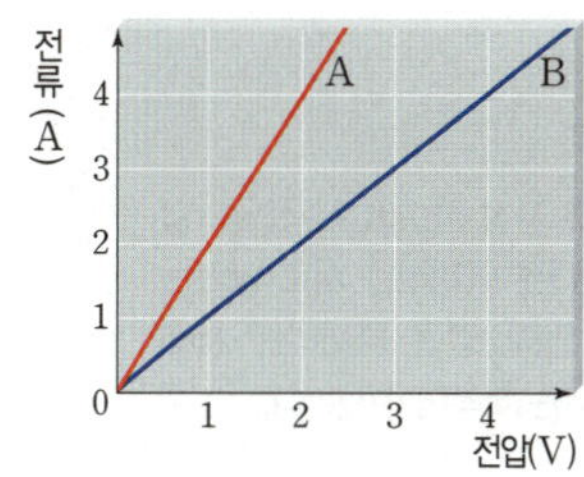

**1** 두 니크롬선 A, B 중 저항이 더 큰 니크롬선을 쓰시오.

**2** 두 니크롬선 A, B의 길이가 같을 때 단면적이 더 큰 니크롬선을 쓰시오.

**3** 두 니크롬선 A, B 중 전압이 같을 때 저항에 흐르는 전류의 세기가 더 큰 니크롬선을 쓰시오.

### 저항의 연결

[4~6] 그림 (가)는 저항을 병렬로 연결한 모습을, (나)는 저항을 직렬로 연결한 모습을 나타낸 것이다.

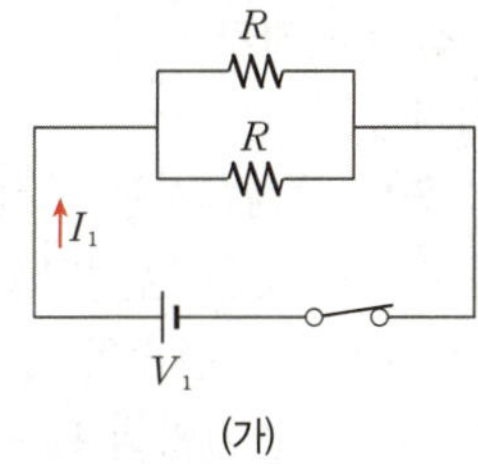
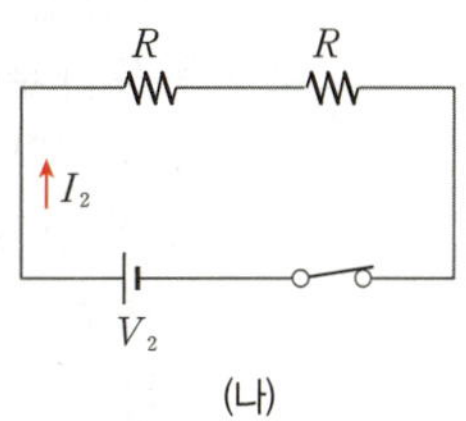

**4** (가)에서 각 저항에 흐르는 전류의 합과 각 저항에 걸리는 전압을 쓰시오.

**5** (나)에서 각 저항에 걸리는 전압의 합과 각 저항에 흐르는 전류를 쓰시오.

**6** (가)와 (나)에서 $V_1$과 $V_2$가 같을 때, 전기 회로에 흐르는 전류 $I_1$과 $I_2$를 비교하여 등호 또는 부등호로 나타내시오.

# 06 전류의 자기 작용



## 지구 자기장

지구 내부는 북극 부근이 S극, 남극 부근이 N극인 커다란 자석이 있는 것처럼 자기장을 형성한다. 나침반의 N극이 항상 북쪽을 가리키는 까닭도 지구 자기장 때문이다.

### ➕ 용어

**자기력**

자석과 자석 사이에 작용하는 힘으로 다른 극끼리는 서로 당기는 힘인 인력, 같은 극끼리는 서로 밀어내는 척력이 존재한다.

### 전류에 의한 자기장 모습(원형 도선 주위의 자기장)

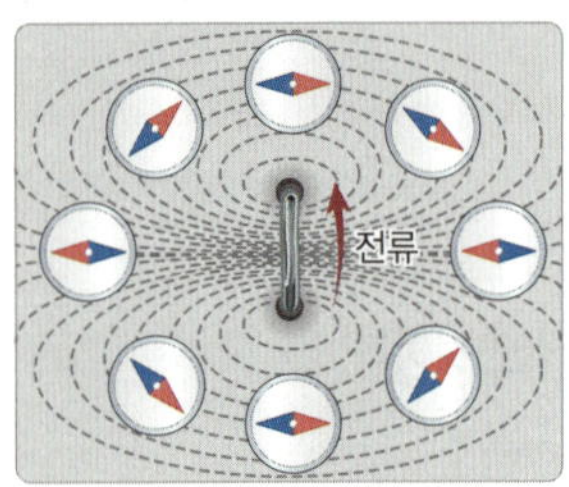


### 전류의 자기 작용을 발견한 외르스테드

덴마크의 과학자인 외르스테드는 전류의 열작용에 대한 강의를 하던 도중 우연히 전류가 흐르는 전선 옆에 놓인 나침반의 바늘이 움직이는 것을 보고 전류의 자기 작용을 처음 발견하였다. 나침반 바늘의 회전은 정전기력이나 만유인력처럼 전하나 질량을 가진 물체의 상호 작용 때문에 발생하는 인력과 척력으로 설명하기 어렵다. 이를 통해 전류가 자기를 발생시킨다는 것을 발견하였다.

## ① 전류와 자기장

### 1 자석에 의한 자기장

(1) **자기장과 자기력선** : 자석 주위에는 자기력이 작용하며 자기력이 작용하는 공간을 자기장이라고 한다. 자기장의 방향은 자석 주위에 놓은 나침반 바늘의 N극이 가리키는 방향이다. 눈에 보이지 않는 자기장의 모습을 볼 수 있도록 선으로 나타낸 것이 자기력선이다.

(2) **자기력선의 성질**
① N극에서 나와 S극으로 들어간다.
② 서로 교차하거나 끊어지지 않는다.
③ 자기력선의 간격이 좁을수록 자기장이 세다.
④ 자기력선의 접선 방향이 그 지점에서의 자기장의 방향이다.

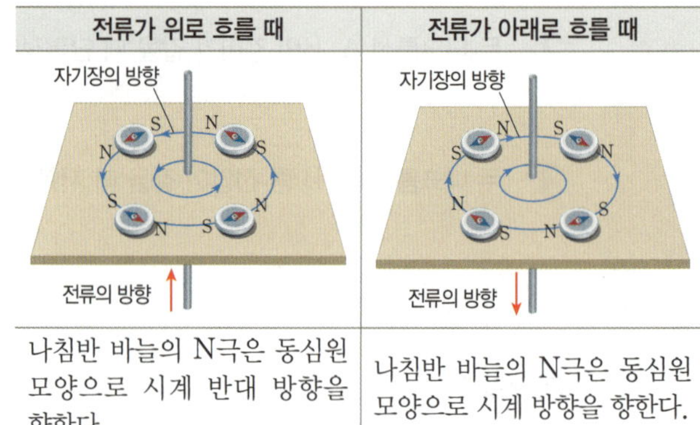


▲ 막대자석 주위의 자기장

### 2 전류에 의한 자기장 : 도선에 전류를 흘려주면 도선 주위에 자기장이 만들어진다.

(1) **직선 도선 주위의 자기장**
① **자기장의 방향** : 도선의 중심으로 동심원 모양으로 형성되며, 전류의 방향으로 오른손의 엄지손가락을 향하게 하고 도선을 감아쥘 때 나머지 네 손가락의 방향이 자기장의 방향이다.

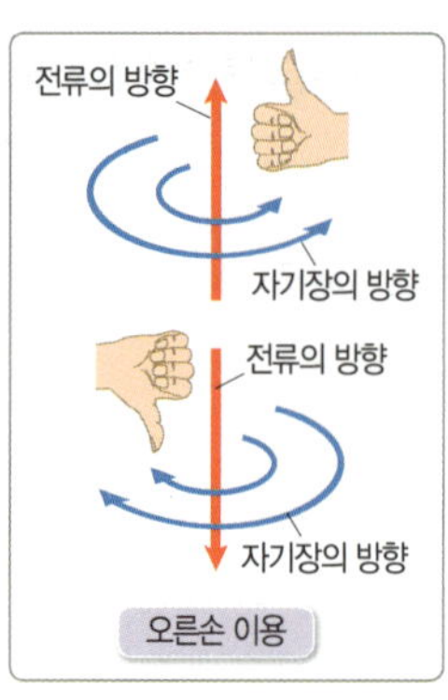


| 전류가 위로 흐를 때 | 전류가 아래로 흐를 때 |
|---|---|
|  |  |
| 나침반 바늘의 N극은 동심원 모양으로 시계 반대 방향을 향한다. | 나침반 바늘의 N극은 동심원 모양으로 시계 방향을 향한다. |

② **자기장의 세기** : 도선에 흐르는 전류의 세기가 셀수록, 도선으로부터의 거리가 가까울수록 자기장의 세기가 세다.

(2) **원형 도선 주위의 자기장**
① **자기장의 방향** : 원의 중심에서는 도선에 수직인 방향, 도선 가까운 곳은 원 모양으로 형성되며, 전류의 방향으로 오른손의 엄지손가락을 향하게 하고 도선을 감아쥘 때 나머지 네 손가락의 방향이 자기장의 방향이다.

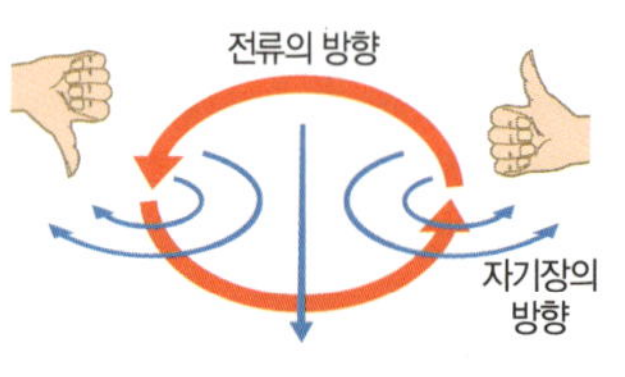


▲ 자기장의 방향

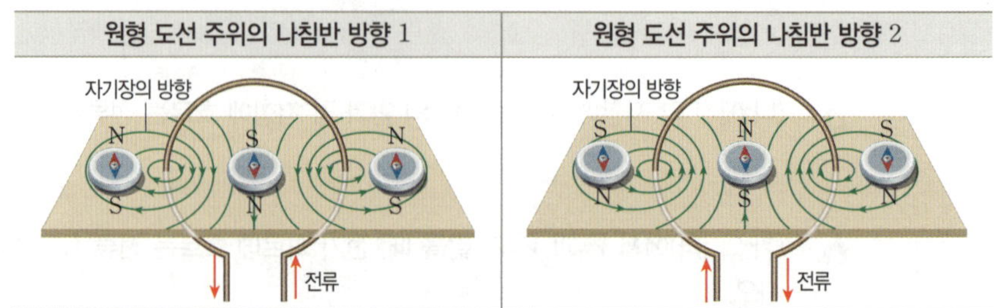

| 원형 도선 주위의 나침반 방향 1 | 원형 도선 주위의 나침반 방향 2 |
|---|---|

② 자기장의 세기 : 도선에 흐르는 전류의 세기가 셀수록, 반지름이 작을수록 중심에서의 자기장의 세기가 세다.

(3) 코일 주위의 자기장 막대자석 주위에 형성되는 자기장과 비슷해! 직선 도선, 원형 도선과 자기장을 찾는 방법이 반대야.

① 자기장의 방향 : 코일 내부에서는 한 방향으로 세기가 균일한 자기장이 형성되고, 외부의 자기장은 약하게 형성된다. 이때 오른손의 네 손가락을 전류의 방향으로 하고 코일을 감아쥘 때 엄지손가락이 가리키는 방향이 코일 내부에서 자기장의 방향이다. N극의 방향을 가리키지!

② 자기장의 세기 : 도선에 흐르는 전류의 세기가 셀수록, 도선을 촘촘히 감을수록 자기장의 세기가 세다.

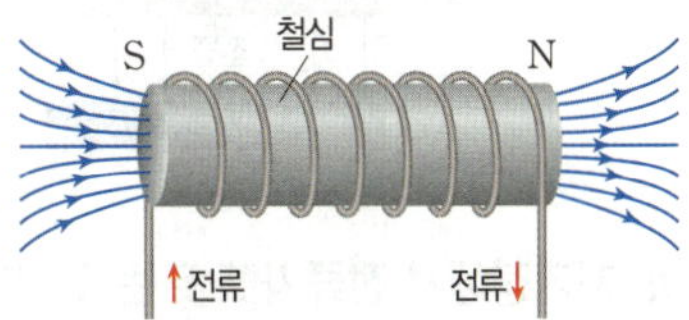


(4) 전류에 의한 자기장의 이용 : 코일에 전류가 흐를 때 자기장이 형성되는 현상을 이용하면 전류가 흐를 때만 자석이 되는 전자석을 만들 수 있다.



① 전자석 : 코일 속에 철심을 넣어 만든 자석

② 전자석의 특징 : 전류의 방향이 바뀌면 전자석의 극도 바뀌며, 자기장의 세기가 강하고, 전류의 세기를 조절하여 자석의 세기를 조절할 수 있다.
코일에 흐르는 전류의 세기가 셀수록, 코일을 촘촘히 감을수록 전자석의 세기가 세지지!

③ 전자석의 이용 : 자동문 개폐기, 고철 처리장의 전자석 기중기, 전동기, 자기 부상 열차, 스피커, 하드 디스크, 마그네틱 카드 등에 이용한다.

★ 이것이 핵심!!

1. 자기장의 방향은 N극에서 나와 S극으로 들어간다.
2. 전류가 흐르는 도선 주위에는 자기장이 형성! 전류의 세기와 방향에 따라 자기장이 변한다.

## 2 자기장에서 전류가 흐르는 도선이 받는 힘

**1** **자기장에서 전류가 흐르는 도선이 받는 힘(자기력)** : 자석 사이에 있는 도선에 전류가 흐르면 자석에 의한 자기장과 전류에 의한 자기장이 상호 작용하여 도선은 힘을 받는다.

**2** **자기장에서 전류가 흐르는 도선이 받는 힘의 방향** : 오른손의 네 손가락을 자기장의 방향, 엄지손가락을 전류의 방향으로 향하게 할 때, 손바닥이 향하는 방향이 도선이 받는 힘의 방향이다. 이때 전류의 방향과 자기장의 방향, 힘의 방향은 서로 수직을 이룬다. 도선이 받는 힘의 방향은 전류의 방향과 자기장의 방향에 따라 달라져!

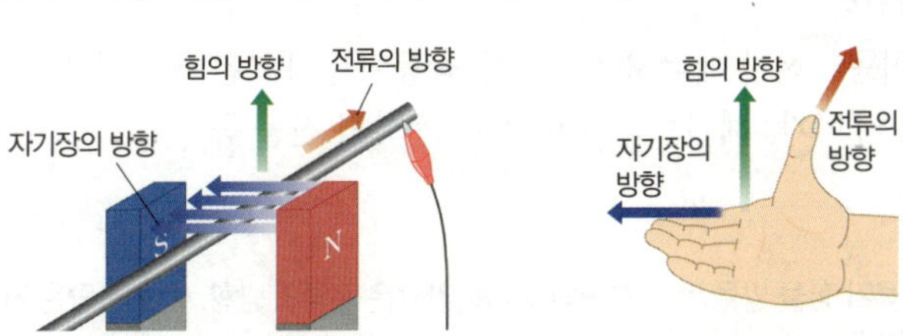

▲ 자기장에서 전류가 흐르는 도선이 받는 힘(자기력)의 방향

---

**전류가 흐르는 코일 주위의 철가루**

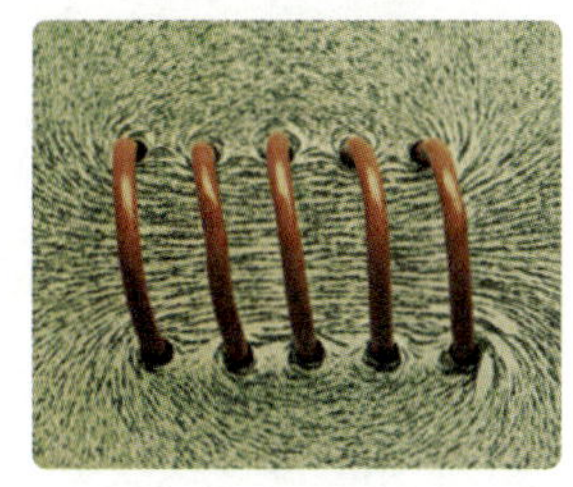

**전자석의 이용**

• 금속을 당기는 성질을 이용 : 자동문 개폐기, 고철 처리장의 전자석 기중기 등
• 자석을 밀어내거나 당기는 성질을 이용 : 전동기, 자기 부상 열차, 스피커 등
• 물질을 자기화시키는 성질을 이용 : 하드 디스크, 마그네틱 카드 등

**힘의 방향을 찾는 다른 방법**

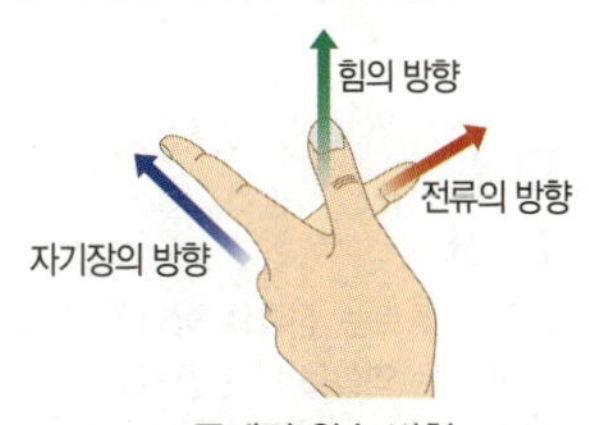

▲ 플레밍 왼손 법칙

왼손의 세 손가락을 직각으로 만들면 엄지손가락이 도선이 받는 힘의 방향, 둘째 손가락이 자기장의 방향, 가운데 손가락이 전류의 방향이 된다.

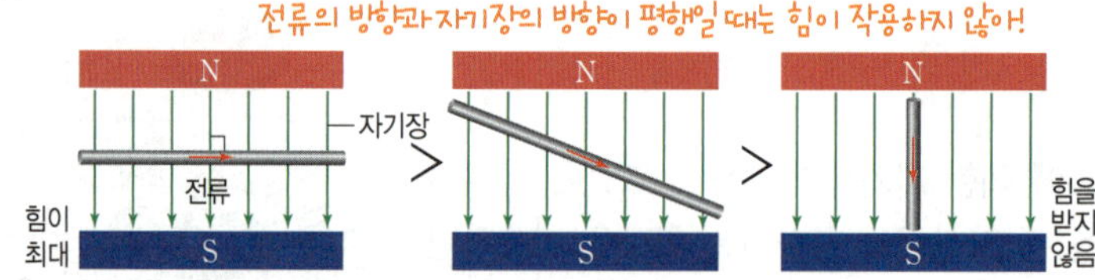

| 전류의 방향을 바꿨을 때 ← | 자기장 내부의 전선(기준) → | 자기장의 방향을 바꿨을 때 |
|---|---|---|
| 힘의 방향 : 안쪽 | 힘의 방향 : 바깥쪽 | 힘의 방향 : 안쪽 |
| 전류의 방향을 바꾸면 알루미늄 막대는 안쪽으로 힘을 받아 움직인다. | 전류가 흐르면서 알루미늄 막대는 바깥쪽으로 힘을 받아 움직인다. | 자기장의 방향을 바꾸면 알루미늄 막대는 안쪽으로 힘을 받아 움직인다. |

**3 자기장에서 전류가 흐르는 도선이 받는 힘(자기력)의 크기**

(1) 전류의 세기와 자기장의 세기가 셀수록 전류가 흐르는 도선이 받는 힘이 커진다.

(2) 전류의 방향과 자기장의 방향이 수직일 때 전류가 흐르는 도선이 받는 힘이 가장 크다.

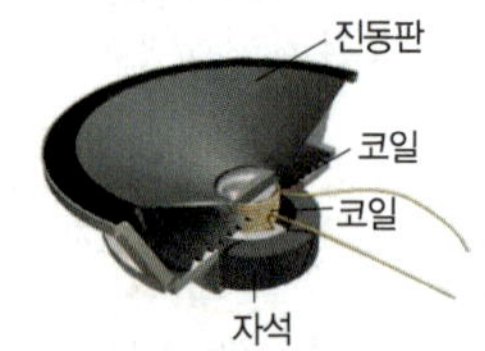


▲ 전류와 자기장의 방향에 따른 힘의 크기

**4 자기장에서 전류가 흐르는 도선이 받는 힘의 이용** : 전동기, 스피커, 전압계, 전류계 등

## 3 전동기

**1 전동기** : 자석 사이에 놓인 코일에 전류가 흐를 때 코일이 힘을 받아 회전하는 장치로, 전기 에너지를 역학적 에너지로 전환시키는 장치이다.

(1) **전동기의 구조와 원리** : 정류자와 연결된 코일 양쪽에 서로 다른 극의 자석이 마주 보고 있다. 자석 사이에 있는 코일의 양쪽 전선에는 반대 방향으로 전류가 흘러 반대 방향으로 힘이 작용하기 때문에 코일이 회전한다.

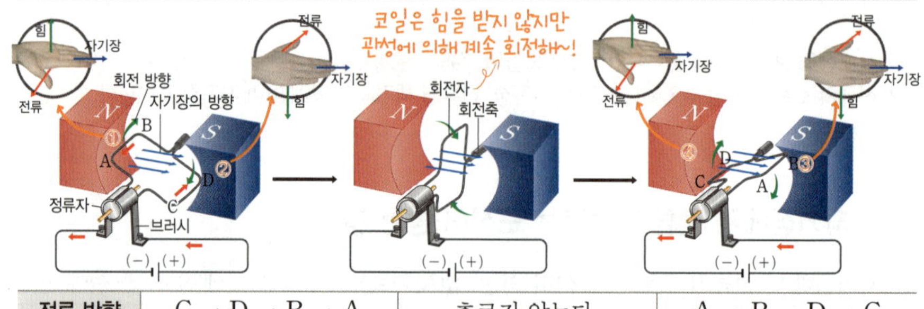


| 전류 방향 | C → D → B → A | 흐르지 않는다. | A → B → D → C |
|---|---|---|---|
| 전선 AB | ① 위로 힘을 받는다. | 힘을 받지 않는다. | ③ 아래로 힘을 받는다. |
| 전선 CD | ② 아래로 힘을 받는다. | 힘을 받지 않는다. | ④ 위로 힘을 받는다. |
| 회전 방향 | | 시계 방향 | |

(2) **전동기의 회전 속력** : 강한 자기력을 받을수록 전동기의 회전 속력이 빨라진다. 전류의 세기가 셀수록, 강한 자석을 사용할수록, 코일을 많이 감을수록 자기력의 크기가 커진다.

**2 전동기의 이용** : 전기 에너지를 사용해 작동되는 대부분의 전기 기구에 이용된다.

(예) 선풍기, 세탁기, 헤어드라이어, 휴대 전화의 진동 등

⭐ **이것이 핵심!!**

자기장에서 전류가 힘을 받을 때 오른손의 엄지손가락은 전류의 방향, 네 손가락은 자기장의 방향, 손바닥은 힘의 방향이다.

---

**전류의 세기와 자기장의 세기를 세게 하는 방법**

- 전류의 세기를 더 세게 만들려면 : 전기 회로에 더 큰 전압을 걸어 준다.
- 자기장 세기를 더 세게 만들려면 : 더 강한 자석을 사용한다.

**스피커의 구조**

진동판
코일
코일
자석

진동판의 코일에 전류가 흐르면 자석의 자기장에 의한 힘에 의해 진동판이 떨리면서 소리가 발생한다.

**➕ 용어**

**정류자**

코일에 흐르는 전류의 방향을 바꾸어 주는 역할을 하는 장치로, 코일이 반 바퀴 회전할 때마다 전류를 일시적으로 차단하여 계속 같은 방향으로 회전할 수 있게 한다.

# 탐구 A  전류가 흐르는 코일 주위의 자기장

**과정**

❶ 직류 전원 장치, 스위치, 코일, 가변 저항기를 연결한다.

❷ 자기장 실험 장치의 코일 주위에 나침반 8개를 놓고, 스위치를 닫은 후 나침반 바늘의 N극이 가리키는 방향을 확인해 기록한다.

❸ 전류의 방향을 바꾼 후 과정 ❷를 반복한다.

> **유의점**
> • 전류가 흐르면 굵은 전선이 뜨거워져 화상의 위험이 있으므로 나침반 바늘의 움직임만 확인한 후 스위치를 열어 전류를 차단해야 한다.

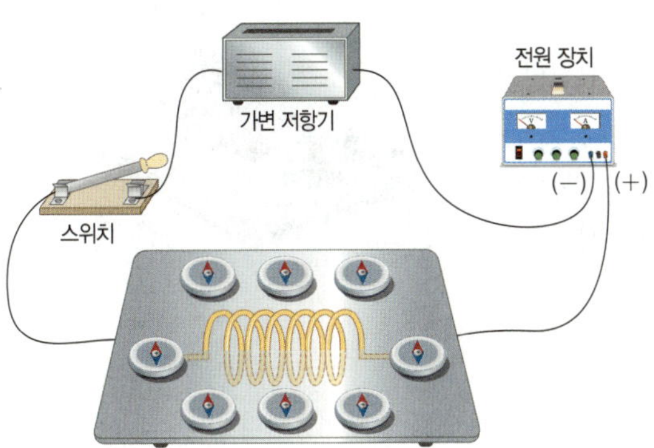


**결과**

• 과정 ❷에서 전류가 흐르면 나침반 바늘의 N극은 코일 주위에 생긴 자기장의 방향을 가리킨다.

• 과정 ❸에서 전류의 방향이 바뀌면 나침반 바늘의 N극이 가리키는 방향이 과정 ❷에서의 방향과 반대가 된다.

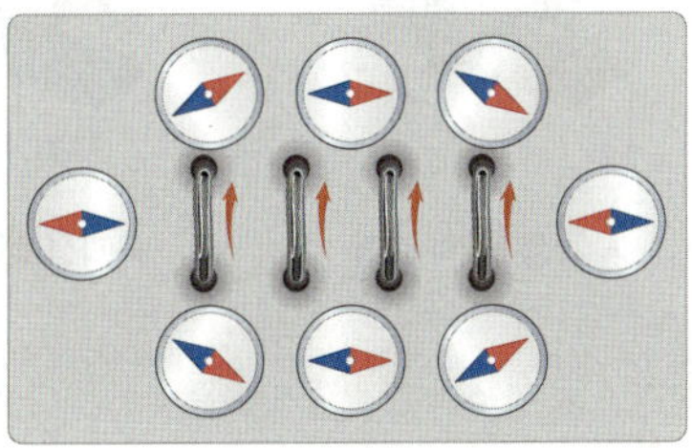

▲ 과정 ❷의 결과

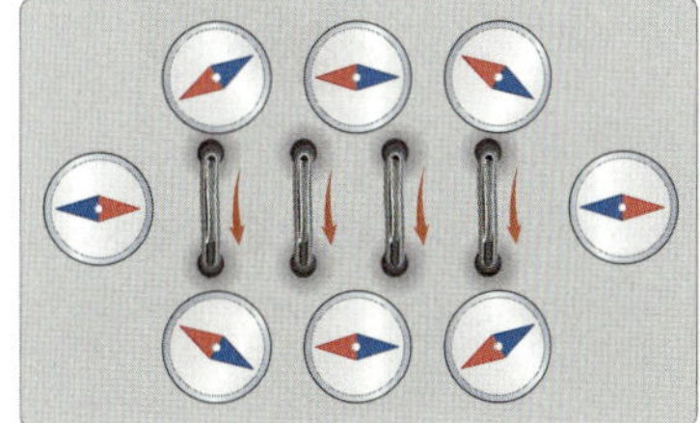

▲ 과정 ❸의 결과

**정리**

**1** 전류가 흐르는 코일 주위에 생기는 자기장의 특징을 설명해 보자.

전류가 흐르는 코일 주위에는 자기장이 생기며, (　　　　　)의 방향에 따라 자기장의 방향이 바뀐다.

**2** 전류가 흐르는 코일 주위에 생기는 자기장 방향을 오른손을 이용하여 알 수 있는 방법을 설명해 보자.

오른손의 네 손가락을 (㉠　　　　)의 방향으로 감아쥐고 엄지손가락을 폈을 때, 엄지손가락이 가리키는 방향이 코일 내부에서의 (㉡　　　　)의 방향이다.

## 🔍 탐구 핵심!!

> 전류가 흐르는 코일 주위에는 자기장이 만들어지며, 전류의 방향에 따라 자기장의 방향이 바뀐다.

## 탐구 B  자기장에서 전류가 흐르는 도선이 받는 힘의 방향

**과정**

❶ 전기 그네를 직류 전원 장치에 연결하고, 스위치를 닫는 순간 전기 그네가 움직이는 방향을 관찰한다. *스위치를 닫으면 전기 그네에 전류가 흐르게 되지!*

❷ 과정 ❶의 실험 장치에서 전원 장치의 극을 반대로 하고, 스위치를 닫는 순간 전기 그네가 움직이는 방향을 관찰한다.

❸ 과정 ❶의 실험 장치에서 말굽 자석의 극을 반대로 하고, 스위치를 닫는 순간 전기 그네가 움직이는 방향을 관찰한다.

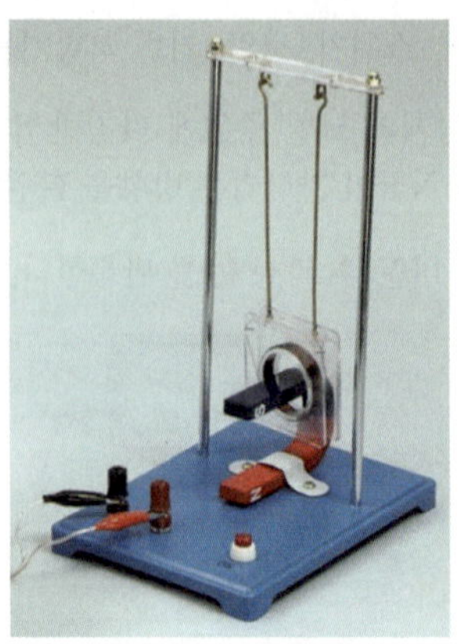

**유의점**

• 스위치를 오랜 시간 닫고 있을 경우 전기 그네에서 열이 발생할 수 있으므로 결과를 관찰하고 나면 스위치를 열어야 한다.

• 실험 과정에서 변하는 조건을 정확하게 파악하고, 이외의 조건은 변하지 않도록 유의한다.

**결과**

• 과정 ❶에서 전기 그네가 힘을 받아 자석의 안쪽으로 이동한다.

• 과정 ❷에서 전류가 흐르는 방향이 바뀌면, 전기 그네가 받는 힘의 방향이 반대로 바뀐다.

• 과정 ❸에서 말굽자석의 극을 반대로 하면, 전기 그네가 받는 힘의 방향이 반대로 바뀐다.

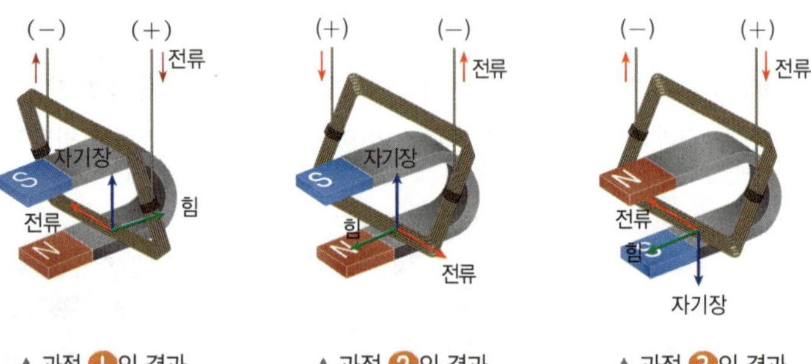


**정리**

**1** 과정 ❶에서 스위치를 닫을 때 전기 그네에 작용하는 자기장의 방향, 전류의 방향, 힘의 방향을 설명해 보자.

자기장의 방향은 (㉠          )극에서 (㉡          )극을 향하는 방향이고, 전류의 방향은 자기장의 방향에 대해 (㉢          ) 수직 방향으로 흐른다. 이때 전기 그네에 작용하는 힘(자기력)의 방향은 자석의 (㉣          )쪽이므로, 전기 그네가 자석의 (㉤          )쪽으로 이동한다.

**2** 과정 ❷와 ❸에서 전기 그네의 이동 방향이 반대가 된 까닭을 설명해 보자.

과정 ❷에서는 (㉠          )의 방향은 그대로이지만 (㉡          )의 방향이 반대로 바뀌었으므로, 전기 그네에 작용하는 힘(자기력)의 방향은 반대가 되었다. 과정 ❸에서는 (㉢          )의 방향은 그대로이지만 (㉣          )의 방향이 반대로 바뀌었으므로, 전기 그네에 작용하는 힘(자기력)의 방향은 반대가 되었다. 이처럼 (㉤          )의 방향이 반대가 되거나 (㉥          )의 방향이 반대가 되면, 전기 그네에 작용하는 힘(자기력)은 반대가 된다.

### 탐구 핵심!!

전류의 방향이 반대가 되거나 자기장의 방향이 반대가 되면, 힘(자기력)의 방향은 반대가 된다.

# 개념 확인 문제

※ 다음 글의 빈칸에 알맞은 말을 쓰거나 고르시오.

## 1 전류와 자기장

**01** 자석과 자석 또는 자석과 쇠붙이 사이에 작용하는 힘을 (　　　)이라고 한다.

**02** 자석이나 전류가 흐르는 도선 주위에서 자기력이 작용하는 공간을 (　　　)이라고 한다.

**03** 자기장의 방향은 나침반 바늘의 (　　　)극이 가리키는 방향이다.

**04** 자기력선에 대한 설명으로 옳은 것은 ◯, 옳지 <u>않은</u> 것은 ✕로 표시하시오.

　(1) 서로 교차하거나 끊어지지 않는다. 　　　( ◯, ✕ )

　(2) 자기력선의 간격이 넓을수록 자기장이 세다. ( ◯, ✕ )

　(3) 항상 N극에서 나와서 S극으로 향한다. 　　( ◯, ✕ )

**05** 전류가 흐르는 직선 도선 주위를 오른손으로 감아쥘 때 엄지손가락의 방향은 (㉠　　　)의 방향, 나머지 네 손가락의 방향은 (㉡　　　)의 방향이다.

**06** 직선 도선에서 전류가 위로 흐를 때 자기장의 방향은 (시계 방향, 시계 반대 방향)이다.

**07** 원형 도선에 흐르는 전류의 세기가 셀수록 원형 도선 주위에 형성되는 자기장의 세기가 (세다, 약하다).

**08** 전류가 흐르는 코일을 오른손으로 감아쥘 때 엄지손가락의 방향은 (㉠　　　)의 방향, 네 손가락의 방향은 (㉡　　　)의 방향이다.

**09** 전자석에 대한 설명으로 옳은 것은 ◯, 옳지 <u>않은</u> 것은 ✕로 표시하시오.

　(1) 전자석은 전류가 흐를 때만 자기력을 띤다. ( ◯, ✕ )

　(2) 코일에 흐르는 전류의 세기를 세게 하면 전자석의 세기는 작아진다. 　　　　　　　　　　( ◯, ✕ )

　(3) 코일에 흐르는 전류의 방향을 반대로 바꾸어도 코일 주위에 생기는 자기장의 방향은 일정하다. ( ◯, ✕ )

## 2 자기장에서 전류가 흐르는 도선이 받는 힘

**10** 자기장 속에 놓여 있는 도선에 전류가 흐르면 도선은 (　　　)을 받는다.

**11** 자기장 속에 놓여 있는 도선에 전류가 흐를 때 오른손의 엄지손가락의 방향은 (㉠　　　)의 방향, 네 손가락의 방향은 (㉡　　　)의 방향, 손바닥은 (㉢　　　)의 방향이다.

**12** 전류가 흐르는 도선이 받는 힘의 크기는 전류의 방향과 자기장의 방향이 (㉠ 수직, 평행)일 때 가장 크고, (㉡ 수직, 평행)일 때 가장 작다.

**13** 자기장에서 전류가 흐르는 도선이 받는 힘에 대한 설명으로 옳은 것은 ◯, 옳지 <u>않은</u> 것은 ✕로 표시하시오.

　(1) 도선에 작용하는 힘의 방향은 전류의 방향과 자기장의 방향에 대해 각각 수직이다. 　　　( ◯, ✕ )

　(2) 자기장의 세기가 셀수록 도선이 받는 힘의 크기가 작아진다. 　　　　　　　　　　　　　( ◯, ✕ )

**14** 전류가 흐르는 알루미늄 막대가 자기장에 대해 수직으로 놓여 있을 때 알루미늄 막대가 말굽자석의 바깥쪽으로 이동했다. 실험 조건을 다르게 할 때 (1), (2)에 해당하는 경우를 |보기|에서 모두 고르시오.

> ┤ 보기 ├
> ㄱ. 전류의 방향만 반대로 바꿀 때
> ㄴ. 자기장의 방향만 반대로 바꿀 때
> ㄷ. 전류와 자기장의 방향을 모두 반대로 바꿀 때
> ㄹ. 전류와 자기장을 같은 방향으로 향하게 할 때

　(1) 알루미늄 막대가 말굽자석의 바깥쪽으로 이동하는 경우 : (　　　　　)

　(2) 알루미늄 막대가 말굽자석의 안쪽으로 이동하는 경우 : (　　　　　)

## 3 전동기

**15** 전동기는 자기장에서 전류가 흐르는 도선이 받는 힘을 이용하여 (㉠ 역학적, 전기) 에너지를 (㉡ 역학적, 전기) 에너지로 전환시키는 장치이다.

**16** 정류자와 연결된 코일 양쪽에 흐르는 전류의 방향은 (㉠ 같은, 반대) 방향이므로 서로 (㉡ 같은, 반대) 방향으로 힘을 받는다.

**17** 전동기에 대한 설명으로 옳은 것은 ◯, 옳지 <u>않은</u> 것은 ✕로 표시하시오.

　(1) 코일이 시계 방향으로 회전하는 전동기에 전류를 더 세게 흘려주면 코일이 시계 반대 방향으로 회전한다. 　　　　　　　　　　　　　　　　　( ◯, ✕ )

　(2) 코일이 시계 방향으로 회전하는 전동기에서 자석의 극을 바꾸면 코일은 회전하지 않는다. 　( ◯, ✕ )

　(3) 선풍기는 전동기를 이용한 전기 제품이다. ( ◯, ✕ )

　(4) 전자석은 자기장에서 전류가 흐르는 도선이 받는 힘을 이용한 장치이다. 　　　　　　　　( ◯, ✕ )

### 도선 주위에 형성되는 자기장의 방향

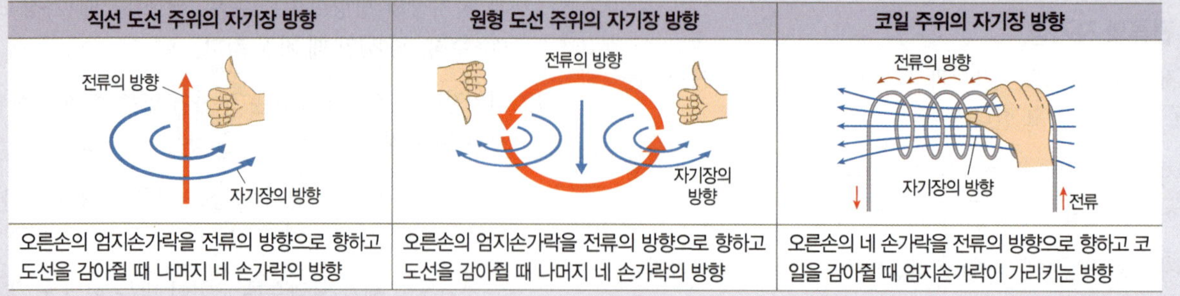

| 직선 도선 주위의 자기장 방향 | 원형 도선 주위의 자기장 방향 | 코일 주위의 자기장 방향 |
|---|---|---|
| 오른손의 엄지손가락을 전류의 방향으로 향하고 도선을 감아쥘 때 나머지 네 손가락의 방향 | 오른손의 엄지손가락을 전류의 방향으로 향하고 도선을 감아쥘 때 나머지 네 손가락의 방향 | 오른손의 네 손가락을 전류의 방향으로 향하고 코일을 감아쥘 때 엄지손가락이 가리키는 방향 |

### 자기장에서 전류가 흐르는 도선이 받는 힘의 방향

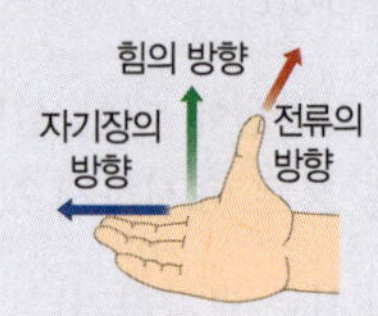

오른손의 네 손가락을 자기장의 방향, 엄지손가락을 전류의 방향으로 향하게 할 때, 손바닥이 향하는 방향이 도선이 받는 힘의 방향이다.

---

### 도선 주위에 형성되는 자기장의 방향

**1** 그림과 같은 방향으로 직선 도선에 전류를 흘려주었을 때 도선 주위에 놓인 나침반 바늘의 모습을 그리고, 자기장의 방향을 나타내시오. (단, 자기장의 방향은 화살촉으로 나타내고, 나침반 바늘의 N극을 색칠한다.)

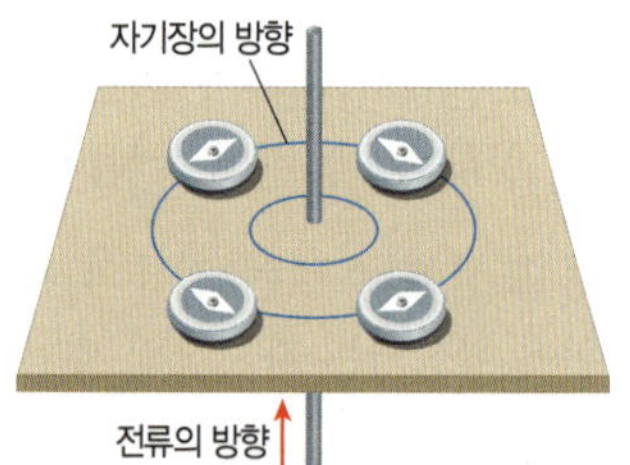

**2** 그림과 같은 방향으로 코일에 전류를 흘려주었을 때 도선 주위에 놓인 나침반 바늘의 모습을 그리고, 자기장의 방향을 나타내시오. (단, 자기장의 방향은 화살촉으로 나타내고, 나침반 바늘의 N극을 색칠한다.)

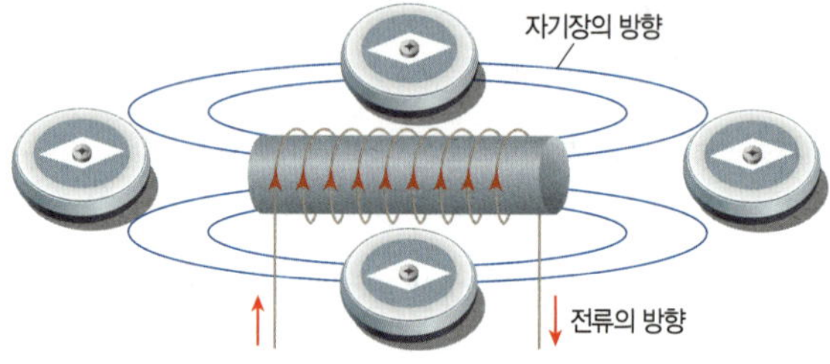

### 자기장에서 전류가 흐르는 도선이 받는 힘의 방향

[3~5] 그림은 자석 사이에 전류가 흐르는 도선이 놓여 있는 모습을 나타낸 것이다.

**3** 그림과 같은 방향으로 도선에 전류를 흘려주었을 때 도선이 힘을 받는 방향을 쓰시오.

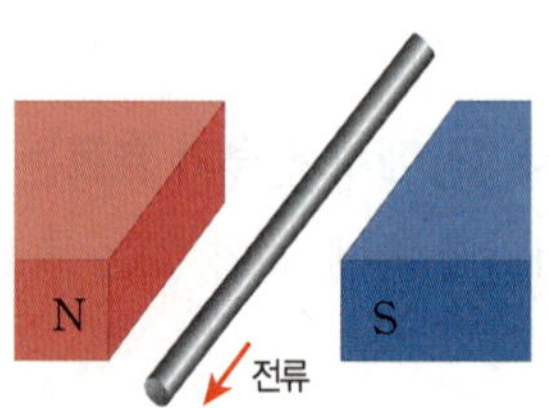

**4** 도선이 받는 힘의 방향을 반대로 바꾸는 방법을 두 가지만 쓰시오.

**5** 도선이 받는 힘의 크기를 크게 하는 방법을 두 가지만 쓰시오.

# 07 전기 에너지의 발생과 전환



## 1 전기 에너지의 발생

**1 전자기 유도** : 코일 주위에서 자석이 움직이거나 자석 주위에서 코일이 움직일 때, 코일을 통과하는 자기장이 변하면서 코일에 전류가 흐르는 현상

**2 유도 전류** : 전자기 유도에 의해 코일에 흐르는 전류

(1) **유도 전류의 방향** : 코일과 자석을 서로 가까이 할 때와 멀리 할 때 유도 전류는 서로 반대 방향으로 흐른다. 검류계 바늘의 방향을 보면 알 수 있어~!

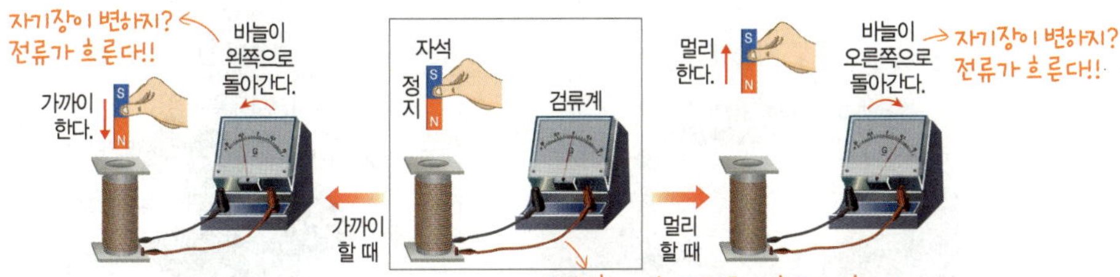


(2) **유도 전류의 세기** : 코일을 지나는 자기장의 변화가 클수록 전류가 더 세게 흐른다. 코일의 감은 수가 많을수록, 강한 자석을 움직일수록, 자석을 빠르게 움직일수록 유도 전류의 세기가 세다.

**3 전자기 유도의 이용** : 코일 내부의 자기장이 변할 때 전류가 발생하는 전자기 유도를 이용하여 우리 생활 곳곳에서 전기 에너지를 생산할 수 있다.
예 발전기, 도난 방지 장치, 교통 카드 판독기, 고속도로의 하이패스, 마이크, 인덕션 레인지, 금속 탐지기, 전자 기타, 발광 킥보드 바퀴 등

**4 발전기**
(1) 전자기 유도를 이용하여 전기 에너지를 얻는 장치이다.
(2) 영구 자석 사이에 있는 코일이 회전하면, 코일 내부의 자기장이 변하여 유도 전류가 흐른다. ⇨ 역학적 에너지가 전기 에너지로 전환된다.


▲ 발전기의 구조

**발전기와 전동기**
발전기와 전동기는 구조는 같지만 발전기는 운동 에너지를 전기 에너지로 전환하는 장치이고, 전동기는 전기 에너지를 운동 에너지로 전환하는 장치이다.

## 2 전기 에너지의 전환과 이용

**1 전기 에너지의 발생과 에너지 전환** : 전기 에너지는 주로 발전소에서 화학 에너지, 핵에너지, 역학적 에너지, 빛에너지 등 다양한 에너지원을 이용해서 생산된다.

발전소에서는 매우 큰 발전기를 빠르게 회전시켜서 많은 전기 에너지를 생산해~!

| 구분 | 화력 발전소 | 수력 발전소 | 풍력 발전소 |
|---|---|---|---|
| 원리 | 화석 연료를 연소시켜 물을 끓이고, 물이 끓을 때 발생한 증기로 터빈을 회전시킨다. | 높은 곳의 물이 아래로 내려오며 발전기에 연결된 터빈을 회전시킨다. | 바람의 힘을 이용하여 발전기에 연결된 터빈을 회전시킨다. |
| 에너지 전환 | 화석 연료의 화학 에너지 → 수증기의 역학적 에너지 → 발전기의 역학적 에너지 → 전기 에너지 | 물의 위치 에너지 → 물의 운동 에너지 → 발전기의 역학적 에너지 → 전기 에너지 | 바람의 역학적 에너지 → 발전기의 역학적 에너지 → 전기 에너지 |

이 과정에서 전자기 유도가 일어나~

**➕ 용어**

**전기 에너지**
전류가 흐를 때 공급되는 에너지로, 다른 형태의 에너지로 쉽게 전환하여 사용할 수 있기 때문에 우리 생활에 많이 이용된다. 단위는 J(줄)이다.

**터빈**
프로펠러 모양의 회전체로, 기체나 액체의 흐름에 의해 회전한다.

**2 전기 에너지의 이용** : 전기 에너지는 쉽게 전달할 수 있고, 각종 전기 기구를 통해 다른 형태의 에너지로 쉽게 전환되며, 환경 오염을 일으키지 않는다는 장점이 있어 널리 이용되고 있다.

**3 전기 에너지의 전환** : 일상생활에서 전기 기구를 사용할 때 전기 기구에는 전기 에너지가 공급되며, 공급된 전기 에너지는 전기 기구에서 다양한 형태의 에너지로 전환된다. *전기 에너지의 전환이 이루어질 때는 한 가지 에너지로만 전환되는 것이 아니라 두 가지 이상의 에너지로 동시에 전환되기도 해~!*

| 주로 전환되는 에너지 | 전기 기구의 예 | 주로 전환되는 에너지 | 전기 기구의 예 |
| --- | --- | --- | --- |
| 빛에너지 | 전등, 텔레비전 등 | 소리 에너지 | 라디오, 텔레비전 등 |
| 열에너지 | 전기난로, 전기다리미 등 | 운동 에너지 | 세탁기, 선풍기, 믹서 등 |

**4 에너지의 전환과 보존** : 에너지는 한 형태에서 다른 형태로 전환되며, 이때 에너지는 새로 생기거나 없어지지 않고 에너지의 총량은 항상 일정하게 보존된다. ⇨ 에너지 보존 법칙 *에너지가 전환될 때는 우리가 의도한 형태의 에너지뿐만 아니라 일부는 다른 형태의 에너지(열에너지 등)로 전환되기도 해~!*

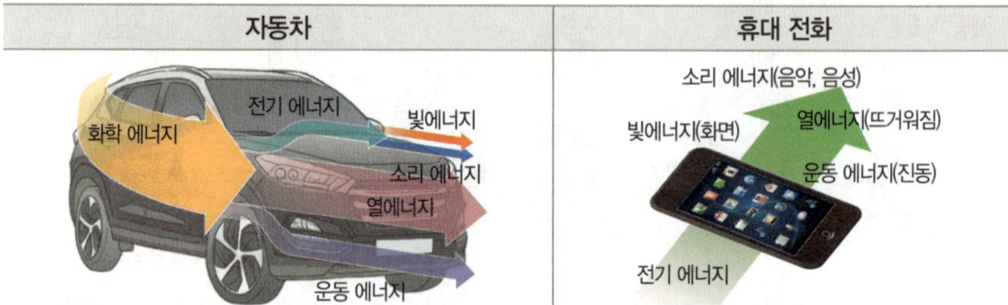


| 자동차 | 휴대 전화 |
| --- | --- |
| 자동차에 공급된 화학 에너지는 자동차가 움직이는 운동 에너지로 전환될 뿐만 아니라, 빛에너지, 소리 에너지, 열에너지 등으로 전환된다. 이때 총 에너지는 보존된다. | 휴대 전화에 공급된 전기 에너지는 빛에너지, 소리 에너지, 열에너지, 운동 에너지 등으로 전환된다. 이때 총 에너지는 보존된다. |

**★ 이것이 핵심!!**

1. 자석이 움직이거나 코일이 움직일 때만 코일 내부의 자기장이 변하여 전류가 유도된다. ⇨ 전자기 유도!
2. 에너지는 전환 과정에서 새로 생기거나 없어지지 않고, 에너지의 총량이 보존된다. ⇨ 에너지 보존 법칙!

**헤어드라이어에서의 에너지 전환과 보존**

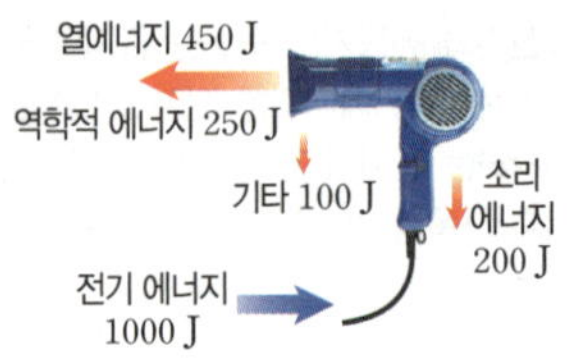


헤어드라이어에 공급된 전기 에너지(1000 J)는 열에너지(450 J)+역학적 에너지(250 J)+소리 에너지(200 J)+기타 에너지(100 J)로 모두 전환되어 새로 생기거나 소멸되는 에너지 없이 에너지 총량은 일정하다.

**STEAM**

**버려지는 에너지를 전기 에너지로! 에너지 하베스팅**

에너지 하베스팅(Energy Harvesting)은 우리 주변에서 버려지는 에너지를 수확해서 우리에게 필요한 전기 에너지로 바꾸어 이용하는 기술을 말한다. 에너지 하베스팅 기술에 이용되는 다양한 방법 중에서도 진동 에너지나 압력 에너지를 전기 에너지로 바꾸는 기술이 가장 보편적이다. 이를 이용하여 자동차가 지나가는 도로에 압력 에너지를 전기 에너지로 바꾸는 장치를 깔아둔다면 자동차가 지나갈 때마다 전기 에너지를 생산할 수 있다.

**3 소비 전력과 전력량**

**1 소비 전력** : 전기 기구가 1초 동안 사용하는 전기 에너지의 양으로, 단위로는 W(와트), kW(킬로와트)를 사용한다. *1 W는 1 J의 전기 에너지를 1초 동안 사용할 때의 전력이야~*

$$\text{소비 전력(W)} = \frac{\text{전기 에너지(J)}}{\text{시간(s)}}$$

**전기 에너지의 크기**

전기 에너지는 전기 기구에 걸어 준 전압, 전류, 전류가 흐른 시간(초)에 비례한다.

(1) **전기 기구의 소비 전력** : 전기 기구가 안정적으로 작동될 수 있는 정격 전압을 연결했을 때 단위 시간 동안 전기 기구가 소비하는 전기 에너지이다. 소비 전력이 작을수록 전기 에너지를 절약할 수 있다.

　㉔ 220 V−100 W인 선풍기는 220 V의 전원에 연결하면 1초에 100 J의 전기 에너지를 사용한다.

(2) **소비 전력과 에너지 전환** : 같은 용도로 사용하는 전기 기구라도 사용 과정에서 불필요하게 낭비되는 에너지가 많은 전기 기구일수록 소비 전력이 크다.

**선풍기의 소비 전력 표시**

| 전기 용품 안전 관리법에 의한 표시 | |
|---|---|
| 제품명 | 선풍기 |
| 정격 전압 | 220 V |
| 소비 전력 | 44 W |

선풍기

---

**미니 탐구　가정에서 사용하는 가전제품의 소비 전력 비교**

**과정 및 결과**

① 가정에서 사용하는 가전제품에서 주로 전환되는 에너지의 종류와 소비 전력을 조사한다.

| 가전제품 | 전환되는 에너지 | 소비 전력 | 가전제품 | 전환되는 에너지 | 소비 전력 |
|---|---|---|---|---|---|
| 텔레비전 | 빛에너지 | 150 W | 전기난로 | 열에너지 | 2500 W |
| 컴퓨터 | 빛에너지 | 100 W | 다리미 | 열에너지 | 2400 W |
| 조명 | 빛에너지 | 25 W | 청소기 | 운동 에너지 | 1200 W |

② 텔레비전의 용량이나 크기에 따라 소비 전력이 어떻게 다른지 조사한다.

| 텔레비전 크기 | 65인치 | 70인치 | 75인치 |
|---|---|---|---|
| 소비 전력 | 172 W | 194 W | 216 W |

**정리**

1. 가전제품마다 전환되는 에너지의 종류가 같더라도 소비 전력은 다르다.
2. 같은 종류의 가전제품이라도 용량이나 크기에 따라 소비 전력이 다르다.

---

**전기 요금**

각 가정에서 사용한 전기 에너지의 양은 전력량계로 측정하는데, 측정한 전력량은 kWh의 단위로 각 가정에 고지되며 이를 기준으로 전기 요금이 부과된다.

---

**2 전력량** : 전기 기구가 일정 시간 동안 사용한 전기 에너지의 총량으로, 단위로는 Wh(와트시), kWh(킬로와트시)를 사용한다. 1 Wh는 소비 전력이 1 W인 전기 기구를 1시간 동안 사용했을 때의 전력량이야!

$$전력량(Wh) = 소비 전력(W) \times 사용 시간(h)$$

**3 에너지의 효율적 이용** : 전기 기구는 에너지 소비 효율에 따라 1등급부터 5등급까지 나누어 표시하며, 1등급으로 갈수록 전기 에너지를 효율적으로 이용한다.

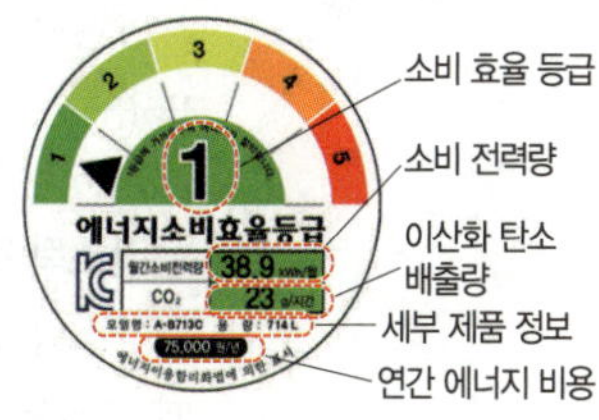

**에너지 효율 등급 표시**


---

★ 이것이 핵심!!

소비 전력은 1초 동안 사용하는 전기 에너지의 양이고, 전력량은 일정 시간 동안 사용한 전기 에너지의 총량이다.

---

**더 알아보기**

**밝기가 같은 형광등과 LED 전구가 1초 동안 소비하고 방출하는 에너지의 양**

| 구분 | 형광등 | LED 전구 |
|---|---|---|
| 1초 동안 방출하는 빛에너지의 양 | 6 J | 6 J |
| 1초 동안 방출하는 열에너지의 양 | 6 J | 2 J |
| 소비한 전기 에너지 | 12 J | 8 J |
| 소비 전력 | 12 W | 8 W |



➡ 같은 시간 동안 같은 양의 빛에너지를 얻을 때, 소비 전력이 작은 전구일수록 전기 에너지를 더 효율적으로 사용한다.

---

**열화상 사진기로 본 두 전구 비교**

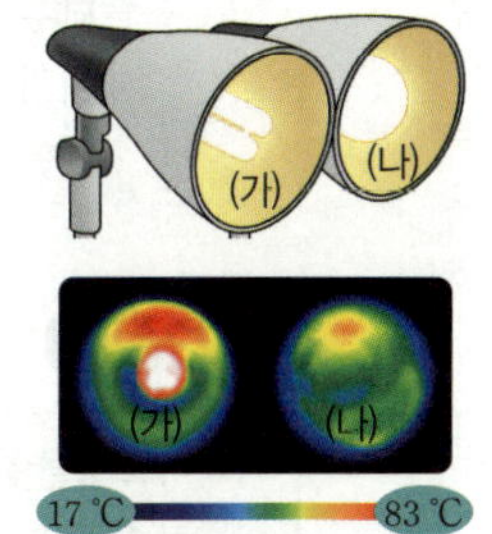


두 전구 (가)와 (나)는 빛의 밝기가 거의 같지만 소비 전력이 큰 (가)가 (나)보다 더 많은 열에너지를 방출하고 있다.

# 탐구 | 전기 에너지가 만들어지는 원리(전자기 유도)

**과정**

❶ 투명한 플라스틱 관에 에나멜선을 촘촘히 감아 코일을 만든다.

❷ 에나멜선의 양 끝을 사포로 벗긴 후 발광 다이오드와 연결한다.

❸ 플라스틱 관에 네오디뮴 자석을 넣고 마개를 닫은 후 플라스틱 관을 흔들면서 발광 다이오드를 관찰한다.
   플라스틱 관을 흔들면 코일에 자기장이 유도되겠지?

❹ 플라스틱 관을 더 빠르게 흔들면서 발광 다이오드를 관찰한다.
   플라스틱 관을 더 빠르게 흔들면 코일 속 자기장의 변화도 빨라질 거야!

**유의점**
- 플라스틱 관에 에나멜선을 같은 두께로 고르게 감는다.
- 플라스틱 관을 흔들 때 자석이 빠져나가지 않도록 주의한다.

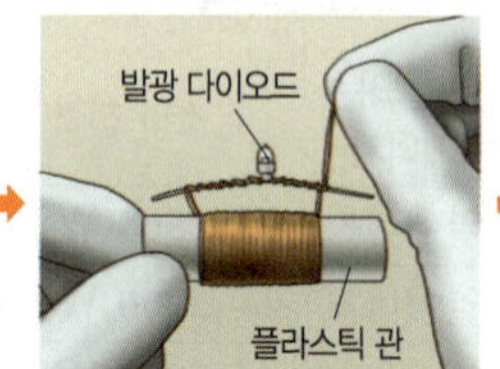


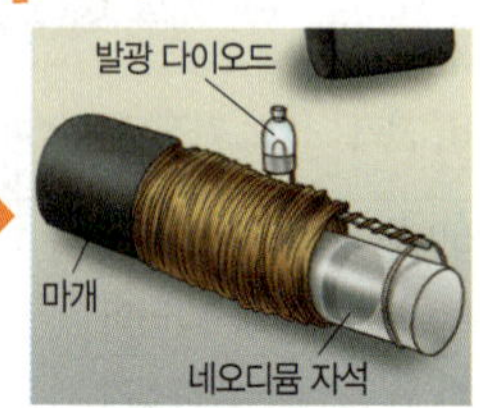


**결과**

- 자석이 코일을 통과하도록 플라스틱 관을 흔들면 발광 다이오드에 불이 켜지고, 흔드는 동안 불이 꺼졌다 켜졌다를 반복한다.
- 플라스틱 관을 더 빠르게 흔들면 발광 다이오드의 밝기가 더 밝아진다.

**정리**

**1** 플라스틱 관을 흔들 때 발광 다이오드에 불이 켜지는 까닭을 설명해 보자.

플라스틱 관을 흔들면 안에 들어 있는 네오디뮴 자석이 코일 사이를 왕복하게 된다. 이때 코일을 통과하는 (㉠           )이 변하므로 코일에 (㉡           )가 유도되어 발광 다이오드에 불이 켜진다.

**2** 플라스틱 관을 흔들 때 발광 다이오드에 불이 꺼졌다 켜졌다를 반복하는 까닭을 설명해 보자.

플라스틱 관을 흔들면 네오디뮴 자석이 코일 안에서 왕복 운동을 한다. 자석이 코일에 들어갈 때와 나올 때 코일에 유도되는 전류의 방향이 (           )가 되므로 불이 꺼졌다 켜졌다를 반복한다.

**3** 플라스틱 관을 흔들어 발광 다이오드에 불이 켜질 때 에너지가 어떻게 전환되는지 설명해 보자.

플라스틱 관을 흔들면 네오디뮴 자석이 움직여 (㉠           ) 에너지가 발생한다. 자석의 (㉡           ) 에너지는 코일에서 (㉢           ) 에너지로 전환되고, (㉣           ) 에너지는 발광 다이오드에서 (㉤           )에너지로 전환된다.

**4** 플라스틱 관을 더 빠르게 흔들 때 발광 다이오드의 밝기가 더 밝아지는 까닭을 설명해 보자.

플라스틱 관을 더 빠르게 흔들면 코일 내부의 (㉠           )이 더 빠르게 변하므로, (㉡           )의 세기가 세져 발광 다이오드의 밝기가 더 밝아진다.

### 🔍 탐구 핵심!!

자석이 코일을 통과하도록 플라스틱 관을 흔들면 발광 다이오드에 불이 켜지는데, 이것은 역학적(운동) 에너지가 전기 에너지로 전환된 것이다.

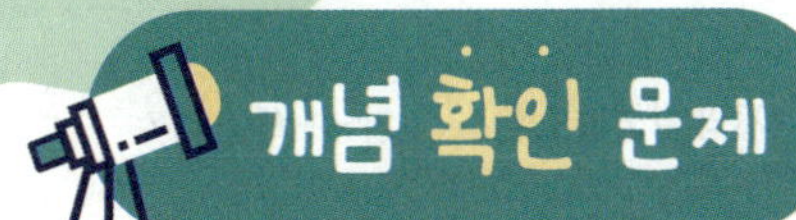

# 개념 확인 문제

※ 다음 글의 빈칸에 알맞은 말을 쓰거나 고르시오.

## 1 전기 에너지의 발생

**01** 코일 주위에서 자석을 움직이거나 자석 주위에서 코일을 움직일 때 코일에 전류가 흐르는데, 이러한 현상을 (　　　　)라고 한다.

**02** 전자기 유도가 일어날 때 코일에 흐르는 전류를 (　　　　)라고 한다.

**03** 코일과 자석을 가까이 할 때와 멀리 할 때 코일에는 전류가 (같은, 반대) 방향으로 흐른다.

**04** 전류가 흐를 때 공급되는 에너지를 (　　　　) 에너지라고 한다.

**05** 코일을 고정시킨 상태로 자석의 N극을 가까이 할 때 검류계의 바늘이 오른쪽으로 움직였다. 실험 조건을 다르게 할 때 (1), (2)에 해당하는 경우를 │보기│에서 모두 고르시오.

┌─────────── 보기 ┐
ㄱ. 자석의 N극을 코일에서 멀리 할 때
ㄴ. 자석의 N극을 고정시키고 코일을 가까이 할 때
ㄷ. 자석의 N극을 고정시키고 코일을 멀리 할 때
└──────────────────┘

(1) 검류계의 바늘이 오른쪽으로 움직이는 경우 :
(　　　　)

(2) 검류계의 바늘이 왼쪽으로 움직이는 경우 :
(　　　　)

**06** 코일의 감은 수가 (㉠ 적을수록, 많을수록), (㉡ 약한, 강한) 자석을 움직일수록, 자석을 (㉢ 느리게, 빠르게) 움직일수록 유도 전류의 세기가 세다.

**07** 발전기는 전자기 유도 현상을 이용하여 자석 사이에 있는 코일을 회전시켜 (㉠ 전기, 역학적) 에너지를 (㉡ 전기, 역학적) 에너지로 전환하는 장치이다.

**08** 화석 연료의 화학 에너지를 전기 에너지로 전환하여 사용하는 발전 방식을 (　　　　) 발전이라고 한다.

**09** 풍력 발전은 바람의 (　　　　) 에너지를 전기 에너지로 전환하여 사용하는 발전 방식이다.

## 2 전기 에너지의 전환과 이용

**10** 한 형태의 에너지는 다른 형태의 에너지로 (㉠　　　)되며, 이때 에너지는 새로 생기거나 없어지지 않고 에너지의 총량이 항상 일정하게 (㉡　　　)된다.

**11** 휴대 전화에 공급된 전기 에너지는 화면에 영상이 나타날 때는 (㉠　　　)에너지로, 전화벨이 울릴 때는 (㉡　　　) 에너지로, 진동이 울릴 때는 (㉢　　　) 에너지로 전환된다.

**12** 전기 기구의 전기 에너지가 주로 전환되는 에너지 중에서 (1), (2), (3), (4)에 해당하는 경우를 │보기│에서 모두 고르시오.

┌─────────── 보기 ┐
ㄱ. 전등　　　ㄴ. 전기난로　　　ㄷ. 라디오
ㄹ. 세탁기　　　ㅁ. 선풍기　　　ㅂ. 전기다리미
└──────────────────┘

(1) 열에너지 : (　　　　)

(2) 빛에너지 : (　　　　)

(3) 운동 에너지 : (　　　　)

(4) 소리 에너지 : (　　　　)

**13** 전기 에너지의 전환과 보존에 대한 설명으로 옳은 것은 ○, 옳지 않은 것은 ×로 표시하시오.

(1) 전기 에너지는 다른 에너지로 쉽게 전환하여 이용할 수 있다.　　　　　　　　　　　　　( ○ , × )

(2) 전기 에너지는 한 형태의 에너지로만 전환된다.
　　　　　　　　　　　　　　　　　( ○ , × )

(3) 오디오는 전기 에너지가 주로 빛에너지로 전환되는 예이다.　　　　　　　　　　　　　( ○ , × )

(4) 믹서를 사용할 때 발생한 열에너지만큼 에너지가 전환된 후의 에너지 총량은 감소한다.　( ○ , × )

## 3 소비 전력과 전력량

**14** 전기 기구가 1초 동안 사용하는 전기 에너지의 양을 (㉠　　　　)이라고 하며, 단위로는 (㉡　　　　) 또는 (㉢　　　　)를 사용한다.

**15** 같은 용도로 사용하는 전기 기구라도 소비 전력이 (작을, 클)수록 전기 에너지를 절약할 수 있다.

**16** 전기 기구가 어느 시간 동안 사용한 전기 에너지의 총량을 (㉠　　　　)이라고 하며, 단위로는 (㉡　　　　) 또는 (㉢　　　　)를 사용한다.

**17** 전력량은 (　　　　)과 시간의 곱으로 나타낼 수 있다.

**18** 전기 기구를 사용하는 시간이 길어질수록 소비한 전력량은 (작아진다, 커진다).

**19** 에너지를 효율적으로 이용하는 전기 기구일수록 에너지 소비 효율 등급이 (작다, 크다).

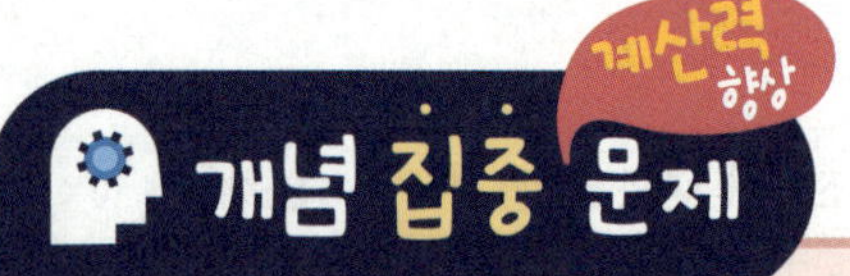


### 소비 전력과 전력량

| 구분 | 소비 전력 | 전력량 |
|---|---|---|
| 정의 | 전기 기구가 1초 동안 사용하는 전기 에너지의 양<br>소비 전력(W)=$\dfrac{\text{전기 에너지(J)}}{\text{시간(s)}}$ | 전기 기구가 일정 시간 동안 사용한 전기 에너지의 총량<br>전력량(Wh)=소비 전력(W)×사용 시간(h) |
| 단위 | W(와트), kW(킬로와트)<br>1 W : 1 J의 전기 에너지를 1초 동안 사용할 때의 전력 | Wh(와트시), kWh(킬로와트시)<br>1 Wh : 소비 전력이 1 W인 전기 기구를 1시간 동안 사용했을 때의 전력량 |

※ 전기 기구의 소비 전력 : 전기 기구가 안정적으로 작동될 수 있는 정격 전압을 연결했을 때 단위 시간 동안 전기 기구가 소비하는 전기 에너지

### 소비 전력과 전력량

**1** 15초 동안 1800 J의 에너지를 사용하는 전기 기구의 소비 전력은 몇 W인가?

**2** 소비 전력이 95 W인 전기 기구를 6초 동안 사용하는 경우 소비한 전기 에너지는 몇 J인가?

**3** 8초 동안 1200 J의 에너지를 사용하는 전기 기구를 4시간 동안 사용하는 경우 소비한 전력량은 몇 Wh인가?

**4** 소비 전력이 330 W인 에어컨을 120분 동안 사용하는 경우 소비한 전력량은 몇 Wh인가?

**5** 소비 전력이 750 W인 에어컨을 매일 3시간씩 7일을 사용하는 경우 소비한 전력량은 몇 Wh인가?

**[6~7]** 그림은 선풍기에 적혀 있는 소비 전력을 나타낸 것이다.

**6** 이 선풍기를 정격 전압에 연결하여 10분 동안 사용하는 경우 소비한 전기 에너지는 몇 J인가?

**7** 이 선풍기를 매일 2시간씩 30일을 사용하는 경우 소비한 전력량은 몇 Wh인가?

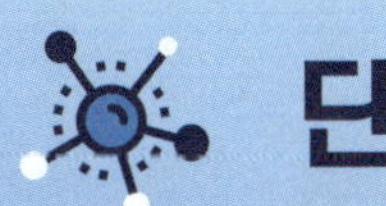

# 단원마무리

## 생각그물 완성하기

정답과 해설 13쪽

# 전기

## 마찰 전기(정전기)

두 물체를 마찰시켰을 때 **1** (　　　)가 이동하여 발생하는 전기

### 정전기 유도

- 전기력

인력
: 서로 3 (　　　　　)힘
4 (　　　)
: 서로 밀어내는 힘

- **2** (　　　)

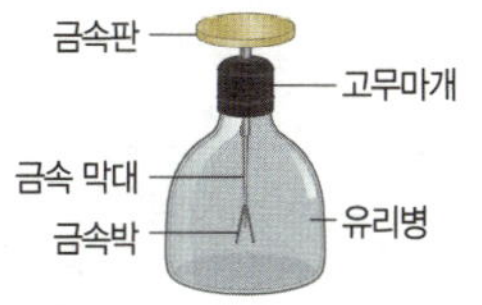

금속판
고무마개
금속 막대
유리병
금속박

## 전류

**6** (　　　)의 흐름

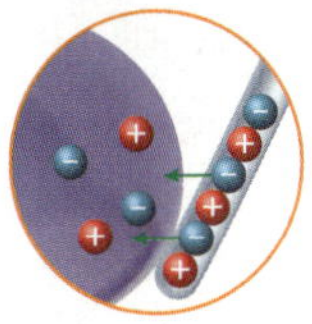

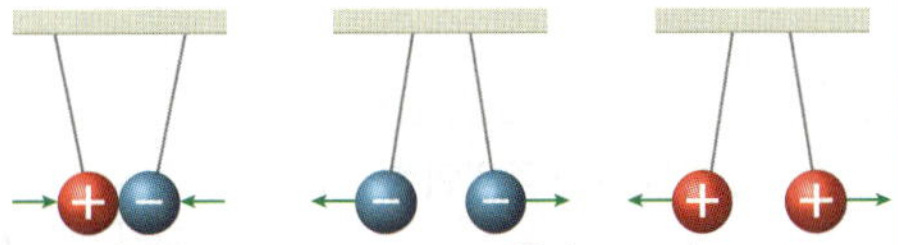

- 전류의 방향 : **7** (　　　)극 → **8** (　　　)극
- 전자의 이동 방향 : **9** (　　　)극 → **10** (　　　)극

### 5 (　　　)

전기 회로에 전류를 흐르게 하는 능력

### 저항

전류의 흐름을 **11** (　　　)하는 정도

#### 저항의 12 (　　　)연결

저항을 연결할수록 전체 저항 **13** (　　　), 각 저항에 흐르는 전류의 세기 **14** (　　　)

#### 저항의 15 (　　　)연결

저항을 연결할수록 전체 저항 **16** (　　　), 각 저항에 걸리는 전압 **17** (　　　)

### 전압, 전류, 저항의 관계

도체에 흐르는 전류의 세기는 **18** (　　　)에 비례하고, **19** (　　　)에 반비례한다.

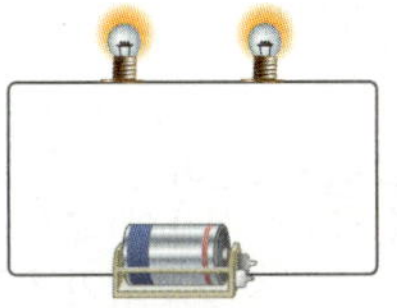

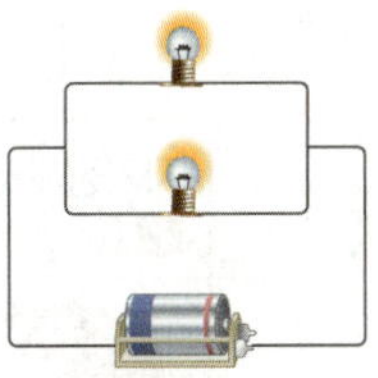

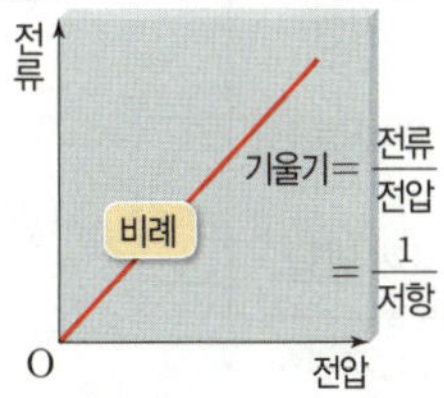

전류
비례
기울기 = 전류/전압 = 1/저항
O
전압

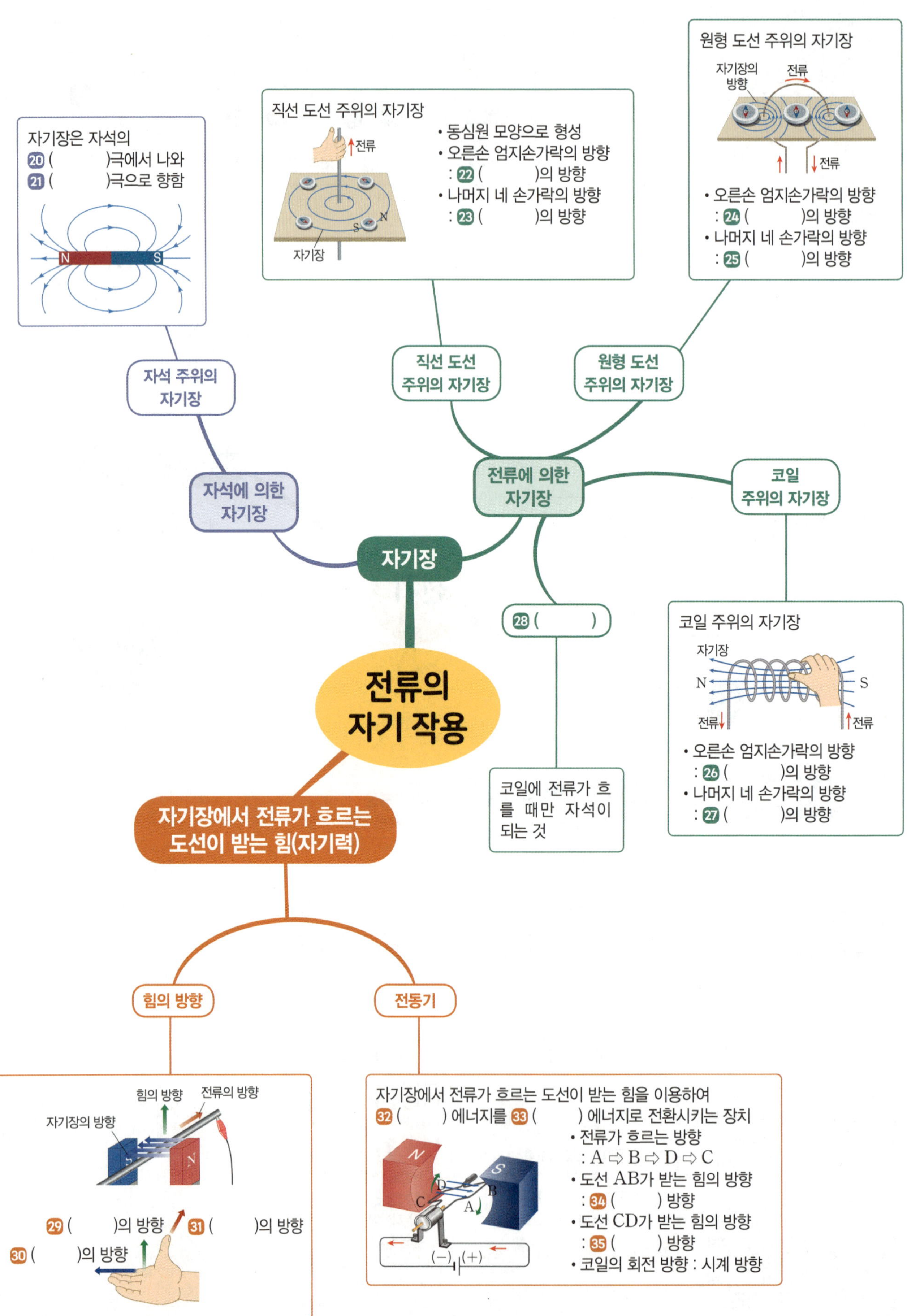

자기장은 자석의
20 (　　)극에서 나와
21 (　　)극으로 향함
N　S

직선 도선 주위의 자기장
전류
•동심원 모양으로 형성
•오른손 엄지손가락의 방향
 : 22 (　　)의 방향
•나머지 네 손가락의 방향
 : 23 (　　)의 방향
자기장

원형 도선 주위의 자기장
자기장의 방향　전류
•오른손 엄지손가락의 방향
 : 24 (　　)의 방향
•나머지 네 손가락의 방향
 : 25 (　　)의 방향
전류

자석 주위의 자기장
직선 도선 주위의 자기장
원형 도선 주위의 자기장
자석에 의한 자기장
전류에 의한 자기장
코일 주위의 자기장
자기장

28 (　　　　)
코일에 전류가 흐를 때만 자석이 되는 것

코일 주위의 자기장
자기장
N　S
전류　전류
•오른손 엄지손가락의 방향
 : 26 (　　)의 방향
•나머지 네 손가락의 방향
 : 27 (　　)의 방향

전류의 자기 작용

자기장에서 전류가 흐르는 도선이 받는 힘(자기력)

힘의 방향
전동기

자기장의 방향　힘의 방향　전류의 방향
29 (　　)의 방향　31 (　　)의 방향
30 (　　)의 방향

자기장에서 전류가 흐르는 도선이 받는 힘을 이용하여
32 (　　) 에너지를 33 (　　) 에너지로 전환시키는 장치
•전류가 흐르는 방향
 : A ⇨ B ⇨ D ⇨ C
•도선 AB가 받는 힘의 방향
 : 34 (　　) 방향
•도선 CD가 받는 힘의 방향
 : 35 (　　) 방향
•코일의 회전 방향 : 시계 방향
N　S
(−) (+)

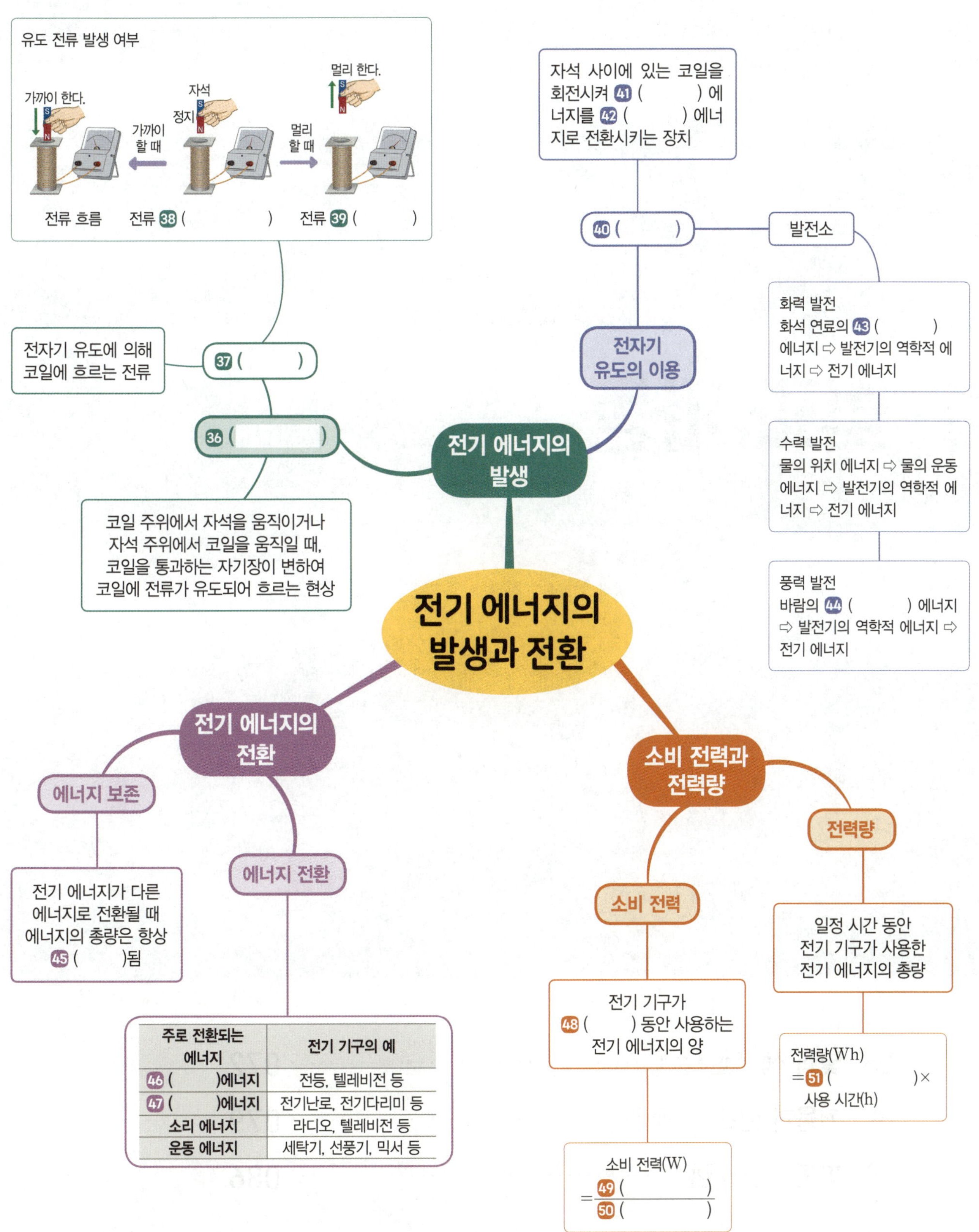


| 주로 전환되는 에너지 | 전기 기구의 예 |
|---|---|
| 46 (　　　)에너지 | 전등, 텔레비전 등 |
| 47 (　　　)에너지 | 전기난로, 전기다리미 등 |
| 소리 에너지 | 라디오, 텔레비전 등 |
| 운동 에너지 | 세탁기, 선풍기, 믹서 등 |

# IV

# 빛과 파동

물체를 보는 과정을 빛의 진행 경로를 이용하여 표현하고, 물체의 색이 빛의 삼원색으로 합성됨을 관찰하며, 영상 장치에서 색을 표현하는 원리를 이해한다. 여러 가지 거울과 렌즈를 통해 나타나는 상을 관찰하여 상의 특징을 비교하고, 평면거울에서 상이 생기는 원리를 알아본다. 파동의 종류를 횡파와 종파로 구분하고, 소리의 특징을 진폭, 진동수, 파형으로 설명할 수 있다.

★ 우리가 물체를 보는 것은 어떤 원리일까?

★ 영상 장치에서 색이 표현되는 원리는 무엇일까?

★ 상점에 설치된 감시용 거울은 왜 볼록한 모양일까?

★ 유리병에 물의 양을 다르게 넣어 입으로 불어서 내는 소리의 높낮이가 다른 까닭은 무엇일까?

# 물리학 08 빛과 색

## 빛의 직진과 그림자

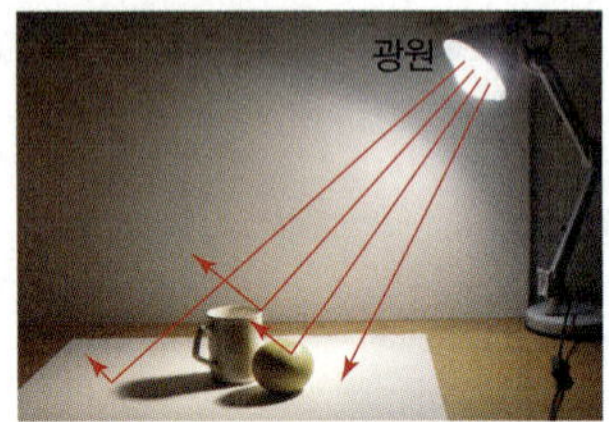


광원에서 나와 직진하던 빛이 물체를 만나면 반사되고, 물체에 막혀 빛이 도달하지 못하는 부분에는 물체의 그림자가 생긴다.

## 1 물체를 보는 과정

### 1 빛의 경로

(1) **광원** : 스스로 빛을 내는 물체로, 태양, 촛불, 별, 전구, 반딧불이, 레이저 등이 광원에 해당한다. 달, 지구, 종이, 거울, 사람 등은 스스로 빛을 내지 못하므로 광원이 아니다. *달은 태양 빛을 반사해서 빛나 보이는 거야~*

(2) **빛의 직진** : 광원에서 나온 빛이 장애물을 만나지 않았을 때 일직선으로 곧게 나아가는 성질을 말하며, 직진하던 빛이 물체를 만나면 반사되어 방향이 바뀐다.

⑩ 그림자, 레이저 쇼, 구름 사이로 비친 햇살, 바늘구멍 사진기의 상, 일식, 월식 등

| 바늘구멍 사진기의 상 | 일식 | 월식 |
| --- | --- | --- |
| 빛이 직진하기 때문에 상하좌우가 바뀐 상이 보이게 된다. | 태양-달-지구 순으로 되었을 때, 직진하는 태양 빛을 달이 가려 지구에 달의 그림자가 생기는 현상이다. | 태양-지구-달 순으로 되었을 때, 직진하는 태양 빛에 의해 생긴 지구의 그림자 속으로 달이 들어가는 현상이다. |

## 어둠상자 속의 물체를 보기 위한 조건

· 광원이 있어야 한다.
· 광원에서 나온 빛이 물체에서 반사되어야 한다.
· 물체에서 반사된 빛이 우리 눈에 들어와야 한다.

### 2 물체를 보는 과정 : 광원을 볼 때는 광원에서 나온 빛이 직접 우리 눈에 들어오면 볼 수 있고, 광원이 아닌 물체를 볼 때는 광원에서 나온 빛이 물체에서 반사된 후 우리 눈에 들어오면 볼 수 있다.

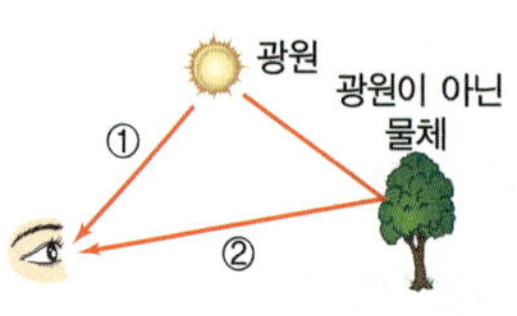


▲ 물체를 볼 수 있는 원리

① 광원을 볼 때
② 광원이 아닌 물체를 볼 때

▲ 전등(광원)을 볼 때

빛의 경로 : 전등에서 나온 빛 → 눈

▲ 책(물체)을 볼 때

빛의 경로 : 전등에서 나온 빛 → 물체에서 반사된 빛 → 눈

★ 이것이 핵심!!

광원에서 나와 직진하던 빛이 물체에서 반사된 후 우리 눈에 들어오면 그 물체를 볼 수 있다.

## 2 빛의 합성

### 1 빛의 합성 : 서로 다른 두 가지 색 이상의 빛이 합쳐져서 또 다른 색의 빛으로 보이는 현상

### 2 빛의 삼원색 : 여러 가지 색의 빛 중 빨간색, 초록색, 파란색 빛을 적절하게 합성하면 우리가 볼 수 있는 모든 색의 빛을 얻을 수 있다. *빛의 삼원색이야~*

**3 빛의 삼원색의 합성**

(1) 빨간색 + 초록색 = 노란색

(2) 초록색 + 파란색 = 청록색

(3) 빨간색 + 파란색 = 자홍색

(4) 빨간색 + 초록색 + 파란색 = 흰색(백색광)

⇨ 빛은 합성할수록 밝아지며, 삼원색의 빛의 밝기가
다른 경우 서로 다른 다양한 색의 빛이 만들어진다.

자홍색을 다홍색, 심홍색이라고 표현하기도 해~

**4 백색광과 단색광**

(1) 백색광 : 여러 가지 색의 빛이 고르게 합성되어 흰색으로 보이는 빛으로, 프리즘을
통과하면 여러 가지 색으로 나뉜다. 예 햇빛, 형광등 빛, 백열등 빛 등

(2) 단색광 : 프리즘을 통과해도 나누어지지 않고 한 가지 색으로만 나타나는 빛

예 레이저 빛 등

**5 빛의 합성의 이용**

(1) 영상 장치  휴대 전화, 텔레비전 화면, 컴퓨터 화면 등

① 화소 : 영상 장치에서 영상을 표현하는 기본 단위로, 빨간색, 초록색, 파란색
빛을 내는 점이 규칙적으로 배열되어 있다.

② 영상 장치에서 다양한 색이 표현되는 원리 : 영상
장치에서는 각 화소에서 나오는 삼원색의 빛이
합성되어 하나의 색으로 보인다. 이때 세 가지
빛의 세기를 조절하여 다양한 색의 영상이 표현
되는 것이다. 화면을 맨눈으로 보면
각 점들이 내는 빛이 합성되어 하나의 색으로 보인다.

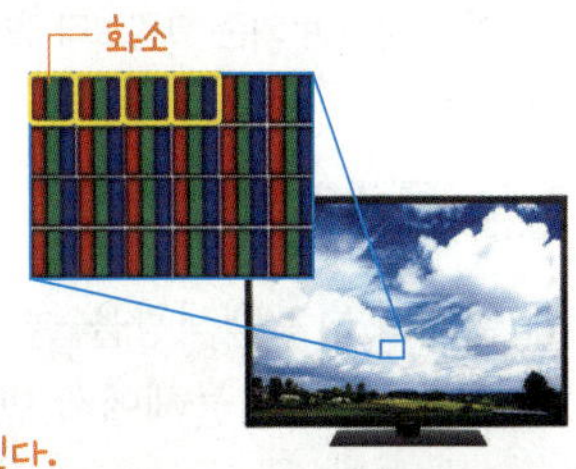

▲ 빨간색　　▲ 초록색　　▲ 파란색　　▲ 노란색　　▲ 흰색

---

**미니 탐구　스마트 기기에서 다양한 색이 표현되는 원리**

**과정**

① 확대경을 컴퓨터에 연결하고, 확대경을 이용할 수 있는 프로그램을 작동시킨다.

② 스마트 기기에 여러 가지 색을 볼 수 있는 그림이 나타나도록 한다.

③ 관찰하고자 하는 색을 확대경으로 관찰한 모습을 사인펜으로 표현한다.

**결과 및 정리**

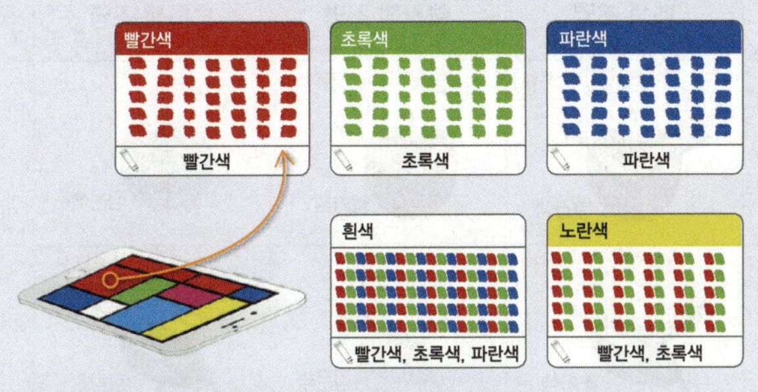


1. 화면을 확대하였을 때 빨간색, 초록색, 파란색 빛만 볼 수 있다.

2. 빨간색, 초록색, 파란색 빛을 합성하여 다양한 색을 표현할 수 있음을 알 수 있다.

(2) 점묘화 : 물감을 섞지 않고 원색의 물감으로 작은 점을 찍어 그린 그림으로, 멀리
떨어져서 보면 각 점에서 반사되어 나온 빛이 합성되어 다양한 색이 나타난다.

(3) 무대 조명 : 빨간색, 초록색, 파란색의 조명을 합성하여 다양한 색의 조명을 연출
한다.

---

**백색광과 단색광이 프리즘을 통과
할 때**

• 백색광 : 여러 가지 색으로 나뉜다.

• 단색광 : 더 이상 나누어지지 않고
한 가지 색으로만 나타난다.

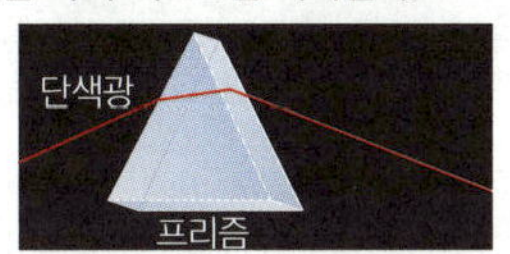


**보색**

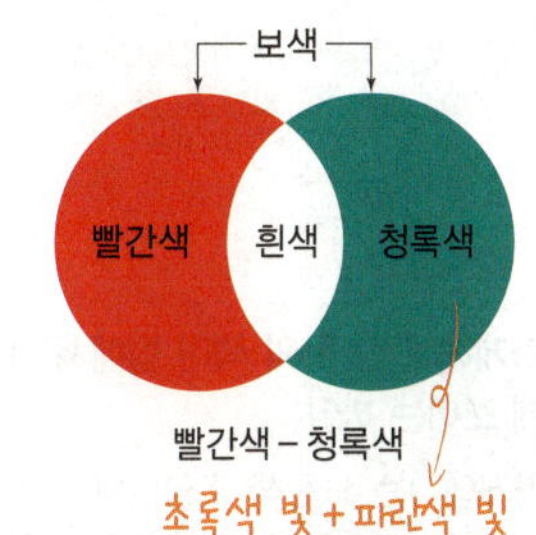


두 가지 색의 빛을 합성했을 때 흰색
이 될 수 있는 관계의 색

• 빨간색＋청록색＝흰색

• 초록색＋자홍색＝흰색

• 파란색＋노란색＝흰색

**전광판**

빨간색, 초록색, 파란색 빛을 내는 발
광 다이오드를 조합하여 다양한 색을
표현한다.

---

**➕ 용어**

**화소**

텔레비전, 컴퓨터 모니터 화면 등
에서 색을 나타내는 작은 점

**발광 다이오드**

전류가 흐르면 빛을 내는 조명의
한 종류

(4) 색팽이 : 색팽이에서 반사되어 나온 빛이 팽이가 회전하면서 합성되어 우리 눈에 들어오므로 색팽이의 색과는 또 다른 색으로 관찰된다.

▲ 점묘화

▲ 무대 조명

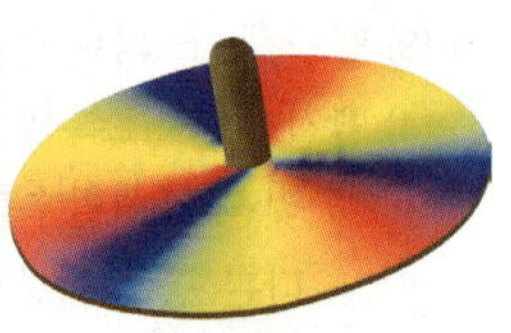
▲ 색팽이

**빛의 화가, 조르주 쇠라**

그림은 조르주 쇠라(Georges Seurat, 1859~1891)가 그린 그림의 일부이다. 점묘화란 화폭 위에 원색의 점을 촘촘하게 찍어 그린 그림이다. 물감을 섞지 않고 많은 점들로 배열한 후 멀리서 보면 색이 섞여 새로운 색으로 보이게 된다. 이는 서로 다른 두 색이 반사하는 빛을 우리 눈이 동시에 인식하면서 하나의 색으로 합성하여 보기 때문이다. 점묘화는 이러한 빛의 삼원색을 활용하여 기존 그림보다 훨씬 밝고 선명하게 표현할 수 있었다.

### 3 물체의 색

**1 물체의 색** : 백색광을 물체에 비추면 물체는 일부 색의 빛을 반사하고 나머지는 흡수하는데, 이때 물체에서 반사되어 나오는 빛의 합성색이 그 물체의 색으로 보인다.

빨간색 빛만 반사, 나머지 색의 빛 흡수 ⇨ 빨간색으로 보임

빨간색, 초록색 빛 반사, 나머지 색 빛 흡수 ⇨ 두 빛의 합성으로 노란색으로 보임

모든 색의 빛을 반사 ⇨ 흰색으로 보임

반사되는 빛 없이 모든 색의 빛 흡수 ⇨ 검은색으로 보임

**2 조명에 따른 물체의 색** : 백색광이 아닌 다른 색의 조명을 물체에 비추면 같은 물체라도 비추는 빛의 색에 따라 물체의 색이 다르게 보인다.

| 조명<br>물체 | 백색 조명 | 빨간색 조명 | 초록색 조명 | 파란색 조명 |
|---|---|---|---|---|
| 빨간색 사과 | 빨간색 빛만 반사<br>빨간색 | 빨간색 빛 반사<br>빨간색 | 흡수<br>검은색 | 흡수<br>검은색 |
| 초록색 잎 | 초록색 빛만 반사<br>초록색 | 흡수<br>검은색 | 초록색 빛 반사<br>초록색 | 흡수<br>검은색 |
| 노란색 바나나 | 노란색(빨간색+초록색) 빛만 반사<br>노란색 | 빨간색 빛 반사<br>빨간색 | 초록색 빛 반사<br>초록색 | 흡수<br>검은색 |



⭐ **이것이 핵심!!**

물체의 색은 물체가 반사하는 빛이 합성된 색으로 보이며, 물체에 비춘 조명의 색에 따라 물체에서 반사되는 빛의 색이 달라져서 물체의 색이 다르게 보인다.

---

**옷가게에서 산 옷의 색이 집에서 다르게 보이는 까닭**

옷가게에서는 노란색 조명이나 형광색 조명을 사용하여 옷의 특정 색을 강조하기 때문에 화려하고 강한 인상을 주지만, 집에 와서 백색광 아래에서 보면 옷의 색이 다르게 보일 수 있다.

**두 가지 색의 빛이 합성된 조명을 비출 때 물체의 색**

합성된 두 색의 빛을 모두 반사하지 않으면 검은색으로, 두 색의 빛 중 반사하는 색의 빛이 있으면 그 빛의 색으로 보이고, 두 색의 빛을 모두 반사하면 합성된 빛의 색으로 보인다.

**투명한 물체의 색**

유리와 같이 투명한 물체의 색은 물체에서 투과되어 나오는 빛의 색으로 보인다.

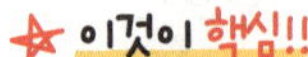

## 탐구 — 물체에 비춘 빛의 색에 따른 물체의 색 관찰하기

**과정**

① 빨간색, 초록색, 파란색 빛을 내는 발광 다이오드(LED) 손전등을 준비한다.

② 흰색 점토를 이용하여 마음에 드는 모양을 주먹만한 크기로 만든다.

③ 그림 (가)와 같이 실내를 어둡게 한 후 세 가지 색의 빛을 여러 가지로 조합하여 흰색 점토로 만든 물체에 비추어 보면서 물체가 어떤 색으로 보이는지 관찰한다.

④ 그림 (나)와 같이 빨간색, 파란색, 초록색 원을 그리고, 세 가지 색 빛을 여러 가지로 조합하여 비추어 보면서 각 원은 어떤 색으로 보이는지 관찰한다.

**유의점**
• LED 손전등을 사람의 눈에 직접 비추지 않는다.

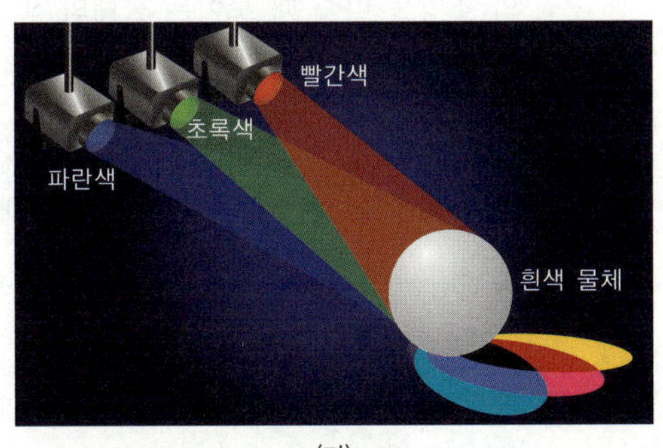

(가)

(나)

**결과**

| 물체에 비춘 빛의 색 \ 물체 | 흰색 물체 | 빨간색 원 | 파란색 원 | 초록색 원 |
| --- | --- | --- | --- | --- |
| 빨간색 | 빨간색 | 빨간색 | 검은색 | 검은색 |
| 초록색 | 초록색 | 검은색 | 검은색 | 초록색 |
| 파란색 | 파란색 | 검은색 | 파란색 | 검은색 |
| 빨간색＋초록색 | 노란색 | 빨간색 | 검은색 | 초록색 |
| 초록색＋파란색 | 청록색 | 검은색 | 파란색 | 초록색 |
| 빨간색＋파란색 | 자홍색 | 빨간색 | 파란색 | 검은색 |
| 빨간색＋초록색＋파란색 | 흰색 | 빨간색 | 파란색 | 초록색 |

**정리**

**1 흰색 물체에 빨간색 빛과 초록색 빛을 함께 비출 때 나타나는 색과 그 까닭을 설명해 보자.**

두 가지 색 이상의 빛이 합쳐져서 다른 색의 빛으로 보이는 현상인 빛의 (㉠        )이 일어나 물체의 색이 (㉡        )색으로 보인다.

**2 빛을 합성할수록 빛의 색은 어떻게 변하는지 설명해 보자.**

빛의 삼원색을 모두 합성했을 때 나타나는 색이 (㉠        )인 것으로 보아 빛을 합성할수록 빛의 색은 (㉡        )진다.

**3 조명에 따라 물체의 색이 어떻게 변하는지 설명해 보자.**

어떤 물체에 백색광을 비추면 원래 물체의 색으로 보이지만, 특정 색의 빛을 비추면 물체가 (㉠        )하는 빛의 색으로 보이고, 반사하는 빛이 없는 경우에는 (㉡        )색으로 보인다.

### 🔍 탐구 핵심 !!

같은 물체라도 조명의 색에 따라 물체에서 반사되는 빛의 색이 달라져서 물체의 색이 다르게 보인다.

※ 다음 글의 빈칸에 알맞은 말을 쓰거나 고르시오.

### 1 물체를 보는 과정

**01** 스스로 빛을 내는 물체를 (　　　)이라고 한다.

**02** 광원에 해당하는 것을 |보기|에서 모두 고르시오.
(　　　　　)

| 보기 |
| --- |
| ㄱ. 촛불　　　　ㄴ. 거울　　　　ㄷ. 형광등 |
| ㄹ. 달　　　　　ㅁ. 태양 |

**03** 빛이 한 물질 내에서 진행할 때 일직선으로 곧게 나아가는 현상을 빛의 (　　　)이라고 한다.

**04** 광원에서 나와 직진하던 빛이 물체를 만나면 (㉠　　　)되고, 물체에 막혀 빛이 도달하지 못하는 부분에는 물체의 (㉡　　　)가 생긴다.

**05** 빛의 직진으로 설명할 수 있는 것을 |보기|에서 모두 고르시오.
(　　　　　)

| 보기 |
| --- |
| ㄱ. 등대의 불빛　　ㄴ. 신기루　　　ㄷ. 일식 |
| ㄹ. 자동차 전조등　ㅁ. 영사기 불빛 |

### 2 빛의 합성

**06** 서로 다른 두 가지 색 이상의 빛이 합쳐져서 또 다른 색의 빛으로 보이는 현상을 빛의 (　　　)이라고 한다.

**07** 빛의 삼원색은 (㉠　　　), (㉡　　　), (㉢　　　)으로, 이를 적절하게 합성하면 우리가 볼 수 있는 모든 색의 빛을 얻을 수 있다.

**08** 빛의 합성에 대한 설명으로 옳은 것은 ○, 옳지 않은 것은 ×로 표시하시오.

(1) 빛의 삼원색을 적절하게 합성하면 백색광이 된다.
(　○, ×　)

(2) 영상 장치 화면에 청록색으로 보이는 부분을 확대하여 보면 빨간색과 파란색 빛이 켜진 화소를 관찰할 수 있다.
(　○, ×　)

(3) 두 빛을 합성하여 흰색(백색광)이 되는 관계를 보색 관계라고 한다.
(　○, ×　)

**09** 빛의 합성을 이용한 경우가 아닌 것을 |보기|에서 모두 고르시오.
(　　　　　)

| 보기 |
| --- |
| ㄱ. 점묘화　　　ㄴ. 거울　　　　ㄷ. 색팽이 |
| ㄹ. 영상 장치 화면　　ㅁ. 레이저 |

### 3 물체의 색

**10** 백색광을 비추었을 때 노란색으로 보이는 물체에 다음의 조명을 비출 때 보이는 물체의 색을 선으로 연결하시오.

(1) 파란색 조명　•　　　　•㉠ 검은색

(2) 초록색 조명　•　　　　•㉡ 빨간색

(3) 빨간색 조명　•　　　　•㉢ 초록색

**11** 물체의 색에 대한 설명으로 옳은 것은 ○, 옳지 않은 것은 ×로 표시하시오.

(1) 우리 눈에 보이는 물체의 색은 물체가 흡수하는 빛의 색이다.
(　○, ×　)

(2) 물체가 반사하는 빛이 없으면 검은색으로 보인다.
(　○, ×　)

(3) 백색광을 비추었을 때 자홍색으로 보이는 물체는 초록색과 파란색 빛을 반사한다.
(　○, ×　)

(4) 백색광을 비추었을 때 물체가 모든 색의 빛을 반사하면 물체는 흰색으로 보인다.
(　○, ×　)

**12** 초록색 잎은 빛의 삼원색 중 (㉠　　　)과 (㉡　　　) 빛을 흡수한다.

**13** 노란색 레몬에 초록색 조명을 비추면 (　　　)으로 보인다.

**14** 빨간색 토마토에 파란색 조명을 비추면 (　　　)으로 보인다.

**15** 자홍색 옷에 빨간색 조명을 비추면 (　　　)으로 보인다.

**16** 파란색 신발에 백색 조명을 비추면 (　　　)으로 보인다.

**17** 청록색 우산에 자홍색 조명을 비추면 (　　　)으로 보인다.

# 개념 집중 문제



### ● 물체를 보는 원리

(1) 물체가 광원인 경우 : 광원 → 눈
(2) 물체가 광원이 아닌 경우 : 광원 → 물체에서 반사 → 눈

### ● 빛의 합성

서로 다른 두 가지 색 이상의 빛이 합쳐져서 또 다른 색의 빛으로 보이는 현상

### ● 빛의 삼원색(빨간색, 초록색, 파란색)의 합성

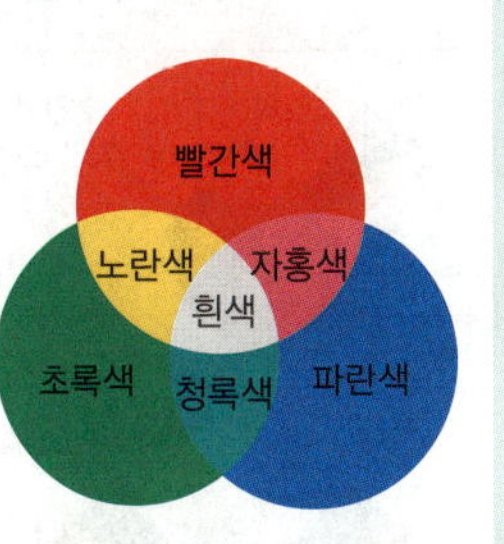

| (1) 빨간색 ＋ 초록색 ＝ 노란색 |
| (2) 초록색 ＋ 파란색 ＝ 청록색 |
| (3) 파란색 ＋ 빨간색 ＝ 자홍색 |
| (4) 빨간색 ＋ 초록색 ＋ 파란색 ＝ 흰색 |

⇨ 빛은 합성할수록 밝아진다.
⇨ 빛의 삼원색을 적절히 합성하면 여러 가지 색의 빛을 만들 수 있다.

---

## 물체를 보는 원리

**1** 그림과 같이 전등 아래에 있는 책을 보는 과정에서 빛이 진행하는 경로를 화살표로 표시하시오.

## 빛의 합성

**2** 그림과 같이 흰색 종이 위에 빨간색, 초록색, 파란색 빛을 겹쳐지게 비출 때 A~D에 알맞은 색을 쓰시오.

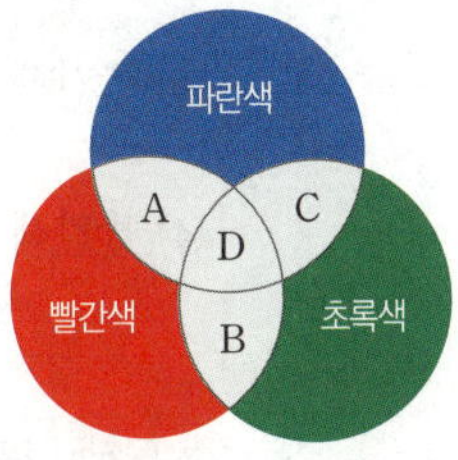


## 원판을 돌렸을 때 빛의 합성

**3** 그림과 같이 원판에 색종이를 붙이고 빠르게 회전시키면 어떤 색으로 보이는지 쓰시오.

(1)

보이는 색 : (　　　)

(2)
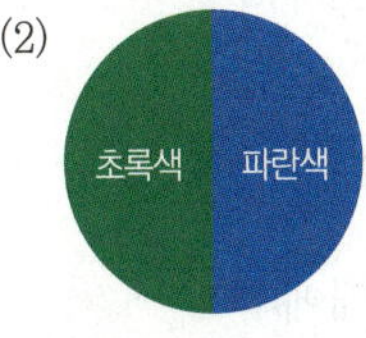

보이는 색 : (　　　)

(3)
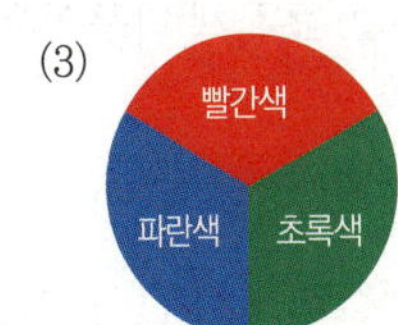

보이는 색 : (　　　)

**4** 그림과 같이 원판을 반으로 나누어 각각 다른 색을 칠하고 빠르게 돌렸더니 세 경우 모두 흰색으로 보였다. A, B, C 부분의 색을 쓰시오.

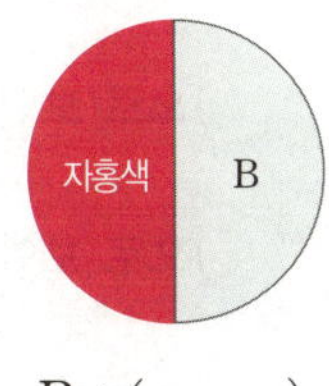

A : (　　　)　　　B : (　　　)　　　C : (　　　)

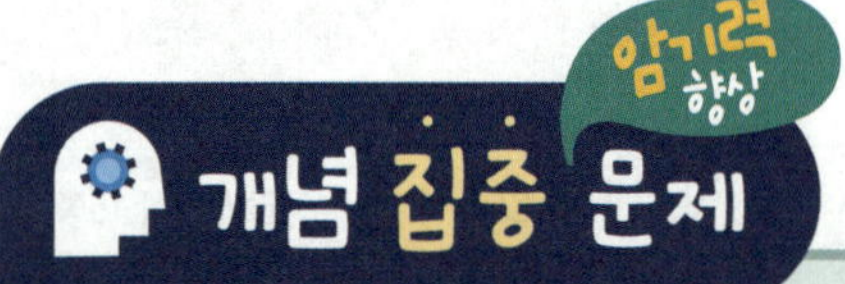

## 개념 집중 문제

### ○ 물체의 색

(1) 물체의 색 : 물체에서 반사되어 우리 눈에 들어오는 빛의 색

(2) 조명에 따른 물체의 색 : 물체를 비추는 조명의 색에 따라 물체에서 반사되는 빛의 색이 달라져서 물체의 색이 다르게 보인다.

(3) 물체가 반사하는 빛이 없으면 물체는 검은색으로 보인다.

예 조명에 따른 빨간색 장미와 초록색 잎의 색

| 햇빛(백색광) | 빨간색 조명 |
|---|---|
| 빨간색 / 초록색 | 빨간색 / 검은색 |
| 파란색 조명 | 초록색 조명 |
| 검은색 / 검은색 | 검은색 / 초록색 |

---

### ● 물체의 색

**1** 빨간색 사과는 (　　　　) 빛만 반사한다.

　(1) 빨간색 사과는 빨간색 조명 아래에서 (　　　　)으로 보인다.

　(2) 빨간색 사과는 초록색 조명 아래에서 (　　　　)으로 보인다.

　(3) 빨간색 사과는 파란색 조명 아래에서 (　　　　)으로 보인다.

　(4) 빨간색 사과는 노란색 조명 아래에서 (　　　　)으로 보인다.

**2** 초록색 나뭇잎은 (　　　　) 빛만 반사한다.

　(1) 초록색 나뭇잎은 빨간색 조명 아래에서 (　　　　)으로 보인다.

　(2) 초록색 나뭇잎은 초록색 조명 아래에서 (　　　　)으로 보인다.

　(3) 초록색 나뭇잎은 청록색 조명 아래에서 (　　　　)으로 보인다.

　(4) 초록색 나뭇잎은 자홍색 조명 아래에서 (　　　　)으로 보인다.

　(5) 초록색 나뭇잎은 노란색 조명 아래에서 (　　　　)으로 보인다.

**3** 노란색 공이 반사하는 빛의 색은 (㉠　　　　)과 (㉡　　　　)이다.

　(1) 노란색 공은 빨간색 조명 아래에서 (　　　　)으로 보인다.

　(2) 노란색 공은 초록색 조명 아래에서 (　　　　)으로 보인다.

　(3) 노란색 공은 자홍색 조명 아래에서 (　　　　)으로 보인다.

　(4) 노란색 공은 청록색 조명 아래에서 (　　　　)으로 보인다.

# 09 거울과 렌즈



## 1 빛의 반사

**1 빛의 반사** : 빛이 직진하다가 성질이 다른 물질의 표면에 부딪히면 진행 방향이 바뀌어 되돌아오는 현상

**2 반사 법칙** : 빛이 반사할 때 입사각과 반사각의 크기는 같다. ⇨ 입사각이 커지면 반사각도 커진다.

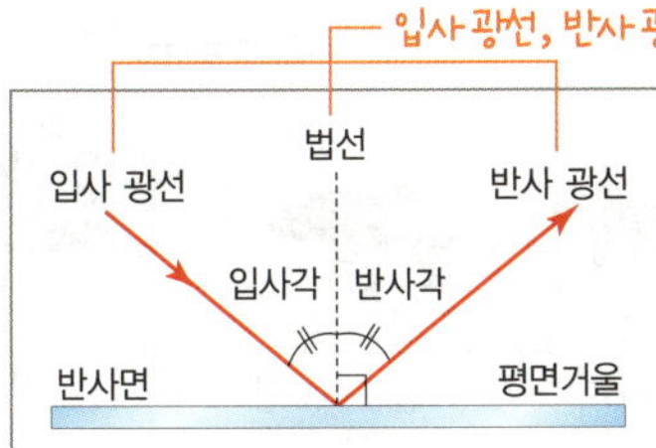


## 2 여러 가지 거울에 의한 상

**1 물체를 거울에 비춰보는 과정** : 물체에서 나온 빛이 거울 표면에서 반사되어 사람의 눈에 들어온다. 반사 광선 중 눈으로 들어온 빛의 연장선을 거울 뒤쪽으로 연장하면 한 점에서 만난다. 사람은 반사 광선의 연장선이 만나는 점에서 빛이 나오는 것으로 느끼므로, 그곳에 생긴 물체의 상을 보게 된다.

**2 평면거울에 의한 상**

(1) 평면거울에 상이 생기는 원리
① 광원에서 출발하여 물체에서 반사된 빛이 평면거울에 반사된 후 눈으로 들어온다.
② 눈으로 들어온 빛은 거울 뒤쪽에서 직진해 온 것으로 인식된다.
③ 거울 뒤쪽(반사 광선을 거울 뒤쪽으로 연결한 선들이 만나는 한 점)에 상이 있는 것처럼 보인다.

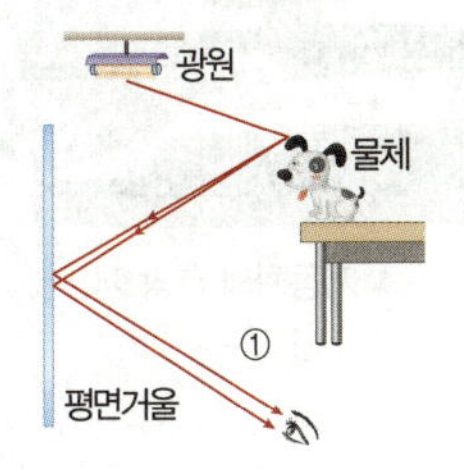


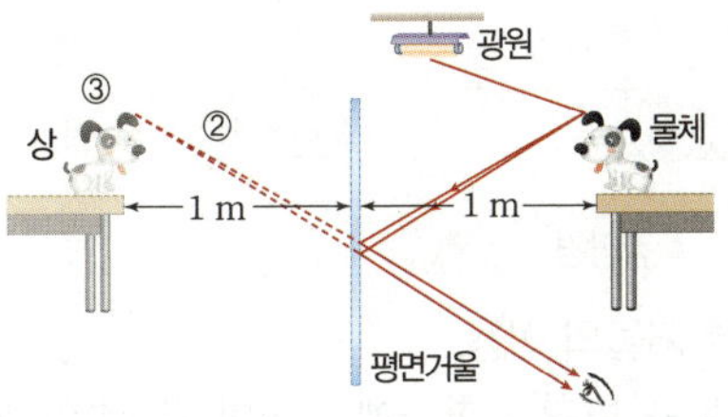


(2) 평면거울에 의한 상
① **상의 위치** : 거울 면을 기준으로 물체와 대칭인 위치 ⇨ 물체와 평면거울 사이의 거리는 상과 평면거울 사이의 거리와 같다.
② **상의 모양** : 거울 면을 기준으로 물체와 대칭인 모양 ⇨ 좌우가 바뀐 상이 생긴다.
③ **상의 크기** : 거울과 물체 사이의 거리에 관계없이 항상 실제 물체와 같은 크기의 상이 생긴다.

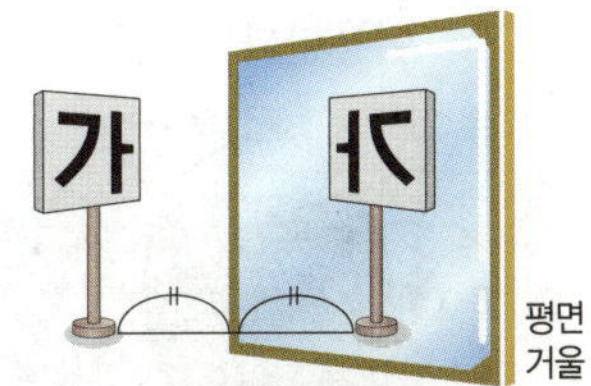


평면거울에서는 빛이 반사되어 돌아오기 때문에 거울에 비춰진 상은 글자의 좌우가 바뀌어 보이는 거야~

**구면 거울**

볼록 거울이나 오목 거울과 같이 반사면이 휘어진 모양의 거울

**➕ 용어**

**볼록 거울**

거울 면이 볼록한 거울

**오목 거울**

거울 면이 오목한 거울

**잠망경**

2개의 평면거울이 빛의 진행 방향을 바꿔 주어 물속에서도 물 밖의 모습을 볼 수 있다. 물체를 직접 볼 수 없는 잠수함 등에서 사용한다.

**몸 전체를 볼 수 있는 거울의 조건**

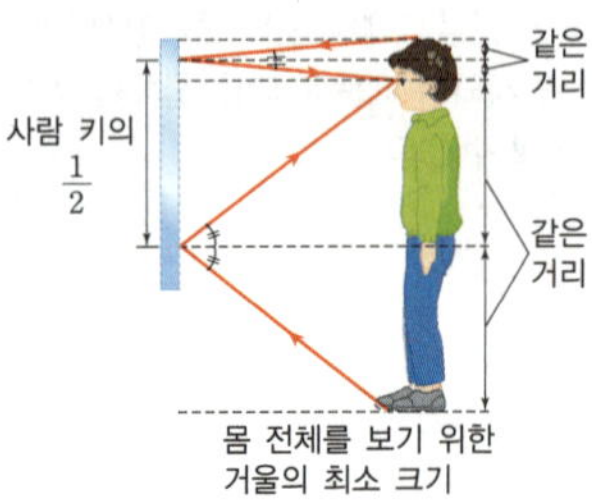


머리끝과 발끝에서 나온 빛이 눈으로 들어와야 하므로 몸 전체를 다 보기 위한 거울의 최소 길이는 사람 키의 $\frac{1}{2}$이다.

**만화경**

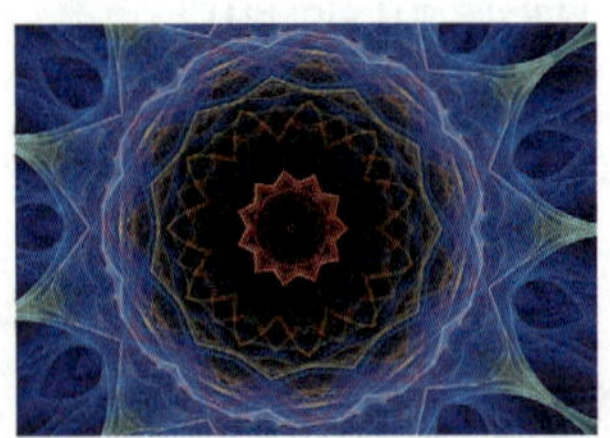

내부에 삼각기둥 모양의 평면거울을 붙여 대칭적 무늬가 나타나도록 한 것

**3 볼록 거울과 오목 거울에 의한 상**

(1) 볼록 거울과 오목 거울에서의 빛의 반사

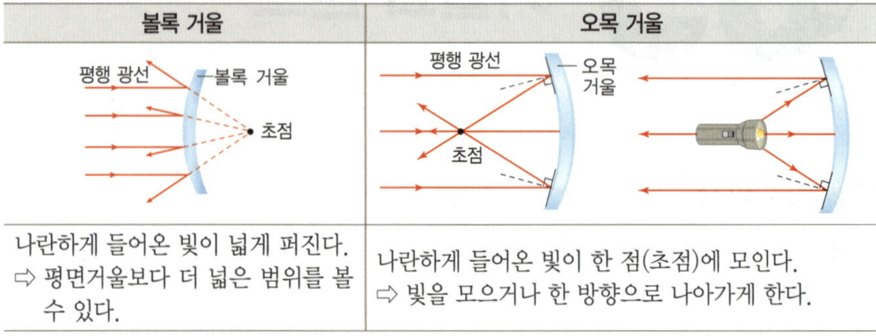


| 볼록 거울 | 오목 거울 |
| --- | --- |
| 나란하게 들어온 빛이 넓게 퍼진다.<br>⇨ 평면거울보다 더 넓은 범위를 볼 수 있다. | 나란하게 들어온 빛이 한 점(초점)에 모인다.<br>⇨ 빛을 모으거나 한 방향으로 나아가게 한다. |

(2) 볼록 거울과 오목 거울에 의한 상 : 거울과 물체 사이의 거리에 따라 다양한 모양과 크기의 상이 생긴다.

| 구분 | 가까울 때 | 멀 때 | 아주 멀 때 |
| --- | --- | --- | --- |
| 볼록 거울 | 항상 물체보다 작고 바로 선 상이 생기고, 거리가 멀어질수록 상의 크기는 점점 작아진다. | | |
| 오목 거울 | 물체보다 크고 바로 선 상 | 물체보다 크고 거꾸로 선 상 | 물체보다 작고 거꾸로 선 상 |

**4 거울의 이용**

(1) 평면거울의 이용

① 실제 물체의 크기와 같고 물체의 좌우가 바뀌어 보인다.

② 전신 거울, 잠망경, 자동차의 후방 거울(룸미러), 만화경, 복사기, 스캐너 등에 이용한다.

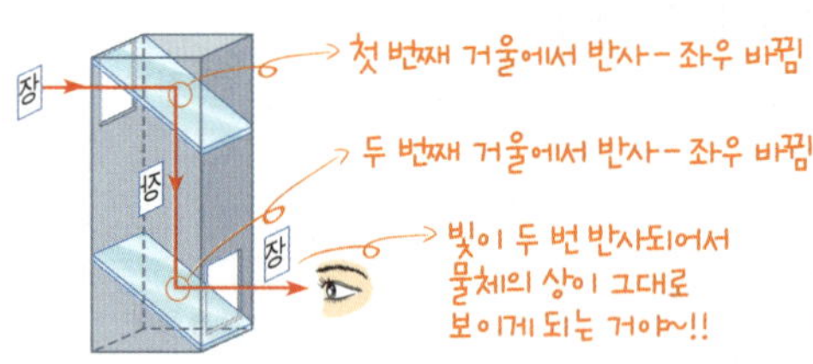


▲ 잠망경

▲ 자동차의 후방 거울

(2) 볼록 거울의 이용

① 넓은 범위를 한눈에 보아야 할 때 이용한다.

② 굽은 길의 반사경(안전 거울), 상점의 감시용 거울, 자동차의 측면 거울 등에 이용한다.

▲ 굽은 길의 반사경

▲ 상점의 감시용 거울

▲ 자동자의 측면 거울

(3) 오목 거울의 이용

① 물체를 확대해서 보거나 빛을 모아야 할 때(멀리 보낼 때) 이용한다.

② 물체를 확대할 때 : 화장용 확대 거울, 치과용 거울 등

③ 빛을 모을 때 : 성화 채화용 거울, 태양열 조리기 등

④ 빛을 멀리 보낼 때 : 손전등, 반사판, 등대의 탐조등, 자동차의 전조등 등

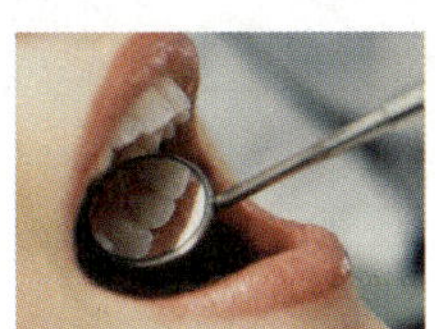
▲ 치과용 거울

▲ 등대의 탐조등

▲ 자동차의 전조등

### 생활 속 과학 — 자동차에 이용되는 거울

- 후방 거울(룸미러) : 평면거울을 이용하여 뒤를 본다.
- 측면 거울 : 볼록 거울을 이용하여 뒤쪽의 넓은 범위를 본다. 사물이 실제보다 작게 보이며, 사물이 보이는 것보다 가까이 있다.
- 전조등 : 오목 거울을 이용하여 빛이 퍼지지 않고 곧게 나아가게 한다.

### ★ 이것이 핵심!!

1. 빛의 반사는 빛이 직진하다가 성질이 다른 물질의 표면에 부딪히면 진행 방향이 바뀌어 되돌아오는 현상이다.
2. 평면거울에서는 물체와 대칭인 모양의 상이 생기고, 볼록 거울에서는 항상 물체보다 작고 바로 선 모양의 상이 생기며, 오목 거울에서는 물체의 위치에 따라 다른 모양의 상이 생긴다.

## 3 빛의 굴절

### 1 빛의 굴절

(1) 빛이 한 물질에서 다른 물질로 진행할 때, 두 물질의 경계면에서 빛의 진행 방향이 꺾이는 현상

(2) 보통은 빛이 진행하다가 성질이 다른 물질을 만나면 경계면에서 일부 빛은 반사되고 일부 빛은 굴절한다.



- 법선 : 경계면에 수직인 가상의 선
- 굴절 광선 : 경계면에서 꺾여 다른 물질로 진행하는 빛
- 굴절각 : 굴절 광선과 법선이 이루는 각
- 입사각이 커지면 굴절각도 커진다.

### 2 빛의 굴절에 의한 현상

(1) 물속에 반쯤 잠긴 빨대가 꺾여 보인다.

(2) 물속에 잠긴 다리가 실제보다 짧아 보인다.

(3) 둥근 어항 속 물고기가 실제보다 커 보인다.

(4) 물속에 있는 물고기가 실제보다 더 위쪽에 있는 것처럼 보인다.

(5) 햇빛이 강한 날 아지랑이가 피어오른다.

▲ 물속에 잠긴 빨대

---

### 숟가락의 거울 역할

▲ 볼록한 면

▲ 오목한 면

볼록 거울과 같이 물체보다 작고 바로 선 상

오목 거울과 같이 거꾸로 선 상

### 떠오르는 동전

▲ 물을 붓기 전

▲ 물을 부은 후

동전이 들어 있는 컵에 물을 부으면 빛의 굴절에 의해 동전이 떠오른 것처럼 보인다.

## 4 여러 가지 렌즈에 의한 상

**1 볼록 렌즈와 오목 렌즈에서의 빛의 굴절**

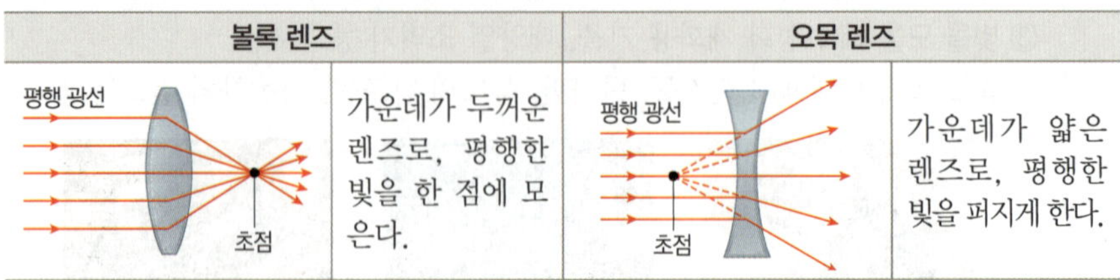

| 볼록 렌즈 | | 오목 렌즈 | |
|---|---|---|---|
| 평행 광선 · · · 초점 | 가운데가 두꺼운 렌즈로, 평행한 빛을 한 점에 모은다. | 평행 광선 · · · 초점 | 가운데가 얇은 렌즈로, 평행한 빛을 퍼지게 한다. |

**2 볼록 렌즈와 오목 렌즈에 의한 상** : 렌즈와 물체 사이의 거리에 따라 다양한 모양과 크기의 상이 생긴다. 볼록 렌즈에 의한 상은 오목 거울에 의한 상과 유사하고, 오목 렌즈에 의한 상은 볼록 거울에 의한 상과 유사해~

| 구분 | 가까울 때 | 멀 때 | 아주 멀 때 |
|---|---|---|---|
| 볼록 렌즈 | 물체보다 크고 바로 선 상 | 물체보다 크고 거꾸로 선 상 | 물체보다 작고 거꾸로 선 상 |
| 오목 렌즈 | 항상 물체보다 작고 바로 선 상이 생기고, 거리가 멀어질수록 상의 크기는 점점 작아진다. | | |

**3 렌즈의 이용** : 렌즈는 빛의 굴절을 이용하여 빛의 진행 방향을 바꾸는 도구로, 망원경, 현미경(볼록 렌즈), 사진기, 안경 등에 이용된다.

(1) **볼록 렌즈** : 빛을 모으거나 물체를 확대하여 보는 데 이용한다.

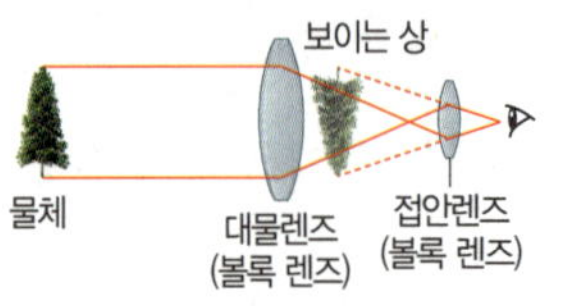


▲ 케플러식 굴절 망원경

▲ 현미경

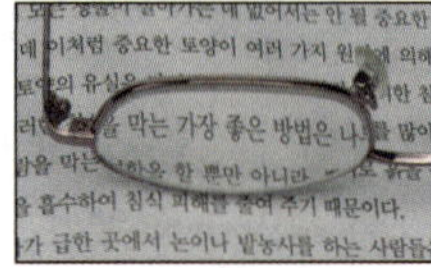

▲ 원시 교정용 안경

(2) **오목 렌즈** : 빛을 퍼뜨리거나 물체를 축소하여 보는 데 이용한다.

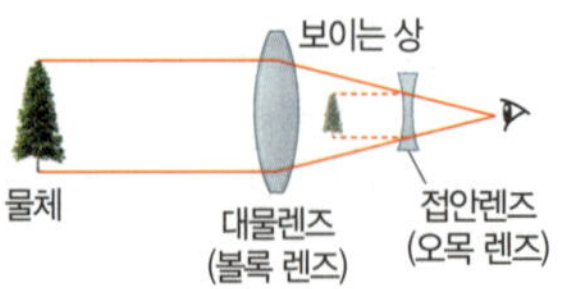


▲ 갈릴레이식 굴절 망원경

▲ 자동차의 안개등

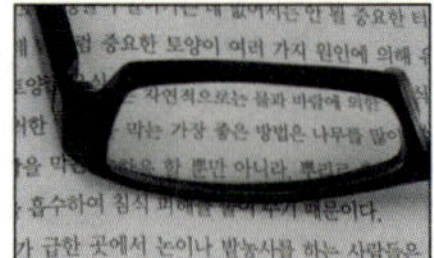

▲ 근시 교정용 안경

### ★ 이것이 핵심!!

1. 빛의 굴절은 빛이 두 물질의 경계면에서 진행 방향이 꺾이는 현상이다.
2. 볼록 렌즈로 가까이 있는 물체를 보면 물체보다 크고 바로 선 상이 생기고, 매우 멀리 있는 물체를 보면 물체보다 작고 거꾸로 선 상이 생긴다.
3. 오목 렌즈로 물체를 보면 항상 물체보다 작고 바로 선 상이 생기고, 오목 렌즈와 물체 사이의 거리가 멀어질수록 상의 크기는 작아진다.

---

**굴절 망원경의 종류**

• 케플러식 굴절 망원경 : 2개의 볼록 렌즈를 사용하며, 대물렌즈는 빛을 모으고 접안렌즈는 이 빛이 잘 보이도록 확대한다.
• 갈릴레이식 굴절 망원경 : 볼록 렌즈와 오목 렌즈를 사용하며, 대물렌즈는 볼록 렌즈로 빛을 모으고, 접안렌즈는 오목 렌즈로 빛을 나아가도록 한다.

**근시와 원시의 교정**

• 원시 : 먼 곳은 잘 보이나 가까운 곳은 잘 보이지 않는 눈의 상태로, 상이 망막 뒤에 맺힌다. ⇨ 볼록 렌즈로 빛을 모아 상이 망막에 맺히게 하여 시력을 교정한다.
• 근시 : 가까운 곳은 잘 보이나 먼 곳은 잘 보이지 않는 눈의 상태로, 상이 망막 앞에 맺힌다. ⇨ 오목 렌즈로 빛을 퍼지게 하여 상이 망막에 맺히게 하여 시력을 교정한다.

# 탐구

## 거울과 렌즈가 만드는 상 관찰하기

**과정**

**[거울이 만드는 상 관찰하기]**

1 볼록 거울 바로 앞에 작은 인형을 세우고 거울에 비치는 상을 관찰한다.

2 인형을 볼록 거울로부터 점점 멀리 이동시키면서 상의 크기와 모양의 변화를 관찰한다.

3 오목 거울을 이용하여 과정 1, 2를 반복하고, 이때 관찰되는 상을 볼록 거울에 의한 상과 비교한다.

▲ 거울이 만드는 상 관찰하기

**유의점**
• 거울과 렌즈를 다룰 때 떨어뜨리지 않도록 주의한다.

**[렌즈가 만드는 상 관찰하기]**

1 볼록 렌즈 바로 뒤에 작은 인형을 세우고 렌즈를 통해 보이는 인형의 상을 관찰한다.

2 인형을 볼록 렌즈로부터 점점 멀리 이동시키면서 상의 크기와 모양의 변화를 관찰한다.

3 오목 렌즈를 이용하여 과정 1, 2를 반복하고, 이때 관찰되는 상을 볼록 렌즈에 의한 상과 비교한다.

▲ 렌즈가 만드는 상 관찰하기

**결과**

• 볼록 거울과 오목 거울에 의한 상의 특징

| 거울의 종류 | 인형이 거울 가까이 있을 때 | | 인형을 거울로부터 멀리 이동시킬 때 | |
|---|---|---|---|---|
| | 상의 모양 | 상의 크기 | 상의 모양 | 상의 크기 |
| 볼록 거울 | 바로 선 모양 | 물체보다 작다. | 바로 선 모양 | 점점 작아진다. |
| 오목 거울 | 바로 선 모양 | 물체보다 크다. | 중간에 거꾸로 뒤집힌다. | 점점 커지다가, 뒤집히고 난 뒤에 다시 점점 작아진다. |

• 볼록 렌즈와 오목 렌즈에 의한 상의 특징

| 렌즈의 종류 | 인형이 렌즈 가까이 있을 때 | | 인형을 렌즈로부터 멀리 이동시킬 때 | |
|---|---|---|---|---|
| | 상의 모양 | 상의 크기 | 상의 모양 | 상의 크기 |
| 볼록 렌즈 | 바로 선 모양 | 물체보다 크다. | 중간에 거꾸로 뒤집힌다. | 점점 커지다가, 뒤집히고 난 뒤에 다시 점점 작아진다. |
| 오목 렌즈 | 바로 선 모양 | 물체보다 작다. | 바로 선 모양 | 점점 작아진다. |

**정리**

**1 인형이 볼록 거울과 오목 거울에서 멀어질수록 상의 모양과 크기는 어떻게 변하는지 설명해 보자.**

(㉠    ) 거울에 의한 상은 항상 바로 선 모양이며, 거리가 멀어질수록 상의 크기가 작아진다. (㉡    ) 거울에 의한 상은 바로 선 모양과 거꾸로 선 모양 모두 나타나고, 거리에 따라 상의 크기가 달라진다.

**2 인형이 볼록 렌즈와 오목 렌즈에서 멀어질수록 상의 모양과 크기는 어떻게 변하는지 설명해 보자.**

(㉠    ) 렌즈를 통해 보이는 상은 바로 선 모양과 거꾸로 선 모양 모두 나타나고, 거리에 따라 상의 크기는 달라진다. (㉡    ) 렌즈를 통해 보이는 상은 항상 바로 선 모양이며, 거리가 멀어질수록 상의 크기가 작아진다.

### 🔍 탐구 핵심!!

볼록 거울과 오목 렌즈에 의한 상의 특징이 서로 유사하고, 오목 거울과 볼록 렌즈에 의한 상의 특징이 서로 유사하다.

※ 다음 글의 빈칸에 알맞은 말을 쓰거나 고르시오.

### 1 빛의 반사

**01** 물체에서 평면거울까지의 거리와 상에서 평면거울까지의 거리는 (　　　).

**02** 평면거울에서는 거울 면을 기준으로 (상하, 좌우)가 바뀐 상이 생긴다.

**03** 평면거울에서 생긴 상의 크기는 실제 물체의 크기와 (　　　).

**04** 잠망경은 (　　　)개의 평면거울이 빛의 진행 방향을 바꿔 주어 물속에서도 물 밖의 모습을 볼 수 있도록 한 것이다.

**05** 평면거울에서 물체까지의 거리가 5 cm이면 거울에서 상까지의 거리는 (　　　) cm이다.

**06** 거울 면과 빛이 45°의 각을 이루며 입사할 때 반사각은 (　　　)°이다.

**07** 전신 거울, 만화경, 잠망경, 자동차의 후방 거울은 (　　　)거울을 이용한 것이다.

**08** 빛의 반사에 대한 설명으로 옳은 것은 ○, 옳지 않은 것은 ×로 표시하시오.

(1) 빛이 반사할 때 입사각과 반사각의 크기는 항상 같다.　(○, ×)

(2) 반사각은 반사 광선과 거울 면이 이루는 각이다.　(○, ×)

(3) 거친 표면에서 반사가 일어나면 입사각과 반사각의 크기가 다르다.　(○, ×)

(4) 영화관의 스크린은 거울과 같이 표면이 매끄럽다.　(○, ×)

### 2 여러 가지 거울에 의한 상

**09** 볼록 거울에 대한 설명으로 옳은 것은 ○, 옳지 않은 것은 ×로 표시하시오.

(1) 거울에 의한 상이 항상 물체보다 크게 나타난다.　(○, ×)

(2) 평면거울보다 더 넓은 범위를 볼 수 있다.　(○, ×)

(3) 나란하게 들어온 빛이 볼록 거울에서 반사되면 넓게 퍼진다.　(○, ×)

(4) 등대의 탐조등이나 자동차의 전조등에 이용된다.　(○, ×)

(5) 빛을 한 방향으로 멀리 보낼 수 있다.　(○, ×)

**10** 오목 거울에 대한 설명으로 옳은 것은 ○, 옳지 않은 것은 ×로 표시하시오.

(1) 빛을 모으는 성질이 있다.　(○, ×)

(2) 넓은 범위를 볼 수 있어 상점의 감시용 거울에 이용한다.　(○, ×)

(3) 물체가 가까울 때는 물체보다 작고 바로 선 상이 생긴다.　(○, ×)

(4) 물체가 아주 멀 때는 물체보다 작고 거꾸로 선 상이 생긴다.　(○, ×)

(5) 화장용 확대 거울, 치과용 거울 등에 이용한다.　(○, ×)

### 3 빛의 굴절

**11** 빛의 굴절에 의한 현상으로 옳은 것을 |보기|에서 모두 고르시오.　(　　　)

| 보기 |

ㄱ. 물속에 반쯤 잠긴 빨대가 꺾여 보인다.
ㄴ. 물속에 잠긴 다리가 실제보다 짧아 보인다.
ㄷ. 햇빛이 강한 날 아지랑이가 피어오른다.
ㄹ. 2개의 거울을 이용해 뒷모습을 볼 수 있다.

### 4 여러 가지 렌즈에 의한 상

**12** 렌즈와 물체 사이의 거리에 따라 생기는 상이 볼록 거울과 비슷한 렌즈는 (　　　) 렌즈이다.

**13** 렌즈와 물체 사이의 거리에 따라 생기는 상이 오목 거울과 비슷한 렌즈는 (　　　) 렌즈이다.

**14** 근시 교정용 안경에는 (㉠　　　) 렌즈를 사용하고, 원시 교정용 안경에는 (㉡　　　) 렌즈를 사용한다.

**15** 렌즈에 대한 설명으로 옳은 것은 ○, 옳지 않은 것은 ×로 표시하시오.

(1) 렌즈는 빛의 반사를 이용하여 빛의 진행 방향을 바꾸는 도구이다.　(○, ×)

(2) 볼록 렌즈는 가운데가 가장자리보다 두꺼운 모양이다.　(○, ×)

(3) 볼록 렌즈로 멀리 있는 글자를 보면 글자가 거꾸로 보인다.　(○, ×)

(4) 오목 렌즈에 나란한 빛을 비추면 빛이 한 점으로 모인다.　(○, ×)

(5) 오목 렌즈로 가까이 있는 글자를 보면 실제보다 작게 보인다.　(○, ×)

# 개념 집중 문제

## ● 여러 가지 거울과 렌즈에 의한 상

| 볼록 거울과 오목 렌즈에 의한 상 | 오목 거울과 볼록 렌즈에 의한 상 | | |
|---|---|---|---|
| | **가까울 때** | **멀 때** | **아주 멀 때** |
| 항상 물체보다 작고 바로 선 상이 생긴다. 물체와의 거리가 멀어질수록 상의 크기가 점점 더 작아진다. | 물체보다 크고 바로 선 상 | 물체보다 크고 거꾸로 선 상 | 물체보다 작고 거꾸로 선 상 |

## ● 여러 가지 거울에 의한 상

**1** 다음 글씨를 평면거울에 비추어 보았을 때 거울을 통해 보이는 글씨의 모양을 □ 안에 보이는 대로 쓰시오.

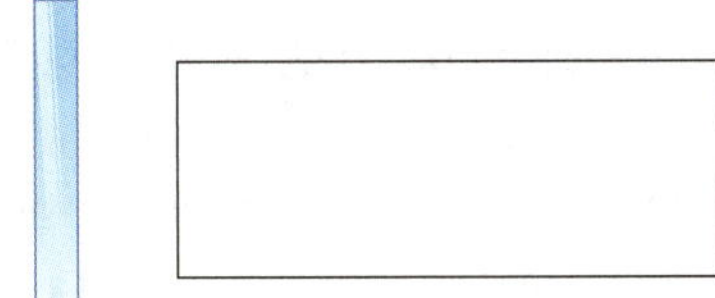

평면거울

**2** 그림 (가), (나)는 물체를 거울 가까이 놓았을 때 비친 상의 모양이다. (가)와 (나)는 각각 어떤 거울에 비친 상의 모양인지 쓰시오.

(가)

(나)

## ● 여러 가지 렌즈에 의한 상

**3** 그림 (가), (나), (다)에서 렌즈와 물체 사이의 거리에 따라 보이는 물체의 상으로 알맞은 것을 |보기|에서 골라 기호를 쓰시오.

(가)　　　　(나)　　　　(다)

| 보기 |

ㄱ. 볼록 렌즈로 가까이 있는 물체를 볼 때
ㄴ. 볼록 렌즈로 아주 멀리 있는 물체를 볼 때
ㄷ. 오목 렌즈로 아주 멀리 있는 물체를 볼 때

# 10 파동



---

**파동의 이용과 현상**

- 전자레인지로 음식을 데운다.
- 초음파를 이용하여 태아의 사진을 찍는다.
- 전파를 이용하여 엑스레이 사진을 찍는다.
- 지진에 의해 건물이나 도로가 붕괴된다.
- 파도에 의해 바위가 침식되어 절벽이 생긴다.

**빛의 이중성**

빛은 파동성과 입자성을 동시에 갖고 있다. 빛의 반사, 굴절, 간섭, 회절 등은 빛이 파동성을 가진 물질이기 때문에 나타나는 성질이다.

**바닷가의 파도**

파도는 바람이 해수면에서 에너지를 전달하여 만든 파동이다. 파도가 칠 때 매질인 물이 위아래 말고도 다른 방향으로 이동하는 것은 파도가 바람으로 인해 생기는 현상이기 때문이다.

**암기 Tip**

- 지진파의 S파는 횡파 ➡ 수직은 ㅅ의 S, 수직=S파
- 지진파 P파는 종파 ➡ 평행은 ㅍ의 P, 평행=P파

---

## 1 파동의 발생과 종류

**1 파동** : 한 곳에서 생긴 진동이 다른 곳으로 퍼져 나가는 현상

(1) **파원과 매질** : 파동이 발생한 곳, 즉 진동이 시작하는 곳을 파원이라고 하며, 파동을 전달하는 물질을 매질이라고 한다.

(2) **여러 가지 파동의 예**

① **물결파** : 호수나 바다의 수면이 진동하면서 전파되는 파동

② **지진파** : 지구 내부의 변화로 생긴 충격이 지표면으로 전파되는 파동

③ **소리(음파)** : 기체, 액체, 고체 등의 매질을 구성하는 분자들이 진동하면서 전파되는 파동

④ **전자기파** : 전기장과 자기장의 진동으로 전파되는 파동으로, 전자기파는 매질이 없어도 전달된다. ➡ 일종의 전자기파인 태양 광선은 지구에 여러 종류의 파장으로 전달된다.

| 구분 | 물결파 | 지진파 | 소리(음파) | 용수철의 파동 | 빛, 전파 |
|---|---|---|---|---|---|
| 파동 | | | | | |
| 매질 | 물 | 땅(지각) | 고체, 액체, 기체 | 용수철 | 없음 |

공기

매질이 없어도 전달돼

(3) **파동의 전파** : 파동이 전달될 때 이동하는 것은 에너지이다. 매질은 파동을 따라 이동하지 않고 제자리에서 진동만 한다.

**2 파동의 종류** : 매질의 진동 방향과 파동의 진행 방향의 관계에 따라 횡파와 종파로 구분한다.

고(높을高) 저(낮을低) 파          소(엉성할疏) 밀(빽빽할密) 파

| 구분 | 횡파 | 종파 |
|---|---|---|
| 정의 | 매질의 진동 방향과 파동의 진행 방향이 서로 수직인 파동이다. | 매질의 진동 방향과 파동의 진행 방향이 서로 나란한 파동이다. |
| 모양 | | |
| 예 | 용수철을 좌우로(위아래로) 흔드는 경우, 지진파의 S파, 물결파, 빛, 전파 등 | 용수철을 앞뒤로 흔드는 경우, 지진파의 P파, 초음파, 소리(음파) 등 |

---

**더 알아보기**

### 물결파의 전파

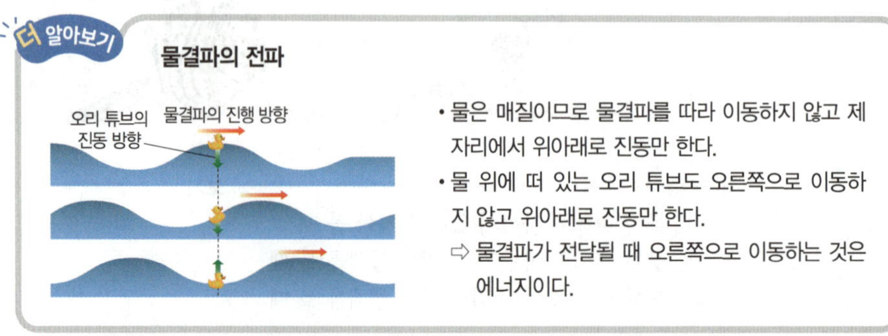


- 물은 매질이므로 물결파를 따라 이동하지 않고 제자리에서 위아래로 진동만 한다.
- 물 위에 떠 있는 오리 튜브도 오른쪽으로 이동하지 않고 위아래로 진동만 한다.
- ➡ 물결파가 전달될 때 오른쪽으로 이동하는 것은 에너지이다.

## ② 파동의 표현

### 1 파동의 표현

(1) 횡파

① 마루 : 파동에서 가장 높은 부분

② 골 : 파동에서 가장 낮은 부분

③ 파장 : 마루(골)에서 이웃한 마루(골)까지의 거리

④ 진폭 : 진동 중심에서 마루 또는 골까지의 거리

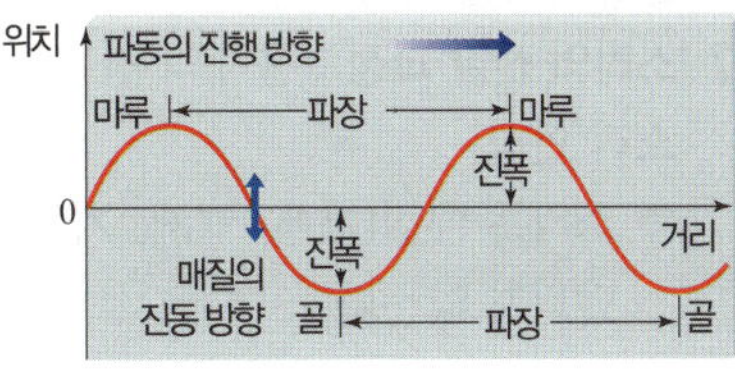


| | | |
|---|---|---|
| **가로축이 거리일 때** | 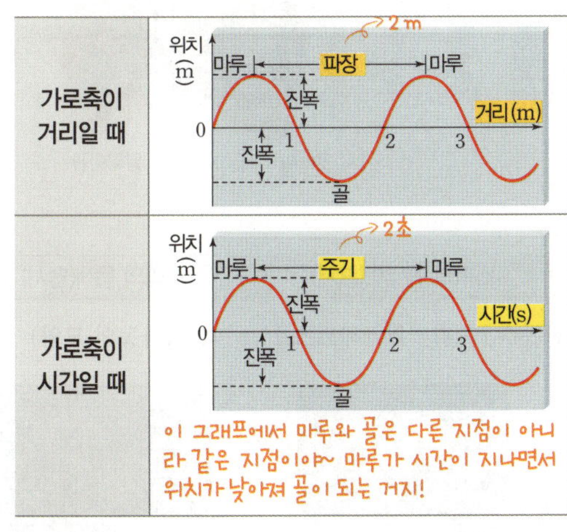<br> | • 어느 한 순간의 파동의 모습을 나타낸 그래프<br>• 거리에 따라 진동 중심으로부터 매질의 위치를 나타낸다.<br>• 파동의 파장과 진폭을 알 수 있다. |
| **가로축이 시간일 때** | <br>이 그래프에서 마루와 골은 다른 지점이 아니라 같은 지점이야~ 마루가 시간이 지나면서 위치가 낮아져 골이 되는 거지! | • 매질의 한 점에서의 위치 변화를 시간에 따라 나타낸 그래프<br>• 파동의 주기, 진동수, 진폭을 알 수 있다.<br>• **주기** : 매질이 제자리에서 한 번 진동하는 데 걸리는 시간(단위 : s)<br>• **진동수** : 매질의 어느 한 점이 1초 동안 진동하는 횟수(단위 : Hz) |

(2) 종파

① 소 : 파동의 듬성듬성한 부분

② 밀 : 파동의 빽빽한 부분

③ 파장 : 밀(소)한 부분에서 다음 밀(소)한 부분까지의 거리

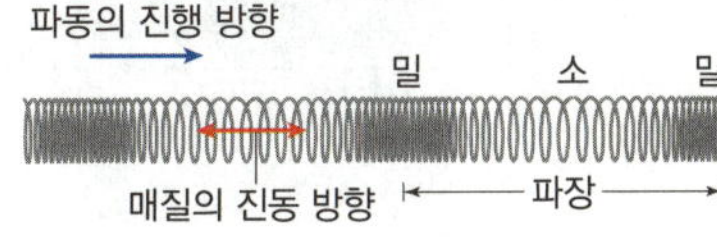


### 2 주기와 진동수의 관계 : 주기와 진동수는 서로 역수 관계이다.

$$주기(T) = \frac{1}{진동수(f)}, \quad 진동수(f) = \frac{1}{주기(T)}$$

★ 이것이 핵심!!

1. 매질은 파동을 따라 이동하지 않고, 제자리에서 진동만 한다.
2. 매질의 진동 방향과 파동의 진행 방향의 관계에 따라 횡파와 종파로 구분한다.

**더 알아보기 — 파동의 진폭, 파장, 주기, 진동수, 속력 구하기**

그림은 12 m를 6초 동안 진행한 파동을 나타낸 것이다.

• 진폭 : 3 m

• 파장 : 8 m

• 주기 : 4 s (6초 동안 $\frac{3}{2}$ 파장 움직였으므로)



• 진동수 : 0.25 Hz (주기와 역수 관계이므로 주기가 4초일 때 진동수는 $\frac{1}{4\,s} = 0.25\,Hz$)

• 파동의 속력 : 2 m/s $\left(속력 = \dfrac{파장}{주기} = 파장 \times 진동수이므로 \dfrac{8\,m}{4\,s} = 8\,m \times 0.25\,Hz = 2\,m/s\right)$

---

**Hz(헤르츠)**

(Hertz. H.R.; 1857~1894)

진동수의 단위인 Hz(헤르츠)는 1886년 전파를 실험적으로 확인한 독일의 물리학자 헤르츠의 이름을 따서 사용한 것이다.

**매질의 진동 방향 찾기**

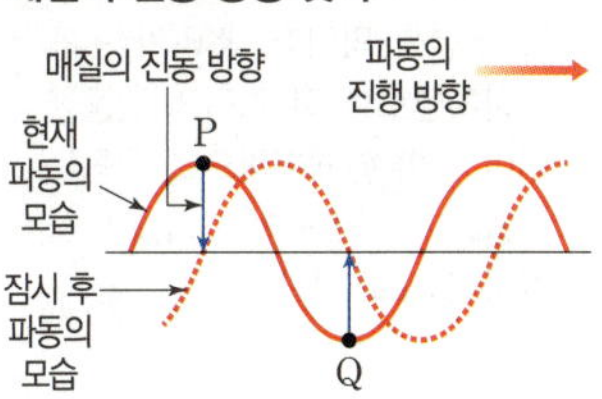


• 파동이 진행 방향으로 이동한 잠시 후의 모습을 그린다.
• P점과 Q점에서 매질의 진동 방향을 화살표로 표시한다.
⇨ P점 : ↓, Q점 : ↑

**주기와 진동수의 관계**

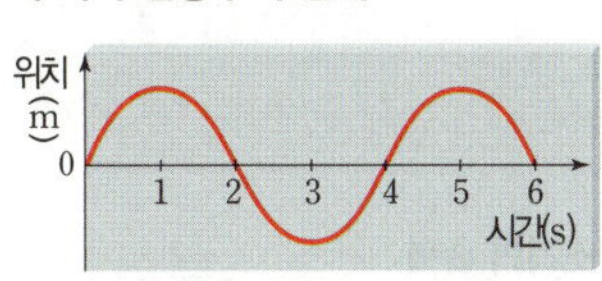


• 주기(파동이 한 번 진동하는 데 걸린 시간) : 4초
• 진동수(1초 동안 진동한 횟수) : $\frac{1}{4}$ Hz

**가청 주파수(진동수)**

사람이 들을 수 있는 영역의 진동수로, 20~20000 Hz를 말한다.

**초음파**

진동수 20000 Hz 이상의 음파로, 사람의 청각을 통해 들을 수 없다.

**➕ 용어**

**고막**

외이도와 중이도 사이에 있는 얇고 투명한 막이다. 소리가 귀에 도달하면 고막이 소리의 진동을 이어 받아 달팽이관으로 진동을 전달하여 우리 귀가 소리를 인식할 수 있도록 한다.

**소리(음파)는 종파인데 표현은 왜 횡파로 할까?**

파동의 표현 요소인 마루, 골, 진폭, 파장 등을 종파보다 보기 쉽게 표현할 수 있기 때문이다.

**소리의 속력**

고체>액체>기체 순이며, 고온>저온이다.

---

## ③ 소리

**1 소리(음파)** : 물체의 진동이 주변의 매질을 진동시켜 종파의 형태로 우리 귀의 고막을 진동시키는 파동

**2 소리의 전달 과정** : 물체의 진동 → 주변 매질(공기)의 진동 → 고막의 진동 → 뇌에서 소리 인식

　⇨ 소리는 매질(고체, 액체, 기체)을 통해 전달되며, 매질이 없는 진공 상태에서는 전달되지 않는다.

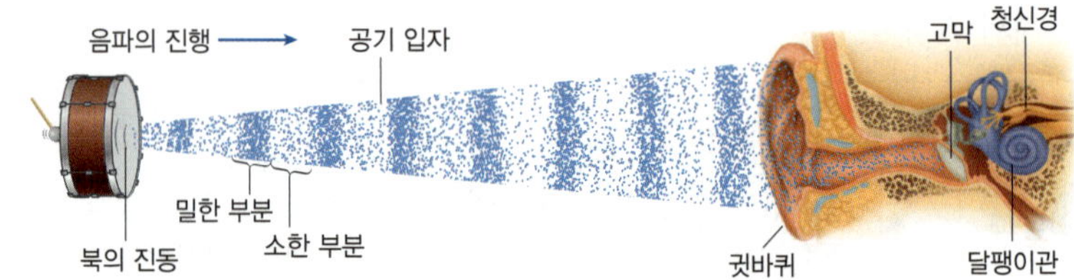


**3 소리의 3요소**

| 구분 | 소리의 크기(세기) | 소리의 높낮이(고저) | 소리의 음색(맵시) |
|---|---|---|---|
| 변화 원인 | 진폭 [단위 : dB(데시벨)] | 진동수 [단위 : Hz(헤르츠)] | 파형(파동의 모양) |
| 모습 | 큰 소리 : 진폭이 크다. | 높은 소리(고음) : 진동수가 크다. | 피아노 소리의 '도' |
| | 작은 소리 : 진폭이 작다. | 낮은 소리(저음) : 진동수가 작다. | 클라리넷 소리의 '도' |
| 예 | 큰 소리 : 세게(강하게) 친다.<br>– 북을 세게 친다.<br>– 기타줄을 많이 당긴다.<br>– 피리를 세게 분다. | 높은 소리(고음)<br>– 현악기의 줄을 짧게, 팽팽히<br>– 관악기의 길이를 짧게<br>– 타악기의 크기(질량)를 작게 | 사람마다, 악기마다 파형이 달라 소리의 음색이 다르다. |

**미니 탐구 강철 자를 이용해 소리의 크기와 높낮이를 조절하는 방법**

**과정**

① 강철 자를 같은 길이로 책상 밖으로 나오게 한 후 세기를 다르게 하여 손으로 자를 친다.

② 책상 밖으로 나온 강철 자의 길이를 다르게 한 후 같은 세기로 자를 친다.

**결과 및 정리**

1. 강철 자를 세게 치면 진폭이 커져서 큰 소리가 난다.

　⇨ 소리의 크기(세기)는 파동의 진폭과 관계가 있다.

2. 강철 자의 길이가 짧으면 진동수가 커져서 높은 소리가 난다.

　⇨ 소리의 높낮이는 파동의 진동수와 관계가 있다.

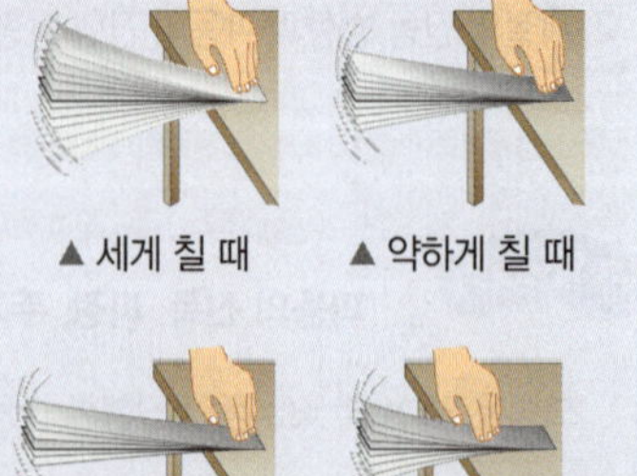


**⭐ 이것이 핵심!!**

1. 소리의 3요소는 소리의 크기, 소리의 높낮이, 소리의 음색이다.
2. 진폭이 클수록 큰 소리! 진동수가 클수록 높은 소리! 파형이 다르면 다른 소리!

# 탐구

## 소리의 진폭, 진동수, 파형 탐구하기

**과정**

❶ 컴퓨터에 마이크를 연결하고, 소리 분석 프로그램을 실행한다.

❷ 실로폰을 세게 칠 때와 약하게 칠 때, 소리 분석 프로그램 화면에 나타나는 파동의 모습을 관찰하고 그려 본다.

❸ 실로폰의 높은 소리 '라' 음과 낮은 소리 '도' 음을 같은 세기로 두드릴 때, 소리 분석 프로그램 화면에 나타나는 파동의 모습을 관찰하고 그려 본다.

❹ 실로폰과 리코더로 각각 '도' 음을 낼 때, 소리 분석 프로그램 화면에 나타나는 파동의 모습을 관찰하고 그려 본다.

**유의점**
- 소리 분석 프로그램의 사용 방법을 미리 알아 둔다.
- 주위가 조용한 곳에서 소리를 분석한다.

**결과**

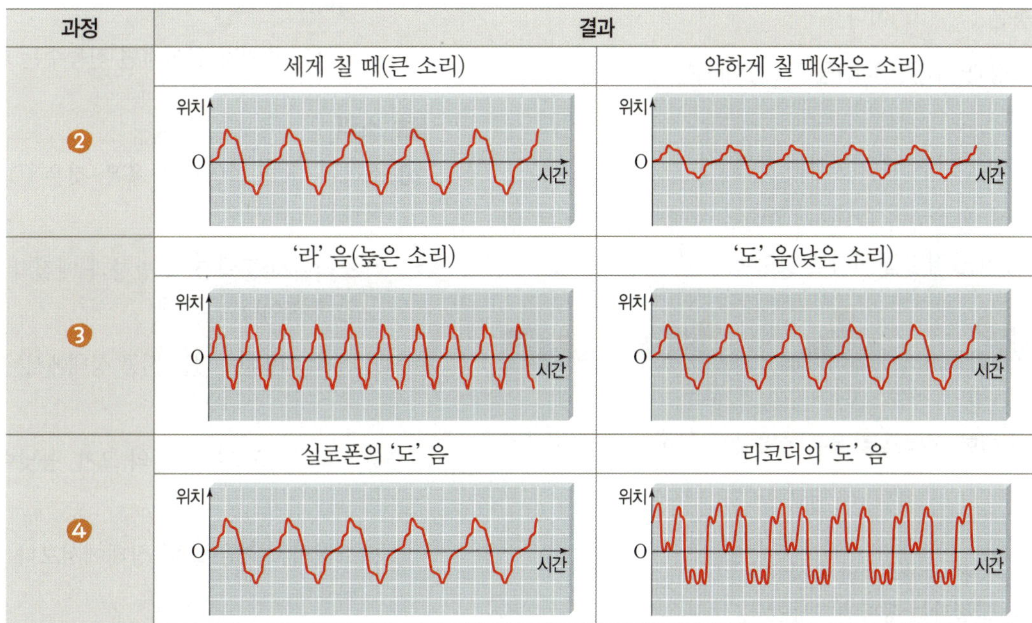

| 과정 | 결과 | |
|---|---|---|
| ❷ | 세게 칠 때(큰 소리) | 약하게 칠 때(작은 소리) |
| ❸ | '라' 음(높은 소리) | '도' 음(낮은 소리) |
| ❹ | 실로폰의 '도' 음 | 리코더의 '도' 음 |

**정리**

**1 큰 소리와 작은 소리의 파동은 어떤 차이가 있는지 설명해 보자.**

실로폰을 세게 칠 때 나는 (㉠     ) 소리가 약하게 칠 때 나는 (㉡     ) 소리보다 파동의 (㉢     )이 크다. 따라서 소리의 크기(세기)는 파동의 (㉣     )과 관련이 있다.

**2 높은 소리와 낮은 소리의 파동은 어떤 차이가 있는지 설명해 보자.**

높은 음('라')이 낮은 음('도')보다 파동의 (㉠     )가 크다. 따라서 소리의 높낮이(고저)는 파동의 (㉡     )와 관련이 있다.

**3 같은 높이의 소리를 다른 악기로 연주할 때 어떤 차이가 있는지 설명해 보자.**

서로 다른 악기로 같은 음을 내면 악기마다 (㉠     )이 다르다. 따라서 소리의 음색은 (㉡     )과 관련이 있다.

### 🔍 탐구 핵심!!

소리의 크기는 파동의 진폭에 따라 다르고, 소리의 높낮이는 파동의 진동수에 따라 다르며, 소리의 음색은 파형에 따라 다르다.

# 개념 확인 문제

※ 다음 글의 빈칸에 알맞은 말을 쓰거나 고르시오.

## 1 파동의 발생과 종류

**01** 한 곳에서 생긴 진동이 다른 곳으로 퍼져 나가는 현상은 (        )이다.

**02** 파동이 발생한 곳, 즉 진동이 시작하는 곳은 (        )이다.

**03** 호수나 바다의 수면이 진동하면서 전파되는 파동은 (        )이다.

**04** 지구 내부의 변화로 생긴 충격이 지표면으로 전파되는 파동은 (        )이다.

**05** 전기장과 자기장의 진동으로 전파되는 파동은 (        )이다.

**06** 파동이 전달될 때 이동하는 것은 (        )이다.

**07** 그림은 물결파가 (가)에서 (라)로 진행하는 동안 물 위의 공의 움직임을 나타낸 것이다.

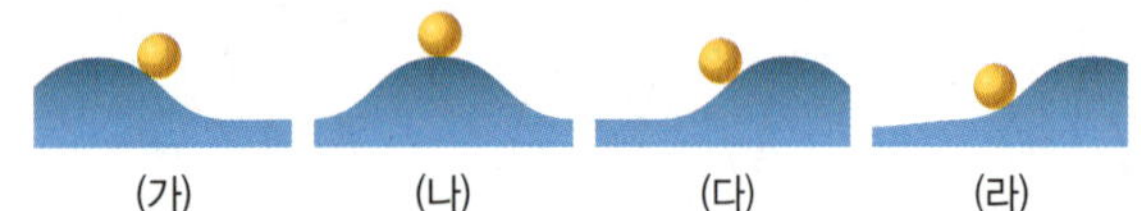

(가)        (나)        (다)        (라)

이에 대한 설명으로 옳은 것을 |보기|에서 모두 고르시오.                                (        )

| 보기 |
ㄱ. 공은 위아래로만 움직인다.
ㄴ. 물결파는 횡파에 해당한다.
ㄷ. 공은 물결파를 따라 이동한다.

## 2 파동의 표현

**08** 그림 (가)와 (나)는 용수철을 좌우로 흔들 때와 앞뒤로 흔들 때 용수철의 진동 모습을 나타낸 것이다.

(가)                        (나)

이에 대한 설명으로 옳은 것은 ○, 옳지 않은 것은 ×로 표시하시오.

(1) (가)는 종파이고, (나)는 횡파이다.        (○, ×)

(2) (가)에서 매질의 진동 방향은 파동의 진행 방향과 수직이다.                                    (○, ×)

(3) (나)에서 매질의 진동 방향은 파동의 진행 방향과 나란하다.                                    (○, ×)

**09** 파동의 표현에 대한 설명으로 옳은 것은 ○, 옳지 않은 것은 ×로 표시하시오.

(1) 횡파에서 가장 높은 곳은 마루이고, 가장 낮은 곳은 골이다.                                    (○, ×)

(2) 매질이 한 번 진동하는 데 걸리는 시간은 주기이다.                                            (○, ×)

(3) 매질의 어느 한 점이 1초 동안에 진동하는 횟수는 진동수이다.                                    (○, ×)

(4) 횡파에서 마루와 이웃한 마루 사이의 거리는 진폭이다.                                        (○, ×)

(5) 파동의 주기가 길어지면 진동수는 커진다.  (○, ×)

## 3 소리

**10** 소리에 대한 설명으로 옳은 것은 ○, 옳지 않은 것은 ×로 표시하시오.

(1) 소리는 파동의 진행 방향과 매질의 진동 방향이 수직인 횡파이다.                                  (○, ×)

(2) 소리는 매질이 없는 진공 상태에서는 전달되지 않는다.                                          (○, ×)

(3) 소리의 3요소는 소리의 크기, 높낮이, 음색이다.                                              (○, ×)

(4) 소리의 속력은 고체 상태에서보다 기체 상태에서 더 빠르다.                                      (○, ×)

(5) 소리의 속력은 저온에서보다 고온에서 더 빠르다.                                              (○, ×)

**11** 소리를 듣는 과정은 (㉠        )의 진동 → (㉡        )의 진동 → (㉢        )의 진동 → (㉣        )에서 소리 인식이다.

**12** 그림 (가)~(라)는 여러 가지 소리의 파형을 나타낸 것이다.

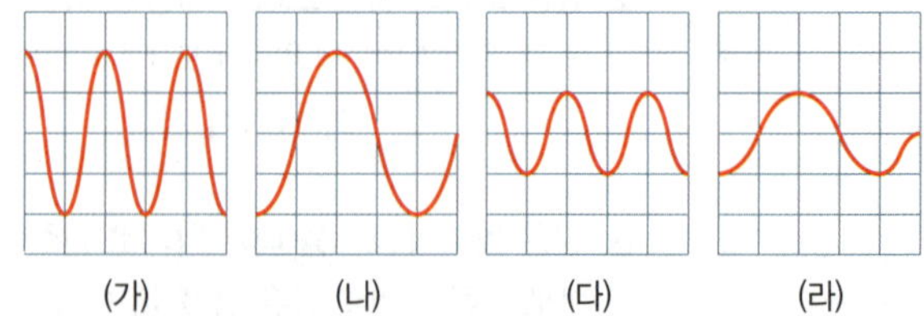

(가)        (나)        (다)        (라)

이에 대한 설명으로 옳은 것은 ○, 옳지 않은 것은 ×로 표시하시오.

(1) (가)는 (나)보다 큰 소리이다.        (○, ×)

(2) (가)의 진폭은 (다)의 진폭의 2배이다.        (○, ×)

(3) (나)와 (라)는 소리의 높낮이가 같다.        (○, ×)

(4) (다)와 (라)는 음색이 다르다.        (○, ×)

## 개념 집중 문제

### ◉ 파동의 표현

(1) 주기 : 매질이 제자리에서 한 번 진동하는 데 걸리는 시간 (단위 : 초(s))

(2) 진동수 : 매질의 어느 한 점이 1초 동안 진동하는 횟수 (단위 : Hz)

(3) 주기와 진동수의 관계 : 주기와 진동수는 서로 역수 관계이다.

$$T=\frac{1}{f},\ f=\frac{1}{T}\ (T:주기,\ f:진동수)$$

(4) 가로축이 시간을 나타내는 그래프에서 파동의 주기, 진동수, 진폭을
알 수 있으며, 마루(골)에서 다음 마루(골)까지의 시간이 주기이다.

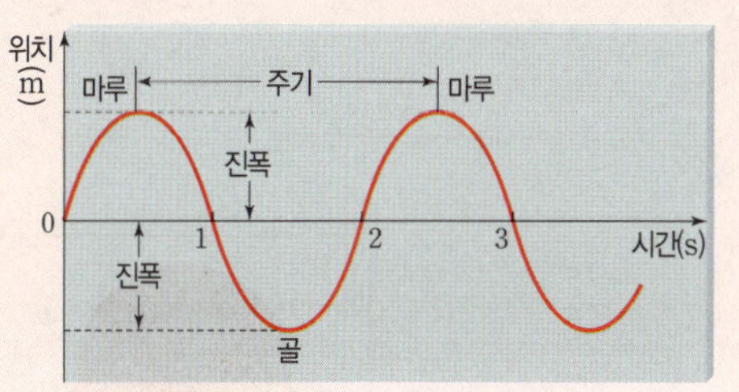

### 주기 구하기

**1** 진동수가 100 Hz인 파동의 주기는 몇 초인가?    (      )초

**2** 5초 동안 20번 진동하는 파동의 주기는 몇 초인가?    (      )초

### 진동수 구하기

**3** 5분 동안 300번 진동하는 파동의 진동수는 몇 Hz인가?    (      ) Hz

**4** 주기가 0.05초인 파동의 진동수는 몇 Hz인가?    (      ) Hz

### 진폭, 파장, 주기, 진동수, 속력 구하기

**5** 그림은 어떤 파동의 어느 순간 모습을 나타낸 것이다. 다음을 구하시오. (단, 파동이 A점에서 B점까지 진행하는 데 걸리는 시간은 1초이다.)

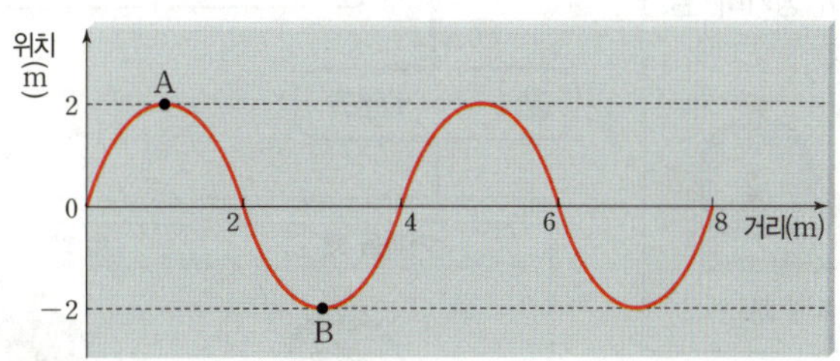

(1) 진폭 : (      ) m

(2) 파장 : (      ) m

(3) 주기 : (      ) s

(4) 진동수 : (      ) Hz

(5) 파동의 속력 : (      ) m/s

## 생각그물 완성하기

물체를 보는 과정
: 광원을 볼 때 : 광원 → 눈
: 광원이 아닌 물체를 볼 때 : 광원 →
  물체에서 반사된 빛 → 눈

빛이 일직선으로 곧게 나아가는 성질

빛의 **1** (　　　)

빛의 합성

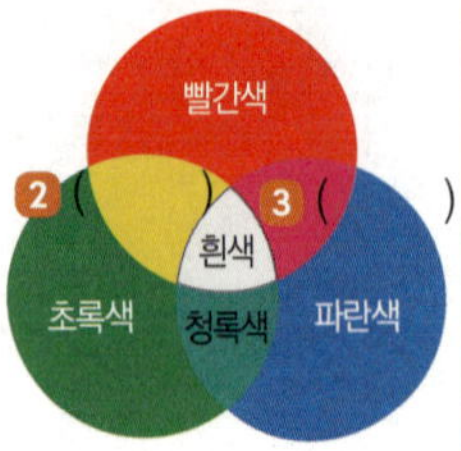

**빛**

물체에서 거울까지의
거리＝상에서 거울까
지의 거리이며, 좌우
가 바뀐 상이 생긴다.

물체에서 **4** (　　　)되어
나오는 빛의 합성색

**색**

물체의 색

조명에 따른
물체의 색

조명에 따른 빨간색 장미와
초록색 잎의 색

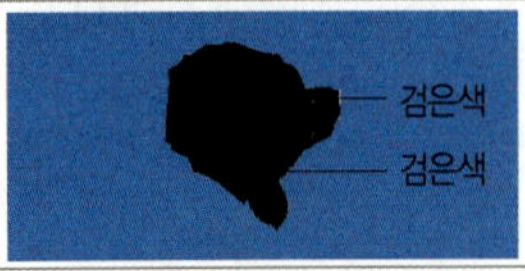

**햇빛(백색광)**

초록색

**5** (　　　)

**6** (　　　)색 조명

검은색
검은색

**빛과 색**

**빛**

빛의 반사

빛의 굴절

**거울과 렌즈**

**7** (　　　)거울

**8** (　　　) 거울

**거울**

**11** (　　　) 거울

• 물체보다 **9** (　　　) 상

▲가까울 때

• 멀수록 상의 크기가 **10** (　　　)
  진다.

▲멀 때

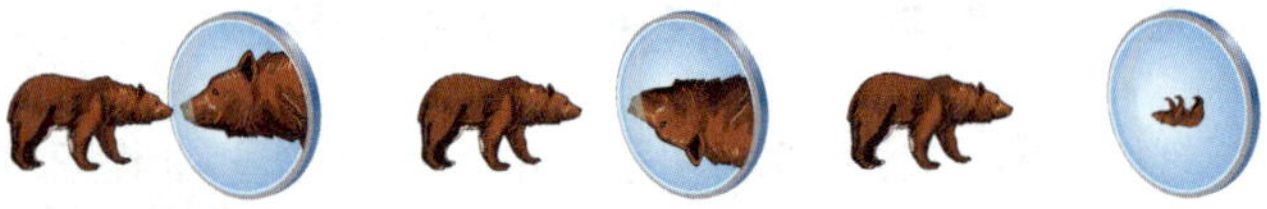

물체보다
**12** (　　　)상

▲가까울 때

물체보다
**13** (　　　) 상

▲멀 때

물체보다
**14** (　　　)상

▲아주 멀 때

**렌즈**

**15** (　　　) 렌즈

항상 물체보다 작고 바로 선 상이 생기며, 멀
수록 크기가 작아진다.

▲가까울 때　　▲멀 때

**16** (　　　) 렌즈

| 가까울 때 | 멀 때 | 아주 멀 때 |
|---|---|---|
| 물체보다<br>**17** (　　　) 상 | 거리가 멀어지면 어느 순간 상이 뒤집히고,<br>거리가 멀어질수록 상이 점점 **18** (　　　)진다. | |

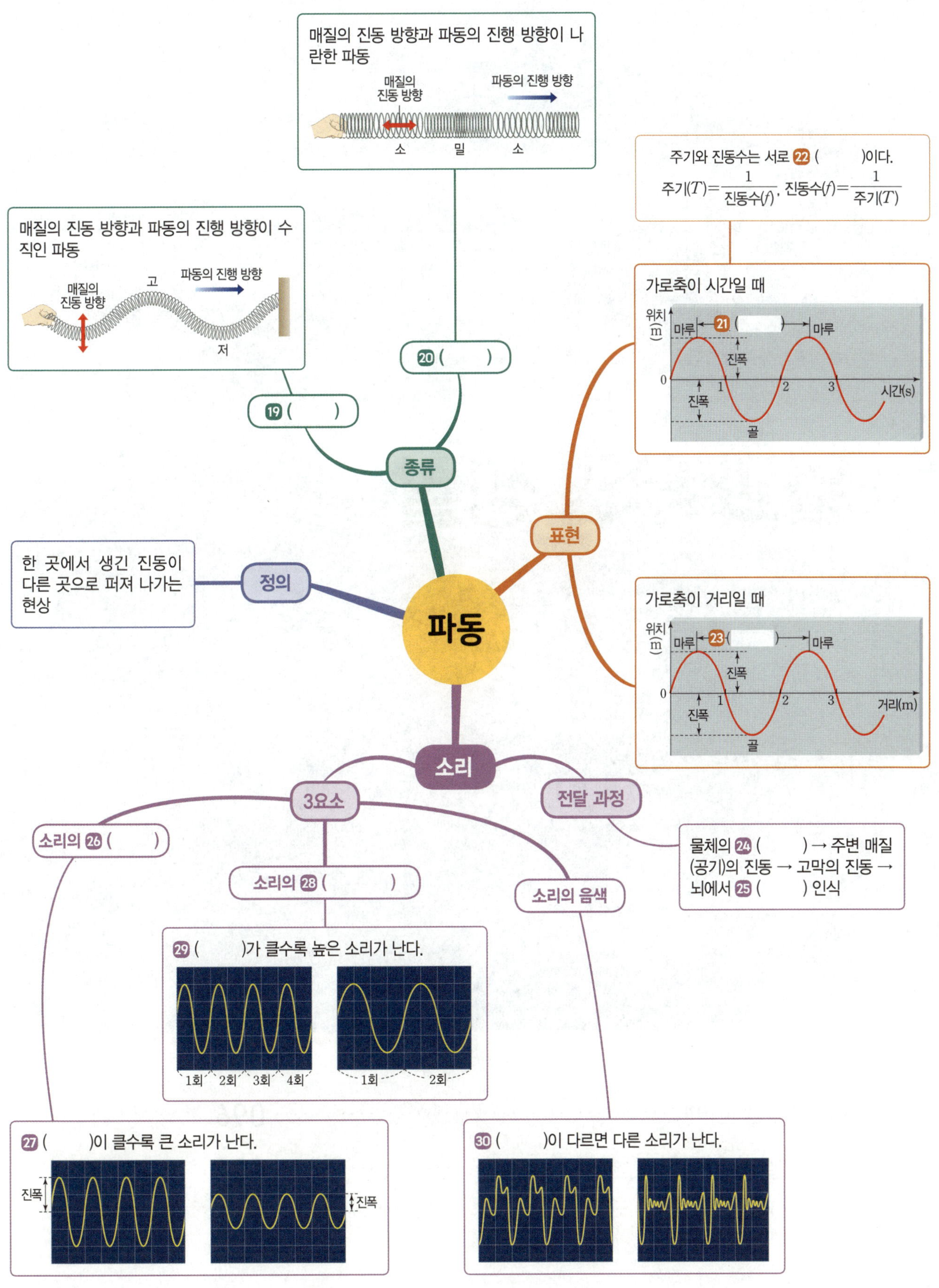

매질의 진동 방향과 파동의 진행 방향이 나란한 파동
매질의 진동 방향
파동의 진행 방향
소    밀    소
주기와 진동수는 서로 22 (        )이다.
주기(T)= 1/진동수(f) , 진동수(f)= 1/주기(T)
매질의 진동 방향과 파동의 진행 방향이 수직인 파동
매질의 진동 방향
고
파동의 진행 방향
저
가로축이 시간일 때
위치(m)
마루  21 (        )  마루
진폭
0    1    2    3    시간(s)
진폭
골
20 (        )
19 (        )
종류
표현
한 곳에서 생긴 진동이 다른 곳으로 퍼져 나가는 현상
정의
파동
가로축이 거리일 때
위치(m)
마루  23 (        )  마루
진폭
0    1    2    3    거리(m)
진폭
골
소리
3요소
전달 과정
소리의 26 (        )
소리의 28 (        )
소리의 음색
물체의 24 (        ) → 주변 매질 (공기)의 진동 → 고막의 진동 → 뇌에서 25 (        ) 인식
29 (        )가 클수록 높은 소리가 난다.
1회  2회  3회  4회
1회    2회
27 (        )이 클수록 큰 소리가 난다.
진폭
진폭
30 (        )이 다르면 다른 소리가 난다.

# V

# 열과 우리 생활

열평형의 개념과 열평형에 도달하는 과정에서 이동하는 에너지가 열이라는 것을 이해하고, 열의 이동 방법 및 일상생활에서 열을 효율적으로 이용하는 방법에 대하여 관심과 흥미를 갖도록 한다. 또한 물체의 온도 차는 물체를 구성하는 입자의 운동으로 이해하고, 물질의 종류에 따라 열을 받아들이는 정도가 다르며, 물질을 구성하는 입자가 차지하는 부피는 온도에 따라 달라짐을 이해한다.

★ 모닥불 옆에 있으면 왜 따뜻할까?

★ 에어컨은 어디에 설치하는 게 좋을까?

★ 아침과 밤에 바닷가에서 부는 바람의 방향은 왜 다를까?

★ 가스관은 왜 구부러져 있을까?

# 11 열



---

**➕ 용어**

**입자**

특정 물질을 구성하고 있는 매우 작은 알갱이로, 과학에서는 일반적으로 물질을 이루는 원자나 분자와 같은 작은 알갱이를 입자라고 한다.

## 1 온도와 입자 운동

**1 온도** : 물체를 만졌을 때 느껴지는 물체의 차가운 정도와 따뜻한 정도는 상대적이다. 이처럼 차갑고 따뜻한 상대적인 정도를 측정하여 수치로 나타낸 것을 온도라고 한다.

(1) 온도의 종류

① 섭씨 온도 : 일상생활에서 사용하는 온도로, 단위는 ℃(섭씨)를 사용한다. 1기압에서 물의 어는점을 0 ℃, 끓는점을 100 ℃라고 정했을 때 그 사이를 100등분한 온도이다.

② 절대 온도 : 국제단위계에서 사용하는 온도로, 단위는 K(켈빈)을 사용한다. 물체를 이루는 입자의 운동이 활발한 정도를 수치로 나타낸 것이다. 과학에서는 −273 ℃를 0 K으로 정한 절대 온도를 사용한다. ⇨ 절대 온도(K)＝섭씨 온도(℃)＋273

0 K을 절대영도라고 해~ 입자 운동이 0이 되는 온도이기 때문에 온도가 더 이상 낮아질 수 없어!

(2) 온도의 측정 : 물체의 온도는 온도계를 사용하여 측정하며, 온도계는 쓰임새에 따라 알코올 온도계, 수은 온도계, 실내 온도계, 적외선 온도계, 열화상 카메라 등을 사용한다.

## 2 온도와 입자 운동

(1) 입자 운동 : 물체를 이루는 입자가 스스로 움직이는 현상

| 고체 | 액체 | 기체 |
|---|---|---|
| 입자가 규칙적으로 배열, 제자리에서 진동 운동 | 고체보다 비교적 자유롭게 운동 | 입자 사이의 거리가 매우 멀어 매우 활발하게 운동 |

**고체의 입자 운동**

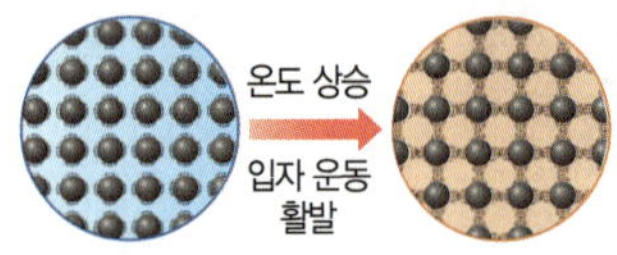

온도 상승
입자 운동 활발

**액체의 입자 운동**

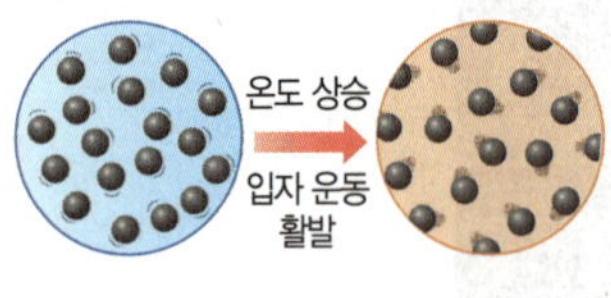

온도 상승
입자 운동 활발

(2) 온도와 입자 운동 : 물체의 온도는 물체를 구성하는 입자의 운동이 활발한 정도를 나타내며, 물체를 구성하는 입자의 운동은 물체의 온도가 낮으면 둔하고, 물체의 온도가 높으면 활발하다.

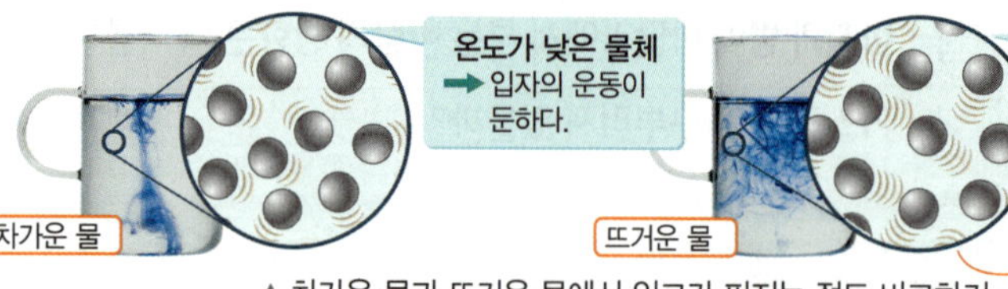


▲ 차가운 물과 뜨거운 물에서 잉크가 퍼지는 정도 비교하기

**보온병을 흔들어 물의 온도 높이기**

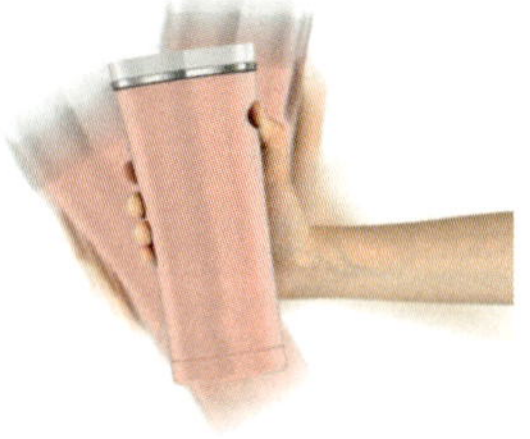

보온병에 물을 넣고 보온병을 세게 흔들면, 물의 입자가 운동하여 온도가 높아진다.

---

**열화상 사진**

물체에서 복사된 열을 이용하여 온도를 색깔로 나타내어서 물체의 온도를 한눈에 볼 수 있게 한 것으로, 물체 입자의 운동 상태의 변화에 따른 온도 변화를 확인할 수 있다.

**더 알아보기**

**입자의 운동 상태 변화에 따른 온도 변화**

물체를 가열하여 직접적으로 입자들의 온도를 높여주는 경우뿐만 아니라 물체를 두드리거나 튕기는 등 물체에 자극을 주는 경우에도 입자 운동이 활발해지면서 온도가 높아진다.

열화상 사진으로 본 물체의 온도 변화 ▶

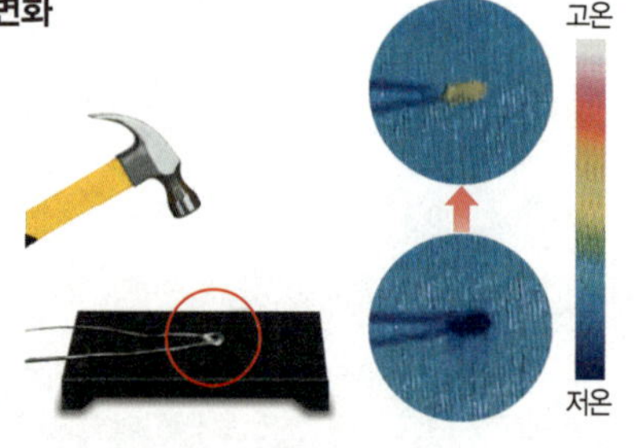

## 2 열의 이동

**1 열** : 온도가 서로 다른 두 물체가 접촉했을 때 온도가 높은 물체에서 온도가 낮은 물체로 이동하는 에너지로, 단위로는 J(줄)을 사용한다.

**2 열량** : 온도가 서로 다른 두 물체의 온도 차에 의해 이동한 열의 양으로, 단위로는 cal(칼로리), kcal(킬로칼로리)를 사용한다.

**3 열이 이동하는 방법과 예** : 온도가 서로 다를 경우 열이 이동하는 방법에는 전도, 대류, 복사가 있으며, 대체로 열이 이동할 때는 두 세 가지의 방법이 함께 이루어진다.

(1) 전도 : 물질을 이루는 입자들이 충돌하면서 입자의 운동이 이웃한 입자에 차례로 전달되어 열이 이동하는 방법이다. 주로 고체에서 일어난다.
　① 추운 날 나무 의자보다 금속 의자에 앉을 때 더 차갑게 느낀다.
　② 뜨거운 국에 담긴 금속 숟가락 전체가 점점 뜨거워진다.
　③ 전기장판 위에 있으면 열이 우리 몸으로 이동하여 따뜻해진다.

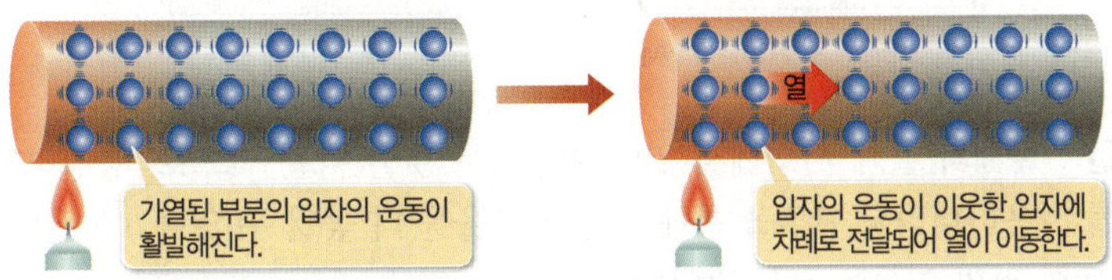

▲ 전도에 의한 열의 이동

(2) 대류 : 물질을 이루는 입자가 직접 이동하면서 열이 이동하는 방법이다. 주로 기체나 액체에서 일어난다.
　① 에어컨은 위쪽에, 난로는 아래쪽에 설치한다.
　② 주전자에 물을 넣고 아래쪽만 가열해도 물이 골고루 데워진다.
　③ 지구에서는 기상 현상이 일어난다.

▲ 대류에 의한 열의 이동

(3) 복사 : 전도나 대류와는 달리 열이 다른 물질을 거치지 않거나 물질을 이루는 입자의 운동이 없이 직접 이동하는 방법이다. 전도나 대류보다 열의 전달이 매우 빨라~!
　① 태양의 열이 진공인 우주 공간을 지나 지구로 전달된다.
　② 그늘진 곳보다 햇볕 아래가 더 따뜻하다.
　③ 난로 가까이에 있으면 등보다 얼굴이나 손이 더 따뜻함을 느낀다.

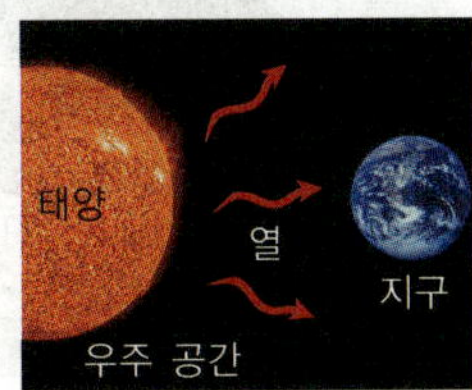

▲ 태양 복사 에너지

▲ 복사에 의한 열의 이동

### ✿ 이것이 핵심!!

1. 온도는 물체를 이루는 입자의 운동이 활발한 정도를 나타내며, 높은 온도에서는 입자 운동이 활발하고 낮은 온도에서는 입자 운동이 둔하다.
2. 열의 이동 방법에는 전도, 대류, 복사가 있다.

---

**열의 전도 정도**

물질의 종류에 따라 열이 전도되는 정도가 다르다. 나무＜플라스틱＜유리＜철＜알루미늄＜구리＜은 순으로 전도가 잘 된다.

**1 cal**

물 1 g의 온도를 1 ℃ 높이는 데 필요한 열량

**열의 이동 방법 비유**

・전도 : 이웃한 사람에게 공을 전달한다.

・대류 : 공을 직접 들고 간다.

・복사 : 공을 던진다.

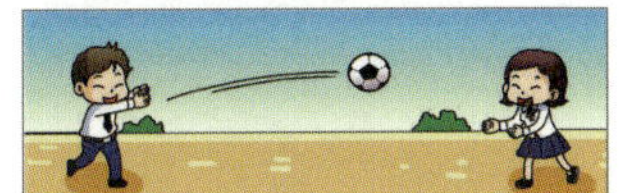

## 단열과 안전

뜨거운 냄비를 잡을 때 사용하는 부엌용 장갑은 냄비의 열이 손으로 전도되는 것을 막아준다.

---

**➕ 용어**

**단열**
물체와 물체 사이에 열이 통하지 않도록 막는 것

**단열재**
열의 이동을 차단할 목적으로 사용하는 재료 ⑩ 솜, 스타이로폼, 은도금, 은박지, 알루미늄박 등

---

## 공기층

공기는 열의 전도가 잘 일어나지 않기 때문에 스타이로폼, 솜과 같이 내부에 공기를 많이 포함한 물질은 전도로 일어나는 열의 전달을 막는 역할을 한다.

---

## 단열재의 종류

- 솜, 스타이로폼 : 내부에 공기를 많이 포함한다. ⇨ 전도에 의한 열의 이동을 막는다.
- 진공 상태 : 열을 전달하는 물질이 없다. ⇨ 전도와 대류에 의한 열의 이동을 막는다.
- 은도금, 은박지, 알루미늄박 : 열을 반사시킨다. ⇨ 복사에 의한 열의 이동을 막는다.

---

## ❸ 효율적인 냉난방

**1 냉난방 기구의 설치** : 열의 이동을 고려하여 냉난방 기구를 설치하면 효율적으로 냉난방을 할 수 있다. 냉방기를 위쪽에, 난방기를 아래쪽에 설치하면 공기의 대류가 잘 일어나기 때문에 냉난방 기구를 효율적으로 사용할 수 있다.

(1) **냉방을 할 때** : 냉방기에서 나오는 차가운 공기는 아래쪽으로 내려오고, 따뜻한 공기는 위쪽으로 올라가면서 방 전체가 시원해진다. <u>차가운 공기는 입자 운동이 둔하기 때문에 입자 사이의 거리가 가깝고, 주변 공기보다 밀도가 커서 아래로 내려가지!</u>

(2) **난방을 할 때** : 난방기에서 나오는 따뜻한 공기는 위쪽으로 올라가고 차가운 공기는 아래쪽으로 내려오면서 방 전체가 따뜻해진다. <u>따뜻한 공기는 입자 운동이 활발하기 때문에 입자 사이의 거리가 멀고, 주변 공기보다 밀도가 작아서 위로 올라가~!</u>

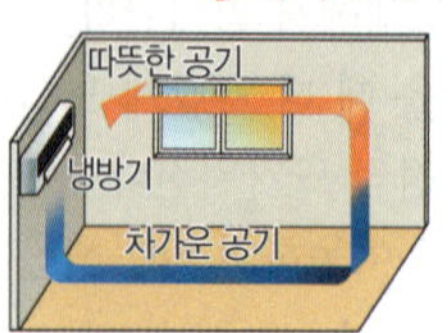


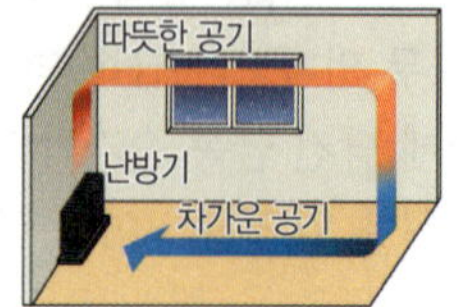


▲ 냉방을 할 때          ▲ 난방을 할 때

**2 단열** : 물체와 물체 사이에서 열이 이동하는 것을 막는 것으로, 동일하게 냉난방 기구를 사용하더라도 단열을 통해 냉난방 효율을 더 높일 수 있다. ⇨ 전도, 대류, 복사에 의한 열의 이동을 모두 막아야 단열이 잘 된다.

(1) 단열의 이용

| | | | |
|---|---|---|---|
| 보온병 | 마개 | 고무로 되어 있어 전도에 의한 열의 이동을 막는다. | 이중 마개 : 전도 차단<br>은도금 벽면 : 복사 차단<br>이중벽 : 전도, 대류 차단<br><br>보온병은 전도, 대류, 복사에 의한 열의 이동을 막아~ |
| | 은도금 벽면 | 은도금된 부분이 열을 반사시켜 복사에 의한 열의 이동을 막는다. | |
| | 이중벽 | 벽 사이의 공간을 진공으로 만들어 전도와 대류에 의한 열의 이동을 막는다. | |
| 이중창 | | 이중창 사이의 공기층이 전도에 의한 열의 이동을 막는다. | |
| 아이스박스 | | 플라스틱으로 만든 아이스박스의 벽은 가운데가 비어 있는 이중벽으로, 전도와 대류에 의한 열의 이동을 막는다. | |
| 방한복 | | 공기층을 많이 포함하고 있는 솜털을 넣어 열의 전도를 막으며, 열이 잘 전달되지 않는 소재의 섬유를 사용한다. <u>얇은 옷을 여러 벌 겹쳐 입는 것도 얇은 옷들 사이에 공기층을 만들어서 전도에 의한 열의 이동을 막을 수 있기 때문이지!</u> | |
| 단열 벽지 | | 표면 벽지 내부에 단열재를 추가하여 외부로부터 열의 이동을 막는다. | |

(2) **패시브 하우스**: 단열의 효율을 높여 에너지 낭비를 최소화한 주택이다.

① **옥상** : 지붕에 풀을 자라게 하여 풀과 흙에 있던 물이 증발하면서 열을 흡수해 실내 온도를 낮춰 준다.

② **창문** : 이·삼중 유리창을 이용하여 단열 효과를 높이고, 외부 차양을 이용하여 집 안으로 들어오는 햇빛의 양을 조절한다.

③ **벽** : 일반 주택에서 사용하는 단열재보다 두꺼운 단열재를 사용한다.



---

⭐ **이것이 핵심!!**

1. 냉난방기의 효율을 높이기 위해 난방기는 아래쪽에 설치하고, 냉방기는 위쪽에 설치한다.
2. 물체와 물체 사이에서 열이 이동하지 못하게 막는 것을 단열이라고 한다.

**생활 속 과학  조상들의 지혜를 담은 한옥**

- 지붕 : 사방이 모두 'ㅅ'자 모양으로 되어 있어 빗물이 빨리 흘러내리고 눈이 높이 쌓이지 않는다.
- 처마 : 태양의 고도에 따라 집 안으로 들어오는 햇빛의 양을 조절한다.
- 벽 : 짚을 섞은 진흙을 두껍게 쌓아 만들어 여름에 습기를 흡수하고, 열이 잘 전달되지 않는다.
- 온돌 : 아궁이에 불을 피워 방바닥 아래의 구멍을 통해 열을 전달하여 방을 따뜻하게 한다.



## 4 열평형

**1 열평형 상태** : 온도가 서로 다른 두 물체를 접촉했을 때, 온도가 높은 물체에서 온도가 낮은 물체로 열이 이동하여 두 물체의 온도가 같아진 상태 ⇨ 더 이상 온도가 변하지 않는다.

(1) 온도가 다른 두 물체를 접촉한 경우의 온도 변화와 열평형

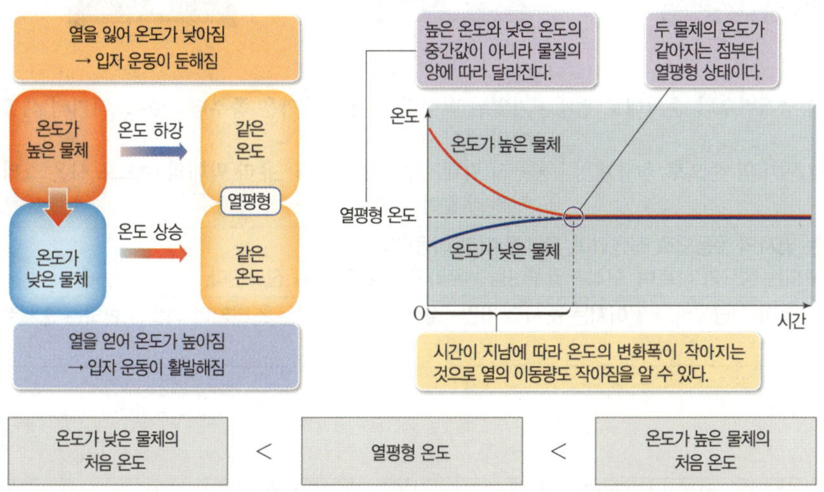



<table>
<tr><td>온도가 낮은 물체의 처음 온도</td><td><</td><td>열평형 온도</td><td><</td><td>온도가 높은 물체의 처음 온도</td></tr>
</table>

(2) 온도가 다른 두 물체 사이에서 열이 이동할 때 외부와의 열 출입을 무시하면, 온도가 높은 물체가 잃은 열량과 온도가 낮은 물체가 얻은 열량은 같다.

> 온도가 높은 물체가 잃은 열량＝온도가 낮은 물체가 얻은 열량

**2 열평형 상태의 이용**

(1) 음식을 냉장고에 넣어 차갑게 보관한다.
(2) 온도계는 물체와 접촉하여 물체의 온도를 측정한다.
(3) 생선을 차가운 얼음 위에 두어 신선한 상태를 유지한다.

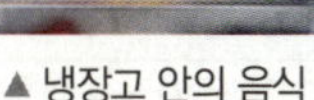

▲ 냉장고 안의 음식

▲ 온도계

▲ 얼음 위의 생선

★ **이것이 핵심!!**

온도가 다른 두 물체를 접촉한 후 어느 정도 시간이 지나면 두 물체의 온도가 같아지는 열평형 상태에 도달하며, 이때 온도가 높은 물체가 잃은 열량과 온도가 낮은 물체가 얻은 열량은 같다.

---

**열평형과 입자 운동**

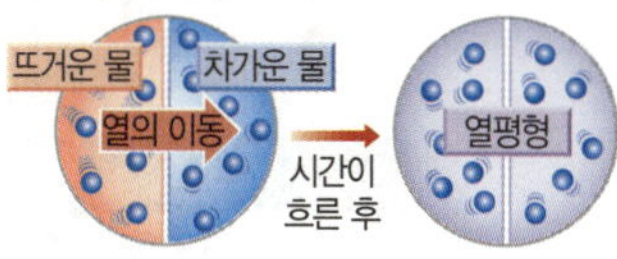



온도가 높은 물체는 열을 잃어 입자 운동이 처음보다 둔해지고, 온도가 낮은 물체는 열을 얻어 입자 운동이 처음보다 활발해진다. 시간이 흐른 후, 두 물체는 입자 운동 정도가 같아진 열평형 상태에 도달한다.

**그 외의 열평형 사례**

- 갓 삶은 뜨거운 달걀을 찬물에 담가 두면 달걀과 물이 모두 미지근해진다.
- 추운 날 공원에 있는 나무 의자와 금속 의자는 모두 공기의 온도만큼 낮아진다.
- 뜨거운 음료를 실내에 놓아두면 음료의 온도는 실내의 온도만큼 낮아진다.

# 같은 원리 다른 실험 - 열의 이동

열의 이동 방법에는 전도, 대류, 복사가 있었지? 여러 가지 실험을 통해 물체에서 열의 이동을 확인해 보자!

## 1 고체에서 열의 이동 - 전도

| 실험 1 | 실험 2 |
|---|---|
| [과정]<br>그림과 같이 알루미늄 막대, 구리 막대, 유리 막대에 촛농을 녹여 성냥개비를 같은 간격으로 붙인 후, 알코올램프로 세 막대의 한쪽 끝을 동시에 가열한다. | [과정]<br>그림과 같이 알루미늄 막대, 구리 막대, 유리 막대에 시온 스티커를 얇게 잘라 붙인 후, 알코올램프로 세 막대의 한쪽 끝을 동시에 가열한다. |
| 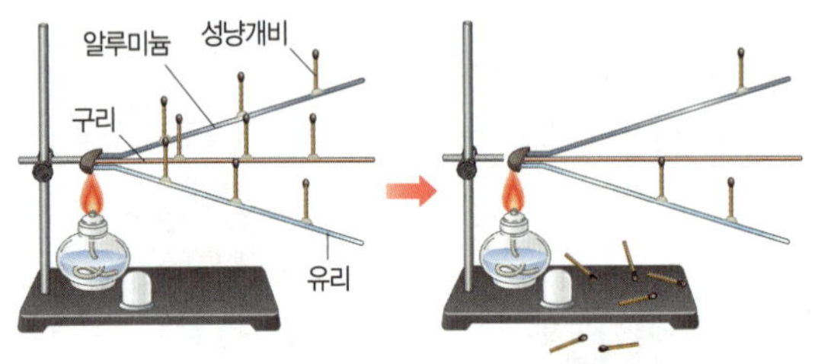<br> | 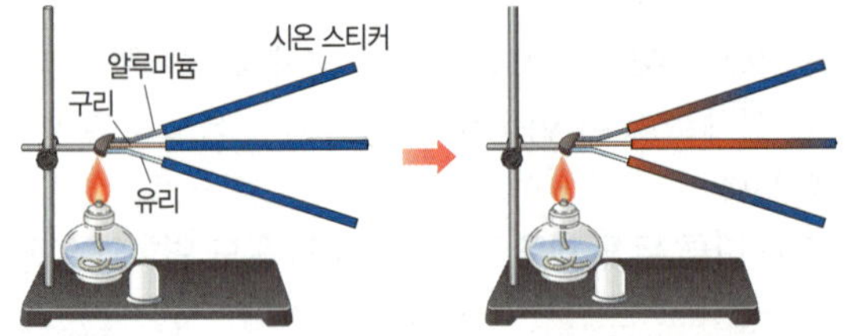<br> |
| [결과]<br>• 가열된 막대의 끝에서 가까운 성냥개비부터 순서대로 떨어진다.<br>• 구리 막대, 알루미늄 막대, 유리 막대의 순으로 성냥개비가 빨리 떨어진다. | [결과]<br>• 가열된 막대의 끝에서 가까운 쪽부터 시온 스티커의 색깔이 변한다.<br>• 구리 막대, 알루미늄 막대, 유리 막대의 순으로 시온 스티커의 색깔이 변한다. |

| [같은 원리] | 1. 열은 고체를 이루는 입자의 운동으로 전달되며, 물체를 따라 이동한다.<br>2. 물질마다 열이 전도되는 정도가 다르며, 구리 > 알루미늄 > 유리 순으로 열이 잘 전도된다. |
|---|---|
| [다른 실험] | [실험 1]에서는 촛농이 녹아 성냥개비가 떨어지는 순서로 확인, [실험 2]에서는 시온 스티커의 색깔이 변하는 순서로 확인 |

## 2 액체에서 열의 이동 - 대류

| 실험 3 | 실험 4 |
|---|---|
| [과정]<br>그림과 같이 물을 가득 채운 사각 유리관의 입구에 잉크를 떨어뜨린 후, 사각 유리관의 왼쪽 아랫부분을 가열한다. | [과정]<br>그림과 같이 빨간색 물감을 탄 뜨거운 물이 가득 든 삼각 플라스크 위에 파란색 물감을 탄 차가운 물이 가득 든 삼각 플라스크를 투명 필름으로 막아 거꾸로 세워 올린 후, 투명 필름을 빼낸다. |
| 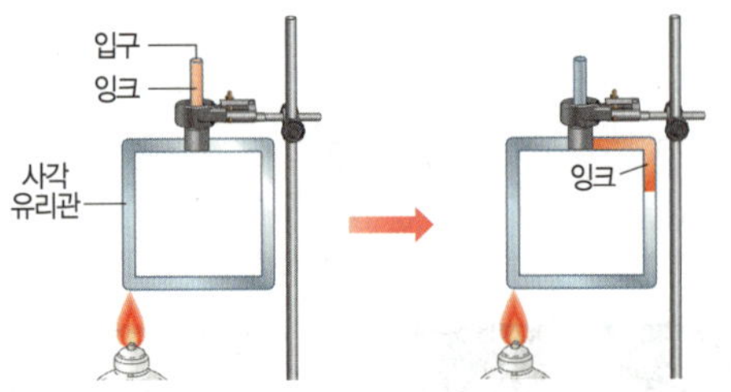<br> | 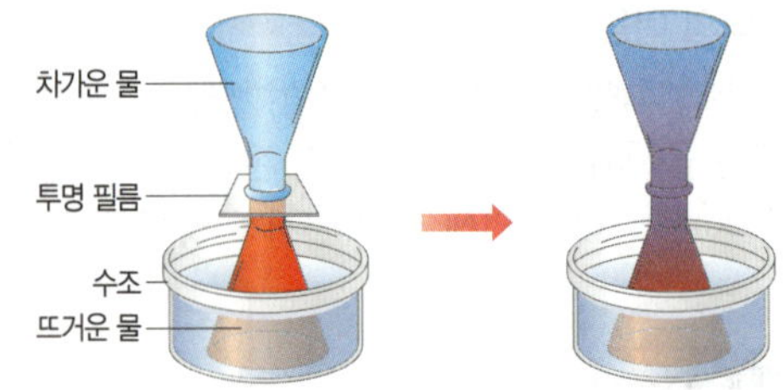<br> |
| [결과]<br>사각 유리관의 입구에 떨어뜨린 잉크가 오른쪽 아래로 내려오면서 시계 방향으로 순환한다. | [결과]<br>• 투명 필름을 빼면 아래에 있던 뜨거운 물은 위로 올라가고, 위에 있던 차가운 물은 아래로 내려간다.<br>• 시간이 지나면 물 전체가 보라색이 된다. |

| [같은 원리] | 1. 뜨거운 물의 입자는 위로 이동하고, 차가운 물의 입자는 아래로 내려온다.<br>2. 액체에서는 입자가 직접 이동하여 열을 전달하는 대류에 의해 열이 이동한다. | 뜨거운 물은 밀도가 작고,<br>차가운 물은 밀도가 크지~! |
|---|---|---|
| [다른 실험] | [실험 3]에서는 한쪽 아래에서 가열하면서 잉크의 이동을 확인, [실험 4]에서는 파란색 물감을 탄 차가운 물과 빨간색 물감을 탄 따뜻한 물의 색깔 변화를 통해 물의 이동을 확인 | |

## 탐구 — 온도가 서로 다른 두 물체를 접촉할 때의 온도 변화

**과정**

❶ 수조에 차가운 물을 넣고 비커에 뜨거운 물을 넣은 후, 물의 온도를 각각 측정한다.

❷ 차가운 물이 담긴 수조에 뜨거운 물이 담긴 비커를 넣는다.
차가운 물이 담긴 수조와 뜨거운 물이 담긴 수조가 접촉했으니까 열이 이동할거야~!

❸ 뜨거운 물과 차가운 물의 온도를 각각 2분마다 측정하여 표에 기록한 후, 온도에 따른 시간 그래프를 그린다.

**유의점**

- 온도계가 비커나 수조 바닥에 닿지 않도록 설치한다.
- 뜨거운 물에 화상을 입지 않도록 조심한다.
- 뜨거운 물이 들어 있는 비커를 차가운 물이 들어 있는 수조에 넣을 때 물이 직접적으로 섞이지 않도록 주의한다.

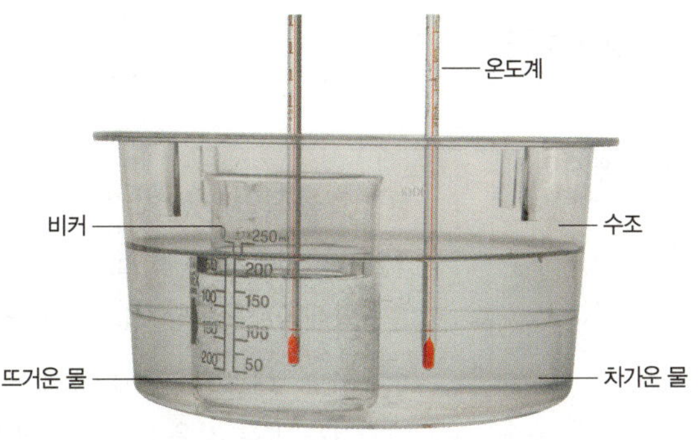


**결과**

| 시간(분) | 0 | 2 | 4 | 6 | 8 | 10 |
|---|---|---|---|---|---|---|
| 뜨거운 물의 온도(℃) | 70 | 46 | 34 | 30 | 30 | 30 |
| 온도 변화 | | −24 | −12 | −4 | 0 | 0 |
| 차가운 물의 온도(℃) | 10 | 22 | 28 | 30 | 30 | 30 |
| 온도 변화 | | +12 | +6 | +2 | 0 | 0 |

- 뜨거운 물의 온도는 낮아지고, 차가운 물의 온도는 높아진다.
- 6분 이후에 온도가 변하지 않는 열평형 상태가 되었다.
- 시간이 흐를수록 온도의 변화량이 줄어든다.
차가운 물과 뜨거운 물의 온도 차가 작아졌기 때문이야~!

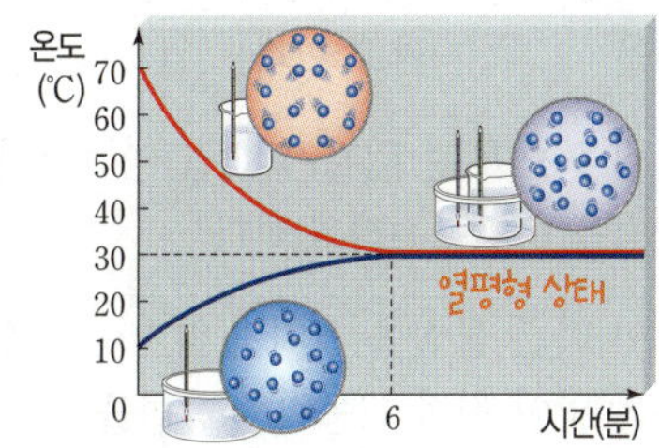


**정리**

**1** 0~6분 동안 열의 이동 방향을 설명해 보자.

열은 온도가 (㉠          ) 물체에서 온도가 (㉡          ) 물체로 이동하므로, 0~6분 동안 열은 (㉢          )에 담긴 물에서 (㉣          )에 담긴 물로 이동한다.

**2** 0~6분 동안 수조와 비커에 담긴 물 입자의 운동 변화를 설명해 보자.

수조에 담긴 차가운 물 입자의 운동은 (㉠          )하고, 비커에 담긴 뜨거운 물 입자의 운동은 (㉡          )하다. 0~6분 동안 수조에 담긴 물은 온도가 점점 (㉢          )지므로 물 입자의 운동이 (㉣          )해지고, 비커에 담긴 물은 온도가 점점 (㉤          )지므로 물 입자의 운동이 (㉥          )해진다.

### 🔍 탐구 핵심 !!

온도가 다른 두 물체를 접촉하면 온도가 높은 물체는 온도가 낮아지고, 온도가 낮은 물체는 온도가 높아져서 두 물체는 온도가 같아지는 열평형 상태에 도달한다.

※ 다음 글의 빈칸에 알맞은 말을 쓰거나 고르시오.

### 1 온도와 입자 운동

**01** 물체를 이루는 입자의 운동이 활발한 정도 또는 물체의 따뜻하고 차가운 정도를 측정하여 수치로 나타낸 것을 (　　　)라고 한다.

**02** 온도가 높은 물체는 입자 운동이 (㉠ 활발, 둔)하고, 온도가 낮은 물체는 입자 운동이 (㉡ 활발, 둔 )하다.

**03** 차가운 물과 뜨거운 물에 잉크를 넣었을 때, 잉크가 더 빠르게 퍼지는 물은 (차가운, 뜨거운) 물이다.

**04** 물체를 두드리거나 튕기면 입자 운동이 활발해지면서 물체의 온도가 (높아진다, 낮아진다).

### 2 열의 이동

**05** 열은 온도가 다른 두 물체가 접촉했을 때 온도가 (㉠ 높은, 낮은) 물체에서 온도가 (㉡ 높은, 낮은) 물체로 이동하는 에너지이다.

**06** 온도가 서로 다른 두 물체의 온도 차에 의해 이동한 열의 양을 (　　　)이라고 한다.

**07** 물질을 이루는 입자들이 충돌하면서 열이 이동하는 방법을 (　　　)라고 한다.

**08** 물질을 이루는 입자가 직접 이동하면서 열이 이동하는 방법을 (　　　)라고 한다.

**09** 열이 다른 물질을 거치지 않거나 물질을 이루는 입자의 운동 없이 직접 이동하는 방법을 (　　　)라고 한다.

**10** 열의 이동 방법 (1), (2), (3)에 해당하는 경우를 |보기|에서 모두 고르시오.

| 보기 |
| --- |
| ㄱ. 뜨거운 국에 담긴 금속 숟가락 전체가 뜨거워진다. |
| ㄴ. 그늘진 곳보다 햇볕 아래가 더 따뜻하다. |
| ㄷ. 주전자에 물을 넣고 아래쪽만 가열해도 물이 골고루 데워진다. |
| ㄹ. 방바닥의 온도를 높이면 방의 위쪽 공기도 따뜻해진다. |
| ㅁ. 전기장판 위에 있으면 우리 몸이 따뜻해진다. |
| ㅂ. 난로 가까이에서 손을 쬐면 등보다 손이 더 따뜻함을 느낀다. |

(1) 전도 : (　　　　　　)

(2) 대류 : (　　　　　　)

(3) 복사 : (　　　　　　)

**11** 열의 이동 방법에 대한 설명으로 옳은 것은 ○, 옳지 않은 것은 ×로 표시하시오.

(1) 전도는 주로 기체에서 일어나는 열의 이동 방법이다.
　　　　　　　　　　　　　　　　　( ○, × )

(2) 따뜻한 물에 손을 넣었을 때 따뜻함을 느끼는 것은 물에서 손으로 열이 전달되었기 때문이다. ( ○, × )

(3) 진공 상태에서도 열의 이동이 일어날 수 있다.
　　　　　　　　　　　　　　　　　( ○, × )

### 3 효율적인 냉난방

**12** 냉난방을 효율적으로 하기 위해서는 냉방기는 (㉠ 위쪽, 아래쪽)에, 난방기는 (㉡ 위쪽, 아래쪽)에 설치해야 한다.

**13** 전도, 대류, 복사에 의해 물체 사이에서 열이 이동하는 것을 막는 것을 (　　　)이라고 한다.

**14** 보온병의 마개는 고무로 되어 있어 (　　　)에 의한 열의 이동을 막는다.

**15** 아이스박스의 벽은 가운데가 비어 있는 이중벽으로, (㉠　　　)와 (㉡　　　)에 의한 열의 이동을 막는다.

**16** 효율적인 냉난방에 대한 설명으로 옳은 것은 ○, 옳지 않은 것은 ×로 표시하시오.

(1) 냉방기에서 나오는 차가운 공기는 위쪽으로 이동한다.
　　　　　　　　　　　　　　　　　( ○, × )

(2) 공기는 열의 전도가 잘 일어나지 않는 물질이다.
　　　　　　　　　　　　　　　　　( ○, × )

### 4 열평형

**17** 온도가 서로 다른 두 물체를 접촉했을 때 두 물체의 온도가 같아져 더 이상 온도가 변하지 않는 상태를 (　　　)이라고 한다.

**18** 열평형에 대한 설명으로 옳은 것은 ○, 옳지 않은 것은 ×로 표시하시오. (단, 외부와의 열 출입은 무시한다.)

(1) 온도가 서로 다른 두 물체 사이에서 열이 이동할 때, 온도가 높은 물체가 잃은 열량과 온도가 낮은 물체가 얻은 열량은 같다.　　　　　　( ○, × )

(2) 온도가 서로 다른 두 물체를 접촉했을 때 온도가 낮은 물체의 입자 운동은 점점 활발해진다.　( ○, × )

(3) 열평형이 일어나는 온도는 뜨거운 물체와 차가운 물체의 처음 온도의 평균이다.　　　( ○, × )

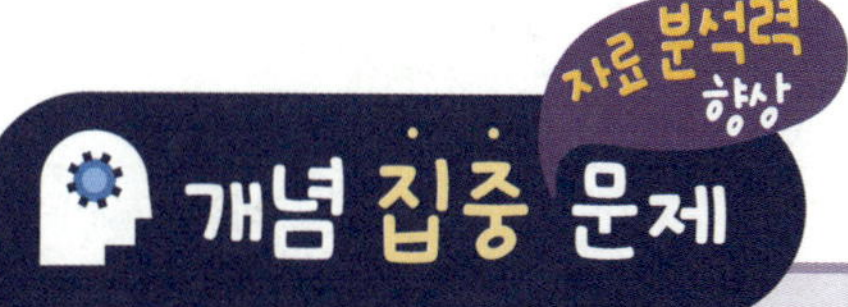

# 개념 집중 문제

● **열의 이동 방법**

(1) 열 : 온도가 높은 물체에서 온도가 낮은 물체로 이동하는 에너지

(2) 열의 이동 방법

| | |
|---|---|
| 전도 | 고체에서 이웃한 입자들 사이의 충돌에 의해 열이 이동하는 방법 |
| 대류 | 기체나 액체에서 입자가 직접 이동하여 열을 전달하는 방법 |
| 복사 | 물질의 도움 없이 열이 직접 이동하는 방법 |

● **열평형**

(1) 열의 이동 : 온도가 다른 두 물체가 접촉하면 온도가 높은 물체에서 온도가 낮은 물체로 열이 이동한다.

| 구분 | 구성 입자의 운동 | 온도 변화 |
|---|---|---|
| 열을 잃은 물체 | 둔해진다. | 낮아진다. |
| 열을 얻은 물체 | 활발해진다. | 높아진다. |

(2) 열평형 상태 : 접촉한 두 물체의 온도가 같아져 물체의 온도가 더 이상 변하지 않는 상태이다.

---

## 열의 이동 방법

**[1~2]** 그림 (가)~(다)는 열의 이동 방법을 알아보기 위한 활동을 나타낸 것이다. (단, 사람은 물체의 입자, 공은 열을 나타낸다.)

(가)　　　　　　　(나)　　　　　　　(다)

**1** (가)~(다)에 해당하는 열의 이동 방법을 각각 쓰시오.

**2** 보온병의 (1)이중벽과 (2)은도금을 한 벽면은 각각 (가)~(다) 중 어떤 방법을 막기 위한 단열 방법인지 쓰시오.

---

## 열평형

**[3~6]** 그림은 온도가 서로 다른 두 물체 A, B가 접촉하고 충분한 시간이 흐른 후의 모습을 나타낸 것이다.

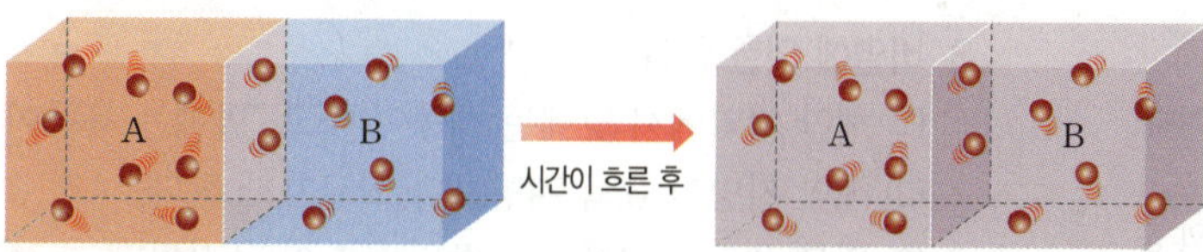


**3** 접촉하기 전 A와 B 중 온도가 더 높은 물체를 쓰시오.

**4** 물체 A와 B가 접촉한 후 열의 이동 방향을 쓰시오.

**5** 충분한 시간이 흐른 후 A와 B의 온도는 어떻게 변하는지 설명하시오.

**6** 시간이 흐를수록 이동하는 열의 양이 어떻게 변하는지 설명하시오.

# 12 비열과 열팽창

## 여러 가지 물질의 비열

(단위 : kcal/(kg·℃))

| 물질 | 비열 | 물질 | 비열 |
|---|---|---|---|
| 구리 | 0.09 | 콩기름 | 0.47 |
| 철 | 0.11 | 나무 | 0.41 |
| 모래 | 0.19 | 얼음 | 0.49 |
| 유리 | 0.20 | 아세톤 | 0.51 |
| 알루미늄 | 0.21 | 에탄올 | 0.58 |
| 금 | 0.03 | 물 | 1.00 |

- 대부분의 금속은 비열이 작으며, 물은 다른 물질에 비해 비열이 크다.
- 물의 비열은 1 kcal/(kg·℃)이고, 얼음의 비열은 0.49 kcal/(kg·℃)로 물의 비열이 얼음의 비열보다 크다.



$$Q = c \times m \times \Delta t$$

시멘트! 아씨암닭!

## 해풍과 육풍

- 해풍(낮)

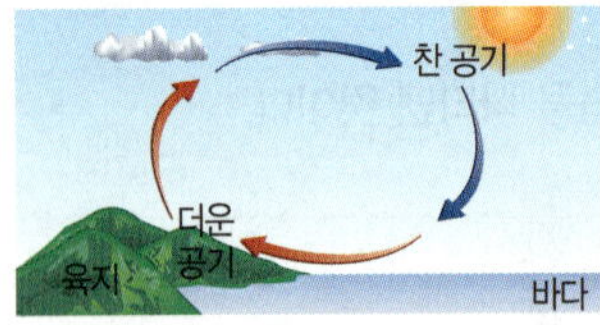

낮에는 비열이 작은 육지가 먼저 뜨거워지면 상대적으로 따뜻한 육지의 공기가 상승하고, 그 빈자리를 채우기 위해 바다에서 육지로 바람이 분다.

- 육풍(밤)

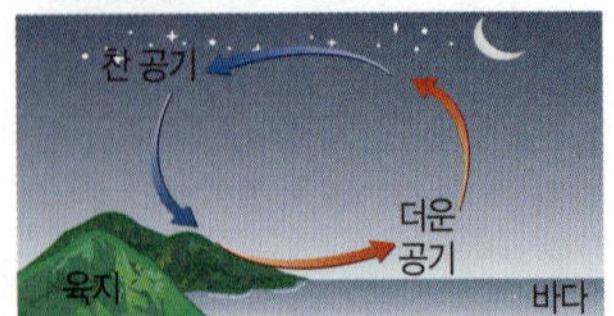

밤에는 비열이 작은 육지가 먼저 식으면 상대적으로 따뜻한 바다의 공기가 상승하고, 그 빈자리를 채우기 위해 육지에서 바다로 바람이 분다.

## 1 비열

**1 비열** : 어떤 물질 1 kg의 온도를 1 ℃만큼 높이는 데 필요한 열량을 말하며, 단위로는 kcal/(kg·℃) 또는 J/(kg·℃)를 사용한다.

(1) 비열의 특징　같은 물질이면 비열이 같아. 하지만 같은 물질이라도 물질의 상태에 따라 비열이 다르지~
　① 비열은 물질의 종류에 따라 고유한 값을 가지므로 물질을 구별하는 특성이 된다.
　② 비열이 클수록 온도를 높이는 데 많은 열량이 필요하므로 온도가 잘 변하지 않는다.

(2) 물의 비열 : 물은 다른 물질에 비해 비열이 매우 커서 같은 열량을 가하더라도 다른 물질에 비해 온도 변화가 작다.　물 1 kg의 온도를 1 ℃ 높이는 데에는 1 kcal가 필요하지~!

**2 비열과 열량, 질량, 온도 변화의 관계**

$$열량(Q) = 비열(c) \times 질량(m) \times 온도\ 변화(\Delta t), \quad 비열(c) = \frac{열량(Q)}{질량(m) \times 온도\ 변화(\Delta t)}$$

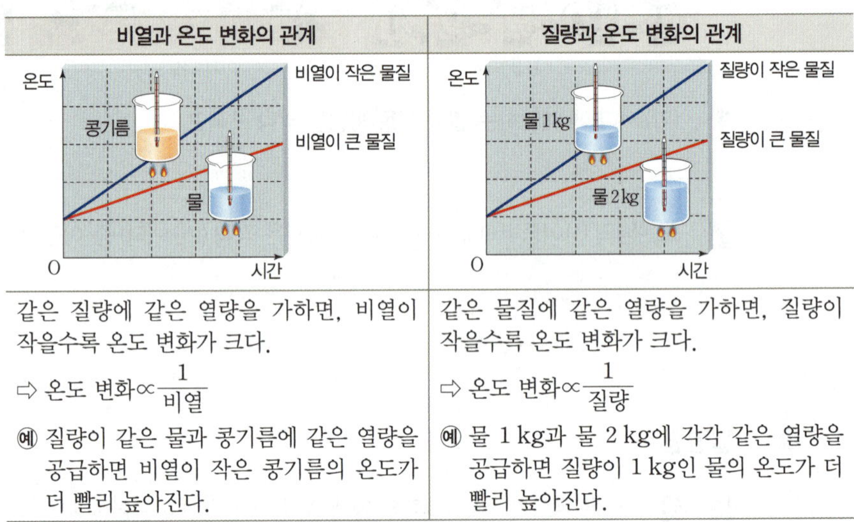


| 비열과 온도 변화의 관계 | 질량과 온도 변화의 관계 |
|---|---|
| 같은 질량에 같은 열량을 가하면, 비열이 작을수록 온도 변화가 크다. <br> ⇨ 온도 변화 ∝ $\dfrac{1}{비열}$ <br> 예) 질량이 같은 물과 콩기름에 같은 열량을 공급하면 비열이 작은 콩기름의 온도가 더 빨리 높아진다. | 같은 물질에 같은 열량을 가하면, 질량이 작을수록 온도 변화가 크다. <br> ⇨ 온도 변화 ∝ $\dfrac{1}{질량}$ <br> 예) 물 1 kg과 물 2 kg에 각각 같은 열량을 공급하면 질량이 1 kg인 물의 온도가 더 빨리 높아진다. |

**3 비열에 의한 현상**

(1) 해안 지역에서 낮에는 해풍이 불고, 밤에는 육풍이 분다.　육지의 비열이 바다의 비열보다 작기 때문이야~

(2) 해안 지방이 내륙 지방보다 일교차가 작다.

(3) 외부 온도 변화에도 사람의 체온이 유지된다.　사람 몸의 약 70 %는 물로 이루어져 있기 때문이야~

**4 비열의 이용**

(1) 비열이 큰 물의 이용 : 난방용 보일러, 찜질팩 속의 물, 자동차의 냉각수 등

(2) 비열이 큰 뚝배기 : 뚝배기는 금속 냄비보다 비열이 커서 음식을 데우는 데 오래 걸리지만 쉽게 식지 않는다.

▲ 찜질팩

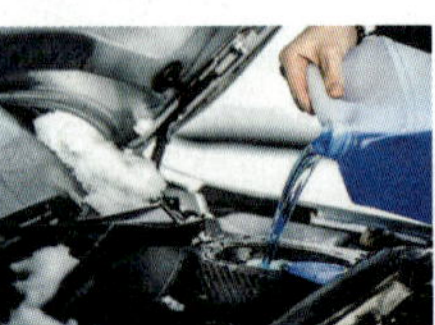
▲ 자동차의 냉각수

▲ 뚝배기

## ② 열팽창

**1 열팽창** : 물체에 열을 가할 때 물체의 길이, 넓이 또는 부피가 증가하는 현상
  (1) 온도 변화가 클수록 열팽창 정도가 크다.
  (2) 물질의 종류에 따라 열팽창 정도가 다르다. ⇨ 유리＜철＜구리＜알루미늄＜마그
  네슘＜납
  (3) 물질의 상태에 따라 열팽창 정도가 다르다. ⇨ 고체＜액체＜기체

**2 고체의 열팽창** : 열에 의해 고체의 길이 또는 부피가 증가하는 현상
  (1) 바이메탈 : 열팽창 정도가 서로 다른
  금속을 붙여 만든 장치로, 온도에 따
  라 휘어지는 정도가 다른 것을 이용하
  여 자동 온도 조절 장치에 사용한다.
  두 금속의 열팽창 정도의 차가 클수록
  더 많이 휘어진다.

온도가 높아지면 열팽창 정도가 큰 금속이 작은 금속보다
더 많이 팽창하여 바이메탈이 한쪽으로 휘는 거야~!



**바이메탈의 이용**　　　　　　　　　　　　•열팽창 정도 : ▨ ＞ ▨

| 전기다리미 | 화재 경보기 |
|---|---|
| ▲ 온도가 낮을 때<br>▲ 온도가 높을 때<br>바이메탈<br>열 저항선 | 벨<br>온도가 낮을 때<br>온도가 높을 때 |
| 전기다리미의 온도가 높아지면 바이메탈이 열팽창 정도가 작은 위쪽으로 휘어지므로 전기 회로가 끊겨져서 더 이상 전류가 흐르지 않는다. | 불이 났을 때 온도가 높아지면 바이메탈이 열팽창 정도가 작은 아래쪽으로 휘어지므로 전기 회로가 연결되어 경보음이 울리게 된다. |

  (2) 고체의 열팽창과 우리 생활

| 철로 이음새의 틈 | 철로의 이음새에 틈을 만들어 기온이 높은 여름철 철로의 길이가 팽창하였을 때 휘어지는 것을 방지한다. |
|---|---|
| 가스관의 굽은 부분 | 가스관이 열팽창할 때 휘거나 틈이 생겨 폭발하는 사고를 막기 위해 구부러진 부분을 만든다. |
| 철과 콘크리트 | 철과 콘크리트는 열팽창 정도가 비슷하여 건물의 재료로 사용한다. |
| 치아 충전재 | 치아 충전재는 치아와 열팽창 정도가 비슷한 재료를 사용한다. |

**3 액체의 열팽창** : 열에 의해 물이나 알코올과 같은 액체의 부피가 증가하는 현상
  (1) 온도계 : 온도가 높아지면 온도계 속 액체의 부피가
  증가하여 눈금이 올라가고, 온도가 낮아지면 온도계
  속 액체의 부피가 감소하여 눈금이 내려간다. ⇨ 열
  팽창 정도가 크고, 온도 변화에 따른 부피 변화가 일
  정한 알코올이나 수은을 사용한다.

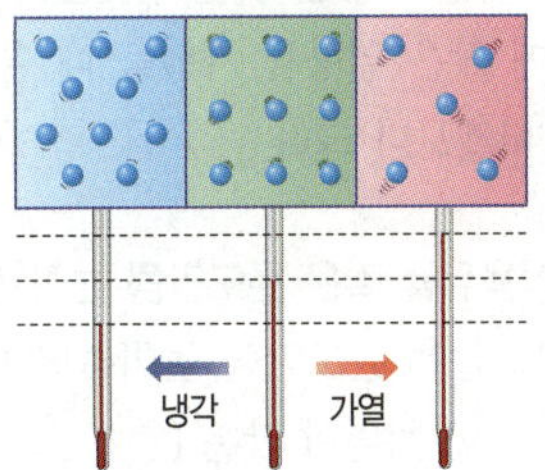


  (2) 음료수 병 : 액체의 열팽창으로 음료수 병이 깨지는
  것을 방지하기 위해 음료수 병에 음료수를 가득 채우
  지 않는다.

**★ 이것이 핵심!!**

1. 비열은 물질을 구별하는 특성이며, 비열이 클수록 온도가 잘 변하지 않는다.
2. 온도 변화가 클수록 열팽창 정도가 크며, 물질의 종류와 상태에 따라 열팽창 정도가 다르다.

---

**고체의 열팽창**

물질에 열을 가하면 입자의 운동이 활발해져서 입자와 입자 사이의 거리가 멀어져 부피가 팽창한다.

**고체의 열팽창 정도**

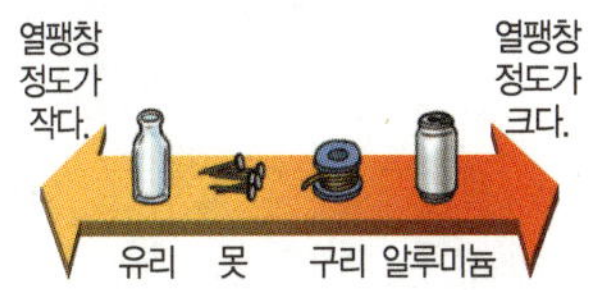


**금속 구의 열팽창**

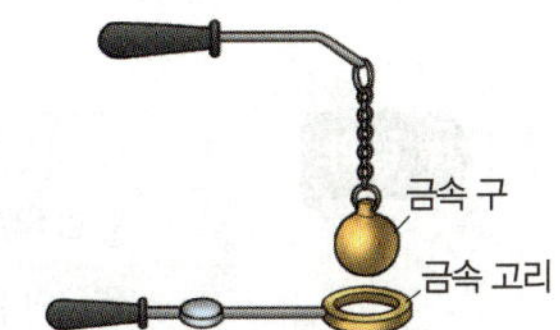


금속 구의 온도가 높아지면 금속 구의 부피가 늘어나므로 가열 전에는 금속 고리를 통과했던 금속 구가 가열 후에는 금속 고리를 통과하지 못한다.

**액체의 열팽창 정도**

**기체의 열팽창**

기체는 고체나 액체보다 열팽창 정도가 매우 크며, 물질의 종류에 관계없이 열팽창 정도가 같다.

**그 외의 열팽창 예**

• 전깃줄은 겨울보다 여름에 더 늘어져 있다.
• 유리컵에 뜨거운 물을 부으면 유리가 갑자기 팽창하면서 컵이 깨질 수 있다.

## 탐구 A  질량이 같은 두 액체의 비열 비교

**과정**

① 2개의 금속 비커에 물과 식용유를 200 g씩 넣는다.

② 그림과 같이 물과 식용유를 넣은 금속 비커를 가열 장치 위에 올려놓고, 각각 온도계를 설치한다.

③ 두 액체의 처음 온도를 측정한다.

④ 두 금속 비커를 동시에 가열하면서 1분 간격으로 물과 식용유의 온도를 각각 측정한다.

**유의점**
- 가열 장치를 사용할 때 화상을 입지 않도록 주의한다.
- 뜨거운 금속 비커를 맨손으로 만지지 않는다.

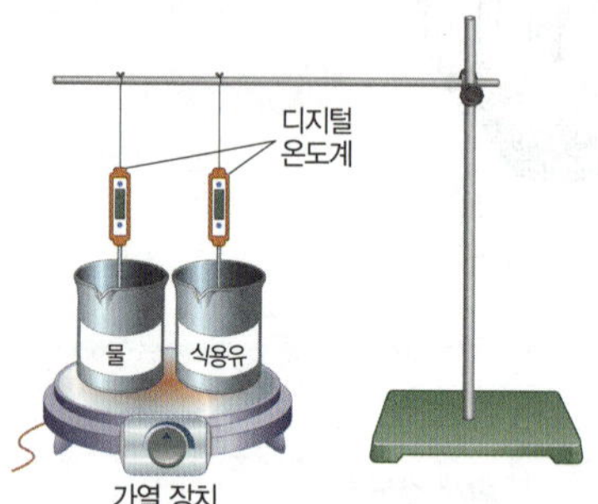


**결과**

| 시간(분) | 0 | 1 | 2 | 3 | 4 | 5 |
|---|---|---|---|---|---|---|
| 물의 온도(℃) | 10 | 15 | 21 | 27 | 32 | 40 |
| 식용유의 온도(℃) | 10 | 24 | 42 | 55 | 68 | 85 |

- 같은 시간 동안 가열했을 때 식용유의 온도 변화가 물의 온도 변화보다 크다.
- 같은 온도만큼 높이는 데 필요한 열량은 물이 식용유보다 많다.

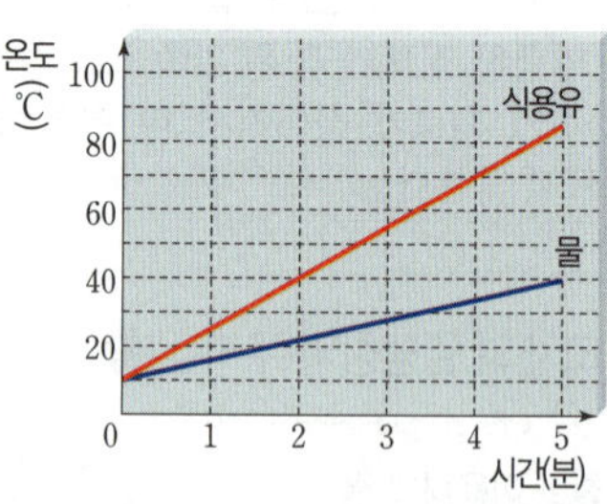


**정리**

1 가열 장치로 가열하는 동안 물과 식용유가 얻은 열량과 온도 변화는 어떻게 다른지 설명해 보자.

같은 시간 동안 가열했으므로 물과 식용유가 얻은 열량은 (㉠          )지만, 식용유의 온도 변화가 물의 온도 변화보다 (㉡          )다.

2 물과 식용유 중에서 비열이 더 큰 것은 무엇인지 설명해 보자.

같은 질량의 물체에 같은 열량을 가했을 때 온도 변화가 작은 (㉠          )의 비열이 온도 변화가 큰 (㉡          )의 비열보다 크다.

3 같은 질량의 물과 식용유를 같은 온도만큼 높이는 데 필요한 열량이 더 많은 것은 무엇인지 설명해 보자.

같은 질량의 물체를 같은 온도만큼 높이려면 비열이 (㉠          )수록 많은 열량이 필요하므로, 비열이 큰 (㉡          )이 비열이 작은 (㉢          )보다 더 많은 열량이 필요하다.

**탐구 핵심!!**

같은 질량의 물체에 같은 열량을 가했을 때 온도 변화가 작을수록 물체의 비열이 크고, 같은 질량의 물체를 같은 온도만큼 높일 때 물체의 비열이 클수록 많은 열량을 가해야 한다.

# 탐구 B

# 고체와 액체의 열팽창

## 고체의 열팽창

**과정 1**

❶ 그림 (가)와 같이 철, 구리, 알루미늄 막대를 열팽창 측정 장치에 연결한 다음, 영점 조절 나사를 돌려 바늘이 0을 가리키게 한다.

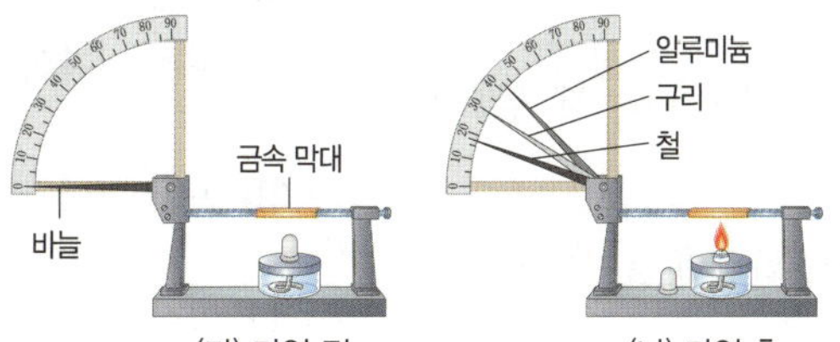


**유의점**
• 가열 전 철, 구리, 알류미늄 막대의 온도와 바늘의 길이가 모두 같아야 한다.
• 화상을 입지 않도록 조심한다.

❷ 그림 (나)와 같이 철, 구리, 알루미늄 막대를 알코올램프로 동시에 가열하면서 금속 막대와 연결된 바늘의 움직임을 관찰한다.

**결과 1**

• 금속 막대에 열을 가하면 금속 막대 끝에 연결된 바늘이 움직인다.
• 바늘이 움직이는 정도는 알루미늄>구리>철 순이다.

**정리 1**

**1 금속 막대에 열을 가했을 때 금속 막대 끝에 연결된 바늘이 움직이는 까닭을 설명해 보자.**

고체의 온도가 높아지면 고체를 구성하는 입자의 운동이 (㉠　　　　)해져서 입자가 차지하는 부피가 커지는 현상인 (㉡　　　　)이 일어나기 때문이다.

## 액체의 열팽창

**과정 2**

❶ 그림 (가)와 같이 두 개의 삼각 플라스크에 각각 물과 에탄올을 가득 채우고 물에는 빨간색 잉크를, 에탄올에는 파란색 잉크를 섞는다.

❷ 삼각 플라스크의 입구를 유리관을 꽂은 고무마개로 막고 두 유리관으로 올라온 액체의 처음 높이를 확인한다.

❸ 그림 (나)와 같이 삼각 플라스크를 수조에 넣고 수조에 뜨거운 물을 부은 후 유리관 속 액체의 높이 변화를 관찰한다.

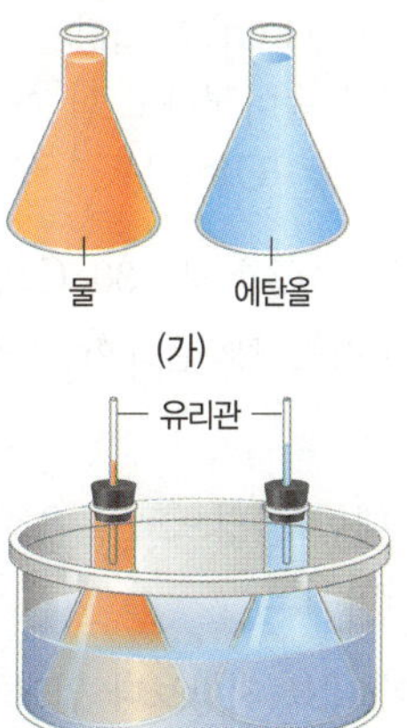


**유의점**
• 수조에 뜨거운 물을 붓기 전 물과 에탄올의 온도와 부피가 같아야 한다.
• 화상을 입지 않도록 조심한다.

**결과 2**

• 물과 에탄올에 열을 가하면 부피가 팽창하여 유리관 속 액체의 높이가 높아진다.
• 유리관 속 액체의 높이 변화는 에탄올>물이다.

**정리 2**

**1 물과 에탄올에 열을 가했을 때 유리관 속 액체의 높이가 높아지는 까닭을 설명해 보자.**

액체의 온도가 높아지면 액체를 구성하는 입자의 운동이 (㉠　　　　)해져서 입자가 차지하는 부피가 커지는 현상인 (㉡　　　　)이 일어나기 때문이다.

**2 물보다 에탄올의 유리관에 올라온 액체의 높이 변화가 더 큰 까닭을 설명해 보자.**

열팽창은 물질의 (㉠　　　　)와 (㉡　　　　)에 따라 그 정도가 달라지는데, 이 실험에서는 (㉢　　　　)보다 (㉣　　　　)의 열팽창 정도가 더 크기 때문이다.

## 탐구 핵심!!

고체나 액체의 종류에 따라 열팽창 정도가 다르며, 물체에 열을 가하면 열팽창 정도가 큰 물체일수록 부피가 많이 커진다.

※ 다음 글의 빈칸에 알맞은 말을 쓰거나 고르시오.

**1 비열**

**01** 어떤 물질 1 kg의 온도를 1 ℃만큼 높이는 데 필요한 열량을 (        )이라고 한다.

**02** 같은 질량의 물질에 같은 열량을 가하면 물질의 비열이 클수록 온도 변화가 (        ).

**03** 같은 물질에 같은 열량을 가하면 질량이 작을수록 온도 변화가 (        ).

**04** 비열에 대한 설명으로 옳은 것은 ○, 옳지 <u>않은</u> 것은 ×로 표시하시오.

(1) 비열의 단위로는 kcal/kg을 사용한다.   ( ○, × )

(2) 물질의 종류에 관계없이 비열은 같다.   ( ○, × )

(3) 비열이 크면 온도를 변화시키기 어렵다.   ( ○, × )

(4) 물은 다른 물질에 비해 비열이 크다.   ( ○, × )

(5) 대부분의 금속은 비열이 작다.   ( ○, × )

**05** 질량이 10 kg인 어떤 물질에 200 kcal의 열량을 가했더니 온도가 15 ℃에서 35 ℃로 높아졌다고 할 때, 이 물질의 비열은 (        ) kcal/(kg·℃)이다.

**06** 물의 비열을 1 kcal/(kg·℃)라고 할 때, 30 ℃의 물 200 g의 온도를 40 ℃로 높이는 데 필요한 열량은 (        ) kcal이다.

**07** 비열에 의한 현상과 이용에 대한 설명으로 옳은 것은 ○, 옳지 <u>않은</u> 것은 ×로 표시하시오.

(1) 바다에 가까운 해안 지방이 내륙 지방보다 일교차가 크다.   ( ○, × )

(2) 금속 냄비는 뚝배기보다 비열이 커서 음식이 쉽게 식지 않는다.   ( ○, × )

(3) 찜질팩 속에 뜨거운 물을 넣으면 오랫동안 유지된다.   ( ○, × )

(4) 냉각수는 과열된 기계의 온도를 낮춘다.   ( ○, × )

(5) 사람의 몸은 약 70 %가 물로 이루어져 있어 외부의 급격한 기온 변화에도 사람의 체온은 유지된다.   ( ○, × )

**08** 다음은 비열에 의해 나타나는 현상에 대한 설명이다. 빈칸에 알맞은 말을 쓰시오.

낮 동안 비열이 (㉠        ) 육지가 먼저 뜨거워지면 상대적으로 따뜻한 육지의 공기가 (㉡        )하고, 그 빈자리를 채우기 위해 (㉢        )에서 (㉣        )로 바람이 부는데, 이를 (㉤        )이라고 한다.

**2 열팽창**

**09** 물질이 열을 받으면 물질을 이루는 입자의 운동이 활발해져 입자와 입자 사이의 거리가 (        )진다.

**10** 온도 변화가 클수록 열팽창의 정도가 (        ).

**11** 일반적으로 액체가 고체보다 열팽창 정도가 (        ).

**12** 열팽창 정도가 서로 다른 금속을 붙여 만든 장치를 (        )이라고 한다.

**13** 열팽창 정도가 (        ) 액체일수록 온도가 높아지면 부피가 더 많이 커진다.

**14** 열팽창과 관련된 현상과 이용에 대한 설명으로 옳은 것은 ○, 옳지 <u>않은</u> 것은 ×로 표시하시오.

(1) 전깃줄은 여름보다 겨울에 더 늘어져 있다. ( ○, × )

(2) 철로 만들어진 에펠탑의 높이는 여름철이 겨울철보다 높다.   ( ○, × )

(3) 밤보다 낮에 주유를 하는 것이 더 이득이다.( ○, × )

(4) 차가운 유리컵에 뜨거운 물을 부으면 유리컵이 깨질 수 있다.   ( ○, × )

(5) 철로의 이음새에 틈을 만들어 여름철 철로가 휘어지는 것을 방지한다.   ( ○, × )

(6) 유리병의 금속 뚜껑이 잘 열리지 않을 때 뜨거운 물을 부으면 뚜껑을 쉽게 열 수 있다.   ( ○, × )

**15** 그림과 같이 서로 다른 두 금속 A, B를 붙여 만든 바이메탈을 가열하였더니 바이메탈의 모양이 다음과 같이 변했다.

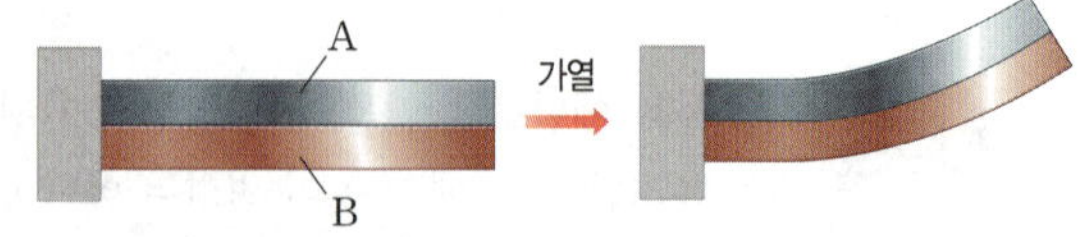


이에 대한 설명으로 옳은 것은 ○, 옳지 <u>않은</u> 것은 ×로 표시하시오.

(1) 열팽창 정도는 A가 B보다 크다.   ( ○, × )

(2) 온도가 높아지면 B가 A보다 길어진다.   ( ○, × )

(3) 온도가 낮아지면 바이메탈은 B 쪽으로 휘어진다.   ( ○, × )

(4) 두 금속의 열팽창 정도의 차가 작을수록 더 많이 휘어질 것이다.   ( ○, × )

(5) 화재 경보기, 전기밥솥 등에 이용된다.   ( ○, × )

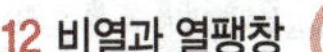

## 개념 집중 문제

- **열량($Q$)** : 온도가 다른 물체 사이에서 이동하는 열의 양(단위 : kcal, cal)

- **비열($c$)** : 어떤 물질 1 kg의 온도를 1 ℃만큼 높이는 데 필요한 열량(단위 : kcal/(kg·℃), J/(kg·℃))

- **열량과 비열** : 열량($Q$)＝비열($c$)×질량($m$)×온도 변화($\Delta t$) ⇨ 비열($c$)＝$\dfrac{열량(Q)}{질량(m)×온도 변화(\Delta t)}$

### 열량 구하기

**1** 물 5 kg의 온도를 10 ℃ 높이는 데 필요한 열량은 몇 kcal인지 구하시오. (단, 물의 비열은 1 kcal/(kg·℃)이다.)

**2** 비열이 0.11 kcal/(kg·℃)인 철 400 g의 온도를 5 ℃ 높이는 데 필요한 열량은 몇 kcal인지 구하시오.

### 비열 구하기

**3** 질량이 200 g인 물질에 40 kcal의 열량을 가했더니 온도가 40 ℃만큼 높아졌다. 이 물질의 비열은 몇 kcal/(kg·℃)인지 구하시오.

**4** 온도가 10 ℃인 어떤 금속 200 g에 0.6 kcal의 열량을 가했더니, 이 금속의 온도가 25 ℃가 되었다. 이 금속의 비열은 몇 kcal/(kg·℃)인지 구하시오.

### 질량 구하기

**5** 비열이 0.2 kcal/(kg·℃)인 금속에 5 kcal의 열량을 가했더니, 금속의 온도가 50 ℃ 높아졌다. 이 금속의 질량은 몇 kg인지 구하시오.

**6** 표는 5분 동안 물을 가열했을 때의 온도 변화를 나타낸 것이다.

| 시간(분) | 0 | 1 | 2 | 3 | 4 | 5 |
|---|---|---|---|---|---|---|
| 온도(℃) | 10 | 15 | 20 | 25 | 30 | 35 |

물이 5분 동안 흡수한 열량이 10 kcal일 때 물의 질량은 얼마인가? (단, 물의 비열은 1 kcal/(kg·℃)이다.)

### 온도 구하기

**7** 처음 온도가 20 ℃이고 질량이 400 g인 물에 2 kcal의 열량을 가했다. 물의 나중 온도는 얼마인가? (단, 물의 비열은 1 kcal/(kg·℃)이다.)

**8** 비열이 0.4 kcal/(kg·℃)인 액체 600 g에 6 kcal의 열량을 가했더니, 액체의 온도가 35 ℃가 되었다. 열을 가하기 전 액체의 온도는 몇 ℃인지 구하시오.

# 단원마무리

## 생각그물 완성하기

# 열

**1 ( )**

**정의**

물체의 차갑고 뜨거운 정도를 직접적인 수치로 나타낸 것

**입자 운동**

온도가 높을수록 입자 운동이 2 ( ) 하고, 온도가 낮을수록 입자 운동이 3 ( )하다.

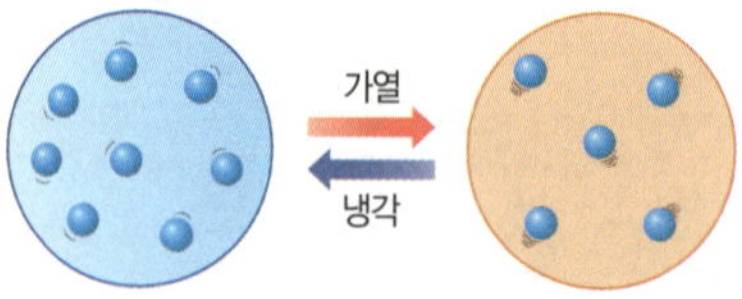


**9 ( ) 상태**

온도가 서로 다른 두 물체를 접촉했을 때 두 물체의 온도가 같아져 더 이상 온도가 변하지 않는 상태

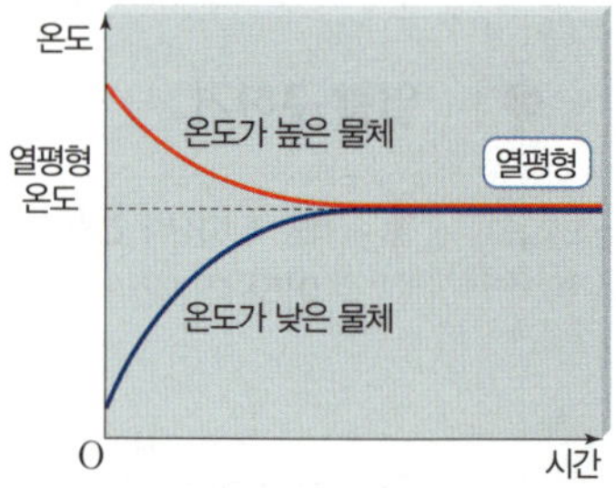


**열의 이동**

열은 온도가 서로 다른 두 물체가 접촉했을 때, 온도가 4 ( ) 물체에서 온도가 5 ( ) 물체로 이동하는 에너지이다.

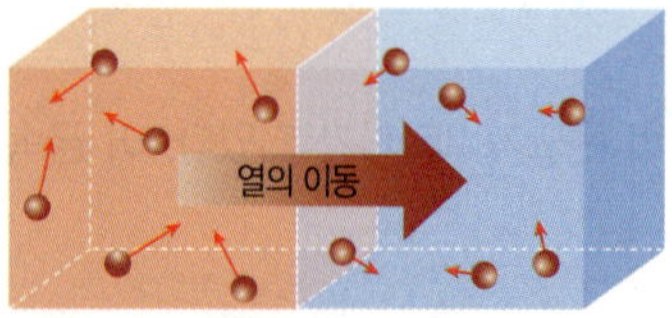


**이동 방법**

- **6 ( )**: 물질을 이루고 있는 입자들이 충돌하면서 열이 이동하는 방법
- **7 ( )**: 물질을 이루고 있는 입자가 직접 이동하면서 열이 이동하는 방법
- **8 ( )**: 다른 물질을 거치지 않고 열이 직접 이동하는 방법

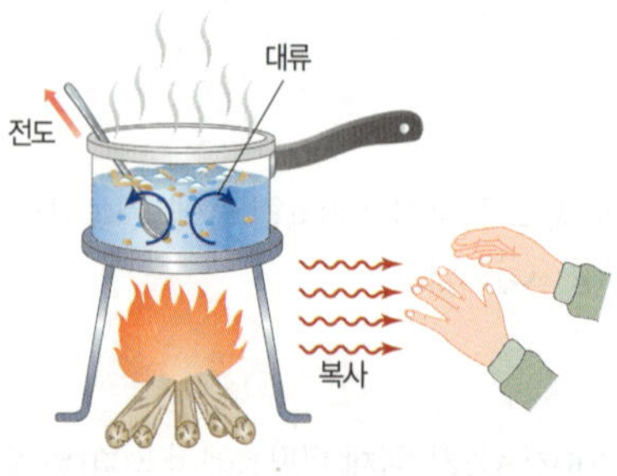

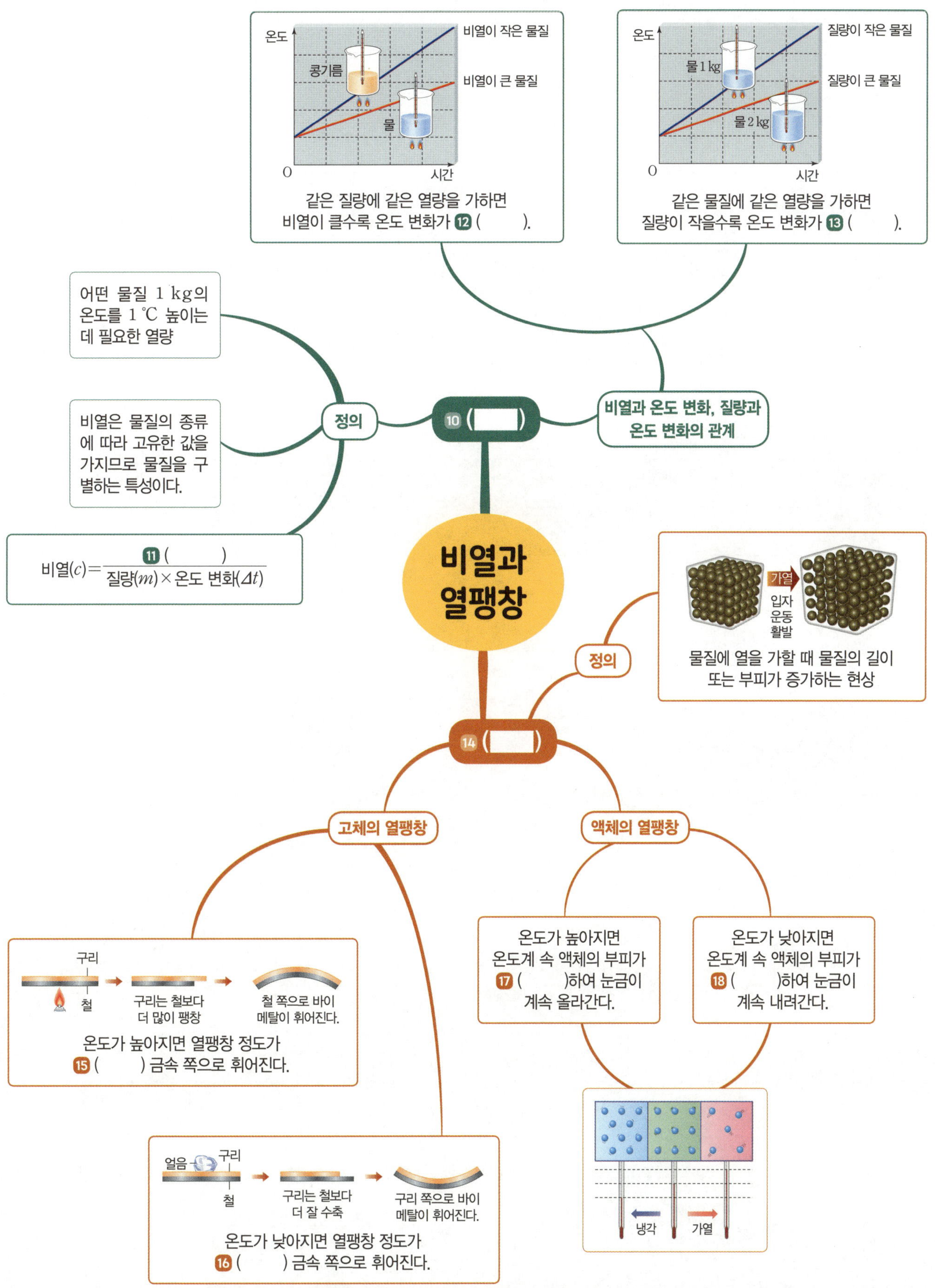
온도
비열이 작은 물질
콩기름
비열이 큰 물질
물
O
시간
같은 질량에 같은 열량을 가하면
비열이 클수록 온도 변화가 ⑫ (　　　).

온도
질량이 작은 물질
물 1 kg
질량이 큰 물질
물 2 kg
O
시간
같은 물질에 같은 열량을 가하면
질량이 작을수록 온도 변화가 ⑬ (　　　).

어떤 물질 1 kg의
온도를 1 ℃ 높이는
데 필요한 열량

비열은 물질의 종류
에 따라 고유한 값을
가지므로 물질을 구
별하는 특성이다.

정의

⑩ (　　　)

비열과 온도 변화, 질량과
온도 변화의 관계

비열(c) = ⑪ (　　　) / 질량(m) × 온도 변화(Δt)

비열과
열팽창

가열
입자
운동
활발
물질에 열을 가할 때 물질의 길이
또는 부피가 증가하는 현상

정의

⑭ (　　　)

고체의 열팽창

액체의 열팽창

온도가 높아지면
온도계 속 액체의 부피가
⑰ (　　　)하여 눈금이
계속 올라간다.

온도가 낮아지면
온도계 속 액체의 부피가
⑱ (　　　)하여 눈금이
계속 내려간다.

구리
철
구리는 철보다
더 많이 팽창
철 쪽으로 바이
메탈이 휘어진다.
온도가 높아지면 열팽창 정도가
⑮ (　　　) 금속 쪽으로 휘어진다.

얼음
구리
철
구리는 철보다
더 잘 수축
구리 쪽으로 바이
메탈이 휘어진다.
온도가 낮아지면 열팽창 정도가
⑯ (　　　) 금속 쪽으로 휘어진다.

냉각
가열

# MEMO

# 백신 과학

## 중등 물리학

백신 과학
중등 물리학

중 1, 2, 3 과정을 한권 에! 영역별 통합 기본서

# 백신 과학

## 중등 물리학

## 부록 시험 대비 문제

### 01 힘

**01** 물체에 작용하는 힘에 의해 나타나는 현상과 그 힘에 의한 효과를 짝 지은 것으로 옳지 <u>않은</u> 것은?

① 공이 찌그러진다. − 모양의 변화
② 활시위를 팽팽하게 잡아당긴다. − 모양의 변화
③ 물체가 떨어진다. − 운동 상태의 변화
④ 야구공을 방망이로 친다. − 운동 상태의 변화
⑤ 정지해 있던 수레를 민다. − 운동 상태의 변화

**02** 과학에서 말하는 힘이 작용한 경우를 |보기|에서 모두 고른 것은?

| 보기 |
ㄱ. 굴러오던 공을 잡는다.
ㄴ. 얼음이 녹아 물이 되었다.
ㄷ. 물이 끓어 수증기로 변했다.

① ㄱ      ② ㄷ      ③ ㄱ, ㄴ
④ ㄴ, ㄷ      ⑤ ㄱ, ㄴ, ㄷ

**03** 힘에 대한 설명으로 옳지 <u>않은</u> 것은?

① 힘을 받으면 물체의 질량이 변한다.
② 단위로는 N(뉴턴)을 사용한다.
③ 힘의 크기는 화살표의 길이로 나타낸다.
④ 화살표로 힘의 방향을 나타낼 수 있다.
⑤ 물체가 떨어지는 것은 힘을 받아 나타난 운동 상태의 변화이다.

**04** 그림은 어떤 힘을 화살표로 나타낸 것이다. 이 힘의 방향과 크기로 옳은 것은? (단, 10 N의 힘은 1 cm의 화살표로 나타낸다.)

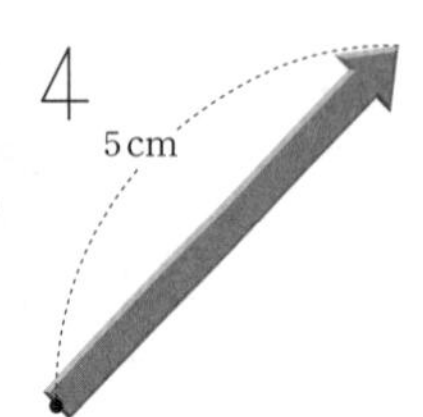


① 북동쪽, 5 N    ② 북동쪽, 50 N
③ 남서쪽, 5 N    ④ 남서쪽, 50 N
⑤ 남동쪽, 50 N

**05** 중력에 대한 설명으로 옳은 것은?

① 지구가 물체를 당기거나 미는 힘이다.
② 지표면에 있는 물체에 중력은 연직 위 방향으로 작용한다.
③ 질량이 클수록 중력의 크기가 크다.
④ 지구와 물체 사이의 거리가 멀수록 중력의 크기가 크다.
⑤ 다른 행성에서는 중력이 작용하지 않는다.

**06** 중력에 의한 현상으로 옳지 <u>않은</u> 것은?

① 고드름이 아래로 자란다.
② 지구에 운석이 떨어진다.
③ 스카이다이빙을 하여 지상으로 낙하한다.
④ 폭포의 물이 높은 곳에서 낮은 곳으로 떨어진다.
⑤ 용수철을 잡아당겼다가 놓으면 원래 모양으로 되돌아간다.

**07** 무게와 질량에 대한 설명으로 옳은 것은?

① 무게는 측정 장소에 관계없이 항상 일정하다.
② 중력이 없는 곳에서는 무게를 측정할 수 없다.
③ 무게는 양팔저울, 윗접시저울 등을 이용하여 측정할 수 있다.
④ 질량의 단위로는 N(뉴턴)을 사용한다.
⑤ 지구에서 측정한 어떤 물체의 질량은 달에서의 $\frac{1}{6}$이다.

**08** 그림과 같이 달에서 어떤 물체의 무게를 측정하였더니 68.6 N이었다. 이 물체의 지구에서의 무게와 질량을 옳게 짝 지은 것은? (단, 지구에서 질량이 1 kg인 물체에 작용하는 중력의 크기는 9.8 N이다.)

| | 무게 | 질량 | | 무게 | 질량 |
|---|---|---|---|---|---|
| ① | 68.6 N | 30 kg | ② | 68.6 N | 36 kg |
| ③ | 68.6 N | 42 kg | ④ | 411.6 N | 36 kg |
| ⑤ | 411.6 N | 42 kg | | | |

**09** 그림은 빨래집게와 자전거 안장을 나타낸 것이다.

▲ 빨래집게

▲ 자전거 안장

빨래집게와 자전거 안장에 이용된 힘에 대한 설명으로 옳은 것을 |보기|에서 모두 고른 것은?

| 보기 |
ㄱ. 변형된 물체가 원래 모양으로 되돌아가려는 힘이다.
ㄴ. 탄성체에 작용하는 힘과 같은 방향으로 작용한다.
ㄷ. 힘의 크기는 탄성체에 작용한 힘의 크기와 같다.

① ㄱ          ② ㄴ          ③ ㄱ, ㄷ
④ ㄴ, ㄷ       ⑤ ㄱ, ㄴ, ㄷ

**10** 그림과 같이 벽에 고정된 용수철에 무게가 10 N인 나무 도막을 연결한 후, 5 N의 힘을 작용하여 용수철을 왼쪽으로 잡아당겼다. 이때 용수철에 작용하는 탄성력의 방향과 크기를 옳게 짝 지은 것은?

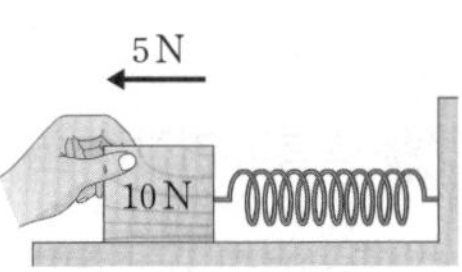

|   | 방향 | 크기 |   | 방향 | 크기 |
|---|------|------|---|------|------|
| ① | 왼쪽 | 5 N  | ② | 왼쪽 | 10 N |
| ③ | 왼쪽 | 15 N | ④ | 오른쪽 | 5 N |
| ⑤ | 오른쪽 | 10 N |   |      |      |

**11** 표는 어떤 용수철에 매단 추의 개수에 따라 용수철이 늘어난 길이를 나타낸 것이다.

| 추의 개수(개) | 0 | 1 | 2 | 3 |
|------|---|---|---|---|
| 늘어난 길이(cm) | 0 | 2 | 4 | 6 |

이 용수철에 어떤 물체를 매달아 10 cm가 늘어났다면, 이 물체의 무게는 몇 N인가? (단, 추 1개의 무게는 3 N이다.)

① 3 N          ② 6 N          ③ 9 N
④ 12 N         ⑤ 15 N

**12** 마찰력에 대한 설명으로 옳지 <u>않은</u> 것은?

① 두 물체의 접촉면 사이에서 작용한다.
② 물체의 운동을 방해하는 방향으로 작용한다.
③ 물체의 무게가 무거울수록 마찰력의 크기가 크다.
④ 접촉면의 넓이가 넓을수록 마찰력의 크기가 크다.
⑤ 물체에 힘을 작용하였을 때 물체가 움직이지 않아도 마찰력은 작용한다.

**13** 그림과 같이 물체를 오른쪽으로 끌어당겼더니 용수철저울의 눈금이 15 N이 되었을 때 물체가 움직이기 시작했다.

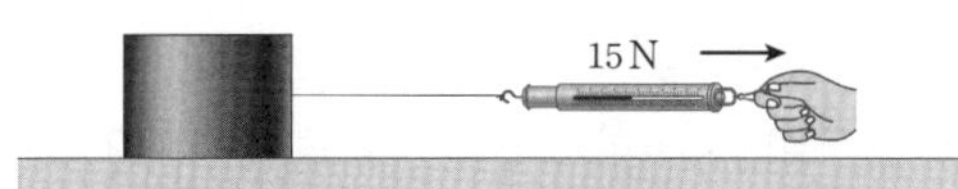


이에 대한 설명으로 옳은 것을 |보기|에서 모두 고른 것은?

| 보기 |
ㄱ. 물체에 작용한 마찰력의 크기는 15 N이다.
ㄴ. 물체에 작용하는 마찰력의 방향은 오른쪽이다.
ㄷ. 물체 아래에 사포를 붙이면 15 N으로 당겨도 움직이지 않는다.

① ㄱ          ② ㄴ          ③ ㄱ, ㄷ
④ ㄴ, ㄷ       ⑤ ㄱ, ㄴ, ㄷ

**14** 그림은 야구 경기에서 투수가 공을 던지기 전에 손에 송진 가루를 묻히는 모습을 나타낸 것이다. 생활 속에서 이와 같은 원리로 마찰력을 이용하는 경우가 <u>아닌</u> 것은?

① 아기용 양말 바닥에 고무를 붙인다.
② 수영장의 미끄럼틀에 물을 흘려준다.
③ 눈 오는 날 자동차 바퀴에 체인을 감는다.
④ 계단 끝에 표면이 거친 띠를 붙인다.
⑤ 암벽 등반할 때 등산화를 신는다.

**15** 부력에 대한 설명으로 옳은 것은?

① 중력과 같은 방향으로 작용한다.
② 물 위에 떠 있는 물체에는 부력이 작용하지 않는다.
③ 물속에서 뿐만 아니라 공기 중에서도 작용하는 힘이다.
④ 같은 물체에 작용하는 부력의 크기는 항상 같다.
⑤ 물속에 잠긴 물체의 부피가 클수록 부력의 크기는 작아진다.

**16** 그림과 같이 무게가 8 N인 나무 도막이 절반만 물에 잠긴 상태로 떠 있다. 이에 대한 설명으로 옳은 것을 |보기|에서 모두 고른 것은?

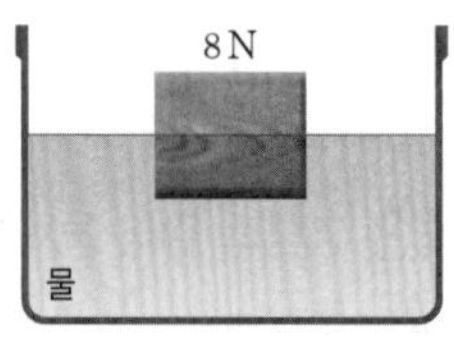

| 보기 |

ㄱ. 나무 도막이 받는 부력의 크기는 8 N이다.
ㄴ. 나무 도막에 작용하는 부력의 크기는 중력보다 크다.
ㄷ. 나무 도막에 작용하는 부력은 아래쪽 방향이다.

① ㄱ      ② ㄴ      ③ ㄱ, ㄷ
④ ㄴ, ㄷ      ⑤ ㄱ, ㄴ, ㄷ

**17** 그림과 같이 무게는 같고 부피는 서로 다른 두 왕관 A, B가 저울에 매달려 수평을 이루고 있다.

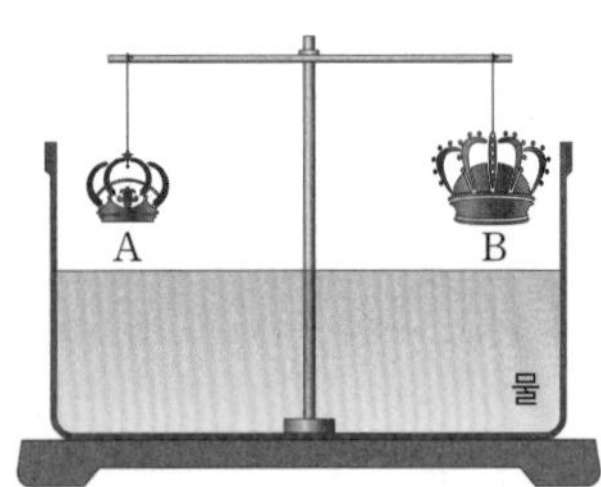

이에 대한 설명으로 옳은 것을 |보기|에서 모두 고른 것은? (단, 부피는 B가 A보다 크다.)

| 보기 |

ㄱ. 공기 중에서 왕관에 작용하는 중력은 A와 B가 같다.
ㄴ. 두 왕관이 모두 물속에 잠겼을 때 저울은 평형을 이룬다.
ㄷ. 두 왕관이 모두 물속에 잠겼을 때 왕관에 작용하는 중력은 A가 B보다 크다.

① ㄱ      ② ㄷ      ③ ㄱ, ㄴ
④ ㄴ, ㄷ      ⑤ ㄱ, ㄴ, ㄷ

---

**02 운동**

**18** 운동과 속력에 대한 설명으로 옳지 <u>않은</u> 것은?

① 시간에 따라 물체의 위치가 변하는 현상을 운동이라고 한다.
② 일정한 시간 동안 물체가 이동한 거리를 속력이라고 한다.
③ 속력의 단위로는 m/s, km/h 등을 사용한다.
④ 물체가 빠르게 운동할수록 같은 시간 동안 이동한 거리가 짧다.
⑤ 물체가 느리게 운동할수록 같은 거리를 이동하는 데 걸린 시간이 길다.

**19** 20분 동안 24 km를 달리는 자전거의 평균 속력은 몇 m/s인가?

① 12 m/s      ② 16 m/s      ③ 20 m/s
④ 24 m/s      ⑤ 28 m/s

**20** 속력이 가장 빠른 것은?

① 100 m를 10초 동안 달린 사람
② 108 km/h로 날아가는 야구공
③ 1분 동안 480 m를 달리는 자전거
④ 10분 동안 6 km를 달리는 자동차
⑤ 2시간 동안 144 km를 달리는 버스

**21** 표는 240 km 떨어진 곳까지 버스를 타고 가는 동안 걸린 시간과 출발점으로부터 이동한 거리를 나타낸 것이다.

| 걸린 시간(h) | 0 | 1 | 2 | 3 |
| --- | --- | --- | --- | --- |
| 이동 거리(km) | 0 | 80 | 150 | 240 |

(가) 버스의 평균 속력이 가장 빠른 구간과 (나) 3시간 동안 버스의 평균 속력을 옳게 짝 지은 것은?

| | (가) | (나) |
| --- | --- | --- |
| ① | 0~1시간 | 70 km/h |
| ② | 1~2시간 | 70 km/h |
| ③ | 1~2시간 | 80 km/h |
| ④ | 2~3시간 | 80 km/h |
| ⑤ | 2~3시간 | 90 km/h |

**22** 그림은 움직이는 물체를 1초 간격으로 찍은 연속 사진을 나타낸 것이다.

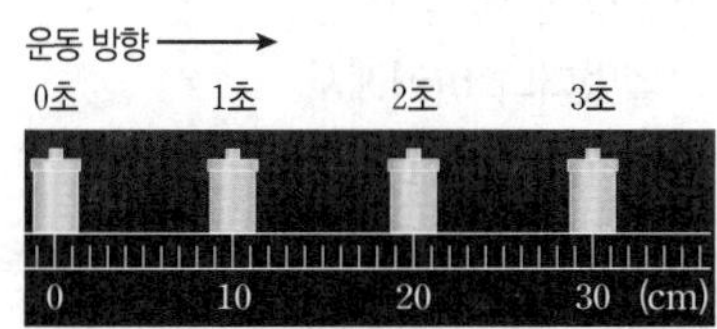


이에 대한 설명으로 옳은 것을 |보기|에서 모두 고른 것은?

| 보기 |

ㄱ. 물체의 속력은 일정하다.
ㄴ. 물체의 속력은 1 m/s이다.
ㄷ. 물체의 이동 거리는 시간에 비례하여 증가한다.

① ㄱ       ② ㄴ       ③ ㄱ, ㄷ
④ ㄴ, ㄷ       ⑤ ㄱ, ㄴ, ㄷ


**23** 그림은 기준선을 동시에 지나 일직선상에서 같은 방향으로 운동하는 물체 A와 B의 시간에 따른 이동 거리를 나타낸 것이다. 이에 대한 설명으로 옳지 않은 것은?

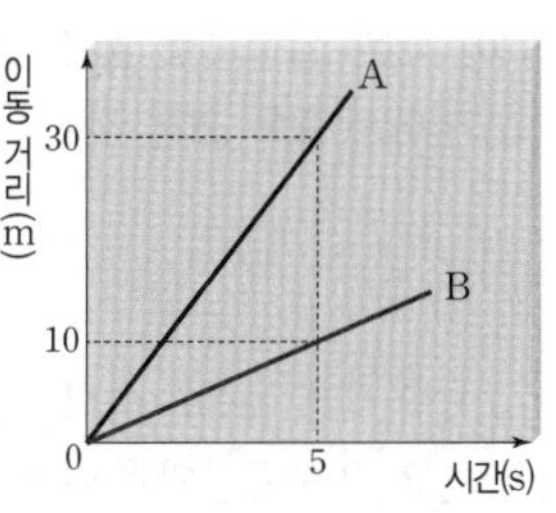


① A가 B보다 속력이 빠르다.
② A와 B의 속력은 일정하다.
③ 5초일 때 A와 B 사이의 거리는 20 m이다.
④ A는 1초마다 5 m만큼 이동한다.
⑤ 같은 운동을 계속한다면 10초일 때 B의 이동 거리는 20 m 이다.


**24** 그림은 어떤 물체의 시간에 따른 속력을 나타낸 것이다. 이에 대한 설명으로 옳은 것을 |보기|에서 모두 고른 것은?

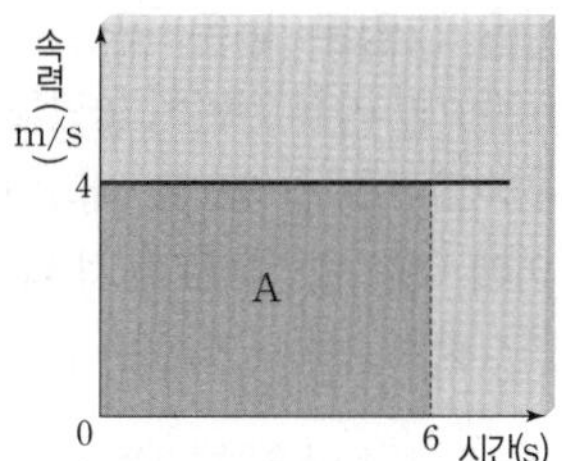


| 보기 |

ㄱ. A는 평균 속력을 나타낸다.
ㄴ. 물체는 6초 동안 24 m를 이동한다.
ㄷ. 무빙워크는 이와 같은 운동을 한다.

① ㄱ       ② ㄴ       ③ ㄱ, ㄷ
④ ㄴ, ㄷ       ⑤ ㄱ, ㄴ, ㄷ


**25** 그림은 공중에서 가만히 놓은 공의 운동을 일정한 시간 간격으로 촬영한 모습을 나타낸 것이다. 이에 대한 설명으로 옳지 않은 것은? (단, 공기 저항은 무시한다.)

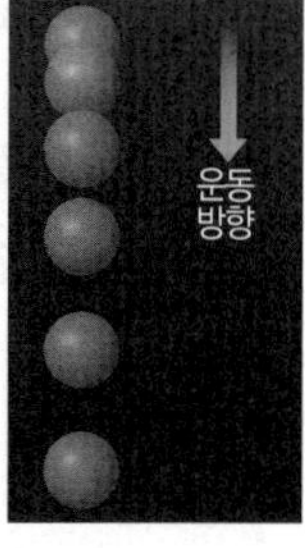


① 공은 자유 낙하 운동을 한다.
② 공의 속력은 일정하게 증가한다.
③ 공의 질량이 클수록 빨리 떨어진다.
④ 공의 운동 방향으로 중력이 작용한다.
⑤ 공에는 일정한 크기의 힘이 계속 작용한다.


**26** 그림은 자유 낙하 운동을 하는 물체의 시간에 따른 속력을 나타낸 것이다. 이에 대한 설명으로 옳은 것을 |보기|에서 모두 고른 것은?

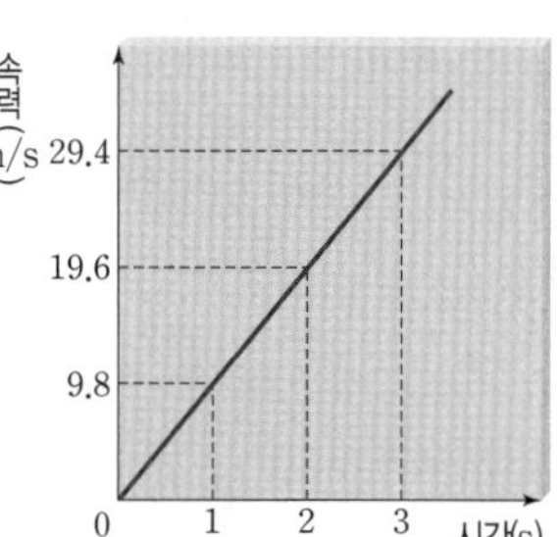


| 보기 |

ㄱ. 3초 동안 물체의 이동 거리는 44.1 m이다.
ㄴ. 3초 동안 물체의 평균 속력은 14.7 m/s이다.
ㄷ. 높은 곳에서 떨어질수록 바닥에 도달할 때의 속력이 커진다.

① ㄱ       ② ㄴ       ③ ㄱ, ㄷ
④ ㄴ, ㄷ       ⑤ ㄱ, ㄴ, ㄷ


**27** 그림과 같이 질량이 다른 두 물체 A와 B를 같은 높이에서 동시에 떨어뜨렸다. 이에 대한 설명으로 옳은 것을 |보기|에서 모두 고른 것은? (단, 공기 저항은 무시한다.)

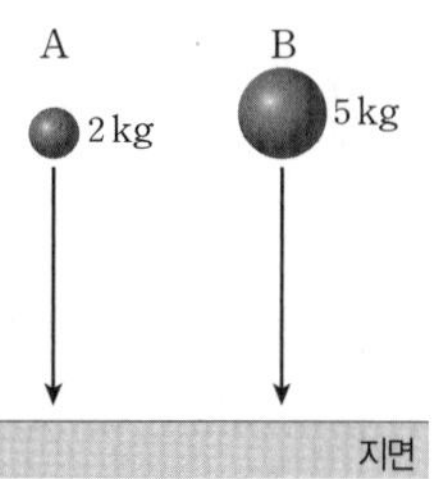


| 보기 |

ㄱ. A와 B는 동시에 떨어진다.
ㄴ. A와 B에 작용하는 중력의 크기는 같다.
ㄷ. 물체의 모양에 따라 떨어지는 속력이 달라진다.

① ㄱ       ② ㄴ       ③ ㄱ, ㄷ
④ ㄴ, ㄷ       ⑤ ㄱ, ㄴ, ㄷ

# 실력 향상 문제

**01** 표는 지구를 기준으로 여러 천체에서의 상대적인 중력의 크기를 나타낸 것이다.

| 천체 | 금성 | 지구 | 화성 | 달 |
|---|---|---|---|---|
| 중력의 크기 | 0.91 | 1.00 | 0.38 | 0.16 |

지구에서 질량이 30 kg인 물체를 다른 천체로 가져갔을 때 무게와 질량에 대한 설명으로 옳은 것을 |보기|에서 모두 고른 것은? (단, 지구에서 질량 1 kg인 물체의 무게는 10 N이다.)

─── | 보기 | ───

ㄱ. 금성에서 물체의 무게는 273 N이다.

ㄴ. 화성에서 물체의 질량은 30 kg이다.

ㄷ. 화성에서 물체의 무게는 달에서 물체의 무게와 같다.

① ㄱ     ② ㄷ     ③ ㄱ, ㄴ

④ ㄴ, ㄷ     ⑤ ㄱ, ㄴ, ㄷ

**02** 그림은 원래 길이가 6 cm인 용수철에 무게가 5 N인 추를 1개, 2개, 3개를 매달았을 때 각각 용수철이 늘어난 길이를 나타낸 것이다. 이 용수철에 어떤 물체를 매달았더니 용수철의 전체 길이가 21 cm가 되었다. 이때 물체에 작용하는 중력의 크기는?

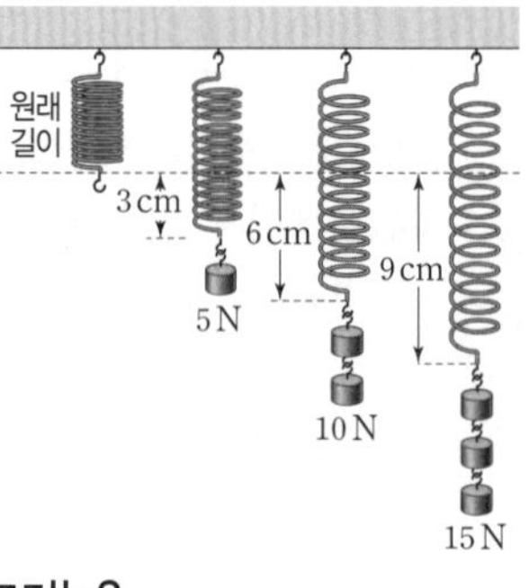


① 20 N     ② 25 N     ③ 30 N

④ 35 N     ⑤ 40 N

**03** 그림과 같이 무게가 50 N인 물체를 각각 20 N과 15 N의 힘을 서로 반대 방향으로 작용하였지만 움직이지 않았다.

이 물체에 작용하는 마찰력의 크기는?

① 5 N     ② 15 N     ③ 20 N

④ 35 N     ⑤ 50 N

**04** 그림과 같이 물이 가득 들어 있는 비커에 질량이 2 kg인 추를 용수철저울에 매단 후 추가 완전히 잠기도록 넣었더니 비커에서 물 400 g이 흘러 넘쳤다. 이때 용수철저울에 나타난 눈금은 몇 N인가? (단, 질량이 1 kg인 물체의 무게는 10 N이다.)

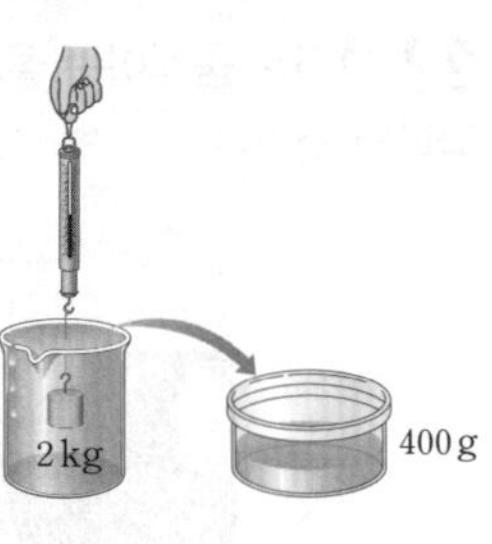


① 4 N     ② 10 N     ③ 16 N

④ 20 N     ⑤ 24 N

**05** 그림은 일직선상에서 운동하는 어떤 물체의 시간에 따른 이동 거리를 나타낸 것이다. 이에 대한 설명으로 옳은 것을 |보기|에서 모두 고른 것은?

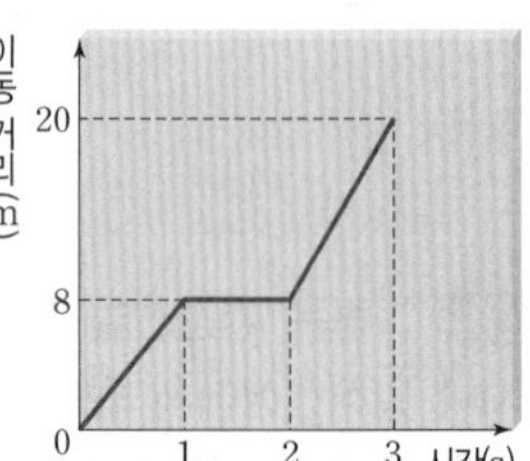

─── | 보기 | ───

ㄱ. 0~1초 동안은 속력이 일정하다.

ㄴ. 2~3초 동안의 속력이 가장 빠르다.

ㄷ. 0~3초 동안 평균 속력은 $\frac{20}{3}$ m/s이다.

① ㄱ     ② ㄷ     ③ ㄱ, ㄴ

④ ㄴ, ㄷ     ⑤ ㄱ, ㄴ, ㄷ

**06** 그림은 높은 곳에서 질량이 500 g인 공을 가만히 놓았을 때 공의 위치를 1초 간격으로 나타낸 것이다. 이에 대한 설명으로 옳지 않은 것은? (단, 중력 가속도 상수는 9.8이다.)

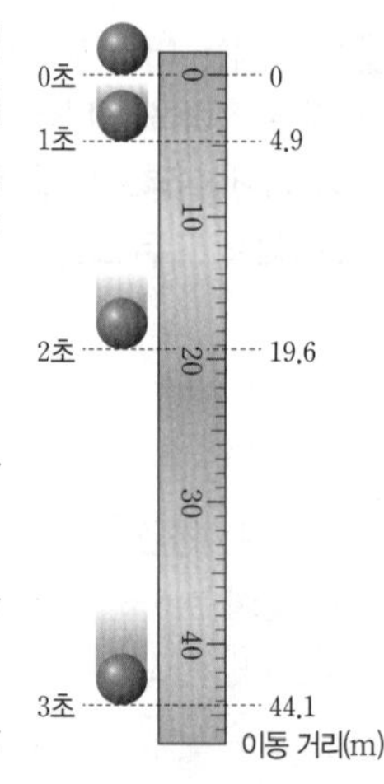


① 공의 속력은 일정하게 증가한다.

② 공의 운동 방향은 중력의 방향과 같다.

③ 물체에 작용하는 중력의 크기는 4.9 N이다.

④ 1초인 순간 물체의 속력은 4.9 m/s이다.

⑤ 0~3초 동안 물체의 평균 속력은 14.7 m/s이다.

# 서술형 문제

## 단답형으로 쓰기

**탐구력**

**01** 그림 (가), (나), (다)와 같이 크기와 재질이 같은 나무 도막을 빗면 위에 놓고 용수철저울에 연결하여 천천히 끌어당기면서 나무 도막이 움직이는 순간 저울의 눈금을 측정하였다.

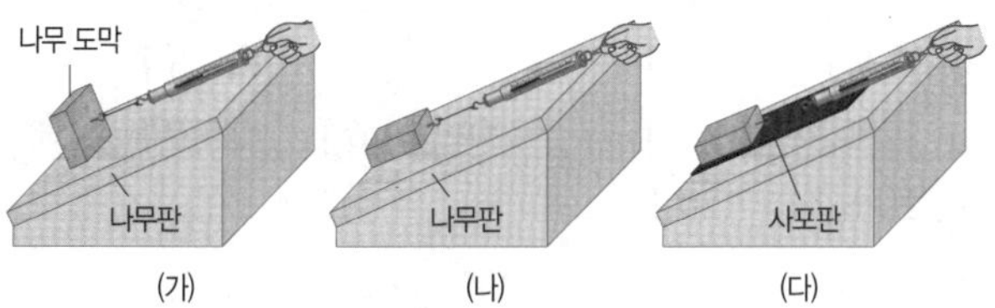


(가), (나), (다)의 용수철저울의 눈금의 크기를 등호나 부등호를 이용하여 비교하시오. (단, (가), (나), (다)에서 빗면의 기울기는 동일하다.)

___

**탐구력**

**02** 그림은 쇠구슬과 깃털을 지면으로부터 같은 높이에서 가만히 놓는 모습을 나타낸 것이다. 공기 중과 진공 중에서 각각 낙하할 때 두 물체 중 어느 것이 먼저 떨어지는지 쓰시오.

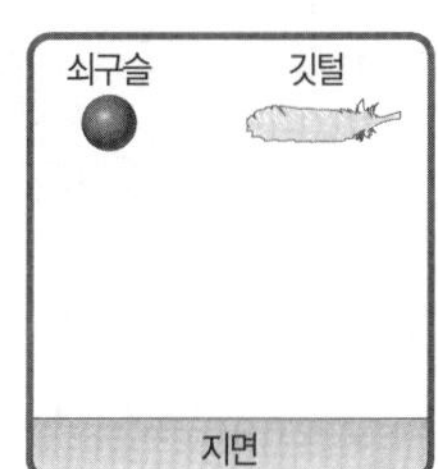


(1) 공기 중 : ___

(2) 진공 중 : ___

## 키워드를 모두 이용하여 서술하기

**창의력**

**03** 그림과 같이 달에서 어떤 물체의 무게를 측정하였더니 용수철저울의 눈금이 39.2 N을 가리켰다. 이 물체의 질량을 지구에서 측정하면 몇 kg인지 풀이 과정을 포함하여 서술하시오. (단, 지구에서 질량이 1 kg인 물체의 무게는 9.8 N이다.)

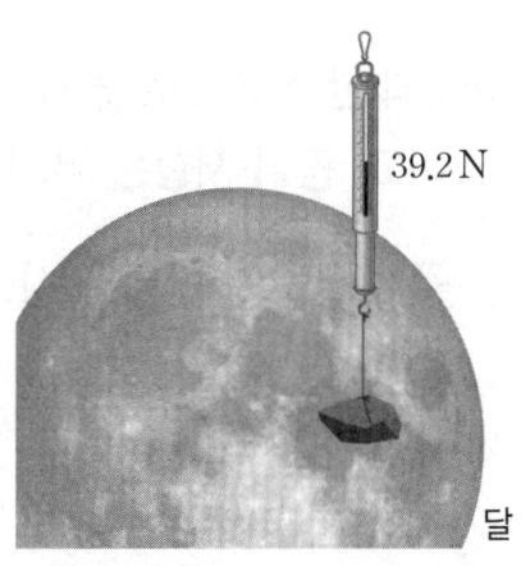


**키워드** 　중력, $\frac{1}{6}$, 9.8 N

___

**창의력**

**04** 그림과 같이 부피가 같은 물체 A와 B를 물속에 가만히 놓았더니 A는 중간에 떠 있고, B는 바닥에 가라앉았다. A는 떠 있고, B는 가라앉은 까닭을 서술하시오.

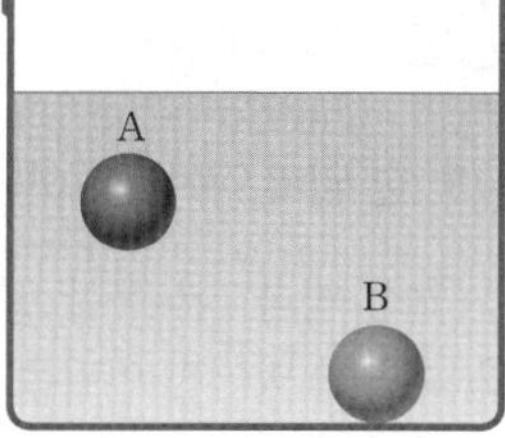


**키워드** 　부력의 크기, 중력의 크기

___

___

**탐구력**

**05** 그림은 직선 경로를 따라 운동하는 수레 A와 B의 시간에 따른 속력을 나타낸 것이다. A와 B가 출발선을 같은 방향으로 동시에 지나 그림과 같은 운동을 계속 했을 때, 10초 후 A와 B 사이의 거리는 몇 m인지 풀이 과정과 함께 서술하시오.

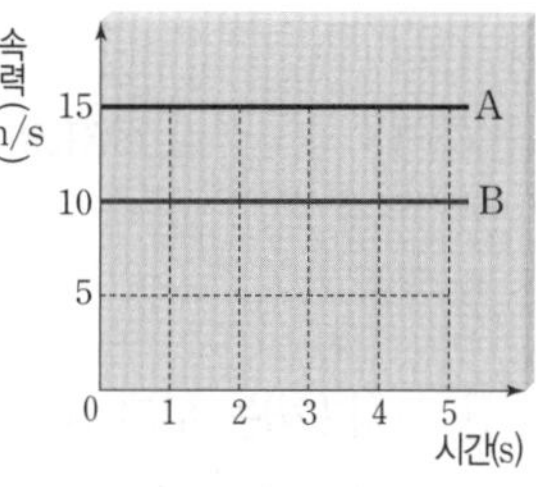


**키워드** 　등속 운동, 이동 거리

___

___

**실생활**

**06** 그림과 같이 공을 가만히 놓아 떨어뜨렸을 때 공이 6초 후 지면에 도달하였다. 이때 공을 떨어뜨린 높이를 풀이 과정과 함께 서술하시오. (단, 중력 가속도 상수는 9.80이다.)

**키워드** 　자유 낙하 운동, 속력 증가

___

**03** 일과 에너지

**01** 한 일의 양이 0이 <u>아닌</u> 경우는?

① 교실 벽을 1분 동안 밀었다.
② 바닥에 떨어진 연필을 주웠다.
③ 상자를 들고 10분 동안 서 있었다.
④ 가방을 들고 수평한 도로를 걸어갔다.
⑤ 우주선이 일정한 속력으로 운동을 하고 있다.

**02** 그림은 무게가 10 N인 물체에 3 N의 힘을 작용하여 일정한 속력으로 5 m를 이동시킨 모습을 나타낸 것이다.

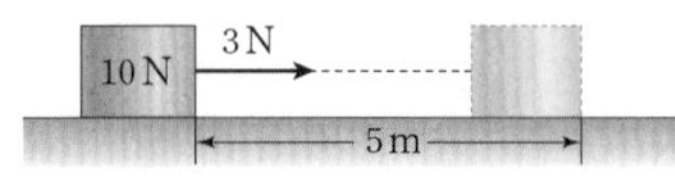


이때 물체에 한 일의 양은 몇 J인가?

① 15 J
② 35 J
③ 50 J
④ 65 J
⑤ 150 J

**03** 그림 (가)는 무게 10 N인 물체를 5 N의 힘으로 3 m 이동시킨 후 1 m 높이로 들어 올린 경로를 나타낸 것이고, (나)는 (가)의 물체를 1 m 높이로 들어 올린 후 수평으로 3 m 이동한 경로를 나타낸 것이다.

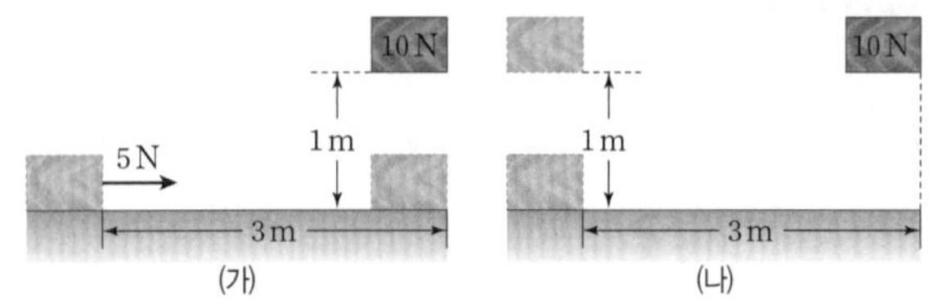


(가)에서 한 일의 양은 (나)에서 한 일의 양의 몇 배인가?

① 1.5배
② 2배
③ 2.5배
④ 3배
⑤ 4.5배

**04** 일과 에너지에 대한 설명으로 옳지 <u>않은</u> 것은?

① 일을 할 수 있는 능력을 에너지라고 한다.
② 일과 에너지의 단위는 같다.
③ 일과 에너지는 서로 전환될 수 있다.
④ 질량이 1 kg인 물체를 1 m 들어 올리면 물체의 에너지가 감소한다.
⑤ 물체가 가진 에너지는 물체가 한 일을 측정하여 구할 수 있다.

**05** 그림은 질량이 각각 2 kg, 4 kg인 두 물체 A와 B가 지면으로부터 각각 100 cm, 50 cm 높이에 있을 때의 모습을 나타낸 것이다. 지면을 기준면으로 할 때, A와 B의 중력에 의한 위치 에너지를 옳게 짝지은 것은?

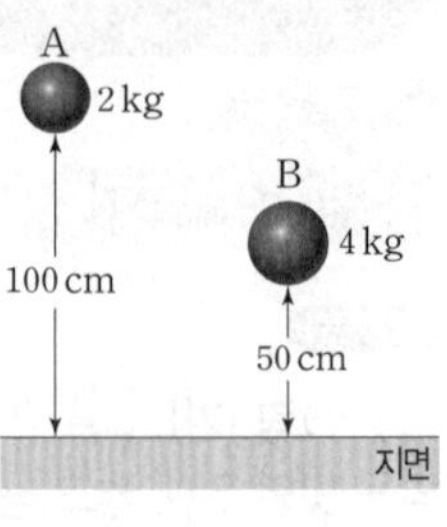


| | A | B | | A | B |
|---|---|---|---|---|---|
| ① | 9.8 J | 9.8 J | ② | 9.8 J | 19.6 J |
| ③ | 19.6 J | 9.8 J | ④ | 19.6 J | 19.6 J |
| ⑤ | 19.6 J | 20 J | | | |

**06** 그림은 두 물체 A와 B의 중력에 의한 위치 에너지와 높이 관계를 나타낸 것이다. A의 질량은 B의 몇 배인가?

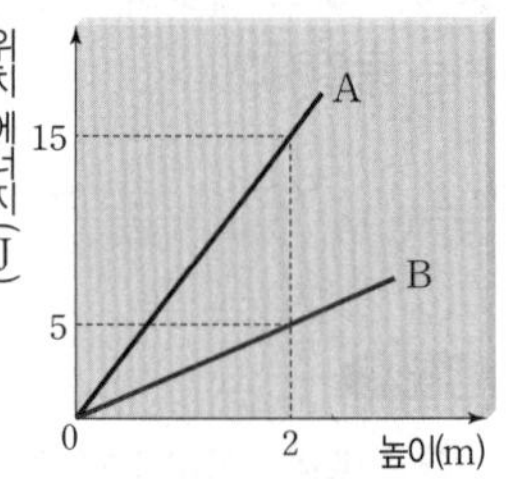


① 2배
② 3배
③ 4배
④ 5배
⑤ 같다.

**07** 그림과 같이 옥상에 질량이 2 kg인 물체가 놓여 있다.

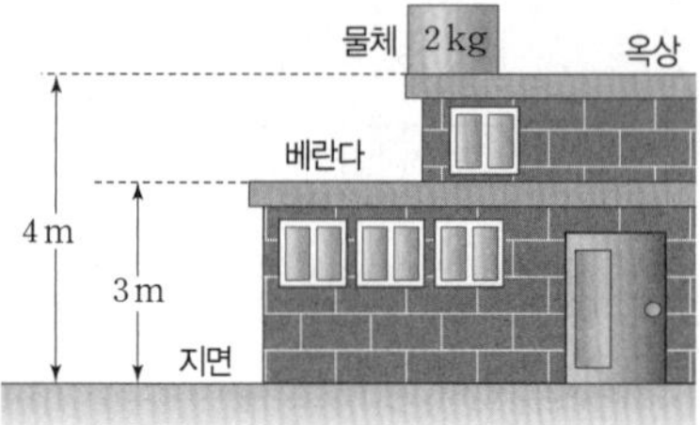


이에 대한 설명으로 옳지 <u>않은</u> 것은? (단, 중력 가속도 상수는 9.8이고, 공기 저항은 무시한다.)

① 물체를 지면에서 옥상으로 옮길 때 한 일의 양은 78.4 J이다.
② 베란다를 기준면으로 할 때 물체의 중력에 의한 위치 에너지는 58.8 J이다.
③ 옥상을 기준면으로 할 때 물체의 중력에 의한 위치 에너지는 0이다.
④ 물체가 가지는 중력에 의한 위치 에너지는 기준면으로부터의 높이에 비례한다.
⑤ 베란다에 질량이 3 kg인 물체가 놓여 있다면, 지면을 기준면으로 할 때 물체의 중력에 의한 위치 에너지는 88.2 J이다.

**08** 그림과 같이 추를 위로 들어 올린 후 추를 낙하시켜 바닥에 놓인 말뚝을 박게 하였다. 이에 대한 설명으로 옳은 것을 |보기|에서 모두 고른 것은?

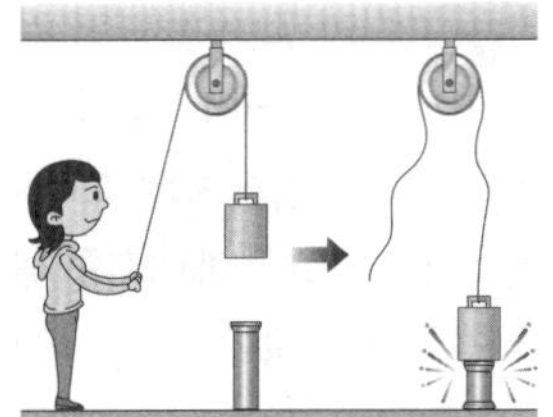

| 보기 |
ㄱ. 추에 해 준 일의 양만큼 추의 에너지는 증가한다.
ㄴ. 추가 말뚝을 박는 일을 하면 추의 에너지는 감소한다.
ㄷ. 추의 질량이 클수록 말뚝이 깊게 박힌다.

① ㄱ  ② ㄴ  ③ ㄱ, ㄷ
④ ㄴ, ㄷ  ⑤ ㄱ, ㄴ, ㄷ

**09** 운동 에너지에 대한 설명으로 옳지 <u>않은</u> 것은?

① 운동하는 물체가 가지는 에너지이다.
② 운동 에너지는 물체의 질량에 비례한다.
③ 물체의 속력이 3배가 되면 운동 에너지는 6배가 된다.
④ 질량이 $\frac{1}{4}$배, 속력이 2배가 되면 운동 에너지는 변하지 않는다.
⑤ 공기 저항이 없는 공간에서도 낙하하는 물체의 운동 에너지는 존재한다.

**10** 그림은 질량이 5 kg인 물체가 10 m/s의 일정한 속력으로 운동하는 모습을 나타낸 것이다.

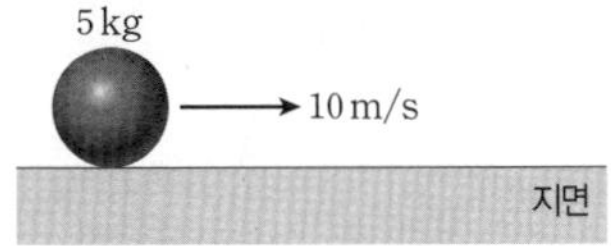


이 물체가 갖는 운동 에너지는 몇 J인가?

① 25 J  ② 50 J  ③ 100 J
④ 250 J  ⑤ 500 J

**11** 질량이 3 kg인 수레가 4 m/s의 일정한 속력으로 움직이고 있다. 이 수레에 일을 해 주었더니 수레의 속력이 8 m/s가 되었다. 이 수레에 해 준 일의 양은?

① 24 J  ② 48 J  ③ 72 J
④ 96 J  ⑤ 120 J

**12** 그림과 같이 질량이 각각 1 kg, 2 kg인 수레 A와 B를 동시에 나무 막대로 밀어 같은 속력으로 나무 도막에 충돌하게 한 후, 나무 도막이 이동한 거리를 측정하여 표와 같은 결과를 얻었다.

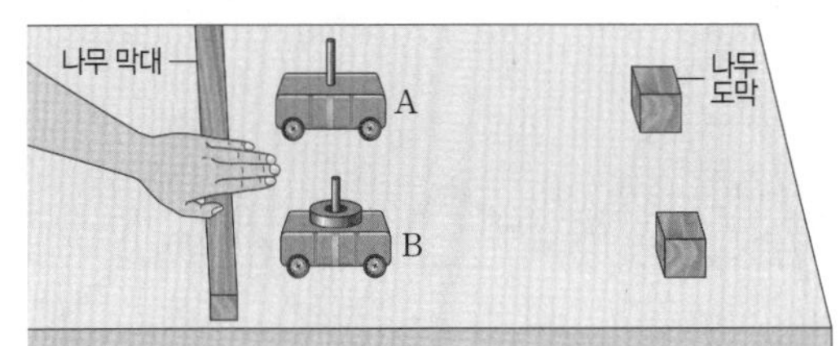


| 수레 | A | B |
|---|---|---|
| 수레의 질량(kg) | 1 | 2 |
| 나무 도막의 이동 거리(cm) | 4 | ㉠ |

이에 대한 설명으로 옳은 것을 |보기|에서 모두 고른 것은? (단, 수레가 받는 마찰은 무시한다.)

| 보기 |
ㄱ. ㉠은 8이다.
ㄴ. 나무 도막의 이동 거리는 수레의 운동 에너지에 비례한다.
ㄷ. A와 B의 운동 에너지의 비는 1 : 4이다.

① ㄱ  ② ㄷ  ③ ㄱ, ㄴ
④ ㄴ, ㄷ  ⑤ ㄱ, ㄴ, ㄷ

**13** 그림과 같이 장치하고 수레의 질량과 속력을 변화시키면서 책 사이에 놓인 자에 충돌시키는 실험을 하였더니 수레의 질량이 1 kg, 속력이 1 m/s일 때, 자는 5 cm 이동하였다.

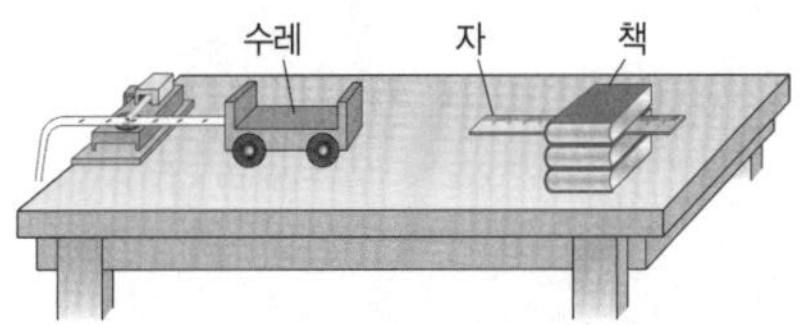


이에 대한 설명으로 옳은 것을 |보기|에서 모두 고른 것은? (단, 수레와 책상면 사이의 마찰은 무시한다.)

| 보기 |
ㄱ. 수레의 질량이 1 kg, 속력이 2 m/s일 때 자의 이동 거리는 20 cm이다.
ㄴ. 수레의 속력이 1 m/s일 때 자의 이동 거리가 10 cm였다면, 수레의 질량은 2 kg이다.
ㄷ. 수레의 운동 에너지가 자를 미는 일로 전환된다.

① ㄱ  ② ㄷ  ③ ㄱ, ㄴ
④ ㄴ, ㄷ  ⑤ ㄱ, ㄴ, ㄷ

**04** 역학적 에너지 전환과 보존

**14** 그림은 롤러코스터가 10 m 높이의 A에서 출발하여 레일을 따라 움직이는 모습을 나타낸 것이다.

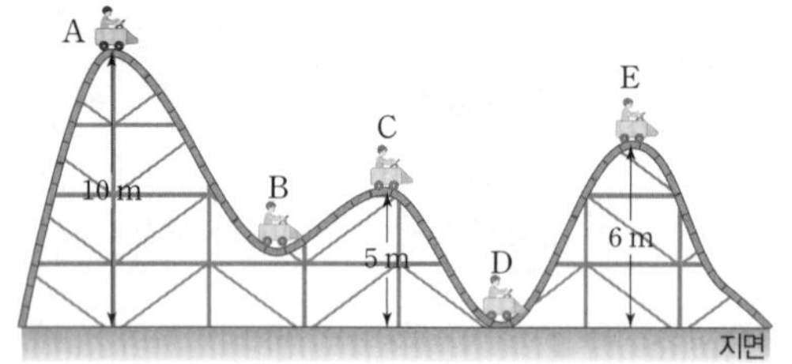

이에 대한 설명으로 옳은 것은? (단, 공기 저항이나 마찰은 무시한다.)

① 위치 에너지는 A에서가 B에서의 2배이다.
② 롤러코스터의 속력은 B에서 가장 빠르다.
③ C에서 위치 에너지와 운동 에너지의 크기는 같다.
④ C → D 구간에서는 운동 에너지가 감소한다.
⑤ E에서 운동 에너지는 A에서 위치 에너지의 $\frac{1}{3}$이다.

**15** 그림은 반원형 그릇에 쇠구슬을 A에서 가만히 놓았을 때 쇠구슬이 A와 B 사이를 왕복 운동하는 모습을 나타낸 것이다.

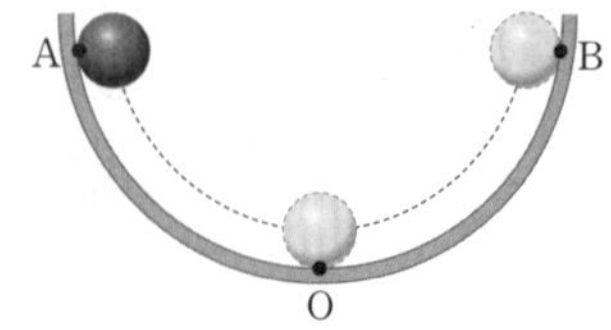

이에 대한 설명으로 옳은 것을 |보기|에서 모두 고른 것은? (단, A와 B의 높이는 같고, 공기 저항이나 마찰은 무시한다.)

| 보기 |
| --- |
| ㄱ. A → O 구간에서 위치 에너지는 감소한다. |
| ㄴ. O에서 역학적 에너지는 B에서 역학적 에너지보다 작다. |
| ㄷ. O → B 구간에서 위치 에너지는 운동 에너지로 전환된다. |

① ㄱ      ② ㄴ      ③ ㄱ, ㄷ
④ ㄴ, ㄷ      ⑤ ㄱ, ㄴ, ㄷ

**16** 그림과 같이 질량이 2 kg인 공을 10 m 높이에서 가만히 놓았다. 공이 5 m 지점을 지날 때 공의 운동 에너지와 역학적 에너지를 옳게 짝 지은 것은? (단, 공기 저항은 무시한다.)

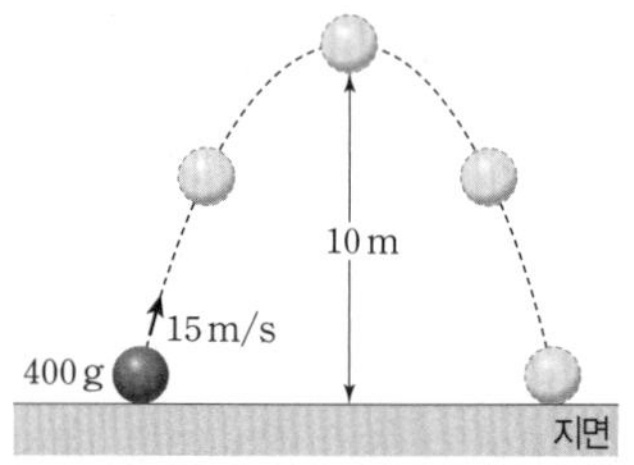

| | 운동 에너지 | 역학적 에너지 |
| --- | --- | --- |
| ① | 49 J | 49 J |
| ② | 49 J | 98 J |
| ③ | 98 J | 98 J |
| ④ | 98 J | 196 J |
| ⑤ | 196 J | 196 J |

**17** 그림은 질량이 400 g인 공을 15 m/s의 속력으로 비스듬하게 던져 올린 모습을 나타낸 것이다. 공이 가장 높이 올라간 높이가 10 m일 때, 10 m 지점에서 공의 운동 에너지는? (단, 공기 저항은 무시한다.)

① 5.8 J      ② 39.2 J      ③ 45 J
④ 50.8 J      ⑤ 84.2 J

**18** 그림과 같이 질량이 4 kg인 공을 빗면의 A점에서 가만히 놓았더니 B점을 7 m/s의 속력으로 통과하였다.

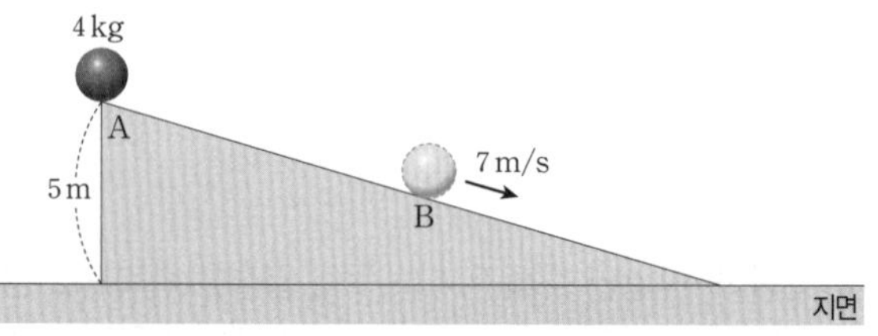

B점의 높이는? (단, 공기 저항이나 마찰은 무시한다.)

① 2 m      ② 2.5 m      ③ 3 m
④ 3.5 m      ⑤ 4 m

# 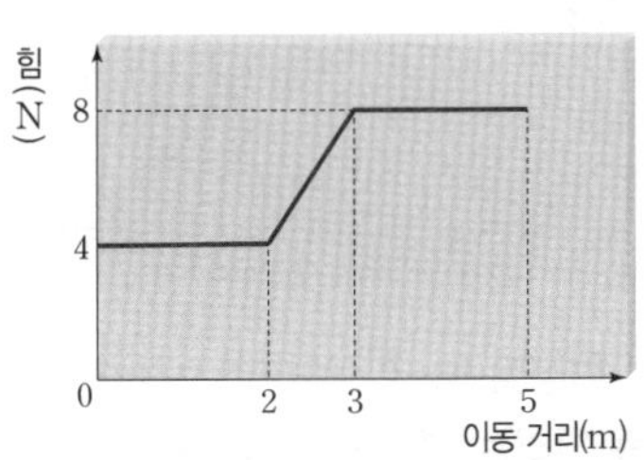 실력 향상 문제

**01** 그림은 어떤 물체에 작용한 힘의 크기를 힘의 방향으로 이동한 물체의 이동 거리에 따라 나타낸 것이다.

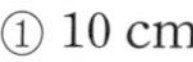

이에 대한 설명으로 옳은 것을 |보기|에서 모두 고른 것은?

| 보기 |

ㄱ. 물체를 처음 2 m 이동시키는 동안 물체에 작용한 힘의 크기는 일정하다.
ㄴ. 물체를 5 m 이동시키는 동안 힘이 물체에 한 일의 양은 40 J이다.
ㄷ. 힘의 크기가 일정할 때 물체에 한 일의 양은 이동 거리에 관계없이 일정하다.

① ㄱ　　　　② ㄷ　　　　③ ㄱ, ㄴ
④ ㄴ, ㄷ　　　⑤ ㄱ, ㄴ, ㄷ

**02** 그림과 같이 질량이 4 kg인 추를 말뚝으로부터 3 m 높이에서 떨어뜨렸더니 말뚝이 40 cm 박혔다. 질량이 2 kg인 추를 6 m 높이에서 떨어뜨린다면, 말뚝이 박히는 깊이는 몇 cm인가?

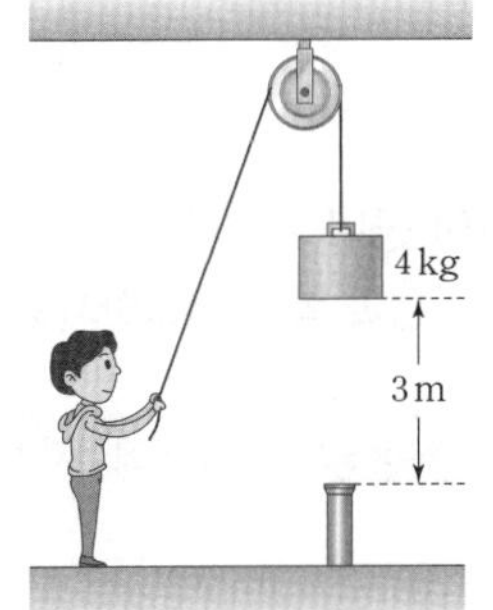

① 10 cm　　　② 20 cm
③ 40 cm　　　④ 60 cm
⑤ 80 cm

**03** 그림과 같이 마찰이 없는 수평면에서 처음에 2 m/s의 속력으로 운동하던 질량이 6 kg인 물체에 힘을 가해 63 J의 일을 해 주었더니 속력이 $v$가 되었다.

이때 물체의 나중 속력은 몇 m/s인가?

① 4 m/s　　　② 5 m/s　　　③ 6 m/s
④ 7 m/s　　　⑤ 8 m/s

**04** 그림과 같이 빗면의 높이가 1 m인 A 지점에서 질량이 5 kg인 물체를 가만히 놓았더니, 바닥까지 미끄러져 내려간 후 B 지점을 $v$의 속력으로 통과하였다.

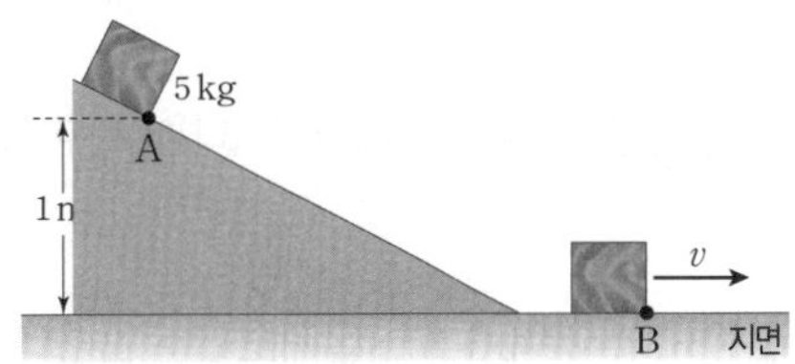


이에 대한 설명으로 옳은 것을 |보기|에서 모두 고른 것은? (단, 공기 저항이나 마찰은 무시한다.)

| 보기 |

ㄱ. A 지점에서 역학적 에너지는 49 J이다.
ㄴ. B 지점에서 운동 에너지는 49 J이다.
ㄷ. $v = \sqrt{19.6}$ m/s이다.

① ㄱ　　　　② ㄴ　　　　③ ㄱ, ㄷ
④ ㄴ, ㄷ　　　⑤ ㄱ, ㄴ, ㄷ

**05** 그림은 지면으로부터 6 m 높이에 정지해 있던 질량이 10 kg인 물체가 지면으로부터 4 m 높이의 점 A, 2 m 높이의 점 B를 지나 지면으로 낙하하는 모습을 나타낸 것이다.

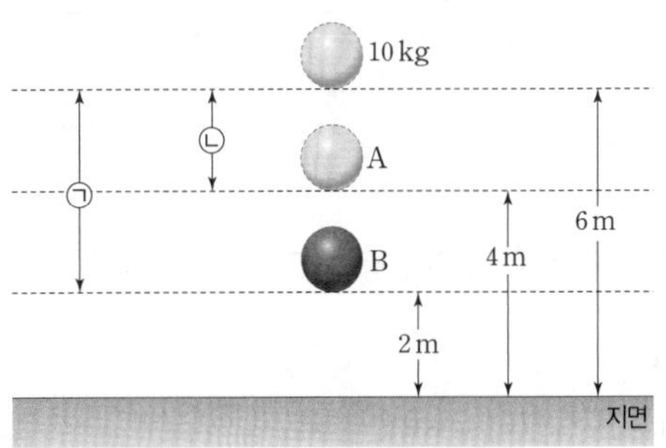


이에 대한 설명으로 옳은 것을 |보기|에서 모두 고른 것은? (단, 공기 저항은 무시한다.)

| 보기 |

ㄱ. B에서의 속력은 A에서 속력의 $\sqrt{2}$배이다.
ㄴ. B를 지나는 순간 물체의 운동 에너지와 위치 에너지의 비는 2 : 1이다.
ㄷ. 감소한 위치 에너지는 ㉡이 ㉠의 2배이다.

① ㄱ　　　　② ㄷ　　　　③ ㄱ, ㄴ
④ ㄴ, ㄷ　　　⑤ ㄱ, ㄴ, ㄷ

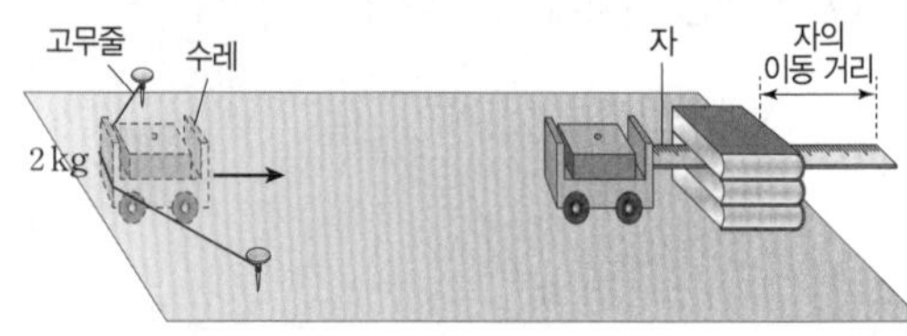



# 서술형 문제

## 단답형으로 쓰기

**개념**

**01** 다음과 같이 일을 할 때 (가), (나), (다)에서 한 일의 양을 쓰시오.

> (가) 무게가 5 N인 물체를 2 m 높이로 들어 올렸다.
> (나) 질량이 2 kg인 물체에 4 N의 힘을 작용하여 힘의 방향으로 4 m 이동시켰다.
> (다) 질량이 1 kg인 물체를 들고 수평 방향으로 천천히 1 m 이동하다가 계단을 따라 3 m 높이까지 올라갔다.

(가) : _________ (나) : _________ (다) : _________

**실생활**

**02** 그림은 롤러코스터가 A에서 출발하여 레일을 따라 움직이는 모습을 나타낸 것이다.

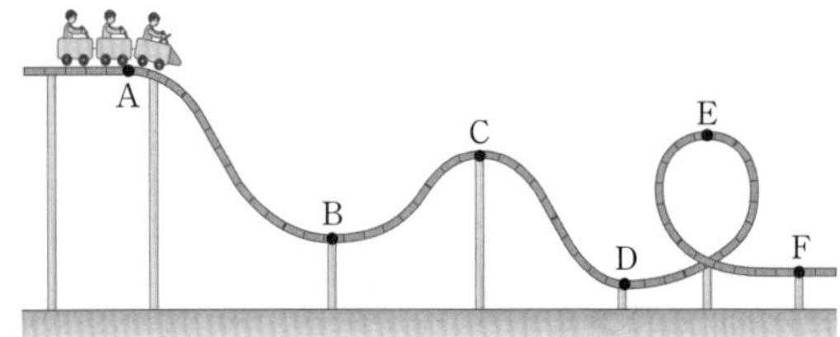

위치 에너지가 감소하는 구간과 운동 에너지가 감소하는 구간을 모두 쓰시오. (단, 공기 저항이나 마찰은 무시한다.)

(1) 위치 에너지 감소 : _________________________

(2) 운동 에너지 감소 : _________________________

## 키워드를 모두 이용하여 서술하기

**창의력**

**03** 그림은 질량이 5 kg인 물체를 선반 A에서 선반 B로 내려놓은 모습을 나타낸 것이다. 지면을 기준면으로 할 때 물체의 중력에 의한 위치 에너지 변화량은 몇 J인지 풀이 과정과 함께 서술하시오.

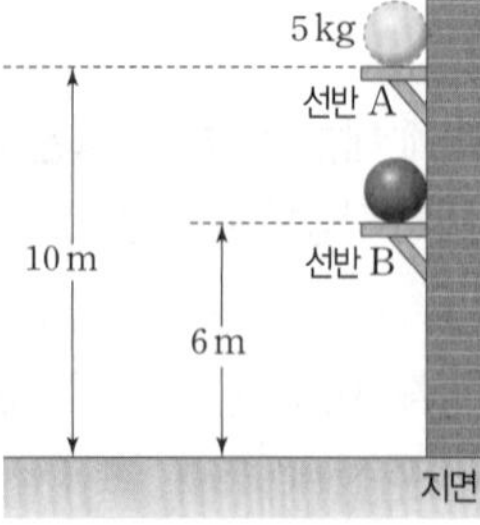

**키워드** $9.8mh$

---

**탐구력**

**04** 그림과 같이 질량이 2 kg인 수레를 자에 충돌시켰더니 자가 6 cm만큼 이동하였다.

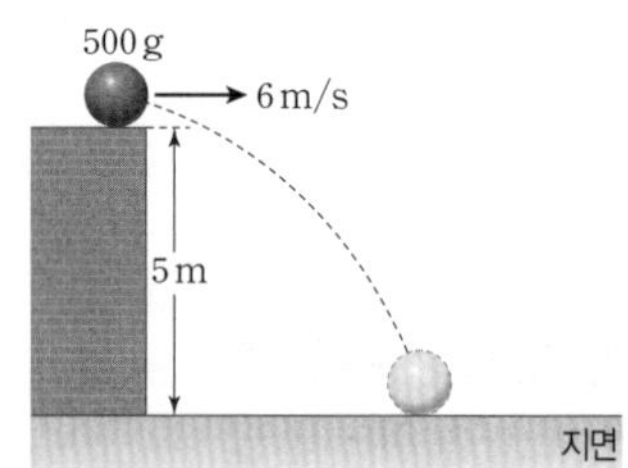


수레의 속력이 일정할 때, 질량이 6 kg인 수레를 자에 충돌시키면 자의 이동 거리는 몇 cm가 되는지 쓰고, 풀이 과정을 수레의 질량과 자의 이동 거리의 관계를 포함하여 서술하시오.

**키워드** 속력, 질량, 이동 거리

**창의력**

**05** 그림과 같이 질량이 500 g인 공을 지면으로부터 5 m 높이인 지점에서 수평 방향으로 6 m/s의 속력으로 던졌다.

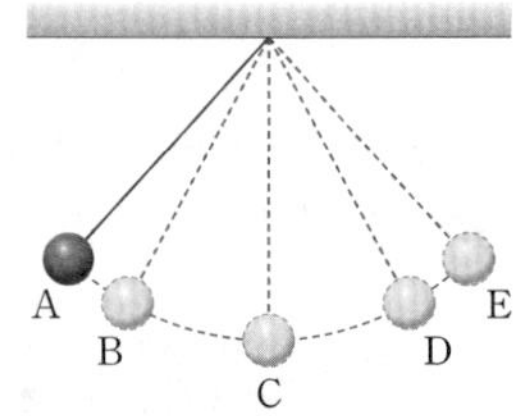


이 공이 지면에 도달하는 순간 운동 에너지는 몇 J인지 풀이 과정과 함께 서술하시오. (단, 공기 저항은 무시한다.)

**키워드** 역학적 에너지 보존

**창의력**

**06** 그림은 A~E 사이를 왕복 운동하는 진자를 나타낸 것이다. A~E 중 운동 에너지가 최대인 지점을 쓰고, 그 까닭을 서술하시오. (단, 공기 저항은 무시한다.)

**키워드** 위치 에너지, 운동 에너지, 전환

# 🧪 개념 완성 문제

## 05 전기

**01** 그림은 원자의 구조를 나타낸 것이다. 이에 대한 설명으로 옳은 것을 |보기|에서 모두 고른 것은?

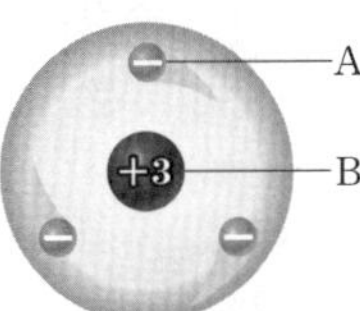

| 보기 |

ㄱ. 이 원자는 전기적으로 중성 상태이다.
ㄴ. 서로 다른 두 물체를 마찰할 때 A가 이동한다.
ㄷ. A와 B 사이에는 서로 밀어내는 힘이 작용한다.

① ㄱ  ② ㄷ  ③ ㄱ, ㄴ
④ ㄴ, ㄷ  ⑤ ㄱ, ㄴ, ㄷ

**02** 그림은 서로 다른 두 물체 A와 B를 마찰하기 전과 후에 전하의 분포를 나타낸 것이다.

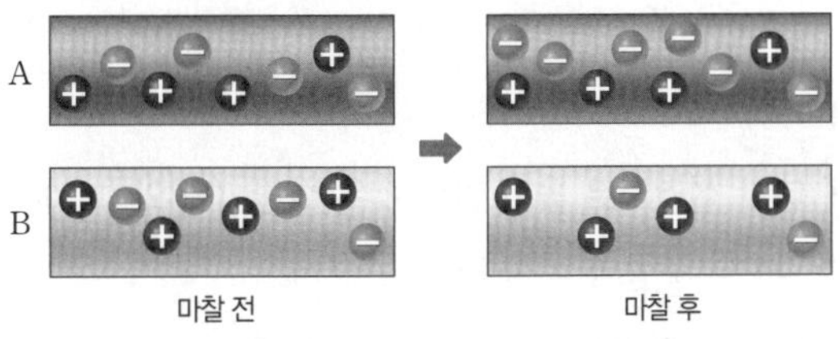


이에 대한 설명으로 옳은 것을 |보기|에서 모두 고른 것은?

| 보기 |

ㄱ. 마찰 후 A는 (−)전하로 대전되었다.
ㄴ. 두 물체를 마찰하는 동안 전자가 B에서 A로 이동하였다.
ㄷ. 마찰 후 A와 B 사이에는 인력이 작용한다.

① ㄱ  ② ㄴ  ③ ㄱ, ㄷ
④ ㄴ, ㄷ  ⑤ ㄱ, ㄴ, ㄷ

**03** 그림과 같이 (+)전하로 대전된 플라스틱 자를 대전되지 않은 알루미늄 막대에 가까이 했다. 알루미늄 막대의 A, B 부분이 띠는 전하의 종류를 옳게 짝 지은 것은?

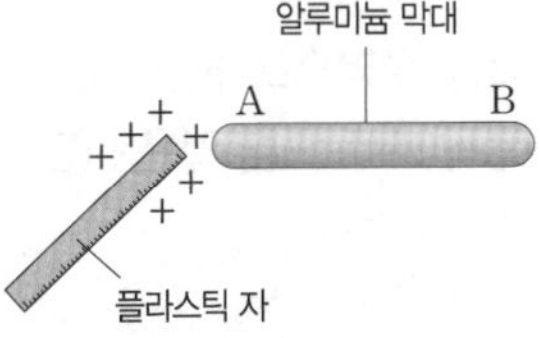


| | A | B | | A | B |
|---|---|---|---|---|---|
| ① | (+)전하 | (+)전하 | ② | (+)전하 | (−)전하 |
| ③ | (−)전하 | (+)전하 | ④ | (−)전하 | (−)전하 |
| ⑤ | 중성 | 중성 | | | |

**04** 털가죽과 마찰한 고무풍선 A와 플라스틱과 마찰한 고무풍선 B를 가까이 할 때 A와 B의 모습으로 옳은 것은? (단, 털가죽은 고무보다 전자를 잃기 쉽고, 고무는 플라스틱보다 전자를 잃기 쉽다.)

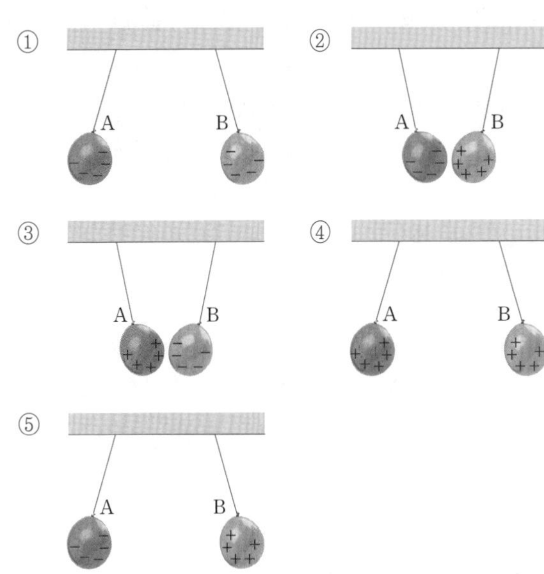


**05** 그림은 대전되지 않은 검전기에 (−)대전체를 가까이 한 모습을 나타낸 것이다.

이 검전기에서 전자의 이동과 금속박의 변화를 옳게 짝 지은 것은?

| | 전자의 이동 | 금속박의 변화 |
|---|---|---|
| ① | 금속판 → 금속박 | 벌어진다. |
| ② | 금속판 → 금속박 | 오므라든다. |
| ③ | 금속박 → 금속판 | 벌어진다. |
| ④ | 금속박 → 금속판 | 오므라든다. |
| ⑤ | 이동하지 않는다. | 변화 없다. |

**06** 표는 동일한 플라스틱 막대 A와 B를 명주 헝겊에 각각 문지른 횟수를 나타낸 것이다. 이에 대한 설명으로 옳은 것을 |보기|에서 모두 고른 것은? (단, 명주 헝겊은 플라스틱 막대보다 전자를 잃기 쉽다.)

| 구분 | A | B |
|---|---|---|
| 횟수 | 5회 | 20회 |

──────── 보기 ────────
ㄱ. A와 B는 모두 (+)전하로 대전되었다.
ㄴ. 대전되지 않은 검전기에 A와 B를 각각 가까이 하는 경우 금속박은 B일 때가 더 많이 벌어진다.
ㄷ. (−)전하로 대전된 검전기에 A와 B를 각각 가까이 하는 경우 금속박은 오므라든다.

① ㄱ      ② ㄴ      ③ ㄱ, ㄷ
④ ㄴ, ㄷ      ⑤ ㄱ, ㄴ, ㄷ

**07** 그림은 도선 속 전자의 운동을 나타낸 것이다. 이에 대한 설명으로 옳지 <u>않은</u> 것은?

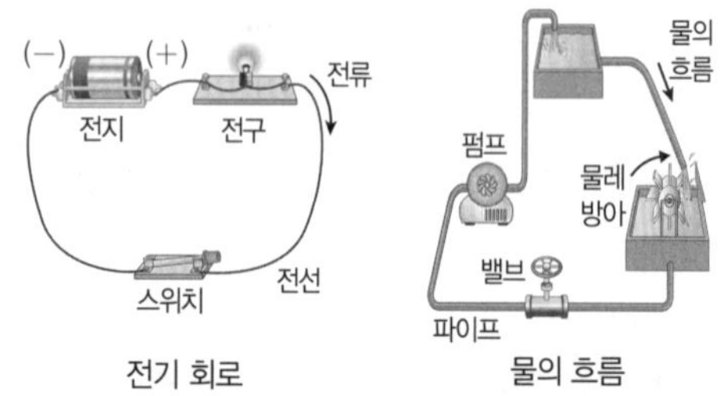


① 전류는 (가) 방향으로 흐른다.
② 전자가 전하를 운반하여 전류가 흐른다.
③ A는 전지의 (+)극 쪽에 연결되어 있다.
④ 전류가 흐르지 않는다면 전자는 움직이지 않는다.
⑤ 단위 시간 동안 도선의 단면을 통과하는 전하의 양은 A 또는 mA로 나타낸다.

**08** 그림은 전기 회로를 물의 흐름에 비유한 모습을 나타낸 것이다.

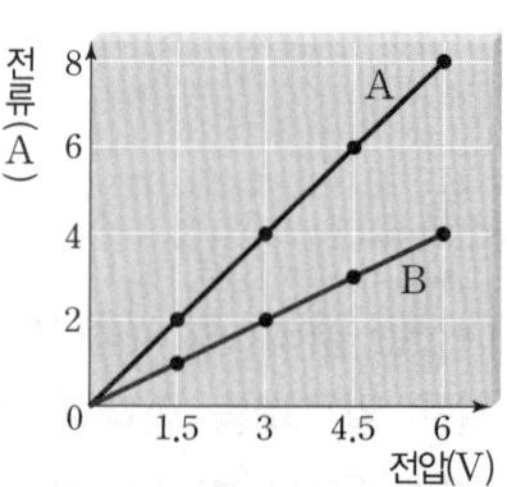


비슷한 역할을 하는 것끼리 옳게 짝 지은 것은?

① 전지−펌프      ② 전선−밸브
③ 전류−파이프      ④ 전구−물의 흐름
⑤ 스위치−물레방아

**09** 재질이 같은 니크롬선 중에서 저항이 가장 작은 것은?

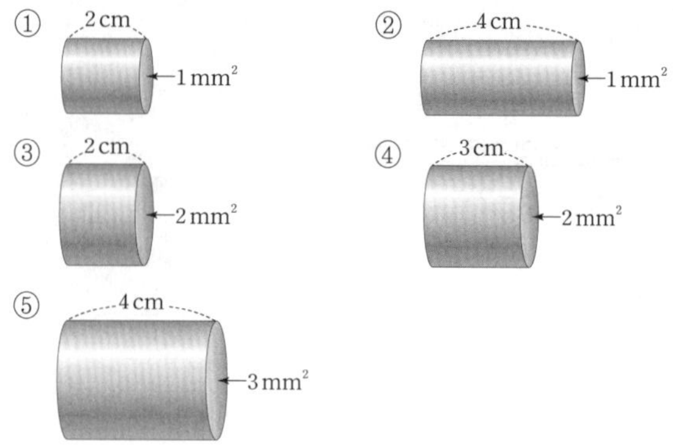


**10** 그림 (가)는 전구를 직렬로 연결한 모습을, (나)는 전구를 병렬로 연결한 모습을 나타낸 것이다.

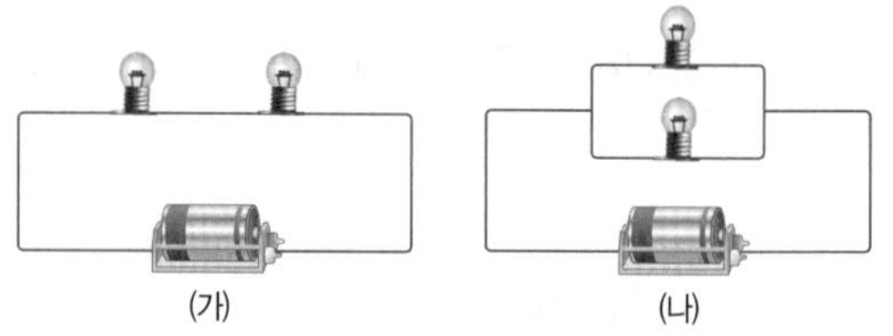


이에 대한 설명으로 옳지 <u>않은</u> 것은? (단, (가)와 (나)에서 사용된 전구는 모두 동일하다.)

① (가)에서 각 전구에 흐르는 전류의 세기는 같다.
② (나)에서 각 전구에서 걸리는 전압은 같다.
③ 전구 하나의 밝기는 (나)가 (가)보다 밝다.
④ 전체 전류의 세기는 (나)가 (가)보다 세다.
⑤ (가)와 (나)에서 전구 하나가 고장나면 다른 전구도 꺼진다.

**11** 그림은 니크롬선 A, B에 흐르는 전류의 세기와 걸린 전압의 관계를 나타낸 것이다. 이에 대한 설명으로 옳은 것을 |보기|에서 모두 고른 것은? (단, A, B의 길이는 같다.)



──────── 보기 ────────
ㄱ. 그래프의 기울기는 저항을 나타낸다.
ㄴ. 저항의 비($R_A : R_B$)는 1 : 2이다.
ㄷ. 전압이 같을 때 전류의 세기는 B가 A보다 세다.

① ㄱ      ② ㄴ      ③ ㄷ
④ ㄱ, ㄴ      ⑤ ㄴ, ㄷ

**06** 전류의 자기 작용

**12** 두 자석 사이의 자기력선 모양으로 옳은 것을 <u>모두</u> 고르면?

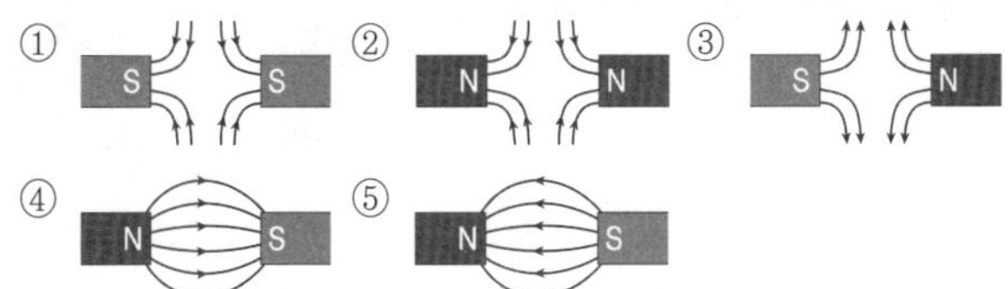

**13** 그림은 전류가 흐르는 직선 도선의 모습을 나타낸 것이다. 이에 대한 설명으로 옳은 것을 |보기|에서 모두 고른 것은?

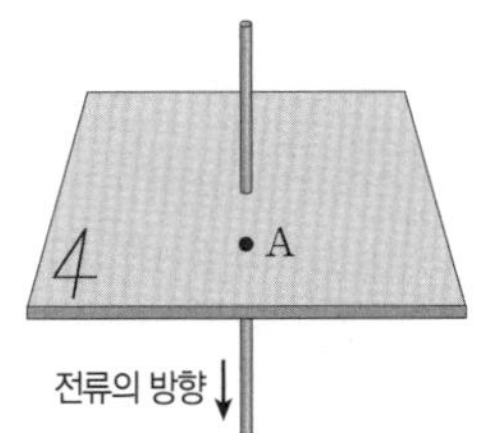


| 보기 |

ㄱ. 자기장은 도선을 중심으로 동심원 모양으로 형성된다.
ㄴ. 자기장의 방향은 도선에 흐르는 전류의 방향에 따라 달라진다.
ㄷ. A 지점에 나침반을 놓으면 N극이 가리키는 방향은 동쪽이다.

① ㄱ      ② ㄷ      ③ ㄱ, ㄴ
④ ㄴ, ㄷ      ⑤ ㄱ, ㄴ, ㄷ

**14** 그림은 전류가 흐르는 코일 주위에 나침반 A, B를 놓아 둔 모습을 나타낸 것이다.

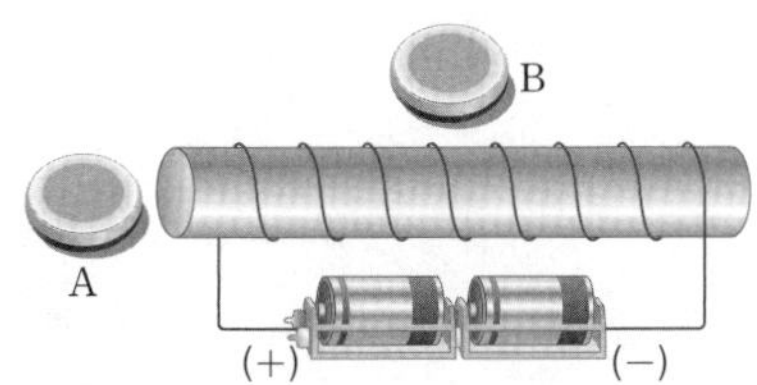


나침반 A, B의 모양을 옳게 짝 지은 것은? (단, 검은색 바늘이 N극이다.)

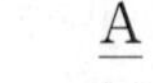

**15** 그림은 자석 사이에서 전류가 흐르는 도선이 놓여 있는 모습을 나타낸 것이다. 도선이 받는 힘의 방향을 찾는 방법을 나타낸 것으로 옳은 것은?

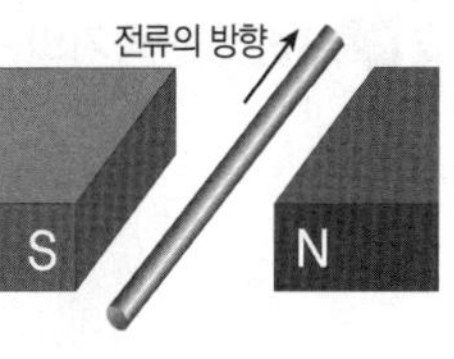


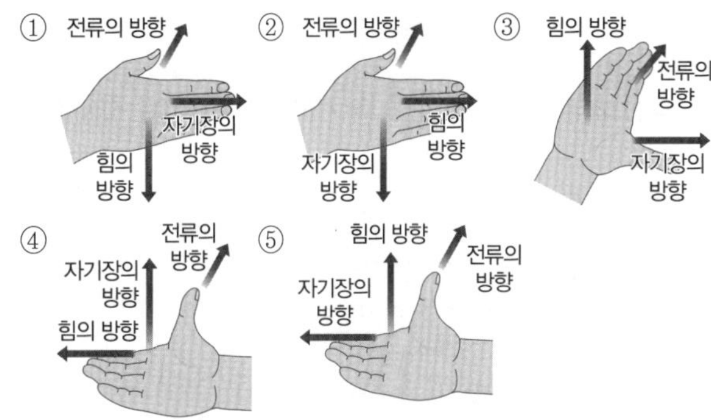

[16~17] 그림은 전기 그네를 연결한 전기 회로를 나타낸 것이다.

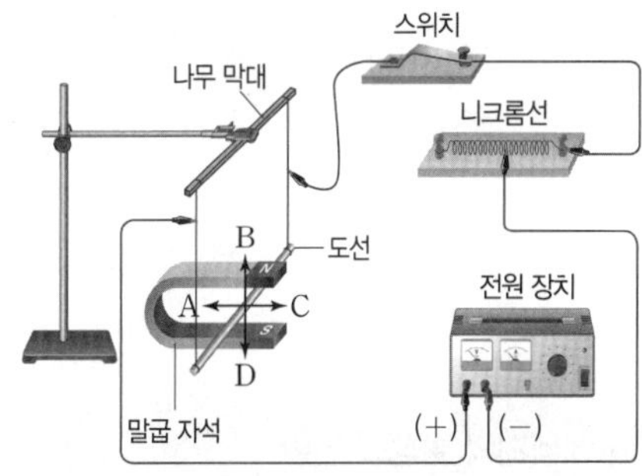


**16** 스위치를 닫을 때 도선이 힘을 받는 방향은?

① A      ② B      ③ C
④ D      ⑤ 움직이지 않는다.

**17** 도선이 이동하는 방향을 반대로 하기 위한 방법으로 옳은 것을 |보기|에서 모두 고른 것은?

| 보기 |

ㄱ. 세기가 더 강한 자석을 사용한다.
ㄴ. 전류의 방향을 반대로 한다.
ㄷ. 자석의 N극과 S극의 위치를 바꾼다.

① ㄱ      ② ㄷ      ③ ㄱ, ㄴ
④ ㄴ, ㄷ      ⑤ ㄱ, ㄴ, ㄷ

**18** 그림은 전동기의 구조를 나타낸 것이다.

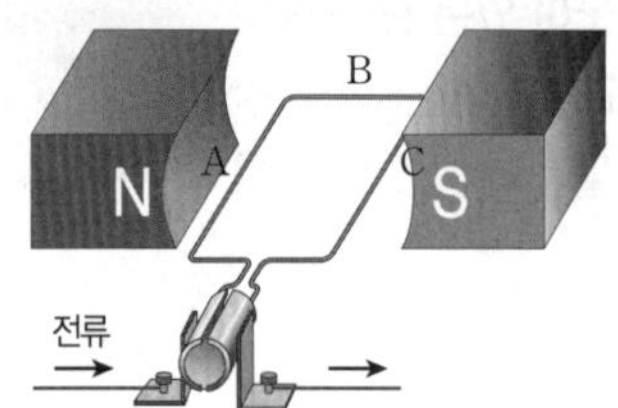

이에 대한 설명으로 옳은 것을 |보기|에서 모두 고른 것은?

┤ 보기 ├
ㄱ. A와 C 부분은 같은 방향으로 힘을 받는다.
ㄴ. B 부분은 힘을 받지 않는다.
ㄷ. 코일은 시계 방향으로 회전한다.

① ㄴ  ② ㄷ  ③ ㄱ, ㄴ
④ ㄱ, ㄷ  ⑤ ㄱ, ㄴ, ㄷ

**19** 자기장 속에서 전류가 흐르는 도선이 받는 힘을 이용한 기구가 아닌 것은?

① 선풍기  ② 세탁기  ③ 전자석
④ 스피커  ⑤ 헤어드라이어

**07 전기 에너지의 발생과 전환**

**20** 그림과 같이 검류계를 연결한 코일 속으로 자석의 S극을 가까이 하였을 때 검류계의 바늘이 오른쪽으로 움직였다.

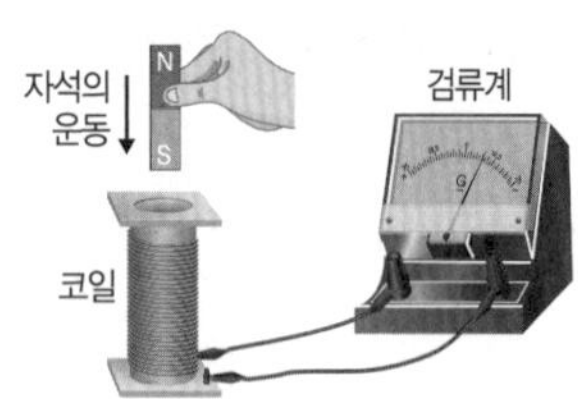


검류계의 바늘을 왼쪽으로 움직이게 하는 방법으로 옳은 것을 |보기|에서 모두 고른 것은?

┤ 보기 ├
ㄱ. 자석의 S극을 코일에서 멀리 한다.
ㄴ. 코일을 움직여 자석의 S극에서 멀리 한다.
ㄷ. 자석의 S극을 코일 속에 가만히 놓아둔다.

① ㄱ  ② ㄷ  ③ ㄱ, ㄴ
④ ㄴ, ㄷ  ⑤ ㄱ, ㄴ, ㄷ

**21** 그림은 전구와 연결한 코일 근처에서 자석을 움직이는 모습을 나타낸 것이다. 전구의 불이 더 밝게 빛나는 경우로 옳은 것을 |보기|에서 모두 고른 것은?

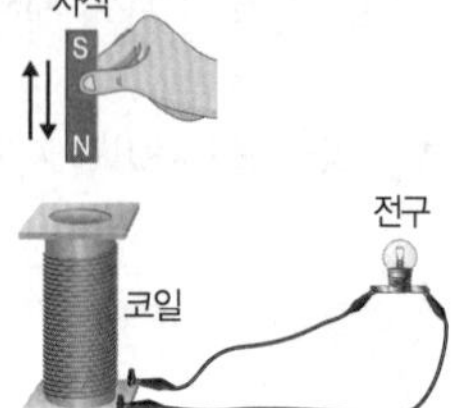


┤ 보기 ├
ㄱ. 더 강한 자석을 사용한다.
ㄴ. 자석을 더 빠르게 움직인다.
ㄷ. 코일의 감은 수를 적게 한다.

① ㄱ  ② ㄷ  ③ ㄱ, ㄴ
④ ㄴ, ㄷ  ⑤ ㄱ, ㄴ, ㄷ

**22** 그림과 같이 플라스틱 관에 코일을 감은 뒤 발광 다이오드와 연결하고, 플라스틱 관 속에 네오디뮴 자석 1개를 넣어 흔들었다. 이에 대한 설명으로 옳지 않은 것은?

① 전자기 유도 현상이 일어난다.
② 전기 에너지가 빛에너지로 전환된다.
③ 플라스틱 관을 흔드는 동안 발광 다이오드의 불은 꺼지지 않는다.
④ 네오디뮴 자석 2개를 넣으면 발광 다이오드의 밝기가 더 밝아진다.
⑤ 플라스틱 관을 세게 흔들다가 멈추면 발광 다이오드의 불이 꺼진다.

**23** 수력 발전소에서 전기 에너지를 생산할 때 일어나는 에너지 전환 과정으로 옳은 것을 모두 고르면?

① 전기 에너지 → 빛에너지
② 위치 에너지 → 운동 에너지
③ 운동 에너지 → 화학 에너지
④ 화학 에너지 → 전기 에너지
⑤ 역학적 에너지 → 전기 에너지

**24** 그림은 세탁기에서 에너지가 전환되는 모습을 나타낸 것이다.

이에 대한 설명으로 옳은 것을 |보기|에서 모두 고른 것은?

| 보기 |

ㄱ. B는 운동 에너지이다.
ㄴ. A＝B＋C＋D이다.
ㄷ. 전기 에너지의 공급을 중단하면 열에너지는 전기 에너지로 전환된다.

① ㄱ　　　　② ㄷ　　　　③ ㄱ, ㄴ
④ ㄴ, ㄷ　　　⑤ ㄱ, ㄴ, ㄷ

**25** 전기 기구에서 전기 에너지가 주로 전환되는 에너지로 옳지 **않은** 것은?

① 전등 : 전기 에너지 → 빛에너지
② 라디오 : 전기 에너지 → 소리 에너지
③ 선풍기 : 전기 에너지 → 열에너지
④ 전기난로 : 전기 에너지 → 열에너지
⑤ 텔레비전 : 전기 에너지 → 소리 에너지

**26** 그림은 전기다리미에 적혀 있는 안내문을 나타낸 것이다. 이에 대한 설명으로 옳은 것을 |보기|에서 모두 고른 것은?

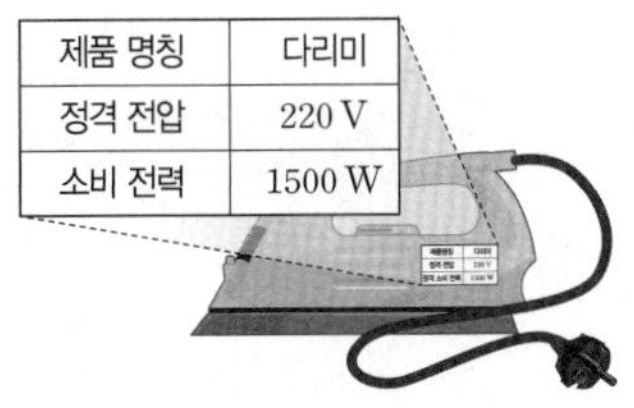

| 제품 명칭 | 다리미 |
| --- | --- |
| 정격 전압 | 220 V |
| 소비 전력 | 1500 W |

| 보기 |

ㄱ. 전기 에너지가 주로 운동 에너지로 전환된다.
ㄴ. 220 V에 연결했을 때 1초 동안 소비하는 전기 에너지의 양은 1500 J이다.
ㄷ. 220 V에 연결했을 때 30분 동안 소비하는 전력량은 750 Wh이다.

① ㄱ　　　　② ㄴ　　　　③ ㄷ
④ ㄱ, ㄴ　　　⑤ ㄴ, ㄷ

**27** 그림은 1초 동안 형광등과 LED 전구가 소비하고 방출하는 에너지를 나타낸 것이다.

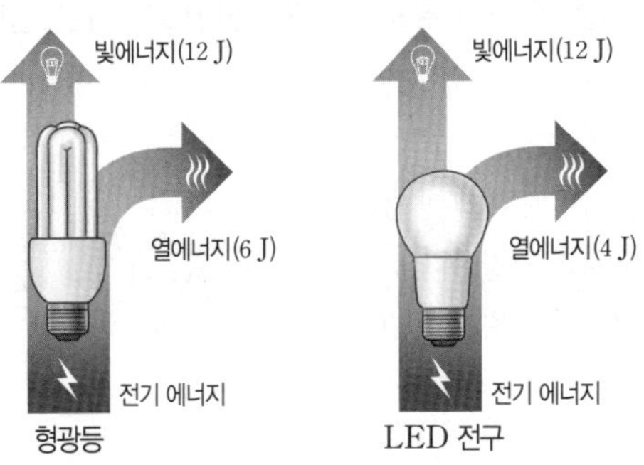


이에 대한 설명으로 옳은 것을 |보기|에서 모두 고른 것은?

| 보기 |

ㄱ. 형광등의 소비 전력은 12 W이다.
ㄴ. 같은 시간 동안 소비하는 전기 에너지의 양은 형광등이 더 많다.
ㄷ. 같은 양의 전기 에너지를 소비할 때 전환되는 빛에너지의 양은 LED 전구가 더 많다.

① ㄱ　　　　② ㄷ　　　　③ ㄱ, ㄴ
④ ㄴ, ㄷ　　　⑤ ㄱ, ㄴ, ㄷ

**28** 표는 어느 가정에서 하루 동안 사용한 전기 기구의 소비 전력과 사용 시간을 조사하여 나타낸 것이다.

| 구분 | 정격 전압－소비 전력 | 사용 시간 |
| --- | --- | --- |
| 형광등 | 220 V－20 W | 6시간 |
| 에어컨 | 220 V－1700 W | 2시간 |
| 텔레비전 | 220 V－120 W | 4시간 |
| 전기밥솥 | 220 V－1200 W | 3시간 |

이에 대한 설명으로 옳지 **않은** 것은? (단, 전기 요금은 1 kWh당 50원이다.)

① 형광등이 10초 동안 소비하는 전기 에너지의 양은 200 J이다.
② 같은 시간 동안 소비하는 전기 에너지의 양은 에어컨이 가장 많다.
③ 하루 동안 소비한 전력량은 전기밥솥이 가장 많다.
④ 하루 동안 소비한 총 전력량은 7.6 kWh이다.
⑤ 한 달(30일) 동안의 전기 요금은 380원이다.

**01** 다음은 정전기 유도 현상을 알아보기 위한 실험 과정이다.

(가) 플라스틱 막대를 털가죽으로 3~4회 마찰한다.
(나) 마찰한 플라스틱 막대를 알루미늄 캔에 가까이 가져간다.

이에 대한 설명으로 옳은 것은? (단, 털가죽은 플라스틱 막대보다 전자를 잃기 쉽다.)

① (가)에서 전자는 플라스틱 막대에서 털가죽으로 이동한다.
② (가)에서 플라스틱 막대는 (＋)전하로 대전된다.
③ (나)에서 전자는 A 쪽에서 B 쪽으로 이동한다.
④ (나)에서 A 쪽은 (－)전하를 띤다.
⑤ (나)에서 플라스틱 막대와 알루미늄 캔 사이에는 척력이 작용한다.

**02** 그림과 같이 명주 헝겊과 고무풍선을 마찰하고 대전되지 않은 검전기 A와 B에 각각 가까이 했다.

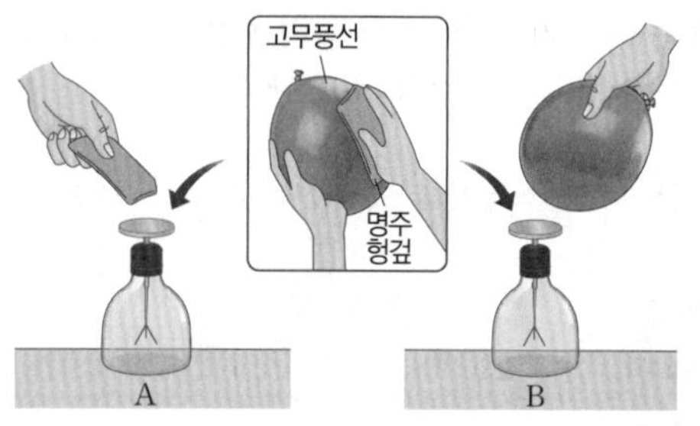


이에 대한 설명으로 옳은 것을 |보기|에서 모두 고른 것은? (단, 명주 헝겊은 고무풍선보다 전자를 잃기 쉽다.)

| 보기 |
ㄱ. A의 금속판은 (－)전하로 대전된다.
ㄴ. 검전기의 금속박은 A에서 오므라들고, B에서 벌어진다.
ㄷ. 명주 헝겊과 고무풍선을 많이 마찰할수록 금속박의 변화가 크다.

① ㄱ     ② ㄴ     ③ ㄱ, ㄷ
④ ㄴ, ㄷ     ⑤ ㄱ, ㄴ, ㄷ

**03** 그림은 전기 회로를 나타낸 것이고, 표는 회로의 각 저항에 흐르는 전류와 전압을 나타낸 것이다.

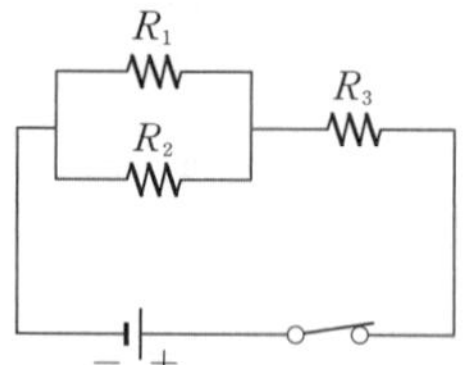

| 구분 | 전류(A) | 전압(V) |
|---|---|---|
| $R_1$ | ( ) | 4 |
| $R_2$ | 0.2 | ( ) |
| $R_3$ | 0.6 | 8 |

이에 대한 설명으로 옳지 <u>않은</u> 것은?

① 전류는 시계 반대 방향으로 흐른다.
② $R_1$에 흐르는 전류의 세기는 0.4 A이다.
③ $R_2$에 걸리는 전압은 4 V이다.
④ 가장 큰 저항은 $R_3$이다.
⑤ 전기 회로에서 총 저항은 20 Ω이다.

**04** 그림은 전류가 흐르는 전기 회로의 도선 위에 나침반 A~D를 올려놓은 모습을 나타낸 것이다.

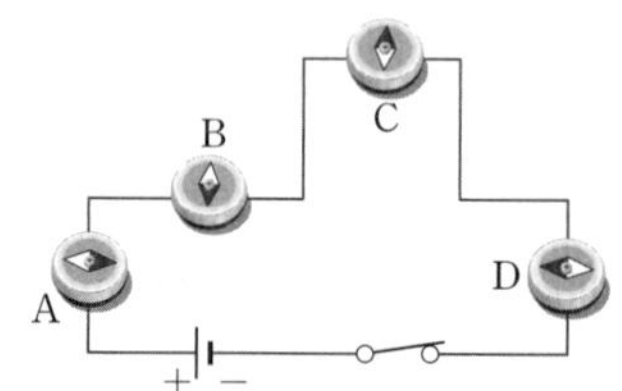


나침반 바늘의 모습으로 옳지 <u>않은</u> 것은? (단, 검은색 바늘이 N극이다.)

① A     ② B     ③ C     ④ D     ⑤ 없음

**05** 그림은 전류가 흐르는 두 전자석 사이에 전류가 흐르는 도선을 놓아 둔 모습을 나타낸 것이다.

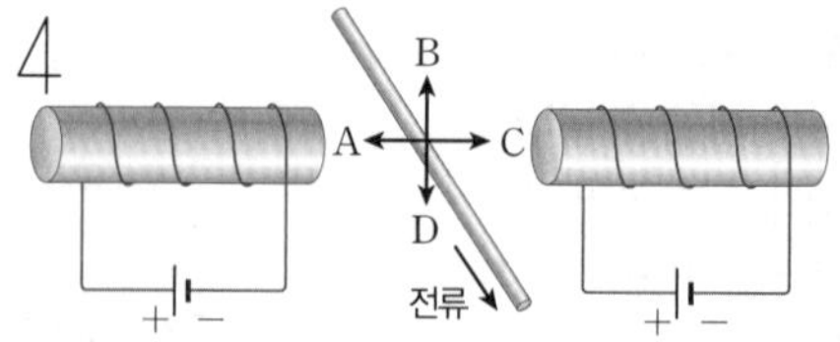


이에 대한 설명으로 옳은 것을 |보기|에서 모두 고른 것은?

| 보기 |
ㄱ. 전자석 내부에서 자기장의 방향은 오른쪽이다.
ㄴ. 도선이 힘을 받는 방향은 D이다.
ㄷ. 전자석의 코일을 더 많이 감으면 도선이 움직이는 정도가 작아진다.

① ㄱ     ② ㄴ     ③ ㄷ
④ ㄱ, ㄴ     ⑤ ㄴ, ㄷ

**06** 그림은 전동기의 모습을 나타낸 것이다.

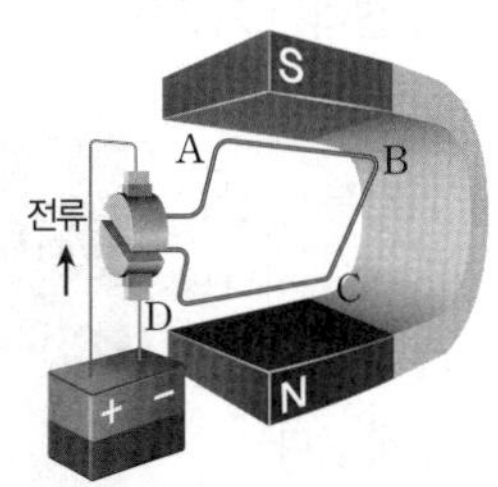

이에 대한 설명으로 옳은 것을 |보기|에서 모두 고른 것은?

| 보기 |

ㄱ. AB 부분은 시계 방향으로 힘을 받는다.
ㄴ. CD 부분은 시계 반대 방향으로 힘을 받는다.
ㄷ. 자석의 극을 바꾸면 코일의 회전 방향이 반대가 된다.

① ㄱ  ② ㄴ  ③ ㄱ, ㄷ
④ ㄴ, ㄷ  ⑤ ㄱ, ㄴ, ㄷ

**07** 그림은 전자기 유도 현상을 알아보기 위한 실험이다.

[실험 과정]
(가) 발광 다이오드 A와 B의 (＋)극과 (－)극을 서로 반대 방향으로 연결한다.
(나) 연결한 발광 다이오드 2개를 코일에 연결한다.
(다) 코일 내부에 자석을 가까이 하거나 멀리 하면서 발광 다이오드를 관찰한다.

[실험 결과]

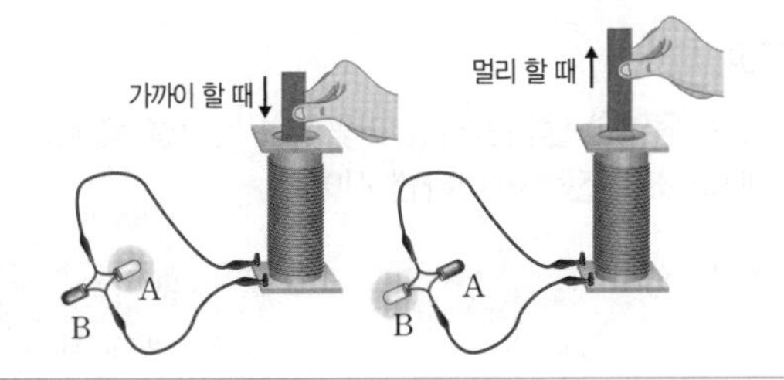


이에 대한 설명으로 옳은 것을 <u>모두</u> 고르면?

① 자석을 코일에 가까이 할 때와 멀리 할 때 유도 전류의 방향은 반대이다.
② 자석을 빠르게 움직이면 A에만 불이 들어온다.
③ 자석을 코일 위에 가만히 두면 B에만 불이 들어온다.
④ 자석을 가까이 할 때 운동 에너지가 전기 에너지로 전환된다.
⑤ 자석을 멀리 할 때 빛에너지가 전기 에너지로 전환된다.

**08** 그림 (가)는 진공관 내부에서 자석을 떨어뜨리는 모습을 나타낸 것이고, (나)는 진공관에 코일을 감은 뒤 같은 높이에서 자석을 떨어뜨리는 모습을 나타낸 것이다. 이에 대한 설명으로 옳은 것을 |보기|에서 모두 고른 것은?

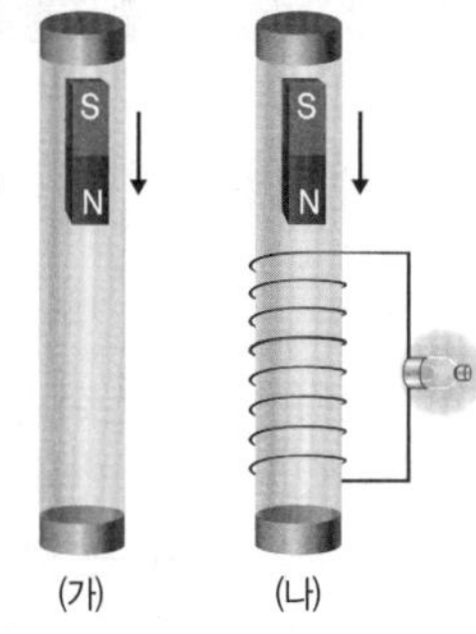


| 보기 |

ㄱ. (가)에서는 에너지 전환이 일어나지 않는다.
ㄴ. (나)에서는 전기 에너지가 빛에너지로 전환된다.
ㄷ. 진공관 바닥에 도달했을 때 자석의 속력은 (가)에서보다 (나)에서 더 빠르다.

① ㄱ  ② ㄴ  ③ ㄱ, ㄷ
④ ㄴ, ㄷ  ⑤ ㄱ, ㄴ, ㄷ

[09~10] 그림은 선풍기와 에어컨에 적혀 있는 안내문을 나타낸 것이다.

| 제품 명칭 | 선풍기 |
|---|---|
| 정격 전압 | 220 V |
| 소비 전력 | 500 W |

| 제품 명칭 | 에어컨 |
|---|---|
| 정격 전압 | 220 V |
| 소비 전력 | 1200 W |

**09** 이에 대한 설명으로 옳은 것을 |보기|에서 모두 고른 것은?

| 보기 |

ㄱ. 에어컨은 1초 동안 1200 J의 전기 에너지를 소비한다.
ㄴ. 선풍기는 30분 동안 900 kJ의 전기 에너지를 소비한다.
ㄷ. 같은 시간 동안 소비하는 전력량은 선풍기가 에어컨보다 많다.

① ㄱ  ② ㄷ  ③ ㄱ, ㄴ
④ ㄴ, ㄷ  ⑤ ㄱ, ㄴ, ㄷ

**10** 에어컨과 선풍기를 동시에 5시간 동안 사용하였을 때, 두 전기 기구가 소비한 전력량의 차는?

① 500 Wh  ② 700 Wh  ③ 1200 Wh
④ 2100 Wh  ⑤ 3500 Wh

# 서술형 문제

## 단답형으로 쓰기

**실생활**

**01** 그림은 플라스틱 빗으로 머리카락을 빗고 난 후 빗을 머리카락에 가까이 했을 때의 모습을 나타낸 것이다. 플라스틱 빗과 머리카락 사이에서 전자가 이동하는 방향을 쓰고, 이로 인해 발생하는 전기력의 종류를 쓰시오. (단, 머리카락은 플라스틱보다 전자를 잃기 쉽다.)

(1) 전자의 이동 방향 : ______________________

(2) 전기력의 종류 : ______________________

**개념**

**02** 그림과 같이 전류를 흘려준 전자석 주위에 나침반을 놓아두었더니 나침반의 N극이 오른쪽 방향을 향하였다. 이때 전류가 흐르는 방향과 전자석 양쪽에 형성되는 극의 종류를 쓰시오.

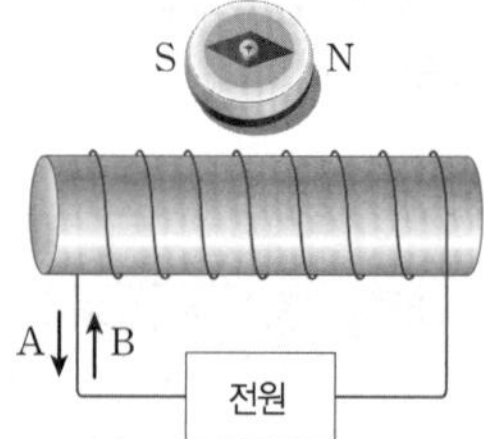


(1) 전류가 흐르는 방향 : ______________________

(2) 전자석에 형성되는 극 : ______________________

## 키워드를 모두 이용하여 서술하기

**개념**

**03** 그림은 검전기의 구조를 나타낸 것이다. 검전기를 이용하여 알 수 있는 사실 세 가지를 그렇게 생각한 까닭과 함께 서술하시오.

키워드  대전되지 않은 검전기, 대전체, 대전된 검전기

______________________

______________________

**실생활**

**04** 다음은 도로 위에 설치된 가로등에 대한 설명이다.

도로 위에 설치된 가로등은 같은 전원에 연결되어 있지만, 하나의 가로등이 꺼져도 다른 가로등은 꺼지지 않고 도로를 밝혀 준다.

가로등에 사용된 저항의 연결 방식을 쓰고, 그렇게 생각한 까닭을 서술하시오.

키워드  저항의 연결, 다른 저항에 영향

______________________

______________________

______________________

**실생활**

**05** 그림과 같이 휴대 전화 충전기를 콘센트에 꽂은 뒤, 나침반을 주위에 가져다 놓으면 나침반 바늘의 N극이 북쪽이 아닌 곳을 가리킨다. 그 까닭을 서술하시오.

키워드  전류, 자기장

______________________

______________________

______________________

**실생활**

**06** 표는 동일한 냉난방기를 이용하여 냉방을 할 때와 난방을 할 때의 소비 전력을 나타낸 것이다.

| 냉방 시 | 난방 시 |
| --- | --- |
| 220 V − 2300 W | 220 V − 2600 W |

이를 통해 여름과 겨울 중 어느 계절에 전력량이 더 클지 쓰고, 그렇게 생각한 까닭을 서술하시오. (단, 냉난방기는 같은 시간 동안 사용한다고 가정한다.)

키워드  소비 전력, 전력량, 여름 냉방, 겨울 난방

______________________

______________________

# 개념 완성 문제

## 08 빛과 색

**01** 전등 앞에 놓인 물체를 보기까지 빛이 진행하는 과정을 순서대로 옳게 나열한 것은?

① 눈 → 물체 → 눈
② 전등 → 눈 → 물체
③ 전등 → 물체 → 눈
④ 전등 → 눈 → 물체 → 눈
⑤ 눈 → 전등 → 물체 → 눈

**02** 광원으로 옳은 것을 |보기|에서 모두 고른 것은?

| 보기 |
|---|
| ㄱ. 거울　　　ㄴ. 지구　　　ㄷ. 촛불 |
| ㄹ. 태양　　　ㅁ. 레이저　　ㅂ. 달 |

① ㄱ, ㄴ
② ㄴ, ㄷ
③ ㄴ, ㄹ, ㅁ
④ ㄷ, ㄹ, ㅁ
⑤ ㄹ, ㅁ, ㅂ

**03** 그림과 같이 흰 종이에 빨간색, 파란색, 초록색의 조명을 비추었다.

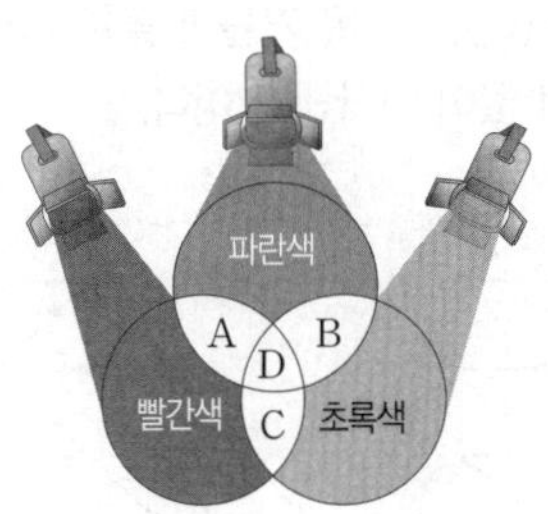


A~D에 나타나는 색을 옳게 짝 지은 것은?

|  | A | B | C | D |
|---|---|---|---|---|
| ① | 청록색 | 자홍색 | 노란색 | 흰색 |
| ② | 청록색 | 노란색 | 자홍색 | 흰색 |
| ③ | 노란색 | 청록색 | 자홍색 | 검은색 |
| ④ | 자홍색 | 청록색 | 노란색 | 흰색 |
| ⑤ | 자홍색 | 노란색 | 청록색 | 흰색 |

**04** 그림과 같이 색팽이를 햇빛 아래에서 매우 빠르게 회전시킬 때, 흰색이 나타나지 <u>않는</u> 경우는?

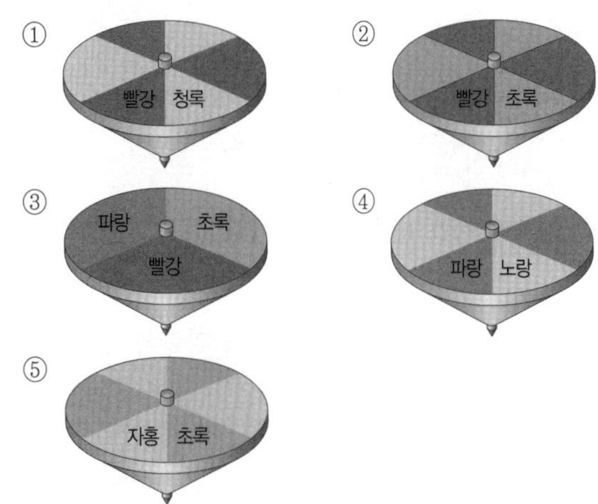


**05** 그림과 같이 어두운 방에서 빨간색, 초록색, 파란색 조명을 물체를 향해 비추었더니 스크린에 그림자 A, B, C가 생겼다.

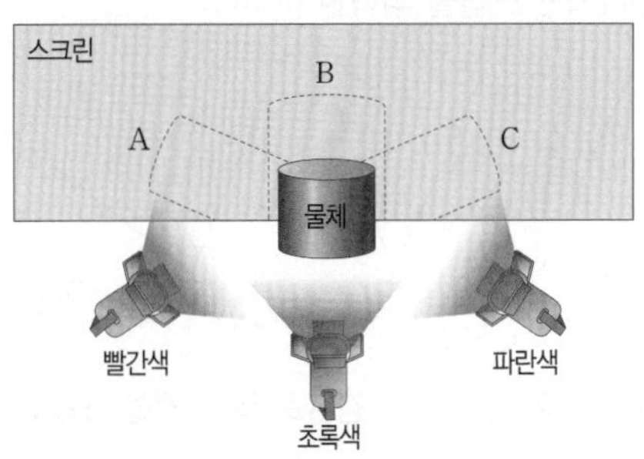


이에 대한 설명으로 옳은 것을 |보기|에서 모두 고른 것은?

| 보기 |
|---|
| ㄱ. A는 빨간색과 파란색 빛이 합성된 색으로 보인다. |
| ㄴ. B는 검은색으로 보인다. |
| ㄷ. C는 빨간색 빛이 물체에 막혀서 생긴다. |

① ㄱ
② ㄷ
③ ㄱ, ㄴ
④ ㄴ, ㄷ
⑤ ㄱ, ㄴ, ㄷ

**06** 다음은 어떤 물체에 여러 가지 색의 조명을 비추면서 관찰한 결과를 나타낸 것이다.

- 빨간색 조명을 비추면 물체가 빨간색으로 보인다.
- 초록색 조명을 비추면 물체가 검은색으로 보인다.
- 파란색 조명을 비추면 물체가 파란색으로 보인다.

이 물체를 흰색(백색광) 조명 아래에 두었을 때 보이는 색으로 옳은 것은?

① 빨간색　　　② 초록색　　　③ 파란색
④ 청록색　　　⑤ 자홍색



**07** 그림은 빛이 거울에서 반사되는 모습을 나타낸 것이다. 각 A가 40°일 때 입사각과 반사각의 크기를 옳게 짝 지은 것은?

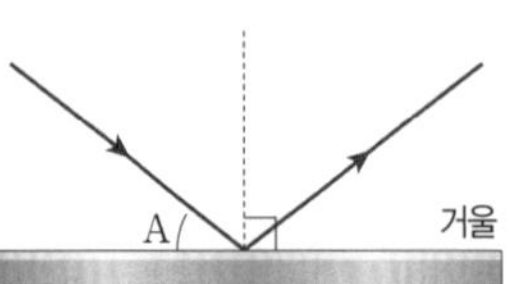


|  | 입사각 | 반사각 |  | 입사각 | 반사각 |
|---|---|---|---|---|---|
| ① | 40° | 40° | ② | 40° | 50° |
| ③ | 50° | 40° | ④ | 50° | 50° |
| ⑤ | 80° | 80° |  |  |  |

**08** 그림은 나란하게 진행하던 빛이 표면이 매끄럽지 않은 면에서 반사되는 모습을 나타낸 것이다.

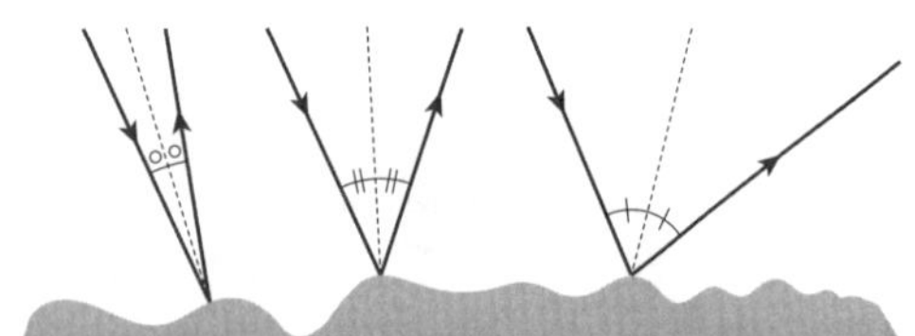

이와 같은 반사가 일어나는 경우로 옳은 것을 |보기|에서 모두 고른 것은?

|　보기　|

ㄱ. 달의 표면에서 빛은 위와 같이 반사한다.
ㄴ. 영화관의 스크린이 여러 방향에서 보이는 것은 위와 같은 현상 때문이다.
ㄷ. 반사 법칙이 성립하지 않는다.

① ㄱ　　　② ㄷ　　　③ ㄱ, ㄴ
④ ㄴ, ㄷ　　　⑤ ㄱ, ㄴ, ㄷ

**09** 그림은 평면거울에 비친 시계의 모습을 나타낸 것이다. 현재 시각으로 옳은 것은?

① 2시 40분
② 4시 20분
③ 4시 40분
④ 8시 20분
⑤ 8시 40분

**10** 그림은 평면거울을 통해 물체를 바라보고 있는 모습을 나타낸 것이다.

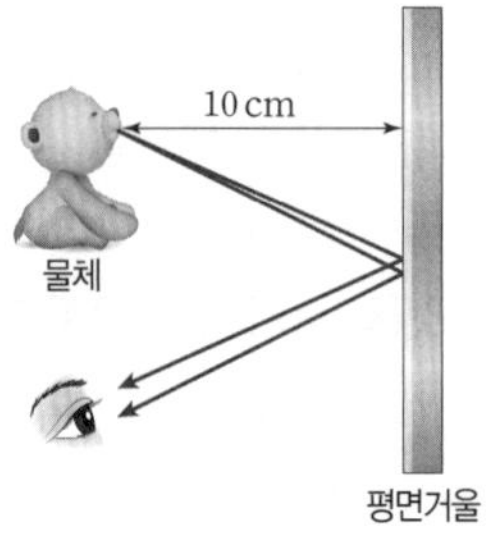


물체에서 거울까지의 거리가 10 cm일 때, 거울에서 상까지의 거리는 몇 cm인가?

① 1 cm　　　② 5 cm　　　③ 10 cm
④ 20 cm　　　⑤ 100 cm

**11** 그림 (가)와 (나)는 오목 거울과 볼록 거울에서 빛이 반사하는 모습을 순서 없이 나타낸 것이다.

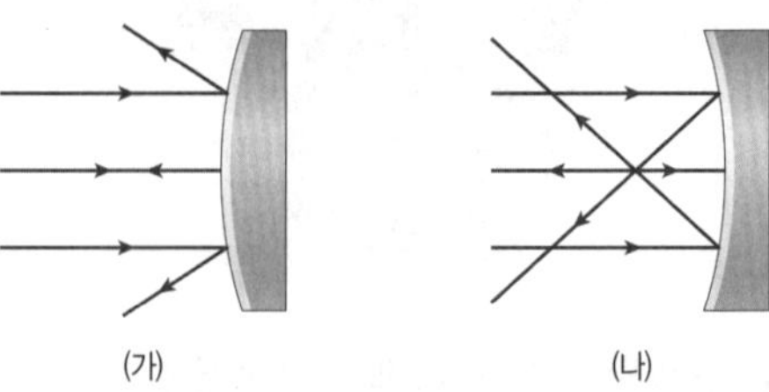


이에 대한 설명으로 옳지 <u>않은</u> 것을 <u>모두</u> 고르면?

① (가)는 볼록 거울이고, (나)는 오목 거울이다.
② (가)에서는 항상 물체보다 작고 바로 선 상이 생긴다.
③ (나)는 빛을 모으는 성질이 있다.
④ (나)에서는 항상 거꾸로 선 상이 생긴다.
⑤ 상점의 감시용 거울은 (나)와 같은 거울을 이용한다.

**[12~13]** 그림은 어떤 거울과 가까이 물체를 놓고 비추어 본 모습을 나타낸 것이다.

**12** 이 거울의 종류와 이 거울을 이용한 예를 옳게 짝 지은 것은?

① 평면거울 – 자동차의 후방 거울
② 볼록 거울 – 반사판
③ 볼록 거울 – 자동차의 측면 거울
④ 오목 거울 – 태양열 조리기
⑤ 오목 거울 – 굽은 길의 안전 거울

**13** 이 거울에서 물체를 멀리 이동시켰을 때 보이는 상의 모양으로 옳은 것은?

① 상의 크기가 점점 커진다.
② 상의 크기가 점점 작아진다.
③ 중간에 상이 거꾸로 뒤집힌다.
④ 상의 크기가 점점 커지다가 다시 작아진다.
⑤ 중간에 상이 거꾸로 뒤집혔다가 다시 바로 선 상으로 보인다.

**14** 그림은 치과에서 사용하는 거울의 모습을 나타낸 것이다. 이 거울에 대한 설명으로 옳은 것을 |보기|에서 모두 고른 것은?

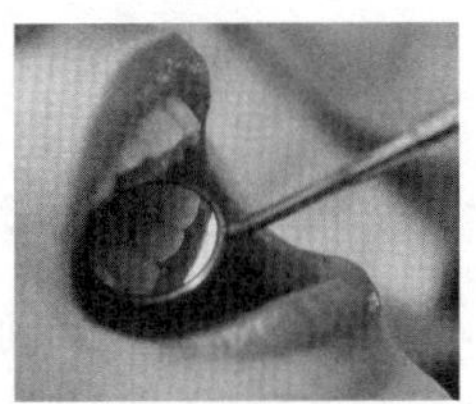

| 보기 |

ㄱ. 치아와 거울 사이의 거리가 가까우면 물체보다 크고 거꾸로 선 상을 볼 수 있다.
ㄴ. 치아와 거울 사이의 거리가 멀어질수록 상의 크기는 작아진다.
ㄷ. 빛을 모으거나 한 방향으로 곧게 나아가는 성질이 있다.

① ㄱ        ② ㄷ        ③ ㄱ, ㄴ
④ ㄴ, ㄷ        ⑤ ㄱ, ㄴ, ㄷ

**15** 그림과 같이 평행하게 진행하던 빛이 어떤 렌즈에서 굴절되어 한 점에 모였다. 점선 안에 들어갈 수 있는 렌즈를 |보기|에서 모두 고른 것은?

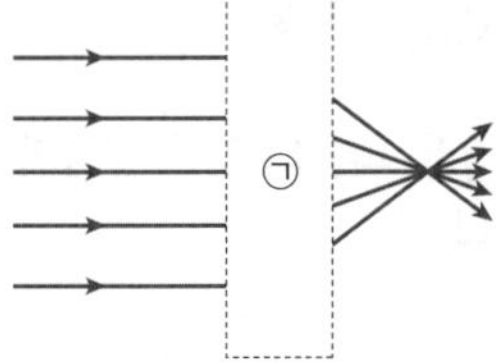

| 보기 |

ㄱ. ㉠은 볼록 렌즈이다.
ㄴ. ㉠으로 가까이 있는 물체를 보면 물체보다 작고 바로 선 상이 보인다.
ㄷ. 망원경의 대물렌즈로 이용한다.

① ㄱ        ② ㄴ        ③ ㄱ, ㄷ
④ ㄴ, ㄷ        ⑤ ㄱ, ㄴ, ㄷ

**16** 풍식이는 먼 곳에 있는 물체가 잘 보이지 않아서 어떤 안경을 착용하였더니 잘 보이지 않던 물체가 또렷하게 보였다. 이 안경에 사용된 렌즈에 대한 설명으로 옳지 <u>않은</u> 것은?

① 빛의 굴절을 이용한 기구이다.
② 근시 교정용 안경에 사용된다.
③ 빛을 퍼지게 하는 성질이 있다.
④ 가운데 부분이 양쪽에서 오목한 모양이다.
⑤ 물체로부터 멀리 가져가면 거꾸로 선 상이 보인다.

**17** 거울과 렌즈는 빛을 반사시키거나 굴절시키면서 생긴 물체의 상을 관찰할 수 있는 도구이다. 거울이나 렌즈를 가까이 하여 물체를 볼 때 물체보다 크고 바로 선 상을 볼 수 있는 것끼리 옳게 짝 지은 것은?

① 볼록 거울, 오목 거울
② 볼록 거울, 오목 렌즈
③ 볼록 거울, 볼록 렌즈
④ 볼록 렌즈, 오목 거울
⑤ 볼록 렌즈, 오목 렌즈

## 10 파동

**18** 파동의 진행 방향과 매질의 진동 방향의 관계가 <u>다른</u> 하나는?

① 빛  ② 전파  ③ 물결파
④ 줄의 진동  ⑤ 지진파의 P파

**19** 그림과 같이 나무 막대로 수면을 규칙적으로 두드려 물결이 생긴 수면 위에 코르크 조각을 올려놓았다.

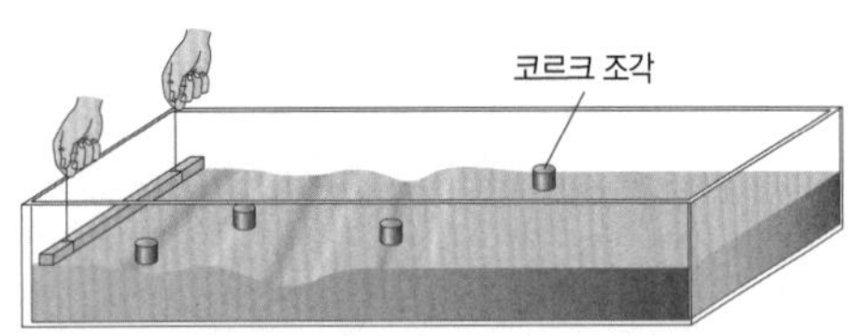


이때 수면 위에 떠 있는 코르크 조각의 움직임으로 옳은 것은?

① 움직이지 않는다.
② 파도를 따라 왼쪽으로 이동한다.
③ 파도를 따라 오른쪽으로 이동한다.
④ 제자리에서 위아래로만 움직인다.
⑤ 오른쪽으로 갔다가 왼쪽으로 움직인다.

**20** 그림 (가)와 (나)는 오른쪽으로 진행하는 두 파동을 나타낸 것이다.

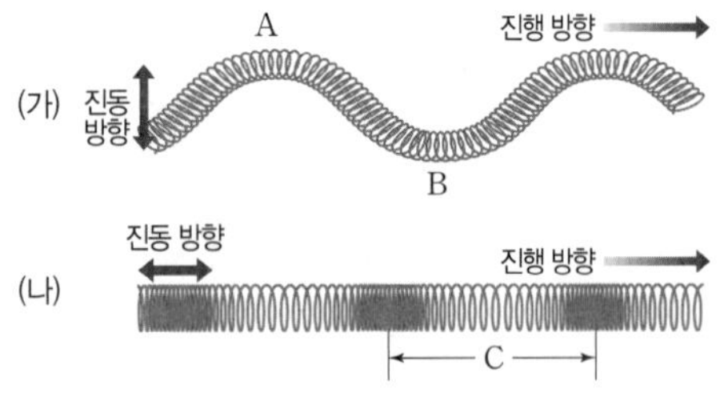


이에 대한 설명으로 옳은 것을 |보기|에서 모두 고른 것은?

| 보기 |

ㄱ. (가)는 횡파이고, (나)는 종파이다.
ㄴ. (가)에서 A와 B 사이의 거리, (나)에서 C는 파장에 해당한다.
ㄷ. 용수철을 세게 흔들면 (가), (나) 모두 파장이 길어진다.

① ㄱ  ② ㄷ  ③ ㄱ, ㄴ
④ ㄴ, ㄷ  ⑤ ㄱ, ㄴ, ㄷ

**[21~22]** 그림은 줄을 위아래로 흔들어 만든 파동을 0.5초 간격으로 나타낸 것이다.

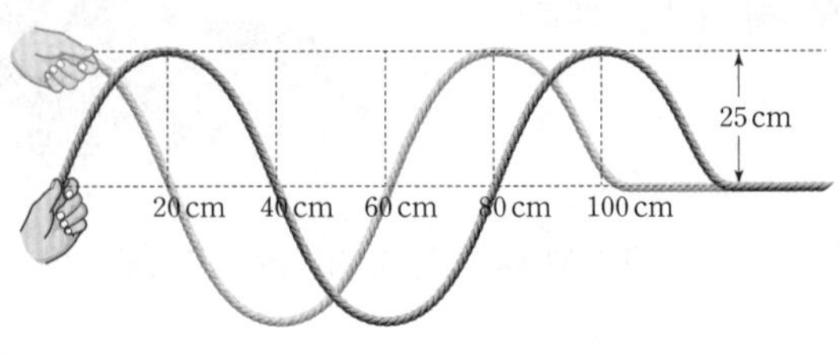


**21** 이 파동의 파장과 주기를 옳게 짝 지은 것은?

|  | 파장 | 주기 |  | 파장 | 주기 |
|---|---|---|---|---|---|
| ① | 25 cm | 0.5초 | ② | 25 cm | 2초 |
| ③ | 60 cm | 1초 | ④ | 80 cm | 0.5초 |
| ⑤ | 80 cm | 2초 |  |  |  |

**22** 이 파동의 진동수는 몇 Hz인가?

① 0.1 Hz  ② 0.25 Hz  ③ 0.5 Hz
④ 1 Hz  ⑤ 2 Hz

**23** 그림은 동일한 긴 용수철을 앞뒤로 흔들었을 때 나타난 파동의 모습을 나타낸 것이다.

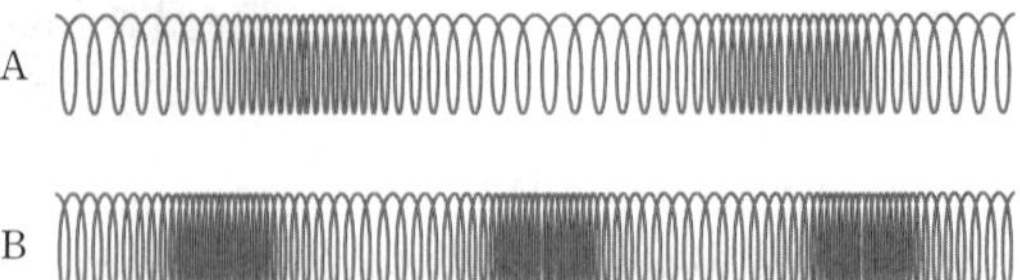


A, B에 대한 설명으로 옳은 것을 <u>모두</u> 고르면?

① 밀한 부분에서 다음 밀한 부분까지의 거리는 진폭이다.
② A보다 B의 주기가 더 길다.
③ A보다 B의 진동수가 더 크다.
④ 파동의 진행 방향과 매질의 진동 방향이 나란하다.
⑤ 같은 세기일 때, A가 B보다 더 빨리 흔든 경우이다.

**24** 소리에 대한 설명으로 옳은 것을 |보기|에서 모두 고른 것은?

| 보기 |

ㄱ. 소리는 종파이다.
ㄴ. 소리는 매질에 따라 속력이 다르다.
ㄷ. 소리는 매질이 있을 때만 전달된다.

① ㄱ  　② ㄷ  　③ ㄱ, ㄴ
④ ㄴ, ㄷ  　⑤ ㄱ, ㄴ, ㄷ

**25** 그림은 점 A에서 점 C로 진행하는 소리를 전달하는 매질의 분포를 나타낸 것이다.

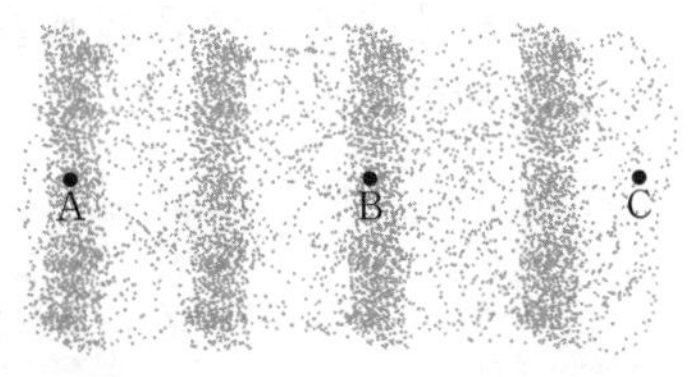

소리가 진행하는 동안 점 B에 있던 매질의 움직임으로 옳은 것은?

① 좌우로 진동한다.　　② 상하로 진동한다.
③ B에서 A로만 이동한다.　④ B에서 C로만 이동한다.
⑤ 움직이지 않는다.

**26** 표는 소리 (가), (나), (다)의 진폭과 진동수를 나타낸 것이다.

| 소리 | (가) | (나) | (다) |
|------|------|------|------|
| 진폭(m) | 0.2 | 0.4 | 0.5 |
| 진동수(Hz) | 1000 | 200 | 200 |

이에 대한 설명으로 옳은 것을 |보기|에서 모두 고른 것은?

| 보기 |

ㄱ. 가장 높은 소리는 (가)이다.
ㄴ. 가장 큰 소리는 (다)이다.
ㄷ. (나)와 (다)는 소리의 높낮이가 같다.

① ㄱ  　② ㄷ  　③ ㄱ, ㄴ
④ ㄴ, ㄷ  　⑤ ㄱ, ㄴ, ㄷ

**27** 그림 (가)~(라)는 여러 가지 악기의 소리를 파형으로 나타낸 것이다.

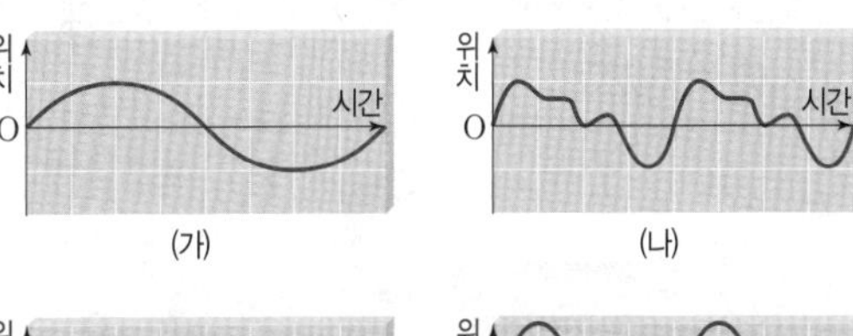
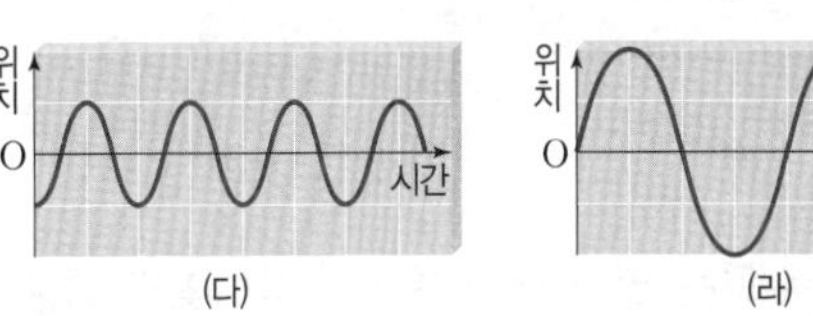


이에 대한 설명으로 옳은 것을 |보기|에서 모두 고른 것은?

| 보기 |

ㄱ. 가장 큰 소리는 (가)이다.
ㄴ. (나)는 (가), (다), (라)와 다른 악기로 연주한 것이다.
ㄷ. 가장 높은 소리는 (라)이고, 가장 낮은 소리는 (다)이다.

① ㄱ  　② ㄴ  　③ ㄱ, ㄴ
④ ㄱ, ㄷ  　⑤ ㄴ, ㄷ

**28** 그림과 같이 책상 끝에 강철 자의 한쪽 끝을 클램프로 고정하고 튕기면 소리가 발생한다.

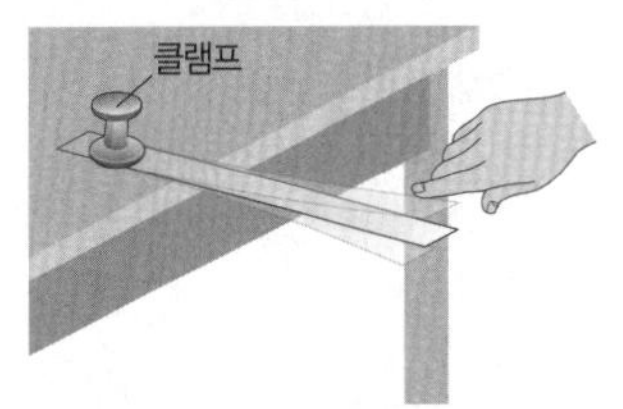


강철 자를 튕기는 세기는 같게 하고, 강철 자의 길이를 점점 짧게 하면 소리는 어떻게 달라지는가?

① 소리가 점점 커진다.　② 소리가 점점 작아진다.
③ 소리가 점점 낮아진다.　④ 소리가 점점 높아진다.
⑤ 음색이 달라진다.

**29** 풍순이는 피아노를 다음과 같이 연주하였다.

피아노의 낮은 '솔' 음을 쳤다가, 같은 세기로 다음 높은 '솔' 음을 쳤다.

이때 피아노에서 나는 소리의 변화로 옳은 것은?

① 음색이 달라진다.
② 음파의 진폭이 커진다.
③ 음파의 진동수가 작아진다.
④ 소리의 높낮이가 낮아진다.
⑤ 음파의 파형은 변하지 않는다.

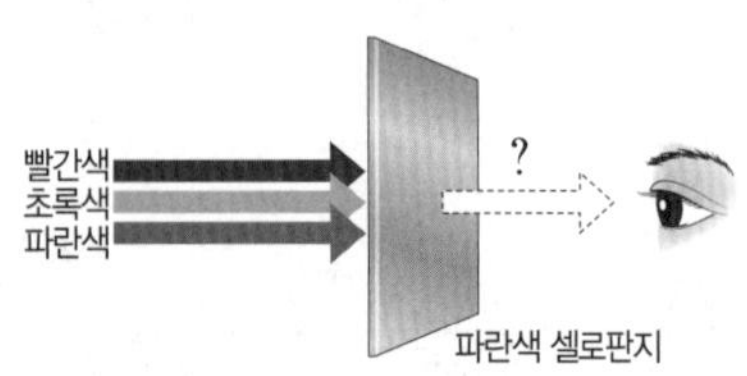

## 실력 향상 문제

**01** 그림과 같이 파란색 셀로판지에 빨간색, 초록색, 파란색 빛을 동시에 비추었다.



셀로판지가 흡수하는 빛의 색과 통과시키는 빛의 색을 옳게 짝 지은 것은?

|  | 흡수 | 통과 |
|---|---|---|
| ① | 빨간색 | 초록색 |
| ② | 초록색 | 빨간색, 파란색 |
| ③ | 파란색 | 모든 색 |
| ④ | 빨간색, 초록색 | 파란색 |
| ⑤ | 모든 색 | 없다. |

**02** 그림과 같이 책상 위에 평면거울 (가), (나)가 수직으로 세워져 있다.

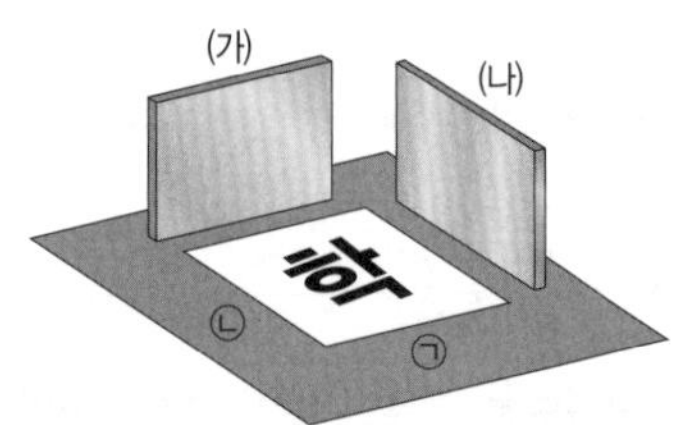


책상에 놓인 '학'이라는 글자를 ㄱ 위치에서 (가)를 통해 보이는 모양과, ㄴ 위치에서 (나)를 통해 보이는 모양을 순서대로 옳게 짝 지은 것은?

**03** 그림은 작살과 레이저 총을 이용하여 물속에 있는 물고기를 잡는 모습을 나타낸 것이다. 이에 대한 설명으로 옳은 것을 |보기| 에서 모두 고른 것은?

|보기|
ㄱ. 구름 사이로 햇빛이 비치는 원리와 같은 현상이다.
ㄴ. 서로 다른 두 물질의 경계면에서는 빛의 진행 방향이 꺾이는 현상이 나타난다는 것을 알 수 있다.
ㄷ. 물고기를 잡기 위해서는 물고기가 보이는 곳보다 약간 아래를 향해 작살을 던져야 한다.

① ㄱ    ② ㄷ    ③ ㄱ, ㄴ
④ ㄴ, ㄷ    ⑤ ㄱ, ㄴ, ㄷ

**04** 그림과 같이 화살표 앞에 컵을 놓고 컵에 물을 부었더니 컵 뒤에 있는 화살표의 방향이 바뀌어 보였다.

이에 대한 설명으로 옳은 것을 |보기|에서 모두 고른 것은?

|보기|
ㄱ. 이 현상은 빛이 굴절하기 때문에 일어난다.
ㄴ. 물을 채운 컵은 볼록 렌즈와 같은 역할을 한다.
ㄷ. 화살표와 컵 사이의 간격은 아주 가까울 것이다.

① ㄱ    ② ㄷ    ③ ㄱ, ㄴ
④ ㄴ, ㄷ    ⑤ ㄱ, ㄴ, ㄷ

**05** 그림과 같이 진동수가 500 Hz인 소리를 내는 소리굽쇠를 쳤더니 20 m 떨어진 A 지점에서 0.5초 만에 소리가 들렸다.

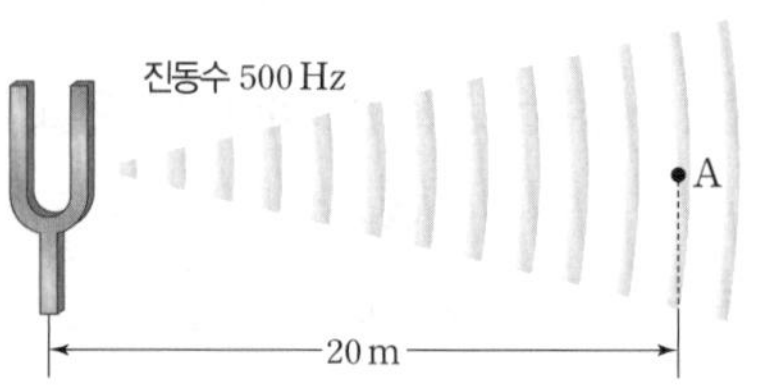


이 소리의 파장은 몇 cm인가?

① 2 cm    ② 8 cm    ③ 12.5 cm
④ 16 cm    ⑤ 80 cm

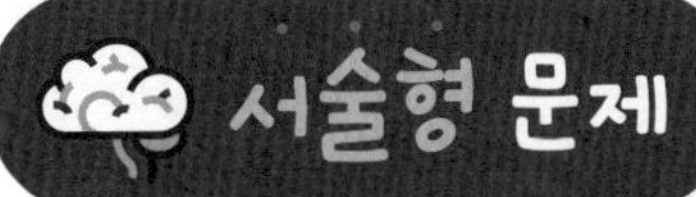

## 서술형 문제



### 단답형으로 쓰기

**개념**

**01** 그림은 수직으로 놓여 있는 두 평면거울 A, B에 레이저 빛이 입사하는 모습을 나타낸 것이다.

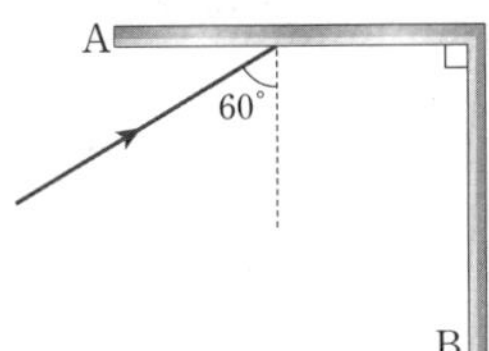

(1) A에서의 반사각을 쓰시오. ____________

(2) B에서의 입사각을 쓰시오. ____________

(3) B에서의 반사각을 쓰시오. ____________

**실생활**

**02** 그림과 같이 유리병에 물의 양을 각각 다르게 부은 다음, 막대를 이용하여 유리병을 치면서 소리를 들어 보았다. (가)~(라) 중 막대로 쳤을 때 가장 낮은 소리가 나는 것을 쓰시오.

____________

### 키워드를 모두 이용하여 서술하기

**창의력**

**03** 그림과 같이 전등 아래 자홍색 컵이 놓여 있다. 이 컵이 자홍색으로 보이는 까닭을 빛의 합성과 관련지어 서술하시오.

**키워드** 빛의 반사, 빛의 합성

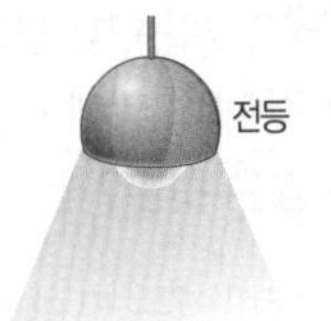

____________

**탐구력**

**04** 그림과 같이 물체의 위치를 B 위치에서 A 위치로 옮기면서 오목 렌즈에 의한 상을 관찰하였다.

물체를 B에서 A로 이동시키는 과정에서 상의 모양과 크기는 어떻게 달라지는지 서술하시오.

**키워드** 작고 바로 선 상

____________

____________

**개념**

**05** 그림은 용수철에 생긴 파동의 어느 순간 모습을 나타낸 것이다.

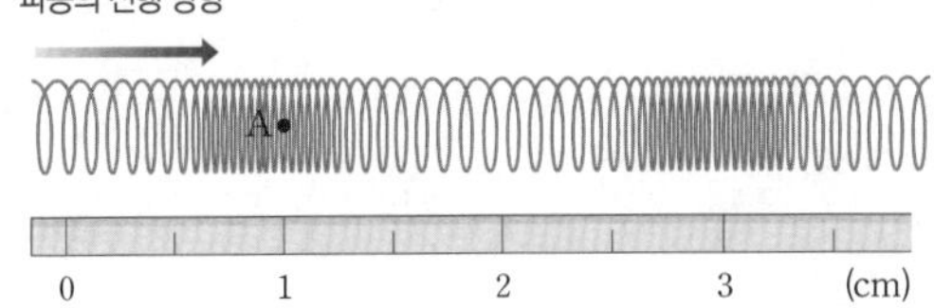



용수철의 A점이 10초 동안 20번 진동한다고 했을 때, 파장(cm)과 진동수(Hz)를 구하는 방법을 풀이 과정을 포함하여 서술하시오.

**키워드** 종파, 밀(소), 주기의 역수

____________

____________

**실생활**

**06** 그림은 어떤 노래의 악보를 나타낸 것이다.

음에 맞추어 노래를 부를 때 진동수가 가장 큰 소리에 해당하는 가사를 쓰고, 그렇게 생각한 까닭을 서술하시오.

**키워드** 높은 음 → 진동수 ↑

Ⅳ 빛과 파동

**11 열**

**01** 그림은 두 비커 (가)와 (나)에 담긴 온도가 다른 물 입자의 운동 상태를 순서 없이 나타낸 것이다.

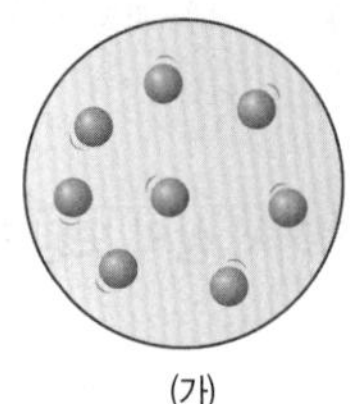 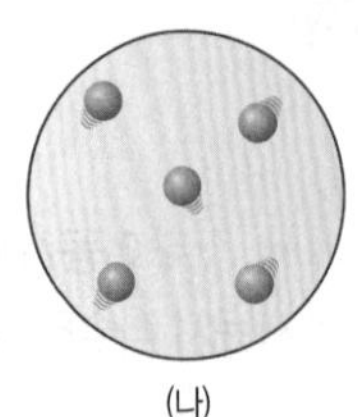

(가)      (나)

이에 대한 설명으로 옳은 것을 |보기|에서 모두 고른 것은?

─── 보기 ───
ㄱ. 입자 운동은 (나)가 (가)보다 활발하다.
ㄴ. 온도는 (나)가 (가)보다 높다.
ㄷ. 두 비커에 잉크를 넣을 때, 잉크가 퍼지는 속도는 (나)가 (가)보다 빠르다.

① ㄱ      ② ㄷ      ③ ㄱ, ㄴ
④ ㄴ, ㄷ      ⑤ ㄱ, ㄴ, ㄷ

**02** 그림은 서로 다른 물체 A, B, C를 접촉했을 때 열의 이동 방향을 화살표로 나타낸 것이다. A, B, C의 처음 온도를 옳게 비교한 것은?

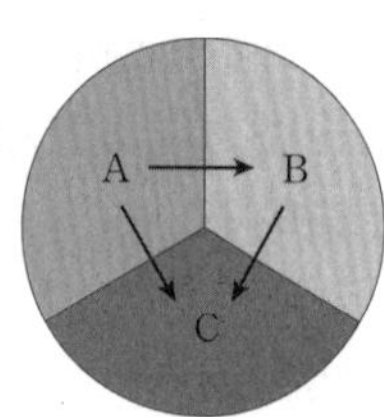

① A>B>C    ② A>C>B
③ B>A>C    ④ B>C>A
⑤ C>B>A

**03** 그림은 금속의 끝을 가열하는 모습을 나타낸 것이다. 이에 대한 설명으로 옳지 않은 것은?

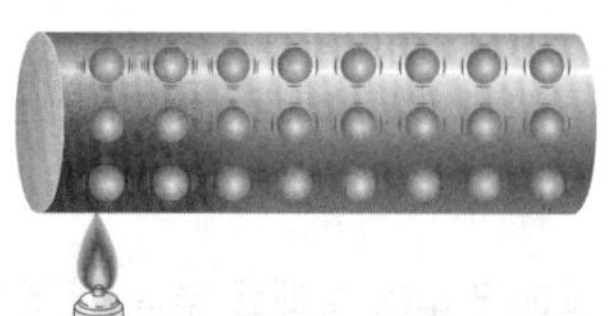

① 열은 오른쪽으로 전달된다.
② 복사에 의해 열이 이동한다.
③ 입자의 충돌에 의해 열이 전달된다.
④ 오른쪽보다 왼쪽 부분에서 입자 운동이 활발하다.
⑤ 뜨거운 국에 담긴 숟가락의 손잡이가 뜨거워지는 것과 같은 열의 이동 방법이다.

**04** 그림과 같이 물을 가득 채운 사각 유리관의 입구에 잉크를 떨어뜨린 후, 사각 유리관의 오른쪽 아래 부분을 가열하였다. 이에 대한 설명으로 옳은 것을 |보기|에서 모두 고른 것은?

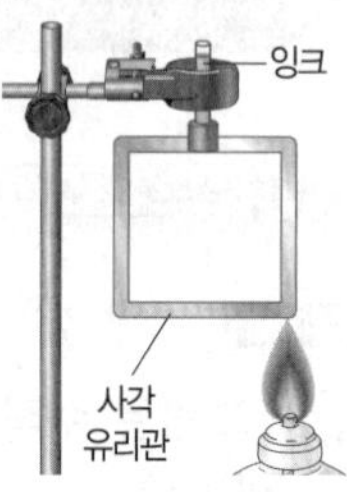


─── 보기 ───
ㄱ. 잉크는 왼쪽 아래로 이동한다.
ㄴ. 사각 유리관 안에서는 대류가 일어난다.
ㄷ. 사각 유리관 안에서 물은 시계 방향으로 순환한다.

① ㄱ      ② ㄴ      ③ ㄷ
④ ㄱ, ㄴ      ⑤ ㄴ, ㄷ

**05** 다음은 열이 이동하는 여러 가지 현상들에 대한 설명이다.

(가) 적외선 카메라로 사진을 찍으면 체온 분포를 알 수 있다.
(나) 추운 날 나무 의자보다 금속 의자에 앉을 때 더 차갑게 느낀다.
(다) 물을 끓일 때 뜨거워진 물은 위로 올라가고, 찬물은 아래로 내려간다.

각 현상과 관련 있는 열의 이동 방법을 옳게 짝 지은 것은?

| | (가) | (나) | (다) | | (가) | (나) | (다) |
|---|---|---|---|---|---|---|---|
| ① | 전도 | 대류 | 복사 | ② | 전도 | 복사 | 대류 |
| ③ | 대류 | 전도 | 복사 | ④ | 복사 | 전도 | 대류 |
| ⑤ | 대류 | 복사 | 전도 | | | | |

**06** 그림은 냉난방 기구를 설치하려고 하는 방 안의 모습을 나타낸 것이다. 이에 대한 설명으로 옳지 않은 것은?

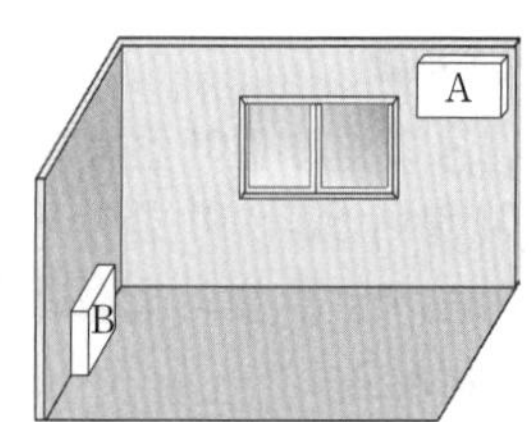


① 냉방기는 A에 설치하는 것이 효율적이다.
② 난방기는 B에 설치하는 것이 효율적이다.
③ 방 안에서 열은 대류에 의해 이동한다.
④ 차가운 공기는 대부분 위쪽으로 이동한다.
⑤ 공기 입자가 직접 이동하여 열을 전달한다.

**07** 다음은 겨울철 추위를 피하기 위한 방법에 대한 설명이다.

> • 창문에 붙이는 에어캡은 비닐 속에 있는 ( ㉠ )이 ( ㉡ )에 의한 열의 전달을 막아 주기 때문에 단열에 효율적이다.
> • 겨울철 솜이 가득 들어 있는 옷을 입는 것은 솜 사이에 있는 ( ㉠ )이 ( ㉡ )에 의한 열의 전달을 막아 주기 때문이다.

빈칸에 들어갈 말을 옳게 짝 지은 것은?

|  | ㉠ | ㉡ |  | ㉠ | ㉡ |
|---|---|---|---|---|---|
| ① | 수분 | 전도 | ② | 수분 | 대류 |
| ③ | 공기층 | 전도 | ④ | 공기층 | 대류 |
| ⑤ | 공기층 | 복사 |  |  |  |

**[08~09]** 그림은 온도가 다른 물체 A와 B를 접촉했을 때 시간에 따른 물체의 온도 변화를 나타낸 것이다.

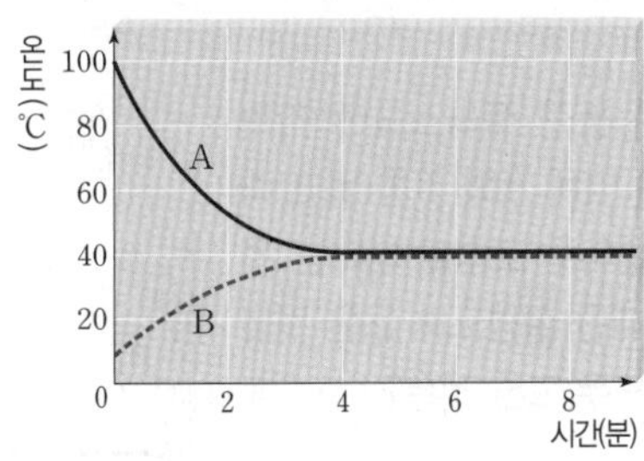


**08** 이에 대한 설명으로 옳지 <u>않은</u> 것은?

① 열평형 온도는 약 40 ℃이다.
② 처음 4분 동안 A에서 B로 열이 이동한다.
③ 처음 4분 동안의 B의 입자 운동은 둔해진다.
④ 열은 A, B의 온도가 같아질 때까지 이동한다.
⑤ 시간이 흐를수록 A와 B 사이에 이동하는 열의 양은 감소한다.

**09** 일상 생활에서 위와 같은 현상을 이용하는 예로 옳지 <u>않</u>은 것은?

① 온도계를 이용하여 온도를 측정한다.
② 냉장고에 음식을 넣어 차갑게 보관한다.
③ 방 안에 에어컨을 틀면 시원함을 느낀다.
④ 뜨거운 물에 한약 팩을 넣어 따뜻하게 보관한다.
⑤ 아이스박스에 얼음을 넣어 음료를 시원하게 보관한다.

**12** 비열과 열팽창

**10** 비열에 대한 설명으로 옳지 <u>않은</u> 것은?

① 물질을 구별하는 특성이다.
② 물질의 질량이 클수록 값이 커진다.
③ 비열의 단위로는 kcal/(kg·℃)를 사용한다.
④ 어떤 물질 1 kg을 1 ℃ 높이는 데 필요한 열량이다.
⑤ 비열이 클수록 온도를 높이는 데 많은 열량이 필요하다.

**11** 표는 서로 다른 액체 A, B, C의 비열을 나타낸 것이다.

| 구분 | A | B | C |
|---|---|---|---|
| 비열 (kcal/(kg·℃)) | 0.2 | 0.5 | 0.1 |

같은 질량의 A, B, C를 각각 동일한 그릇에 넣고 같은 세기의 불꽃으로 같은 시간 동안 가열할 때, 온도 변화가 큰 순서대로 옳게 나열한 것은?

① A>B>C
② B>A>C
③ B>C>A
④ C>A>B
⑤ C>B>A

**12** 비열에 의한 현상이나 이용의 예로 옳지 <u>않은</u> 것은?

① 냉각수를 이용하여 과열된 기계를 식힌다.
② 음료수 병에 음료수를 가득 채우지 않는다.
③ 낮과 밤에 해안가에서 부는 바람의 방향이 다르다.
④ 외부의 급격한 온도 변화에도 사람의 체온은 유지된다.
⑤ 금속 냄비보다 뚝배기에 국을 데우면 더 오랫동안 따뜻하게 먹을 수 있다.

**[13~14]** 그림은 질량이 각각 2 kg인 서로 다른 두 물질 A와 B를 같은 세기의 불꽃으로 동시에 가열했을 때 시간에 따른 온도 변화를 나타낸 것이다.

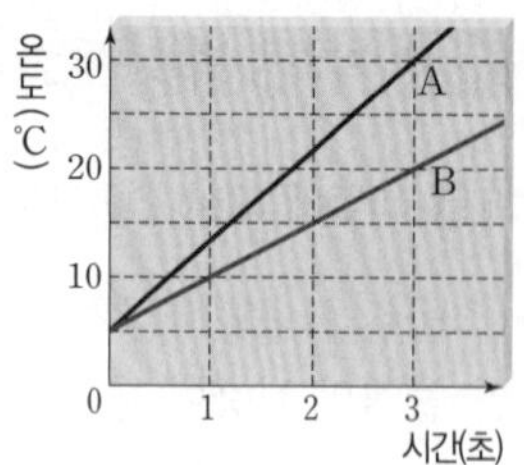

**13** 이에 대한 설명으로 옳은 것을 |보기|에서 모두 고른 것은?

┤ 보기 ├
ㄱ. 비열은 B가 A보다 크다.
ㄴ. 0~3초 동안 A와 B가 얻은 열량은 같다.
ㄷ. A와 B가 같은 온도까지 도달하는 데 필요한 열량의 비($Q_A : Q_B$)는 3 : 5이다.

① ㄱ
② ㄷ
③ ㄱ, ㄴ
④ ㄴ, ㄷ
⑤ ㄱ, ㄴ, ㄷ

**14** 0~3초 동안 A에 가해진 열량이 30 kcal일 때 A의 비열은 몇 kcal/(kg·℃)인가?

① 0.2 kcal/(kg·℃)
② 0.3 kcal/(kg·℃)
③ 0.4 kcal/(kg·℃)
④ 0.5 kcal/(kg·℃)
⑤ 0.6 kcal/(kg·℃)

**15** 그림과 같은 철판에 열을 고르게 가할 때 철판의 모양 변화로 옳은 것은? (단, 점선은 처음 철판의 모양이다.)

① 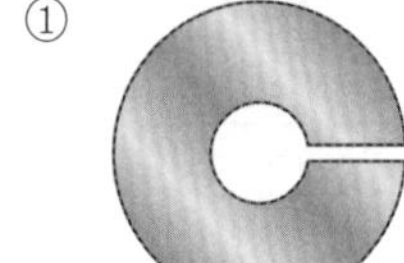
② 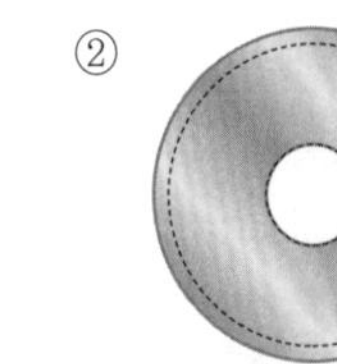
③ 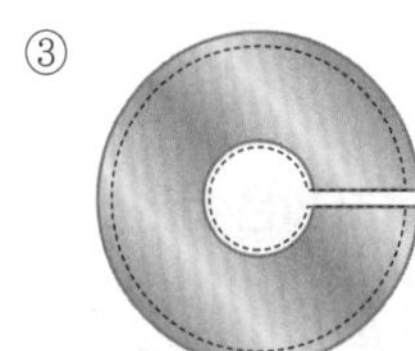
④ 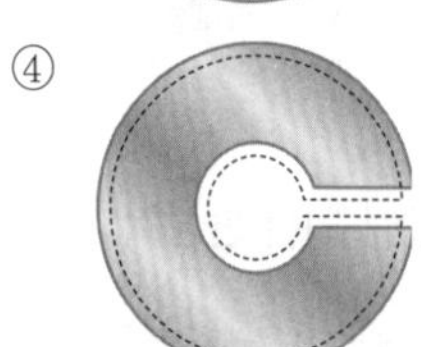
⑤ 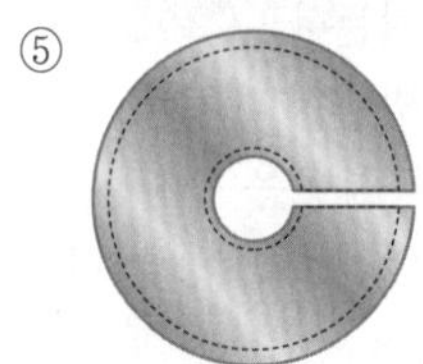

**16** 그림은 서로 다른 금속 A와 B를 붙여 만든 바이메탈을 가열했을 때 모양의 변화를 나타낸 것이다.

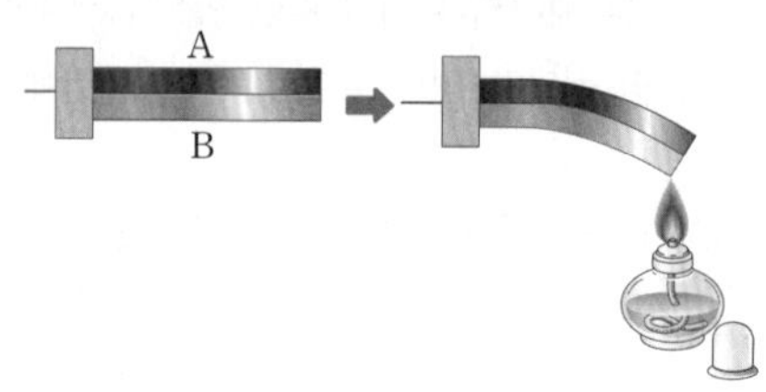

이에 대한 설명으로 옳은 것을 |보기|에서 모두 고른 것은?

┤ 보기 ├
ㄱ. A와 B에 열을 가하면 입자 사이의 거리가 멀어진다.
ㄴ. 열팽창 정도는 B가 A보다 크다.
ㄷ. 이를 이용하여 전열기가 과열되는 것을 막을 수 있다.

① ㄱ
② ㄴ
③ ㄱ, ㄷ
④ ㄴ, ㄷ
⑤ ㄱ, ㄴ, ㄷ

**17** 그림은 둥근 플라스크에 각각 부피가 같은 액체 A와 B를 넣고 따뜻한 물에 넣어둔 모습을 나타낸 것이다. 이에 대한 설명으로 옳은 것을 |보기|에서 모두 고른 것은?

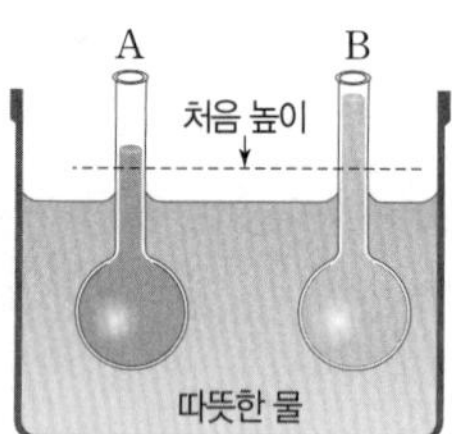

┤ 보기 ├
ㄱ. 열은 물에서 A와 B로 이동했다.
ㄴ. A와 B의 입자 크기가 커졌다.
ㄷ. 열팽창 정도는 A가 B보다 크다.

① ㄱ
② ㄴ
③ ㄱ, ㄷ
④ ㄴ, ㄷ
⑤ ㄱ, ㄴ, ㄷ

**18** 열팽창에 의한 현상이나 이용의 예로 옳지 <u>않은</u> 것은?

① 기차의 철로에 틈을 만들어 둔다.
② 냉장고에 넣은 음식이 차가워진다.
③ 수은 온도계로 체온을 측정할 수 있다.
④ 겨울철보다 여름철에 전깃줄이 더 늘어진다.
⑤ 가스관 중간에 구부러진 부분을 만들어 설치한다.

# 실력 향상 문제

**01** 그림은 알루미늄 막대, 구리 막대, 유리 막대에 촛농을 녹여 성냥개비를 고정한 다음 세 막대의 한쪽 끝을 동시에 가열하는 모습을 나타낸 것이고, 표는 세 막대에서 성냥개비가 모두 떨어지는 데 걸린 시간을 나타낸 것이다.

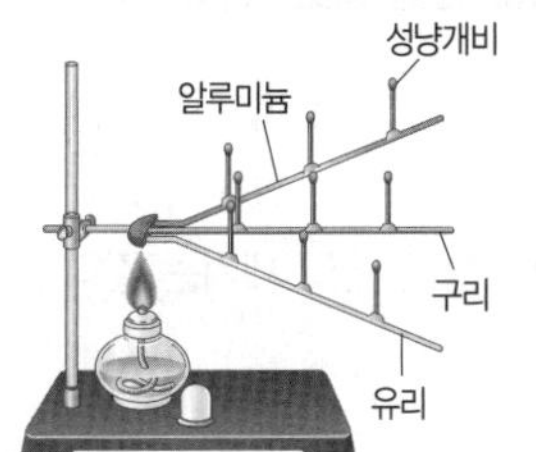


| 구분 | 시간(분) |
|---|---|
| 알루미늄 막대 | 15 |
| 구리 막대 | 10 |
| 유리 막대 | 30 |

이에 대한 설명으로 옳은 것을 |보기|에서 모두 고른 것은?

┤ 보기 ├
ㄱ. 가열 지점과 가까운 성냥개비부터 떨어진다.
ㄴ. 막대에서 열은 입자의 운동에 의해 전달된다.
ㄷ. 열이 전도되는 정도는 구리가 가장 크다.

① ㄱ  ② ㄷ  ③ ㄱ, ㄴ
④ ㄴ, ㄷ  ⑤ ㄱ, ㄴ, ㄷ

**02** 표는 온도가 서로 다른 물체 A와 B를 접촉시켰을 때 2분 간격으로 두 물체의 온도 변화를 측정한 것이다.

| 시간(분) | 0 | 2 | 4 | 6 | 8 | 10 |
|---|---|---|---|---|---|---|
| A의 온도(℃) | 10 | 23 | 32 | 36 | 40 | 40 |
| B의 온도(℃) | 60 | 52 | 46 | 42 | 40 | 40 |

이에 대한 설명으로 옳은 것을 |보기|에서 모두 고른 것은?

┤ 보기 ├
ㄱ. 열은 B에서 A로 이동한다.
ㄴ. 8분 이후 두 물체에서 입자의 운동은 멈춘다.
ㄷ. A가 얻은 열량과 B가 잃은 열량은 같다.

① ㄱ  ② ㄴ  ③ ㄱ, ㄷ
④ ㄴ, ㄷ  ⑤ ㄱ, ㄴ, ㄷ

**03** 표는 각각 300 g의 물과 모래에 같은 양의 열을 가했을 때 처음 온도와 나중 온도를 측정한 것이다. 이에 대한 설명으로 옳은 것을 |보기|에서 모두 고른 것은?

| 구분 | 물 | 모래 |
|---|---|---|
| 처음 온도 (℃) | 20 | 20 |
| 나중 온도 (℃) | 25 | 45 |

┤ 보기 ├
ㄱ. 물과 모래의 비열의 비($c_물$ : $c_{모래}$)는 5 : 1이다.
ㄴ. 600 g의 물을 같은 조건에서 가열할 경우 나중 온도는 25 ℃보다 높을 것이다.
ㄷ. 사막보다 해안 지역의 일교차가 클 것이다.

① ㄱ  ② ㄴ  ③ ㄷ
④ ㄱ, ㄴ  ⑤ ㄴ, ㄷ

**[04~05]** 그림과 같이 철, 구리, 알루미늄 막대를 길이 팽창 실험 장치에 놓고 가열했더니 수평 상태였던 3개의 바늘이 오른쪽으로 회전했다.

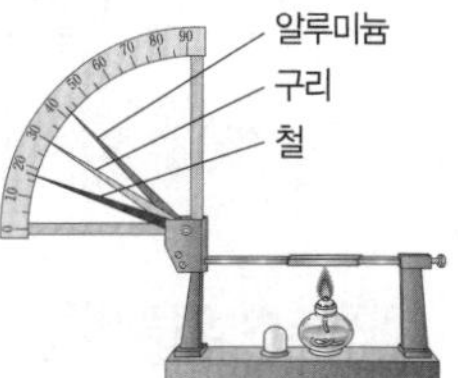


**04** 이에 대한 설명으로 옳은 것을 |보기|에서 모두 고른 것은?

┤ 보기 ├
ㄱ. 알루미늄이 열을 가장 빠르게 전달한다.
ㄴ. 열팽창 정도는 철>구리>알루미늄 순이다.
ㄷ. 가열 시간이 길어질수록 세 바늘이 회전하는 정도가 커진다.

① ㄱ  ② ㄴ  ③ ㄷ
④ ㄱ, ㄴ  ⑤ ㄴ, ㄷ

**05** 위의 결과를 바탕으로 화재가 발생했을 때 회로가 연결되어 벨이 울리는 장치를 만들기 위해 A와 B에 이용할 수 있는 금속으로 옳게 짝지은 것을 모두 고르면?

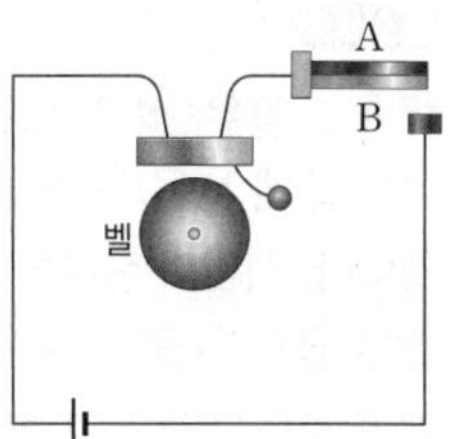


| | A | B | | A | B |
|---|---|---|---|---|---|
| ① | 철 | 구리 | ② | 철 | 알루미늄 |
| ③ | 구리 | 철 | ④ | 구리 | 알루미늄 |
| ⑤ | 알루미늄 | 구리 | | | |

V 열과 우리 생활

# 서술형 문제

## 단답형으로 쓰기

### 🏠 실생활

**01** 그림은 물을 따뜻하게 보관할 수 있는 보온병의 구조를 나타낸 것이다. 각 부분에서 단열되는 방법을 쓰시오.

(1) 은도금한 유리병 : ___________

(2) 보온병의 이중벽 : ___________

### 🧊 개념

**02** 질량이 500 g으로 같은 두 금속 A, B의 온도를 20℃ 높이는 데 각각 0.5 kcal, 0.25 kcal의 열량이 필요하다고 한다. 이때 A의 비열은 B의 비열의 몇 배인지 쓰시오.

## 키워드를 모두 이용하여 서술하기

### 🏠 실생활

**03** 그림은 천장에 설치된 냉난방 기구를 나타낸 것이다. 기구를 설치한 위치만 고려할 때, 여름과 겨울 중 어느 계절에 더 효율적으로 사용할 수 있는지 쓰고, 그렇게 생각한 까닭을 서술하시오.

> **키워드**  대류, 차가운 공기, 따뜻한 공기

### 🏠 실생활

**04** 그림은 삶은 달걀을 차가운 물에 넣은 모습을 나타낸 것이다. 시간이 충분히 흐른 뒤 삶은 달걀과 물의 온도는 어떻게 변하는지 쓰고, 그렇게 생각한 까닭을 서술하시오.

> **키워드**  열의 이동, 열평형

### 🔍 탐구력

**05** 그림은 돌솥과 양은 냄비의 모습을 나타낸 것이다.

질량이 같은 돌솥과 양은 냄비에 같은 양의 찌개를 끓일 경우 더 오랜 시간이 걸리는 것은 무엇인지 쓰고, 그렇게 생각한 까닭을 서술하시오. (단, 찌개를 끓이는 불꽃의 세기는 같다.)

> **키워드**  비열, 온도

### 🏠 실생활

**06** 그림은 바이메탈을 이용한 전기다리미의 구조를 나타낸 것이다. 바이메탈의 온도가 높아지면 전기다리미에 흐르는 전류가 차단되는 원리를 서술하시오.

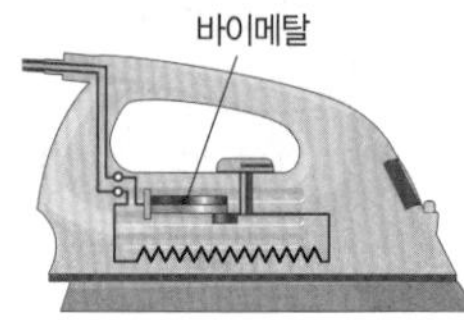


> **키워드**  열팽창, 전류

### 🏠 실생활

**07** 그림과 같이 치과에서는 충치를 치료할 때 금을 사용한다. 그 까닭을 서술하시오.

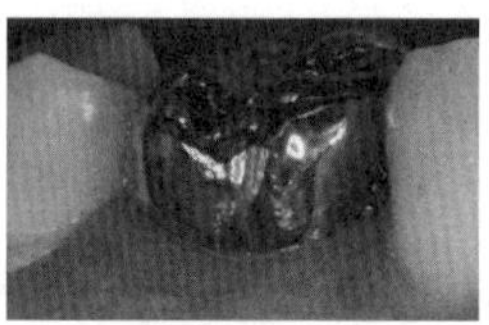

> **키워드**  열팽창

### 💡 창의력

**08** 그림과 같이 그릇 2개가 포개어져 잘 빠지지 않고 있다. 그릇을 쉽게 분리하기 위한 방법을 열팽창의 원리와 관련지어 서술하시오.

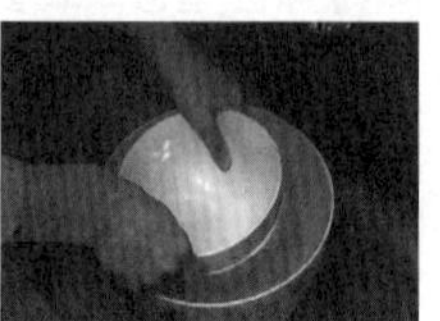

> **키워드**  찬물, 뜨거운 물, 열팽창

백신 과학 중등 물리학

# 백신 과학

## 중등 **물리학**

중 1·2·3 과정을 **한 권**에!

영역별 통합 기본서

정답과 해설

메가스터디BOOKS

# 백신과학

중등 **물리학**

## 정답과 해설

# I. 힘과 운동

## 01 힘

**탐구 A**
012쪽

**정리**    **1** 증가    **2** 비례
**3** ㉠ 1.0 N : 6 cm=$w$ : 7.2 cm ㉡ 1.2

**탐구 B**
013쪽

**정리**    **1** ㉠ 무게 ㉡ 물 밖 ㉢ 물속    **2** 크    **3** 위쪽

**개념 확인 문제**
014쪽

**01** ㉠ 모양 ㉡ 상태    **02** N(뉴턴)    **03** ㉠ 중력 ㉡ 중심
**04** 크    **05** ㉠ 질량 ㉡ 무게
**06** ㉠ N(뉴턴) ㉡ g(그램) ㉢ kg(킬로그램)
**07** 변하지 않는다    **08** 변한다    **09** ㉠ 탄성 ㉡ 탄성력
**10** 반대    **11** 크다    **12** 비례
**13** (1) × (2) × (3) ○ (4) ○ (5) × (6) ○    **14** 마찰력    **15** 반대
**16** 크다    **17** 크다    **18** (1) ㄱ, ㅁ (2) ㄴ, ㄷ, ㄹ    **19** 부력
**20** 반대    **21** ㉠ 무게 ㉡ 부피
**22** (1) ○ (2) ○ (3) × (4) × (5) ○

**01**
과학에서의 힘이란 물체의 모양이나 운동 상태를 변하게 하는 원인이다.

**02**
힘의 단위로는 N(뉴턴)을 사용한다.

**03**
중력은 지구가 물체를 끌어당기는 힘으로, 지구 중심 방향(＝연직 아래 방향)으로 작용한다.

**04**
중력의 크기는 물체의 질량이 클수록, 지구와 물체 사이의 거리가 가까울수록 크다.

**05**
질량은 물체의 고유한 양으로, 장소가 달라져도 변하지 않는다. 무게는 물체에 작용하는 중력의 크기로, 측정하는 장소에 따라 달라진다.

**06**
무게의 단위로는 힘의 단위인 N(뉴턴)을 사용하며, 질량의 단위로는 g(그램), kg(킬로그램)을 사용한다.

**07**
질량은 물체의 고유한 양으로, 측정 장소가 달라져도 변하지 않는다. 양팔저울이나 윗접시저울 등을 이용하여 측정한다.

**08**
무게는 물체에 작용하는 중력의 크기로, 측정 장소에 따라 변한다. 용수철저울, 가정용저울, 체중계 등을 이용하여 측정한다.

**09**
힘을 받아 변형된 물체가 원래 모양으로 되돌아가려는 성질을 탄성이라고 하며, 탄성 때문에 나타나는 힘을 탄성력이라고 한다.

**10**
탄성력의 방향은 탄성체에 작용하는 힘의 방향과 반대 방향이다.

**11**
탄성력의 크기는 탄성체가 늘어나거나 줄어든 길이에 비례하므로, 탄성체가 변형된 정도가 클수록 크다.

**12**
물체의 무게가 무거워질수록 용수철이 늘어나는 길이도 비례하여 길어진다.

**13**
**바로 알기 |** (1) 중력은 지구와 같은 천체가 물체를 끌어당기는 힘으로, 지구에만 존재하는 것은 아니다.
(2) 물체에 작용하는 중력의 크기를 무게라고 하며, 측정하는 장소에 따라 크기가 달라진다.
(5) 용수철이 늘어나는 길이는 탄성력의 크기에 비례하므로, 용수철이 늘어난 길이가 3배가 되면 탄성력의 크기도 3배가 된다.

**14**
두 물체의 접촉면에서 물체의 운동을 방해하는 힘을 마찰력이라고 한다.

**15**
마찰력의 방향은 물체가 운동하거나 운동하려는 방향과 반대 방향이다.

**16**
마찰력의 크기는 물체의 무게가 무거울수록 크다.

**17**
마찰력의 크기는 접촉면의 거칠기가 거칠수록 크다.

**18**
(1) 암벽 등반을 하거나 야구에서 투수가 공을 던지기 전에 송진 가루를 묻히는 것은 미끄러지지 않아야 좋은 경우이므로 마찰력을 크게 하는 경우이다.
(2) 미끄럼틀을 탈 때, 서랍을 열고 닫을 때, 스키나 스케이트를 탈 때는 미끄러져야 좋은 경우이므로 마찰력을 작게 하는 경우이다.

**19**

기체나 액체 속에 들어 있는 물체를 위로 뜨게 하는 힘을 부력이라고 한다.

**20**

부력의 방향은 물체를 밀어 올리는 방향, 즉 중력의 반대 방향인 위쪽 방향이다.

**21**

부력의 크기 측정은 물체가 물에 잠기기 전후 무게 차로 구할 수 있으며, 물체가 밀어낸 기체나 액체의 무게와 같으므로 기체나 액체 속에 잠긴 물체의 부피에 비례한다.

**22**

바로 알기 | (3) 물체에 힘을 작용하였을 때 물체가 움직이지 않았다면, 물체에 작용한 힘의 크기와 같은 크기의 마찰력이 힘의 방향과 반대 방향으로 작용한 것이다.

(4) 물체에 작용하는 부력이 중력보다 크면 물체는 물 위로 떠오른다.

---

**개념 집중 문제 | 계산력 향상 문제**  015쪽

**1** (1) 147 N (2) 24.5 N (3) 15 kg  **2** (1) 294 N (2) 49 N
**3** (1) 4.9 N (2) 3 kg  **4** (1) 58.8 N (2) 6 kg  **5** 5 cm
**6** 6개  **7** 22.5 cm  **8** 12 N

---

**1**

(1) 지구에서 질량이 1 kg인 물체의 무게가 9.8 N이므로, 질량이 15 kg인 물체의 지구에서의 무게는 $9.8 \times 15 = 147$(N)이다.

(2) 달에서의 무게는 지구에서 무게의 $\frac{1}{6}$이므로 $147 \times \frac{1}{6} = 24.5$(N)이다.

(3) 질량은 물체의 고유한 양으로 측정 장소가 달라져도 변하지 않으므로, 달에서의 질량은 15 kg이다.

**2**

(1) 질량은 물체의 고유한 양이므로 지구에서의 질량도 30 kg이다. 지구에서의 무게는 $9.8 \times 30 = 294$(N)이다.

(2) 달에서의 무게는 지구에서 무게의 $\frac{1}{6}$이므로 $294 \times \frac{1}{6} = 49$(N)이다.

**3**

(1) 달에서의 무게는 지구에서 무게의 $\frac{1}{6}$이므로 $29.4 \times \frac{1}{6} = 4.9$(N)이다.

(2) 질량은 물체의 고유한 양으로 달과 지구에서 일정하다. 지구에서의 질량을 구하면 $9.8 \times m = 29.4$(N)이므로 $m = 3$ kg이고, 달에서 질량도 3 kg이다.

**4**

(1) 지구에서의 무게는 $9.8 \times 6 = 58.8$(N)이다.

(2) 지구에서의 질량은 $9.8 \times m = 58.8$(N)이므로 $m = 6$ kg이다.

**5**

용수철이 늘어난 길이는 용수철에 작용한 힘의 크기에 비례하므로 $2 \text{ N} : 1 \text{ cm} = (2 \text{ N} \times 5) : x$에서 $x = 5$ cm이다.

**6**

1개 $: 2 \text{ cm} = x : 12 \text{ cm}$이므로 $x = 6$개이다.

**7**

$10 \text{ N} : (25-20) \text{ cm} = 5 \text{ N} : x$이므로 $x = 2.5$ cm이다. 따라서 용수철의 전체 길이는 $20 \text{ cm} + 2.5 \text{ cm} = 22.5$ cm이다.

**8**

$6 \text{ N} : (52-40) \text{ cm} = x : (64-40) \text{ cm}$이므로 $x = 12$ N이다.

---

**개념 집중 문제 | 계산력 향상 문제**  016쪽

**1** 5 N  **2** 6 N  **3** (1) 7 N (2) 21 N (3) 9 N
**4** (1) 2 N (2) 3 N (3) 1 N

---

**1**

물체가 정지해 있을 때 물체에 작용하는 마찰력의 크기는 물체에 작용한 힘의 크기와 같으므로, 이때 물체에 작용하는 마찰력의 크기도 5 N이다.

**2**

물제가 움직이기 시작하는 순간 물체에 작용하는 마찰력의 크기는 물체에 작용한 힘의 크기와 같으므로 6 N이다.

**3**

(1) 추에 작용하는 부력의 크기＝물 밖에서의 추의 무게－물속에서 추의 무게이므로 $x = 10 \text{ N} - 3 \text{ N}$에서 $x = 7$ N이다.

(2) 같은 추 3개를 매달아 물속에 넣었을 때 물속에서 추 3개에 작용하는 부력의 크기는 $7 \text{ N} \times 3 = 21$ N이다.

(3) 추에 작용하는 부력의 크기＝물 밖에서의 추의 무게－물속에서 추의 무게이므로 $21 \text{ N} = (10 \times 3) \text{ N} - x$에서 $x = 9$ N이다.

**4**

(1) 추에 작용하는 부력의 크기는 추가 밀어낸 물의 무게와 같으므로 넘친 물의 무게인 2 N과 같다.

(2) 용수철저울의 눈금은 추의 원래 무게에서 추에 작용하는 부력의 크기를 뺀 값과 같으므로 $x = 5 \text{ N} - 2 \text{ N}$에서 $x = 3$ N이다.

(3) 추에 작용하는 부력의 크기는 추가 밀어낸 물의 무게와 같으므로 넘친 물의 무게인 1 N과 같다.

## 02 운동

**탐구 A** 020쪽

**정리**　**1** 증가　**2** ㉠ 100 ㉡ 50 ㉢ A ㉣ B ㉤ A ㉥ B

**탐구 B** 021쪽

**정리**　**1** 일정　**2** ㉠ 비례 ㉡ 크　**3** 9.8

### 개념 확인 문제 022쪽

**01** 운동　　**02** 이동 거리　　**03** ㉠ m/s ㉡ km/h
**04** ㉠ 속력 ㉡ 걸린 시간　**05** 짧을　**06** 길
**07** ㄷ—ㄱ—ㄴ　　**08** 평균 속력　　**09** 시간
**10** 넓다　**11** 나중에　**12** 등속　**13** ㉠ 비례 ㉡ 빠르다
**14** ㉠ 나란한 ㉡ 이동 거리 **15** 클　**16** 일정　**17** 자유 낙하
**18** 중력　**19** ㉠ 직선 ㉡ 증가　**20** 9.8　**21** 먼저
**22** 동시에 **23** (1) ○ (2) ○ (3) × (4) ○ (5) × (6) ○ (7) × (8) ○ (9) ×

### 01
시간에 따라 물체의 위치가 변하는 현상을 운동이라고 한다.

### 02
물체가 운동하는 동안 움직인 거리를 이동 거리라고 한다.

### 03
속력은 일정한 시간 동안 물체가 이동한 거리를 나타내는 값이므로, 단위로는 m/s, km/h 등을 사용한다.

### 04
일정한 시간 동안 물체가 이동한 거리를 나타낸 값을 속력이라고 하며, 속력은 물체의 이동 거리를 걸린 시간으로 나누어 구한다.

### 05
같은 거리를 이동한 경우 걸린 시간이 짧을수록 속력이 빠르다.

### 06
같은 시간 동안 이동한 경우 이동한 거리가 길수록 속력이 빠르다.

### 07
ㄱ. 1분 동안 540 m를 달린 자전거의 속력 $= \dfrac{540\ \text{m}}{60\ \text{s}} = 9\ \text{m/s}$

ㄴ. 100 m를 20초 동안 달린 사람의 속력 $= \dfrac{100\ \text{m}}{20\ \text{s}} = 5\ \text{m/s}$

ㄷ. 3초 동안 60 m를 달린 사자의 속력 $= \dfrac{60\ \text{m}}{3\ \text{s}} = 20\ \text{m/s}$

따라서 속력은 ㄷ—ㄱ—ㄴ 순으로 빠르다.

### 08
물체의 속력이 일정하지 않을 때, 물체가 이동한 전체 거리를 총 걸린 시간으로 나누어 구한 속력을 평균 속력이라고 한다.

### 09
어두운 곳에서 일정한 시간 간격으로 빛을 비춰 물체의 운동을 찍은 사진을 다중 섬광 사진이라고 한다.

### 10
다중 섬광 사진에서 속력이 빠를수록 물체 사이의 간격이 넓다.

### 11
다중 섬광 사진에서 운동 방향 쪽의 물체가 나중에 찍힌 사진이다.

### 12
물체가 운동할 때 시간에 따라 속력이 일정한 운동을 등속 운동이라고 한다.

### 13
등속 운동을 하는 물체의 시간—이동 거리 그래프에서 이동 거리는 시간에 비례하며, 기울기가 클수록 속력이 빠르다.

### 14
등속 운동을 하는 물체는 시간에 따른 속력이 일정하므로 시간—속력 그래프는 시간축에 나란한 직선 모양이며, 그래프 아랫부분의 넓이는 속력×시간이므로 이동 거리를 나타낸다.

### 15
등속 운동을 하는 물체의 시간—속력 그래프에서 세로축 값이 클수록 속력이 빠른 운동이다.

### 16
등속 운동을 기록한 종이테이프에서 타점 사이의 간격은 일정하며, 같은 타점 간격으로 자른 종이테이프의 길이도 일정하다.

### 17
공기 저항이 없을 때 공중에 정지해 있던 물체가 중력만 받으면서 아래로 떨어지는 운동을 자유 낙하 운동이라고 한다.

### 18
자유 낙하 운동을 하는 물체에는 연직 아래 방향으로 중력이 작용한다.

### 19
자유 낙하 하는 물체의 속력은 일정하게 증가하므로 시간—속력 그래프는 원점을 지나는 기울어진 직선 모양이며, 같은 시간 동안 물체가 이동한 거리는 점점 증가한다.

## 20

물체의 운동 방향과 같은 방향으로 작용하는 중력에 의해 자유 낙하 운동을 하는 물체는 물체의 종류나 모양, 질량에 관계없이 속력이 1초마다 9.8 m/s씩 증가한다.

## 21

공기 저항이 있을 때, 같은 높이에서 동시에 떨어뜨리면 공기 저항을 적게 받는 쇠구슬이 깃털보다 먼저 떨어진다.

## 22

공기 저항이 없을 때, 물체의 질량에 관계없이 속력이 빨라지는 정도가 같기 때문에 같은 높이에서 동시에 떨어뜨리면 쇠구슬과 깃털은 동시에 떨어진다.

## 23

**바로 알기 |** (3) 등속 운동을 하는 물체의 시간－속력 그래프에서 이동 거리는 아랫부분의 넓이와 같다.

(5) 자유 낙하 운동을 하는 물체는 시간에 따라 속력이 일정하게 증가한다.

(7) 골프공과 탁구공이 자유 낙하 할 때 속력 변화량은 9.8로 일정하다.

(9) 진공 중에서 질량이 다른 두 물체가 같은 높이에서 동시에 자유 낙하 운동을 하면 질량에 관계없이 동시에 떨어진다.

---

**개념 집중 문제** | 자료 분석력 향상 문제 | 023쪽

**1** (1) 15 m/s (2) 10 m/s (3) 10 m/s (4) $\dfrac{20}{3}$ m/s (5) $\dfrac{100}{9}$ m/s

**2** (1) 40 m (2) A : 10 m/s, B : 2 m/s  **3** 1 : 1

## 1

(1) 속력 $= \dfrac{\text{이동 거리}}{\text{걸린 시간}} = \dfrac{15\ \text{m}}{1\ \text{s}} = 15\ \text{m/s}$

(2) 속력 $= \dfrac{\text{이동 거리}}{\text{걸린 시간}} = \dfrac{600\ \text{m}}{(1 \times 6)\ \text{s}} = \dfrac{600\ \text{m}}{60\ \text{s}} = 10\ \text{m/s}$

(3) 속력 $= \dfrac{\text{이동 거리}}{\text{걸린 시간}} = \dfrac{(1.2 \times 1000)\ \text{m}}{(2 \times 60)\ \text{s}} = \dfrac{1200\ \text{m}}{120\ \text{s}} = 10\ \text{m/s}$

(4) 속력 $= \dfrac{\text{이동 거리}}{\text{걸린 시간}} = \dfrac{24000\ \text{m}}{(1 \times 60 \times 60)\ \text{s}} = \dfrac{24000\ \text{m}}{3600\ \text{s}} = \dfrac{20}{3}\ \text{m/s}$

(5) 속력 $= \dfrac{\text{이동 거리}}{\text{걸린 시간}} = \dfrac{(120 \times 1000)\ \text{m}}{(3 \times 60 \times 60)\ \text{s}}$

$= \dfrac{120000\ \text{m}}{10800\ \text{s}} = \dfrac{100}{9}\ \text{m/s}$

## 2

(1) 5초일 때 A의 이동 거리는 50 m, B의 이동 거리는 10 m이므로, A와 B 사이의 거리는 40 m이다.

(2) 속력 $= \dfrac{\text{이동 거리}}{\text{걸린 시간}}$ 이므로 A의 속력 $= \dfrac{50\ \text{m}}{5\ \text{s}} = 10\ \text{m/s}$, B의 속력 $= \dfrac{10\ \text{m}}{5\ \text{s}} = 2\ \text{m/s}$이다.

---

## 3

공기 저항이 없을 때 자유 낙하 운동을 하는 물체의 속력은 질량에 관계없이 일정하게 증가하므로, 두 물체의 속력 변화는 같다. 따라서 A와 B의 속력 변화의 비는 1 : 1이다.

---

**단원마무리** | 생각그물 완성하기 | 024~025쪽

**1** N(뉴턴)  **2** 변한다  **3** g(그램)  **4** kg(킬로그램)
**5** 변하지 않는다  **6** 지구 중심 방향  **7** 비례
**8** 반대  **9** <  **10** <  **11** =  **12** 반대
**13** 크다  **14** 속력  **15** 짧을수록  **16** 일정
**17** 속력  **18** 이동 거리  **19** 중력  **20** 증가

# II. 일과 에너지

## 03 일과 에너지

### 탐구

032쪽

**정리**　**1** ㉠ 이동 거리 ㉡ 0.1 ㉢ 0.5 ㉣ 0.49
**2** ㉠ 0.1 ㉡ $(3.13)^2$ ㉢ 0.49
**3** ㉠ 2 ㉡ 2 ㉢ 2

### 개념 확인 문제

033쪽

**01** ㉠ 힘 ㉡ 힘　**02** ㉠ 힘 ㉡ 이동 거리　**03** 0
**04** 30　**05** ㄱ, ㅁ　**06** 에너지　**07** 에너지　**08** 감소
**09** 증가　**10** (1) ○ (2) × (3) ○ (4) ○ (5) × (6) ×　**11** 위치
**12** ㉠ 9.8 ㉡ 질량　**13** 질량　**14** 비례
**15** ㉠ 클 ㉡ 높　**16** 감소　**17** 운동
**18** ㉠ $\frac{1}{2}$ ㉡ 질량 ㉢ (속력)$^2$　**19** ㉠ 클 ㉡ 빠를
**20** (속력)$^2$　**21** 증가　**22** 길　**23** (1) ○ (2) ○ (3) × (4) ○

**01**

물체에 힘이 작용하여 그 힘의 방향으로 물체를 이동시킬 때 과학에서의 일을 했다고 한다.

**02**

일의 양($W$)은 물체에 작용한 힘의 크기($F$)와 물체가 힘의 방향으로 이동한 거리($s$)의 곱으로 구한다.

**03**

힘의 방향과 물체의 이동 방향이 수직일 때 물체가 힘의 방향으로 이동한 거리가 0이므로 힘이 한 일은 0이다.

**04**

수평면에 놓인 물체에 10 N의 힘을 작용하여 수평 방향으로 3 m 이동시켰을 때 한 일의 양은 10 N×3 m＝30 J이다.

**05**

**바로 알기 |** ㄴ. 음악을 듣고, 책을 읽는 등의 정신적 활동은 과학에서의 일을 한 경우가 아니다.
ㄷ. 물체에 힘이 작용하더라도 물체가 이동하지 않으면 이동 거리가 0이므로 힘이 한 일의 양은 0이다.
ㄹ. 물체가 이동하더라도 물체에 작용한 힘이 0이면 힘이 한 일의 양은 0이다.

**06**

어떤 물체가 가진 일을 할 수 있는 능력을 에너지라고 한다.

**07**

에너지는 일로, 일은 에너지로 서로 전환될 수 있다.

**08**

물체가 일을 했을 때 한 일의 양만큼 물체의 에너지가 감소한다.

**09**

물체에 일을 해 주었을 때 물체에 해 준 일의 양만큼 물체의 에너지가 증가한다.

**10**

**바로 알기 |** (2) 힘의 방향과 물체의 이동 방향이 수직일 때 한 일의 양은 0이다.
(5) 에너지는 일로, 일은 에너지로 서로 전환될 수 있다.
(6) 50 J의 에너지를 가지고 있는 물체에 40 J의 일을 해 주면, 물체의 에너지가 50 J＋40 J＝90 J로 증가한다.

**11**

중력이 작용하는 곳에서 어떤 높이에 있는 물체가 가지는 에너지를 중력에 의한 위치 에너지라고 한다.

**12**

높은 곳에 있는 물체가 가진 중력에 의한 위치 에너지의 크기는 9.8과 물체의 질량과 높이를 곱한 값과 같다.

**13**

물체의 높이가 일정할 때 중력에 의한 위치 에너지는 질량에 비례한다.

**14**

중력에 의한 위치 에너지는 물체의 질량과 높이의 곱에 비례한다.

**15**

추는 중력에 의한 위치 에너지만큼 말뚝에 일을 하므로, 추의 질량이 클수록, 추의 높이가 높을수록 말뚝이 깊이 박힌다.

**16**

물체가 일을 할 때 물체가 한 일의 양만큼 물체의 중력에 의한 위치 에너지는 감소한다.

**17**

운동하는 물체가 가지는 에너지를 운동 에너지라고 한다.

**18**

운동 에너지의 크기는 $\frac{1}{2}×m×v^2$이다.

**19**

물체의 운동 에너지는 물체의 질량이 클수록, 속력이 빠를수록 크다.

**20**

물체의 질량이 일정할 때 운동 에너지는 (속력)$^2$에 비례한다. 즉, 물체의 속력이 빠를수록 운동 에너지가 증가한다.

**21**

정지한 물체에 힘을 가하여 물체를 움직이게 하면 물체의 운동 에너지는 증가한다.

**22**

자유 낙하 하는 물체는 물체의 질량이 클수록, 물체가 낙하한 거리가 길수록 물체의 운동 에너지가 증가한다.

**23**

**바로 알기** | (3) 운동 에너지는 물체의 질량과 (속력)²에 각각 비례하므로, 속력이 2배가 되면 운동 에너지는 4배가 된다.

---

**개념 집중 문제** | 계산력 향상 문제     034쪽

**1** 300 J    **2** 30 J    **3** 294 J    **4** 98 J    **5** 5 : 6
**6** 500 J    **7** 3 m/s    **8** (1) 3배 (2) 9배

**1**

일의 양은 물체에 작용한 힘의 크기와 물체가 힘의 방향으로 이동한 거리의 곱으로 구하므로 30 N×10 m=300 J이다.

**2**

물체에 일을 해 주었을 때 물체에 해 준 일의 양만큼 물체의 에너지가 증가한다. 따라서 물체가 처음 가진 에너지 20 J과 물체에 해 준 일의 양 10 J을 더하면 일을 받은 후의 물체의 에너지는 30 J이다.

**3**

중력에 대해 한 일(J)은 물체의 무게(N)와 들어 올린 높이(m)의 곱으로 구한다. 따라서 질량이 10 kg인 물체를 3 m 들어 올릴 때 한 일의 양은 (9.8×10) N×3 m=294 J이다.

**4**

공이 갖는 위치 에너지만큼 일을 할 수 있으므로, 중력에 의한 위치 에너지(J)=$9.8mh$=(9.8×5) N×2 m=98 J이다.

**5**

중력에 의한 위치 에너지는 물체의 질량과 높이의 곱에 비례한다. 따라서 두 물체가 가지는 중력에 의한 위치 에너지의 비(A : B)는 1 kg×5 m : 3 kg×2 m=5 : 6이다.

**6**

운동 에너지의 크기는 $\frac{1}{2}$과 물체의 질량과 (속력)²을 곱한 값이므로 $\frac{1}{2}$×10 kg×(10 m/s)²=500 J이다.

**7**

수레의 운동 에너지(J)=27 J=$\frac{1}{2}$×6 kg×(속력)²(m/s)²이므로, 수레의 속력은 3 m/s이다.

**8**

운동 에너지는 질량과 (속력)²의 곱에 비례하므로 질량을 3배로 늘리면 운동 에너지는 3배, 속력을 3배로 늘리면 운동 에너지는 9배가 된다.

## 04 역학적 에너지 전환과 보존

**탐구**     037쪽

**정리**    **1** ㉠ 감소 ㉡ 증가    **2** 보존
**3** ㉠ 위치 ㉡ 운동 ㉢ 역학적

**개념 확인 문제**     038쪽

**01** 역학적    **02** ㉠ 위치 ㉡ 운동    **03** ㉠ 감소 ㉡ 증가
**04** ㉠ 위치 ㉡ 역학적    **05** ㉠ 위치 ㉡ 운동
**06** ㄱ-ㄴ-ㄷ    **07** ㉠ 98 ㉡ 98    **08** 보존
**09** ㉠ 위치 ㉡ 운동    **10** ㉠ 증가 ㉡ 감소
**11** ㉠ 감소 ㉡ 증가    **12** (1) × (2) ○ (3) ○ (4) ○ (5) ×
**13** (1) × (2) ○ (3) ×    **14** (1) ㉠ 위치 ㉡ 운동 (2) ㉠ 운동 ㉡ 위치
**15** (1) 크다 (2) 운동

**01**

물체의 중력에 의한 위치 에너지와 운동 에너지의 합을 역학적 에너지라고 한다.

**02**

롤러코스터가 내려올 때 높이가 낮아지고 속력이 증가하면서 위치 에너지가 감소하고, 운동 에너지가 증가한다. 따라서 위치 에너지가 운동 에너지로 전환된다.

**03**

연직 위로 던져 올린 물체는 속력이 감소하고, 높이가 높아지면서 운동 에너지가 감소하고, 위치 에너지가 증가한다.

**04**

자유 낙하 하는 물체는 높이가 낮아지면서 위치 에너지는 감소하지만, 역학적 에너지는 일정하다.

**05**

수영 선수가 다이빙할 때는 높이가 낮아지면서 위치 에너지가 운동 에너지로 전환된다.

## 06

ㄱ. $9.8 \times m \times 15 = 147m$(J)

ㄴ. $\frac{1}{2} \times m \times 5^2 = 12.5m$(J)

ㄷ. $(9.8 \times m \times 1) + \left(\frac{1}{2} \times m \times 1^2\right) = 10.3m$(J)

물체의 역학적 에너지는 ㄱ−ㄴ−ㄷ 순으로 크다.

## 07

지면을 기준면으로 하면 물체의 처음 위치 에너지는 $(9.8 \times 2)$ N $\times$ 5 m $= 98$ J이다. 물체가 지면에 도달하는 순간 위치 에너지가 모두 운동 에너지로 전환되므로 지면에 도달하는 순간 운동 에너지는 98 J이며, 위치 에너지와 운동 에너지의 합인 역학적 에너지는 98 J이다.

## 08

공기 저항이나 마찰이 없을 때, 운동하는 물체의 역학적 에너지는 항상 일정하게 보존되는 것을 역학적 에너지 보존 법칙이라고 한다.

## 09

진자 운동을 하는 물체는 최고점에서 위치 에너지가 최대이고, 최저점에서 운동 에너지가 최대이다.

## 10

진자 운동을 하는 물체가 최저점에서 최고점으로 이동할 때 높이가 높아지므로 위치 에너지는 증가하고, 운동 에너지는 감소한다.

## 11

비스듬히 던져 올린 물체가 최고점으로 올라가는 동안 속력이 느려져서 운동 에너지는 감소하고, 높이가 높아져서 위치 에너지는 증가한다.

## 12

**바로 알기 |** (1) 위치 에너지는 운동 에너지로, 운동 에너지는 위치 에너지로 서로 전환될 수 있다.
(5) 비스듬히 던져 올린 물체는 최고점에서 위치 에너지가 최대이며, 역학적 에너지는 높이에 관계없이 항상 일정하다.

## 13

**바로 알기 |** (1) A → B 구간에서 위치 에너지는 증가한다.
(3) 역학적 에너지는 모든 지점에서 항상 일정하다.

## 14

(1) A → O 구간에서 높이가 낮아지면서 위치 에너지가 운동 에너지로 전환된다.
(2) O → B 구간에서 높이가 높아지면서 운동 에너지가 위치 에너지로 전환된다.

## 15

(1) A에서 물체는 지면으로부터 $\frac{2}{3}h$ 높이에 있으므로, 위치 에너지가 운동 에너지보다 크다.
(2) 지면인 C에서 물체의 위치 에너지가 운동 에너지로 모두 전환되므로 역학적 에너지의 크기는 물체의 운동 에너지와 같고, 위치 에너지는 0이다.



---

**개념 집중 문제** 계산력 향상 문제    039쪽

**1** 7 m/s    **2** (1) 98 J (2) 14 m/s    **3** 2.5 m
**4** (1) 20 m (2) 232 J    **5** 2 m

## 1

물체가 지면에 도달하는 순간 위치 에너지가 모두 운동 에너지로 전환되므로, 2.5 m 높이에서의 위치 에너지는 지면에서의 운동 에너지와 같다. 따라서 $(9.8 \times 1)$ N $\times 2.5$ m $= \frac{1}{2} \times 1$ kg $\times v^2 = 24.5$ J에서 $v = 7$ m/s이다.

## 2

(1) 10 m 높이인 지점을 지나는 순간 공의 운동 에너지는 감소한 위치 에너지와 같다. 따라서 $(9.8 \times 2)$ N $\times (15 - 10)$ m $= 98$ J이다.
(2) 5 m 높이인 지점을 지나는 순간 공의 운동 에너지는 감소한 위치 에너지와 같으므로 $(9.8 \times 2)$ N $\times (15 - 5)$ m $= 196$ J이다. 따라서 $\frac{1}{2} \times 2$ kg $\times v^2 = 196$ J에서 $v = 14$ m/s이다.

## 3

지면에서의 운동 에너지는 최고점에서의 위치 에너지와 같으므로, $\frac{1}{2} \times 8$ kg $\times (7$ m/s$)^2 = (9.8 \times 8)$ N $\times h$에서 $h = 2.5$ m이다.

## 4

(1) 물체의 역학적 에너지는 최고점에서의 위치 에너지와 같으므로, $(9.8 \times 2)$ N $\times 10$ m $+ \frac{1}{2} \times 2$ kg $\times (14$ m/s$)^2 = (9.8 \times 2)$ N $\times h$에서 $h = 20$ m이다. 따라서 지면으로부터 10 m 높이인 옥상에서 물체를 연직 위로 14 m/s의 속력으로 던져 올렸을 때 물체가 올라간 최고 높이는 지면으로부터 20 m 떨어져 있다.
(2) 지면에 도달하는 순간 물체의 역학적 에너지는 10 m 높이에서의 위치 에너지와 10 m 높이에서의 운동 에너지의 합과 같다. 따라서 $(9.8 \times 2)$ N $\times 10$ m $+ \frac{1}{2} \times 2$ kg $\times (6$ m/s$)^2 = 232$ J이다.

## 5

감소한 위치 에너지는 증가한 운동 에너지와 같으므로,
$(9.8 \times 0.5)$ N $\times (10 - h)$ m : $(9.8 \times 0.5)$ N $\times h = 4$ : 1에서 $h = 2$ m이다.

---

**단원마무리** 생각그물 완성하기    040~041쪽

**1** 이동 거리   **2** 수직   **3** 전환   **4** $9.8mh$   **5** 비례
**6** 비례   **7** 증가   **8** 감소   **9** $\frac{1}{2}mv^2$   **10** 클
**11** 길   **12** 비례   **13** 비례   **14** 위치   **15** 운동
**16** 최대   **17** 최소   **18** 감소   **19** 증가   **20** 최소
**21** 최대   **22** 증가   **23** 감소   **24** 운동   **25** 위치
**26** 최대   **27** 0   **28** 최소   **29** 최대   **30** 최대
**31** 0   **32** $9.8mh$   **33** $9.8mh$   **34** $9.8mh$

# Ⅲ. 전기 에너지

## 05 전기

**탐구 A**  049쪽

**정리**  1 정전기 유도
2 ㉠ 금속판 ㉡ 금속박 ㉢ (−) ㉣ 벌어진다
3 ㉠ 많아 ㉡ 많아 ㉢ 벌어진다

**탐구 B**  050쪽

**정리**  1 비례  2 ㉠ 작 ㉡ 크 ㉢ 반비례
3 ㉠ 일정 ㉡ 저항

**개념 확인 문제**  051쪽

01 ㉠ (+) ㉡ (−)  02 ㉠ 인력 ㉡ 척력  03 전자
04 ㉠ 가까운 ㉡ 먼  05 (1) × (2) ○
06 정전기 유도  07 벌어진다  08 (1) ○ (2) ×
09 전류  10 ㉠ (+) ㉡ (−) ㉢ 반대  11 A
12 전압  13 전지  14 ㉠ 직렬 ㉡ 병렬  15 저항
16 ㉠ 길이 ㉡ 단면적  17 ㉠ 비례 ㉡ 반비례  18 크다
19 (1) ㄱ, ㄹ, ㅁ (2) ㄴ, ㄷ, ㅂ  20 (1) × (2) ○ (3) ○

### 01

물질은 원자로 이루어져 있으며, 원자는 (+)전하를 띠는 원자핵과 (−)전하를 띠는 전자로 이루어져 있다.

### 02

전기력은 대전체 사이에 작용하는 힘으로, 다른 종류의 전하를 띤 물체 사이에서는 서로 끌어당기는 힘인 인력이 작용하고, 같은 종류의 전하를 띤 물체 사이에서는 서로 밀어내는 힘인 척력이 작용한다.

### 03

서로 다른 물체를 마찰하면 전자의 이동에 의해 대전(물체가 전기를 띠는 현상)이 일어난다.

### 04

물체에 대전체를 가까이 하면 정전기 유도에 의해 대전체와 가까운 쪽에는 대전체와 다른 종류의 전하가 유도되고, 대전체와 먼 쪽에는 대전체와 같은 종류의 전하가 유도된다.

### 05

**바로 알기 |** (1) 서로 다른 두 물체를 마찰할 때 전자를 잃은 물체는 (+)전하를 띤다.

### 06

검전기는 대전체와 금속 사이에서 일어나는 정전기 유도 현상을 이용한 장치이다.

### 07

대전되지 않은 검전기의 금속판에 (−)대전체를 가까이 하면 금속판에는 (+)전하가, 금속박에는 두 가닥에 모두 (−)전하가 유도되어 금속박이 척력에 의해 벌어진다.

### 08

**바로 알기 |** (2) (+)전하로 대전된 검전기에 같은 종류의 전하를 띠는 (+)대전체를 가까이 하면 금속박은 더 벌어진다.

### 09

도선을 통해 전자가 이동하면서 전하를 운반하는데, 이러한 전하의 흐름을 전류라고 한다.

### 10

전기 회로에서 전류는 전지의 (+)극에서 (−)극으로 흐르고, 전자는 (−)극에서 (+)극으로 이동한다.

### 11

전류의 세기는 1초 동안 도선의 단면을 통과하는 전하의 양으로, 단위로는 A(암페어) 또는 mA(밀리암페어)를 사용한다.

### 12

전압은 전기 회로에서 전류를 흐르게 하는 능력이다.

### 13

전기 회로에서 전지는 전압 차를 발생시키므로 물의 흐름에서 수압 차를 발생시키는 펌프와 같은 역할을 한다.

### 14

전류계는 전류의 세기를 측정하는 도구로 전기 회로에 직렬로 연결하고, 전압계는 전압의 크기를 측정하는 도구로 전기 회로에 병렬로 연결한다.

### 15

전기 회로에서 전자가 도체 내의 원자와 충돌하기 때문에 전류의 흐름이 방해를 받는데, 이처럼 전기 회로에서 전류가 흐르는 것을 방해하는 정도를 저항이라고 한다.

### 16

물질의 종류가 같을 때 전기 저항은 물질의 길이가 길수록, 단면적이 작을수록 크다.

### 17

전기 회로에서 저항이 일정할 때 전류의 세기는 전압에 비례하고, 전압이 일정할 때 전류의 세기는 저항에 반비례한다.

## 18

전기 회로에서 전류의 세기가 일정할 때, 전압은 저항에 비례한다.

## 19

⑴ 저항을 직렬로 연결한 경우 각 저항에 흐르는 전류의 세기는 같고(ㄱ), 각 저항에 걸리는 전압의 합은 전체 전압과 같다(ㄹ). 또한 저항을 직렬로 연결하는 것은 저항을 길게 하는 것과 같으므로, 저항을 연결할수록 전체 저항이 커진다(ㅁ).
⑵ 저항을 병렬로 연결한 경우 각 저항에 걸리는 전압이 같고(ㄴ), 각 저항에 흐르는 전류의 세기의 합은 전체 전류의 세기와 같다(ㄷ). 또한 저항을 병렬로 연결하는 것은 저항의 단면적이 커지는 것과 같으므로, 저항을 연결할수록 전체 저항이 작아진다(ㅂ).

## 20

**바로 알기 |** ⑴ 가정용 콘센트는 전기 기구를 병렬로 연결하므로, 연결된 전기 기구 중 한 개의 전선이 끊어지더라도 다른 전기 기구를 사용할 수 있다.

---

**개념 집중 문제** 　자료 분석력 향상 문제　053쪽

**1** B　　**2** A　　**3** A
**4** 각 저항에 흐르는 전류의 합 : $I_1$, 각 저항에 걸리는 전압 : $V_1$
**5** 각 저항에 걸리는 전압의 합 : $V_2$, 각 저항에 흐르는 전류 : $I_2$
**6** $I_1 > I_2$

## 1

전류에 대한 전압의 비를 저항이라고 한다.

## 2

니크롬선의 길이가 같을 때 단면적이 클수록 저항의 크기가 작다.

## 3

전압이 일정할 때, 저항과 전류의 세기는 반비례하므로 저항이 작은 A에 흐르는 전류의 세기가 더 크다.

## 4

저항을 병렬로 연결했을 때 각 저항에 흐르는 전류의 합은 전기 회로 전체에 흐르는 전류($I_1$)와 같고, 각 저항에 걸리는 전압은 전기 회로 전체에 걸리는 전압($V_1$)과 같다.

## 5

저항을 직렬로 연결했을 때 각 저항에 걸리는 전압의 합은 전기 회로 전체에 걸리는 전압($V_2$)과 같고, 각 저항에 흐르는 전류는 전기 회로 전체에 흐르는 전류($I_2$)와 같다.

## 6

저항을 병렬로 연결하면 전체 저항이 작아지고, 저항을 직렬로 연결하면 전체 저항이 커진다. 전압이 일정할 때, 전류는 저항에 반비례하므로 $I_1$이 $I_2$보다 크다.

---

**개념 집중 문제** 　자료 분석력 향상 문제　052쪽

**1** 나무 막대　　**2** 유리 막대　　**3** 고무, 플라스틱　　**4** 해설 참조
**5** 해설 참조　　**6** 해설 참조

## 1

털가죽은 나무 막대보다 전자를 잃기 쉬우므로, 털가죽과 나무 막대를 마찰할 경우 털가죽은 전자를 잃고 나무 막대는 전자를 얻는다.

## 2

유리 막대는 명주 헝겊보다 전자를 잃기 쉬우므로, 유리 막대와 명주 헝겊을 마찰할 경우 유리 막대는 전자를 잃고 (+)전하로 대전된다.

## 3

나무 막대보다 전자를 잃기 어려운 물체(고무, 플라스틱)를 나무 막대와 마찰할 경우, 그 물체는 전자를 얻어 (−)전하로 대전된다.

## 4

**모범 답안 |** (+)대전체를 가까이 하면 정전기 유도 현상에 의해 대전체와 먼 금속박에서 대전체와 가까운 금속판으로 전자가 이동한다. 따라서 금속판은 (−)전하, 금속박은 (+)전하로 대전된다.

## 5

**모범 답안 |** 같은 종류의 전하로 대전된 금속박 사이에는 서로 밀어내는 척력이 작용하여 금속박이 벌어진다.

## 6

**모범 답안 |** (−)전하로 대전된 검전기에 다른 종류의 전하로 대전된 (+)대전체를 가까이 하면 금속박이 오므라든다.

---

# 06 전류의 자기 작용

**탐구 A**　　057쪽

**정리**　**1** 전류　　**2** ㉠ 전류 ㉡ 자기장

**탐구 B**　　058쪽

**정리**　**1** ㉠ N ㉡ S ㉢ 왼쪽 ㉣ 안 ㉤ 안
**2** ㉠ 자기장 ㉡ 전류 ㉢ 전류 ㉣ 자기장 ㉤ 전류 ㉥ 자기장

**01** 자기력   **02** 자기장   **03** N   **04** (1) ○ (2) × (3) ○
**05** ㉠ 전류 ㉡ 자기장   **06** 시계 반대 방향   **07** 세다
**08** ㉠ 자기장 ㉡ 전류   **09** (1) ○ (2) × (3) ×   **10** 힘(자기력)
**11** ㉠ 전류 ㉡ 자기장 ㉢ 힘(자기력)   **12** ㉠ 수직 ㉡ 평행
**13** (1) ○ (2) ×   **14** (1) ㄷ (2) ㄱ, ㄴ
**15** ㉠ 전기 ㉡ 역학적   **16** ㉠ 반대 ㉡ 반대
**17** (1) × (2) × (3) ○ (4) ×

## 01

자석과 자석 또는 자석과 쇠붙이 사이에서 작용하는 힘을 자기력이라고 한다.

## 02

자석이나 전류가 흐르는 도선 주위에는 자기력이 작용하며, 자기력이 작용하는 공간을 자기장이라고 한다.

## 03

자기장의 방향은 나침반 바늘의 N극이 가리키는 방향이다.

## 04

**바로 알기 |** (2) 자기력선의 간격이 좁을수록 자기장이 세다.

## 05

직선 도선에서는 자기장이 도선을 중심으로 동심원 모양으로 형성되며, 전류의 방향으로 오른손의 엄지손가락을 향하게 하고 전선을 감아쥘 때 나머지 네 손가락의 방향이 자기장의 방향이다.

## 06

직선 도선에서 전류가 위로 흐를 때 자기장의 방향은 시계 반대 방향으로 형성된다.

## 07

원형 도선에 흐르는 전류의 세기가 셀수록 원형 도선 주위에 형성되는 자기장의 세기가 세다.

## 08

전류가 흐르는 코일 주위의 자기장은 막대자석 주위의 자기장과 비슷하게 형성되며, 코일을 오른손으로 감아쥘 때 엄지손가락의 방향은 자기장의 방향, 네 손가락의 방향은 전류의 방향이다.

## 09

**바로 알기 |** (2) 코일에 흐르는 전류의 세기를 세게 하면 전자석의 세기도 커진다.
(3) 코일에 흐르는 전류의 방향을 반대로 바꾸면 코일 주위에 생기는 자기장의 방향도 반대로 바뀐다.

## 10

자기장 속에 놓여 있는 도선에 전류가 흐르면 전류에 의한 자기장과 자석의 자기장의 상호 작용에 의해 힘(자기력)이 작용한다.

## 11

자기장 속에 놓여 있는 도선에 전류가 흐를 때 오른손의 엄지손가락의 방향은 전류의 방향, 네 손가락의 방향은 자기장의 방향, 손바닥은 힘(자기력)의 방향이다.

## 12

전류가 흐르는 도선이 받는 힘의 크기는 전류의 방향과 자기장의 방향이 이루는 각이 클수록 크므로, 수직일 때 가장 크고 평행일 때 가장 작다.

## 13

**바로 알기 |** (2) 자기장의 세기가 셀수록 도선이 받는 힘의 크기도 커진다.

## 14

(1) 전류와 자기장의 방향을 모두 반대로 바꾸면 알루미늄 막대가 힘을 받는 방향이 처음과 같으므로 말굽자석의 바깥쪽으로 이동한다.
(2) 전류의 방향만 반대로 바꾸거나 자기장의 방향만 반대로 바꾸면 알루미늄 막대가 힘을 받는 방향이 처음과 반대가 되므로 말굽자석의 안쪽으로 이동한다.

## 15

전동기는 자기장에서 전류가 흐르는 도선이 받는 힘을 이용하여 전기 에너지를 역학적 에너지로 전환시키는 장치이다.

## 16

전동기에서 정류자와 연결된 코일 양쪽에 흐르는 전류의 방향은 반대 방향이므로, 서로 반대 방향으로 힘을 받는다.

## 17

**바로 알기 |** (1) 전류의 세기를 세게 흘려주더라도 전류의 방향은 바뀌지 않으므로, 코일은 시계 방향으로 회전한다.
(2) 코일이 시계 방향으로 회전하는 전동기에서 자석의 극을 바꾸면 코일은 시계 반대 방향으로 회전한다.
(4) 전자석은 코일 속에 철심을 넣어 만든 것으로 전류가 흐를 때만 자석이 되며, 자기장에서 도선이 힘을 받는 것을 이용한 장치가 아니다.

**개념 집중 문제** 자료 분석력 향상 문제    060쪽

**1** 해설 참조   **2** 해설 참조   **3** 위쪽 방향   **4** 해설 참조   **5** 해설 참조

## 1

모범 답안 |

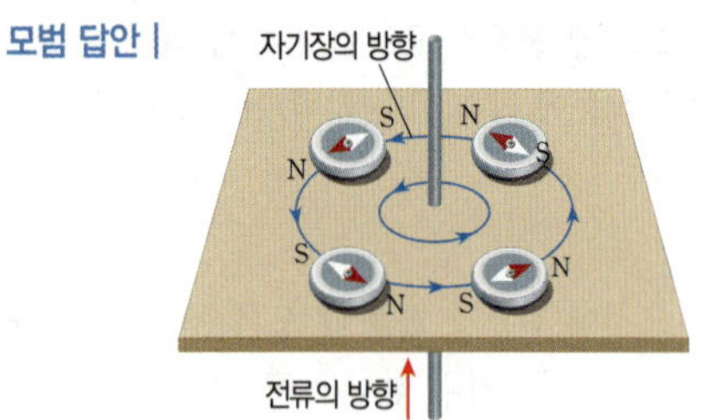


## 2 모범 답안 |

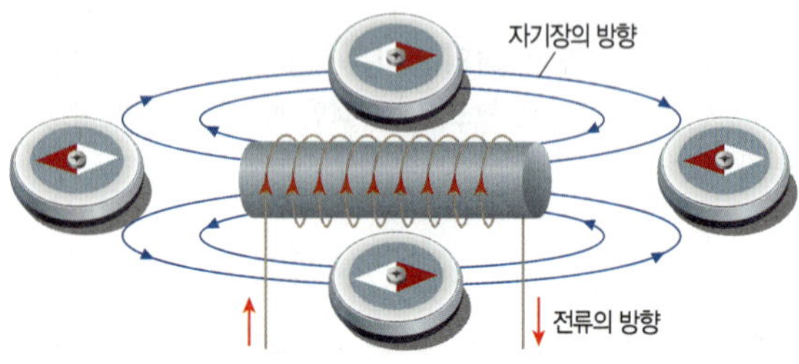


## 3

오른손의 엄지손가락을 전류가 흐르는 방향, 나머지 네 손가락을 자기장의 방향(N → S)으로 향하게 할 때 손바닥이 향하는 방향이 힘을 받는 방향이다. 따라서 그림에서 도선이 힘을 받는 방향은 위쪽 방향이다.

## 4

모범 답안 | 전류가 흐르는 방향만 반대로 바꾼다. 자기장의 방향만 바꾼다(N극과 S극을 서로 반대로 바꾼다).

## 5

모범 답안 | 전류의 세기를 세게 한다. 자기장의 세기를 세게 한다.

## 07 전기 에너지의 발생과 전환

### 탐구
064쪽

정리  **1** ㉠ 자기장 ㉡ 전류  **2** 반대
**3** ㉠ 운동 ㉡ 운동 ㉢ 전기 ㉣ 전기 ㉤ 빛  **4** ㉠ 자기장 ㉡ 유도 전류

### 개념 확인 문제
065쪽

**01** 전자기 유도  **02** 유도 전류 **03** 반대  **04** 전기
**05** (1) ㄴ (2) ㄱ, ㄷ  **06** ㉠ 많을수록 ㉡ 강한 ㉢ 빠르게
**07** ㉠ 역학적 ㉡ 전기  **08** 화력  **09** 역학적
**10** ㉠ 전환 ㉡ 보존  **11** ㉠ 빛 ㉡ 소리 ㉢ 운동
**12** (1) ㄴ, ㅂ (2) ㄱ (3) ㄹ, ㅁ (4) ㄷ  **13** (1) ◯ (2) ✕ (3) ✕ (4) ✕
**14** ㉠ 소비 전력 ㉡ W(와트) ㉢ kW(킬로와트)  **15** 작을
**16** ㉠ 전력량 ㉡ Wh(와트시) ㉢ kWh(킬로와트시)  **17** 소비 전력
**18** 커진다  **19** 작다

## 01

코일 주위에서 자석을 움직이거나 자석 주위에서 코일을 움직일 때 코일 내부의 자기장의 변화로 코일에 전류가 흐르는데, 이러한 현상을 전자기 유도라고 한다.

## 02

전자기 유도가 일어날 때 코일에 흐르는 전류를 유도 전류라고 한다.

## 03

코일과 자석을 가까이 할 때와 멀리 할 때 코일에 흐르는 전류의 방향은 반대이다.

## 04

전류가 흐를 때 공급되는 에너지를 전기 에너지라고 하며, 전기 기구는 공급받은 전기 에너지를 이용하여 다양한 에너지로 전환한다.

## 05

(1) 코일에 자석의 N극을 가까이 하거나 자석의 N극에 코일을 가까이 할 때는 같은 방향으로 전류가 흐르므로, 검류계의 바늘이 오른쪽으로 움직인다.
(2) 코일에 자석의 N극을 멀리 하거나 자석의 N극에 코일을 멀리 할 때는 두 물체를 가까이 할 때와 다른 방향으로 전류가 흐르므로, 검류계의 바늘이 왼쪽으로 움직인다.

## 06

코일 내부의 자기장의 변화가 클수록 전류가 더 세게 흐르므로, 코일의 감은 수가 많을수록, 강한 자석을 움직일수록, 자석을 빠르게 움직일수록 유도 전류의 세기가 세다.

## 07

발전기는 자석 사이에 있는 코일이 회전하면서 코일 내부의 자기장이 변할 때 코일에 전류가 유도되는 전자기 유도 현상을 이용한 장치로, 역학적 에너지를 전기 에너지로 전환한다.

## 08

화력 발전은 화석 연료의 화학 에너지를 전기 에너지로 전환하여 사용하는 발전 방식이다.

## 09

풍력 발전은 바람의 역학적 에너지를 전기 에너지로 전환하여 사용하는 발전 방식이다.

## 10

에너지는 한 형태에서 다른 형태로 전환되며, 이때 에너지는 새로 생기거나 없어지지 않고 에너지의 총량은 항상 일정하게 보존된다.

## 11

휴대 전화에 공급된 전기 에너지는 화면에 영상이 나타날 때 빛에너지로, 전화벨이 울릴 때는 소리 에너지로, 진동이 울릴 때는 운동 에너지로 전환된다.

## 12

⑴ 전기난로와 전기다리미는 공급된 전기 에너지를 주로 열에너지로 전환하여 사용하는 전기 기구이다.

⑵ 전등은 공급된 전기 에너지를 주로 빛에너지로 전환하여 사용하는 전기 기구이다.

⑶ 세탁기와 선풍기는 공급된 전기 에너지를 주로 운동 에너지로 전환하여 사용하는 전기 기구이다.

⑷ 라디오는 전기 에너지를 주로 소리 에너지로 전환하여 사용하는 전기 기구이다.

## 13

**바로 알기** | ⑵ 전기 에너지는 빛에너지, 열에너지, 운동 에너지, 소리 에너지 등 다양한 형태의 에너지로 전환될 수 있다.

⑶ 오디오는 전기 에너지가 주로 소리 에너지로 전환되는 예이다.

⑷ 믹서를 사용할 때 열에너지가 발생하더라도 에너지 보존 법칙에 의해 에너지가 전환된 후의 에너지 총량은 일정하다.

## 14

전기 기구가 1초 동안 사용하는 전기 에너지의 양을 소비 전력이라고 하며, 단위로는 W(와트) 또는 kW(킬로와트)를 사용한다.

## 15

같은 용도로 사용하는 전기 기구라도 소비 전력이 다를 수 있으며, 소비 전력이 작을수록 전기 에너지를 절약할 수 있다.

## 16

전기 기구가 일정 시간 동안 사용한 전기 에너지의 총량을 전력량이라고 하며, 단위로는 Wh(와트시) 또는 kWh(킬로와트시)를 사용한다.

## 17

전력량은 소비 전력과 사용 시간의 곱으로 나타낼 수 있다.

## 18

전기 기구를 사용하는 시간이 길어질수록 소비한 전력량은 커진다.

## 19

전기 기구는 에너지 소비 효율에 따라 1등급부터 5등급까지 나누어 표시하며, 에너지 소비 효율 등급이 작을수록 에너지를 효율적으로 이용하는 전기 기구이다.

---

### 개념 집중 문제　계산력 향상 문제　066쪽

**1** 120 W　**2** 570 J　**3** 600 Wh　**4** 660 Wh
**5** 15750 Wh　　**6** 26400 J　**7** 2640 Wh

---

## 1

$$\text{소비 전력(W)} = \frac{\text{전기 에너지(J)}}{\text{시간(s)}} = \frac{1800\ \text{J}}{15\ \text{s}} = 120\ \text{W}$$

## 2

$$\text{전기 에너지(J)} = \text{소비 전력(W)} \times \text{시간(s)} = 95\ \text{W} \times 6\ \text{s} = 570\ \text{J}$$

## 3

$$\text{전력량(Wh)} = \text{소비 전력(W)} \times \text{사용 시간(h)} = \frac{1200\ \text{J}}{8\ \text{s}} \times 4\ \text{h}$$
$$= 600\ \text{Wh}$$

## 4

$$\text{전력량(Wh)} = \text{소비 전력(W)} \times \text{사용 시간(h)} = 330\ \text{W} \times 2\ \text{h}$$
$$= 660\ \text{Wh}$$

## 5

$$\text{전력량(Wh)} = \text{소비 전력(W)} \times \text{사용 시간(h)} = 750\ \text{W} \times 3\ \text{h} \times 7$$
$$= 15750\ \text{Wh}$$

## 6

$$\text{전기 에너지(J)} = \text{소비 전력(W)} \times \text{시간(s)} = 44\ \text{W} \times 600\ \text{s}$$
$$= 26400\ \text{J}$$

## 7

$$\text{전력량(Wh)} = \text{소비 전력(W)} \times \text{사용 시간(h)} = 44\ \text{W} \times 2\ \text{h} \times 30$$
$$= 2640\ \text{Wh}$$

---

### 단원마무리　생각그물 완성하기　067~069쪽

**1** 전자　**2** 검전기　**3** 끌어당기는　**4** 척력　**5** 전압
**6** 전하　**7** +　**8** −　**9** −　**10** +
**11** 방해　**12** 직렬　**13** 증가　**14** 일정　**15** 병렬
**16** 감소　**17** 일정　**18** 전압　**19** 저항　**20** N
**21** S　**22** 전류　**23** 자기장　**24** 전류　**25** 자기장
**26** 자기장　**27** 전류　**28** 전자석　**29** 힘　**30** 자기장
**31** 전류　**32** 전기　**33** 역학적　**34** 아래　**35** 위
**36** 전자기 유도　**37** 유도 전류　**38** 흐르지 않음
**39** 흐름　**40** 발전기　**41** 역학적　**42** 전기　**43** 화학
**44** 역학적　**45** 보존　**46** 빛　**47** 열　**48** 1초
**49** 전기 에너지(J)　**50** 시간(s)　**51** 소비 전력(W)

# IV. 빛과 파동

## 08 빛과 색

### 탐구
075쪽

**정리** 1 ㉠ 합성 ㉡ 노란  2 ㉠ 흰색(백색광) ㉡ 밝아
3 ㉠ 반사 ㉡ 검은

---

### 개념 확인 문제
076쪽

**01** 광원  **02** ㄱ, ㄷ, ㅁ **03** 직진  **04** ㉠ 반사 ㉡ 그림자
**05** ㄱ, ㄷ, ㄹ, ㅁ  **06** 합성
**07** ㉠ 빨간색 ㉡ 초록색 ㉢ 파란색  **08** (1) ○ (2) × (3) ○
**09** ㄴ, ㅁ  **10** (1)—㉠, (2)—㉢, (3)—㉡ **11** (1) × (2) ○ (3) × (4) ○
**12** ㉠ 빨간색 ㉡ 파란색  **13** 초록색  **14** 검은색  **15** 빨간색
**16** 파란색  **17** 파란색

---

**01**
스스로 빛을 내는 물체를 광원이라고 하며, 태양, 촛불, 별, 전구 등이 해당된다.

**02**
**바로 알기 |** ㄴ. 거울은 빛을 반사시켜 물체의 모습을 비추어 보는 물체이므로 광원이 아니다.
ㄹ. 달은 태양 빛을 반사시켜 빛나 보이는 물체이므로 광원이 아니다.

**03**
광원에서 나온 빛이 장애물을 만나지 않았을 때 일직선으로 곧게 나아가는 성질을 빛의 직진이라고 한다.

**04**
광원에서 나와 직진하던 빛이 물체를 만나면 반사되어 방향이 바뀌고, 물체에 막혀 빛이 도달하지 못하는 부분에는 물체의 그림자가 생긴다.

**05**
**바로 알기 |** ㄴ. 사막의 신기루 현상은 빛의 굴절과 관련이 있다.

**06**
서로 다른 두 가지 색 이상의 빛이 합쳐져서 또 다른 색의 빛으로 보이는 현상을 빛의 합성이라고 한다.

**07**
여러 가지 색의 빛 중 빨간색, 초록색, 파란색 빛을 적절하게 합성하면 우리가 볼 수 있는 모든 색의 빛을 얻을 수 있는데, 이 세 가지 색의 빛을 빛의 삼원색이라고 한다.

**08**
**바로 알기 |** (2) 초록색과 파란색 빛을 합성하면 청록색 빛이 되므로, 영상 장치 화면에 청록색으로 보이는 부분을 확대하여 보면 초록색과 파란색 빛이 켜진 화소를 관찰할 수 있다.

**09**
**바로 알기 |** ㄴ. 거울은 빛의 반사를 이용한 것이다.
ㅁ. 레이저는 빛의 직진을 이용한 것이다.

**10**
(1) 파란색 조명 아래에서 노란색 물체는 모든 빛을 흡수하므로 검은색으로 보인다.
(2) 초록색 조명 아래에서 노란색 물체는 초록색 빛을 반사하므로 초록색으로 보인다.
(3) 빨간색 조명 아래에서 노란색 물체는 빨간색 빛을 반사하므로 빨간색으로 보인다.

**11**
**바로 알기 |** (1) 우리 눈에 보이는 물체의 색은 물체에서 반사되어 나오는 빛의 합성색이다.
(3) 백색광을 비추었을 때 자홍색으로 보이는 물체는 빨간색과 파란색 빛을 반사한다.

**12**
초록색 잎은 빛의 삼원색 중 빨간색과 파란색 빛을 흡수하고, 초록색 빛을 반사한다.

**13**
노란색 레몬에 초록색 조명을 비추면 초록색 빛을 반사하여 초록색으로 보인다.

**14**
빨간색 토마토에 파란색 조명을 비추면 반사하는 빛이 없어 검은색으로 보인다.

**15**
자홍색 옷에 빨간색 조명을 비추면 빨간색 빛을 반사하여 빨간색으로 보인다.

**16**
파란색 신발에 백색 조명을 비추면 파란색 빛만을 반사하여 파란색으로 보인다.

**17**
청록색은 파란색과 초록색 빛의 합성색이고, 자홍색은 파란색과 빨간색 빛의 합성색이므로, 청록색 우산에 자홍색 조명을 비추면 파란색 빛만을 반사하여 파란색으로 보인다.

## 개념 집중 문제　암기력 향상 문제　077쪽

1 해설 참조　2 A : 자홍색, B : 노란색, C : 청록색, D : 흰색
3 (1) 노란색 (2) 청록색 (3) 흰색
4 A : 청록색 B : 초록색 C : 노란색

### 1 모범 답안 |

**2**
A : 빨간색＋파란색＝자홍색
B : 빨간색＋초록색＝노란색
C : 초록색＋파란색＝청록색
D : 빨간색＋초록색＋파란색＝흰색(백색광)

**3**
색팽이에서 반사되어 나온 빛이 팽이가 회전하면서 합성되어 우리 눈에 들어온다.
(1) 빨간색＋초록색＝노란색
(2) 초록색＋파란색＝청록색
(3) 빨간색＋파란색＋초록색＝흰색

**4**
두 가지 색의 빛을 합성했을 때 흰색이 될 수 있는 관계에 있는 색을 보색이라고 한다.
A : 빨간색＋청록색＝흰색
B : 자홍색＋초록색＝흰색
C : 파란색＋노란색＝흰색

## 개념 집중 문제　암기력 향상 문제　078쪽

1 빨간색 (1) 빨간색 (2) 검은색 (3) 검은색 (4) 빨간색
2 초록색 (1) 검은색 (2) 초록색 (3) 초록색 (4) 검은색 (5) 초록색
3 ㉠ 빨간색, ㉡ 초록색 (1) 빨간색 (2) 초록색 (3) 빨간색 (4) 초록색

**1**
빨간색 사과는 빨간색 빛만 반사한다.
(1) 빨간색 사과는 빨간색 조명 아래에서 빨간색 빛을 반사하여 빨간색으로 보인다.
(2) 빨간색 사과는 초록색 조명 아래에서 반사하는 빛이 없으므로 검은색으로 보인다.
(3) 빨간색 사과는 파란색 조명 아래에서 반사하는 빛이 없으므로 검은색으로 보인다.
(4) 노란색 빛은 빨간색과 초록색 빛의 합성색이므로 빨간색 사과

**2**
초록색 나뭇잎은 초록색 빛만 반사한다.
(1) 초록색 나뭇잎은 빨간색 조명 아래에서 반사하는 빛이 없으므로 검은색으로 보인다.
(2) 초록색 나뭇잎은 초록색 조명 아래에서 초록색 빛을 반사하여 초록색으로 보인다.
(3) 청록색 빛은 파란색과 초록색 빛의 합성색이므로 초록색 나뭇잎은 청록색 조명 아래에서 초록색 빛만 반사하여 초록색으로 보인다.
(4) 자홍색 빛은 빨간색과 파란색 빛의 합성색이므로 초록색 나뭇잎은 자홍색 조명 아래에서 반사하는 빛이 없다. 따라서 검은색으로 보인다.
(5) 노란색 빛은 빨간색과 초록색 빛의 합성색이므로 초록색 나뭇잎은 노란색 조명 아래에서 초록색 빛만 반사하여 초록색으로 보인다.

**3**
노란색 공이 반사하는 빛은 빨간색과 초록색이다.
(1) 노란색 공은 빨간색 조명 아래에서 빨간색 빛만 반사하여 빨간색으로 보인다.
(2) 노란색 공은 초록색 조명 아래에서 초록색 빛만 반사하여 초록색으로 보인다.
(3) 자홍색 빛은 빨간색과 파란색 빛의 합성색이므로 노란색 공은 자홍색 조명 아래에서 빨간색 빛만 반사하여 빨간색으로 보인다.
(4) 청록색 빛은 파란색과 초록색 빛의 합성색이므로 노란색 공은 청록색 조명 아래에서 초록색 빛만 반사하여 초록색으로 보인다.

## 09 거울과 렌즈

### 탐구　083쪽

정리　1 ㉠ 볼록 ㉡ 오목　2 ㉠ 볼록 ㉡ 오목

### 개념 확인 문제　084쪽

01 같다　02 좌우　03 같다　04 2　05 5
06 45　07 평면　08 (1) ○ (2) × (3) × (4) ×
09 (1) × (2) ○ (3) ○ (4) × (5) ×
10 (1) ○ (2) × (3) × (4) ○ (5) ○　11 ㄱ, ㄴ, ㄷ
12 오목　13 볼록　14 ㉠ 오목 ㉡ 볼록
15 (1) × (2) ○ (3) ○ (4) × (5) ○

**01**
평면거울에서 물체의 상은 거울 면을 기준으로 물체와 대칭인 위치에 생기므로, 물체에서 평면거울까지의 거리와 상에서 평면거울까지의 거리는 같다.

## 02

평면거울에서는 거울 면을 기준으로 물체와 대칭인 모양, 즉 좌우가 바뀐 상이 생긴다.

## 03

평면거울에서는 항상 실제 물체와 같은 크기의 상이 생긴다.

## 04

잠망경은 2개의 평면거울이 빛의 진행 방향을 바꿔 주어 물속에서도 물 밖의 모습을 볼 수 있도록 한 것으로, 물체를 직접 볼 수 없는 잠수함 등에서 사용된다.

## 05

평면거울에서 물체까지의 거리와 평면거울에서 상까지의 거리는 같다. 따라서 평면거울에서 물체까지의 거리가 5 cm라면 거울에서 상까지의 거리도 5 cm이다.

## 06

거울 면에서 빛이 반사할 때 입사각과 반사각의 크기는 항상 같다. 따라서 입사각이 45°이므로 반사각도 45°이다.

## 07

평면거울의 상은 거울과 물체 사이의 거리에 관계없이 항상 실제 물체와 같은 크기이며, 좌우가 바뀐 모양이다. 전신 거울, 만화경, 잠망경, 자동차의 후방 거울은 평면거울을 이용한 것이다.

## 08

**바로 알기 |** (2) 반사각은 반사 광선과 법선이 이루는 각이다.
(3) 거친 표면에서 반사가 일어날 때 물체의 상은 생기지 않지만 반사 법칙은 성립한다. 반사 법칙은 반사가 일어나는 표면의 상태와 관계없이 항상 성립한다.
(4) 빛이 거친 표면에 부딪힐 때는 여러 방향으로 빛이 반사되는 난반사가 일어난다. 영화관에서 영상을 볼 수 있는 스크린의 표면은 매끄럽지 않고 거칠기 때문에 물체를 비춰 볼 수 없다.

## 09

**바로 알기 |** (1) 물체가 거울에서 멀어질수록 상의 크기가 작아진다.
(4) 등대의 탐조등이나 자동차의 전조등에 이용되는 것은 오목 거울이다.
(5) 나란하게 들어온 빛이 반사된 후 한 점에 모이고, 빛을 한 방향으로 멀리 보낼 수 있는 것은 오목 거울이다.

## 10

**바로 알기 |** (2) 상점의 감시용 거울에는 넓은 범위를 볼 수 있는 볼록 거울을 사용한다.
(3) 물체가 가까울 때는 물체보다 크고 바로 선 상이 생긴다.

## 11

**바로 알기 |** ㄹ. 2개의 거울을 이용해 물체를 보는 것은 빛의 반사에 의한 현상이다.

## 12

볼록 거울과 오목 렌즈에서는 항상 물체보다 작은 상이 생기며, 거리가 멀어질수록 상의 크기가 작아진다.

## 13

오목 거울과 볼록 렌즈에서는 물체의 위치에 따라 다른 모양의 상이 생긴다.

## 14

근시는 가까운 곳은 잘 보이지만 먼 곳은 잘 보이지 않는 눈의 상태이므로, 오목 렌즈를 이용하여 시력을 교정한다. 원시는 먼 곳은 잘 보이지만 가까운 곳은 잘 보이지 않는 눈의 상태이므로, 볼록 렌즈를 이용하여 시력을 교정한다.

## 15

**바로 알기 |** (1) 렌즈는 빛의 굴절을 이용하여 빛의 진행 방향을 바꾸는 도구이다.
(4) 오목 렌즈에 나란한 빛을 비추면 빛이 넓게 퍼지는 방향으로 굴절된다.

---

**개념 집중 문제** 자료 분석력 향상 문제　　085쪽

**1** 해설 참조　**2** (가) 볼록 거울 (나) 오목 거울
**3** (가) ㄷ (나) ㄱ (다) ㄴ

---

## 1

**모범 답안 |** 물리학

**해설 |** 글씨를 평면거울에 비추어 보았을 때 거울에 의한 물체의 상은 거울 면에 대해 대칭인 모양이다.

## 2

볼록 거울에서는 항상 물체보다 작고 바로 선 상이 생기고, 오목 거울에서는 오목 거울과 물체 사이의 거리가 가까울 때는 물체보다 크고 바로 선 상이 생긴다. 따라서 (가)는 볼록 거울, (나)는 오목 거울에 비친 상의 모양이다.

## 3

(가) 오목 렌즈에서는 항상 물체보다 작고 바로 선 상(ㄷ)이 생긴다.
(나) 볼록 렌즈와 물체 사이의 거리가 가까울 때는 물체보다 크고 바로 선 상(ㄱ)이 생긴다.
(다) 볼록 렌즈와 물체 사이의 거리가 아주 멀 때는 물체보다 작고 거꾸로 선 상(ㄴ)이 생긴다.

# 10 파동



**개념 확인 문제**                                090쪽

**01** 파동    **02** 파원    **03** 물결파    **04** 지진파    **05** 전자기파
**06** 에너지    **07** ㄱ, ㄴ    **08** ⑴ × ⑵ ○ ⑶ ○
**09** ⑴ ○ ⑵ ○ ⑶ ○ ⑷ × ⑸ ×
**10** ⑴ × ⑵ ○ ⑶ ○ ⑷ × ⑸ ○
**11** ㉠ 물체 ㉡ 주변 매질(공기) ㉢ 고막 ㉣ 뇌
**12** ⑴ × ⑵ ○ ⑶ ○ ⑷ ×

## 01

한 곳에서 생긴 진동이 다른 곳으로 퍼져 나가는 현상을 파동이라고 하며, 파동의 종류에는 물결파, 지진파, 소리(음파), 전파 등이 있다.

## 02

잔잔한 수면에 물방울이 떨어진 곳과 같이 파동이 발생한 곳을 파원이라고 한다.

## 03

호수나 바다의 수면이 진동하면서 전파되는 파동은 물결파이며, 물결파는 물을 매질로 하여 전달된다.

## 04

지구 내부의 변화로 생긴 충격이 지표면으로 전파되는 파동은 지진파이며, 지진파는 땅(지각)을 매질로 하여 전달된다.

## 05

전기장과 자기장의 진동으로 전파되는 파동을 전자기파이며, 전자기파는 매질이 없어도 전달되는 파동이다.

## 06

파동이 전달될 때 에너지는 파동과 함께 이동하며, 매질은 제자리에서 진동만 한다.

## 07

**바로 알기 |** ㄷ. 파동이 진행할 때 매질인 물은 제자리에서 진동만 할 뿐 파동을 따라 이동하지 않는다. 따라서 물결파가 (가)에서 (라)로 진행하는 동안 공은 제자리에서 위아래로 진동만 할 뿐 이동하지 않는다.

## 08

**바로 알기 |** ⑴ (가)는 횡파이고, (나)는 종파이다.

## 09

**바로 알기 |** ⑷ 횡파에서 마루와 이웃한 마루 사이의 거리는 파장이다.
⑸ 주기와 진동수는 역수 관계이므로, 파동의 주기가 길어지면 진동수는 작아진다.

## 10

**바로 알기 |** ⑴ 소리는 파동의 진행 방향과 매질의 진동 방향이 나란한 종파이다.
⑷ 소리의 속력은 기체 상태에서보다 고체 상태에서 더 빠르다.

## 11

소리는 물체의 진동이 주변의 매질을 진동시켜 종파의 형태로 우리 귀의 고막을 진동시키는 파동으로, 물체의 진동 → 주변 매질(공기)의 진동 → 고막의 진동 → 뇌에서 소리 인식 과정을 통해 전달된다.

## 12

**바로 알기 |** ⑴ 소리의 크기는 진폭과 관련이 있으며, (가)와 (나)의 진폭이 같으므로 소리의 크기가 같다.
⑷ 소리의 음색은 파형과 관련이 있으며, (다)와 (라)는 파형이 같으므로 음색이 같다.

**개념 집중 문제** 계산력 향상 문제                091쪽

**1** 0.01    **2** 0.25    **3** 1    **4** 20
**5** ⑴ 2 ⑵ 4 ⑶ 2 ⑷ 0.5 ⑸ 2

## 1

주기는 진동수의 역수이므로 주기 $= \dfrac{1}{\text{진동수}} = \dfrac{1}{100 \text{ Hz}} = 0.01$초이다.

## 2

주기는 파동이 한 번 진동하는 데 걸린 시간이므로 주기는 $\dfrac{5\text{초}}{20\text{번}} = 0.25$초이다.

## 3

진동수는 매질의 어느 한 점이 1초 동안 진동하는 횟수이므로 $\dfrac{300\text{번}}{5 \times 60\text{초}} = 1$ Hz이다.

## 4

진동수는 주기의 역수이므로 $\dfrac{1}{0.05\text{초}} = 20$ Hz이다.

## 5

⑷ 진동수 $= \dfrac{1}{\text{주기}} = \dfrac{1}{2 \text{ s}} = 0.5$ Hz

(5) 속력 $=\dfrac{\text{파장}}{\text{주기}}=$ 파장 $\times$ 진동수이므로

$$\dfrac{4\,\text{m}}{2\,\text{s}}=4\,\text{m}\times0.5\,\text{Hz}=2\,\text{m/s}\text{이다.}$$

## 단원마무리 · 생각그물 완성하기 092~093쪽

**1** 직진 **2** 노란색 **3** 자홍색 **4** 반사 **5** 빨간색
**6** 파란 **7** 평면 **8** 볼록 **9** 작고 바로 선
**10** 작아 **11** 오목 **12** 크고 바로 선
**13** 크고 거꾸로 선 **14** 작고 거꾸로 선 **15** 오목
**16** 볼록 **17** 크고 바로 선 **18** 작아 **19** 횡파
**20** 종파 **21** 주기 **22** 역수 **23** 파장 **24** 진동
**25** 소리 **26** 세기 **27** 진폭 **28** 높낮이 **29** 진동수
**30** 파형

# V. 열과 우리 생활

## 11 열

### 탐구 101쪽

**정리** **1** ㉠ 높은 ㉡ 낮은 ㉢ 비커 ㉣ 수조
**2** ㉠ 둔 ㉡ 활발 ㉢ 높아 ㉣ 활발 ㉤ 낮아 ㉥ 둔

### 개념 확인 문제 102쪽

**01** 온도 **02** ㉠ 활발 ㉡ 둔 **03** 뜨거운 **04** 높아진다
**05** ㉠ 높은 ㉡ 낮은 **06** 열량 **07** 전도 **08** 대류
**09** 복사 **10** (1) ㄱ, ㅁ (2) ㄷ, ㄹ (3) ㄴ, ㅂ
**11** (1) × (2) ○ (3) ○ **12** ㉠ 위쪽 ㉡ 아래쪽 **13** 단열
**14** 전도 **15** ㉠ 전도 ㉡ 대류 **16** (1) × (2) ○
**17** 열평형 **18** (1) ○ (2) ○ (3) ×

### 01

물체를 이루는 입자의 운동이 활발한 정도 또는 물체의 따뜻하고 차가운 정도를 측정하여 수치로 나타낸 것을 온도라고 한다.

### 02

입자 운동은 온도가 높을수록 활발하다.

### 03

입자의 운동은 고온일 때 더 활발하므로 차가운 물보다 뜨거운 물에서 입자의 운동이 더 활발하다. 따라서 차가운 물과 뜨거운 물에 잉크를 넣었을 때, 잉크가 더 빠르게 퍼지는 물은 뜨거운 물이다.

### 04

물체를 직접 가열하지 않더라도 물체를 두드리거나 튕기는 등 물체에 자극을 주면 입자 운동이 활발해지면서 온도가 높아진다.

### 05

열은 온도가 다른 두 물체가 접촉했을 때 온도가 높은 물체에서 온도가 낮은 물체로 이동하는 에너지이다.

### 06

온도가 서로 다른 두 물체의 온도 차에 의해 이동한 열의 양을 열량이라고 하며, 단위로는 cal(칼로리), kcal(킬로칼로리)를 사용한다.

### 07

물질을 이루는 입자들이 충돌하면서 열이 이동하는 방법을 전도라고 하며, 주로 고체에서 일어나는 열의 이동 방법이다.

### 08

물질을 이루는 입자가 직접 이동하면서 열이 이동하는 방법을 대류라고 하며, 주로 액체나 기체에서 일어나는 열의 이동 방법이다.

**09**

열이 다른 물질을 거치지 않거나 물질을 이루는 입자의 운동 없이 직접 이동하는 방법을 복사라고 한다.

**10**

⑴ 뜨거운 국에 담긴 금속 숟가락 전체가 뜨거워지거나(ㄱ) 전기 장판 위에 있으면 우리 몸이 따뜻해지는 것(ㅁ)은 전도에 의해 열이 이동하는 예이다.
⑵ 주전자에 물을 넣고 아래쪽만 가열해도 물이 골고루 데워지거나(ㄷ) 방바닥의 온도를 높이면 방의 위쪽 공기도 따뜻해지는 것(ㄹ)은 대류에 의해 열이 이동하는 예이다.
⑶ 그늘진 곳보다 햇볕 아래가 더 따뜻하거나(ㄴ), 난로 가까이에서 손을 쬐면 등보다 손이 더 따뜻함을 느끼는 것(ㅂ)은 복사에 의해 열이 이동하는 예이다.

**11**

**바로 알기 |** ⑴ 전도는 주로 고체에서 일어나는 열의 이동 방법이다.

**12**

차가운 공기는 밀도가 커서 아래로 이동하고, 뜨거운 공기는 밀도가 작아서 위로 이동한다. 따라서 냉난방을 효율적으로 하기 위해서는 냉방기는 위쪽, 난방기는 아래쪽에 설치해야 한다.

**13**

전도, 대류, 복사에 의해 물체 사이에서 열이 이동하는 것을 막는 것을 단열이라고 한다.

**14**

보온병의 마개는 고무로 되어 있어 전도에 의한 열의 이동을 막는다.

**15**

아이스박스의 벽은 가운데가 비어 있는 이중벽으로, 공기가 없어 전도와 대류에 의한 열의 이동을 막는다.

**16**

**바로 알기 |** ⑴ 냉방기에서 나오는 차가운 공기는 아래쪽으로 이동한다.

**17**

온도가 서로 다른 두 물체를 접촉했을 때 온도가 높은 물체에서 온도가 낮은 물체로 열이 이동하여 두 물체의 온도가 같아져 더 이상 온도가 변하지 않는 상태를 열평형이라고 한다.

**18**

**바로 알기 |** ⑶ 열평형이 일어나는 온도는 뜨거운 물체의 처음 온도보다 낮고, 차가운 물체의 처음 온도보다 높지만 평균 온도는 아니다. 열평형 온도는 두 물질의 종류나 양에 따라 달라진다.

---

**개념 집중 문제** · 자료 분석력 향상 문제 · 103쪽

**1** (가) 전도 (나) 복사 (다) 대류
**2** ⑴ (가), (다) ⑵ (나)  **3** A  **4** A → B  **5** 해설 참조
**6** 해설 참조

**1**

(가)는 입자들이 충돌하면서 열이 이동하는 전도, (나)는 열이 직접 이동하는 복사, (다)는 입자가 직접 이동하면서 열이 이동하는 대류이다.

**2**

⑴ 보온병의 이중벽 내부는 진공 상태로 전도(가)와 대류(다)에 의한 열의 이동을 막기 위한 단열 방법이다.
⑵ 보온병의 은도금을 한 벽면은 복사(나)에 의한 열의 이동을 막기 위한 단열 방법이다.

**3**

입자 운동이 활발할수록 온도가 높으므로, B보다 입자 운동이 활발한 A의 온도가 더 높다.

**4**

열은 온도가 높은 물체(A)에서 온도가 낮은 물체(B)로 이동한다.

**5**

**모범 답안 |** A의 온도는 낮아지고, B의 온도는 높아진다.
**해설 |** 온도가 서로 다른 두 물체를 접촉하면 온도가 높은 물체(A)는 온도가 낮아지고, 온도가 낮은 물체(B)는 온도가 높아져 열평형 상태에 도달한다.

**6**

**모범 답안 |** 이동하는 열의 양이 점점 감소한다.
**해설 |** 시간이 흐를수록 두 물체의 온도 차가 점점 감소하므로, 이동하는 열의 양이 점점 감소한다.

## 12 비열과 열팽창

**탐구 A** · 106쪽

**정리**  **1** ㉠ 같 ㉡ 크  **2** ㉠ 물 ㉡ 식용유
**3** ㉠ 클 ㉡ 물 ㉢ 식용유

**탐구 B** · 107쪽

**정리 1**  **1** ㉠ 활발 ㉡ 열팽창
**정리 2**  **1** ㉠ 활발 ㉡ 열팽창 **2** ㉠ 종류 ㉡ 상태 ㉢ 물 ㉣ 에탄올

## 개념 확인 문제      108쪽

**01** 비열    **02** 작다    **03** 크다
**04** (1) × (2) × (3) ○ (4) ○ (5) ○    **05** 1    **06** 2
**07** (1) × (2) × (3) ○ (4) ○ (5) ○
**08** ㉠ 작은 ㉡ 상승 ㉢ 바다 ㉣ 육지 ㉤ 해풍    **09** 멀어
**10** 크다    **11** 크다    **12** 바이메탈 **13** 큰
**14** (1) × (2) ○ (3) × (4) ○ (5) ○ (6) ○
**15** (1) × (2) ○ (3) ○ (4) × (5) ○

## 01

어떤 물질 1 kg의 온도를 1 ℃만큼 높이는 데 필요한 열량을 비열이라고 하며, 단위로는 kcal/(kg·℃) 또는 J/(kg·℃)를 사용한다.

## 02

같은 질량의 물질에 같은 열량을 가하면 물질의 비열이 클수록 온도 변화가 작다.

## 03

같은 물질에 같은 열량을 가하면 질량이 작을수록 온도 변화가 크다.

## 04

**바로 알기 |** (1) 비열의 단위로는 kcal/(kg·℃) 또는 J/(kg·℃)를 사용한다.
(2) 비열은 물질의 종류에 따라 고유한 값을 가지므로 물질을 구별하는 특성이 된다.

## 05

물질의 비열은 $\dfrac{열량(Q)}{질량(m) \times 온도\ 변화(\Delta t)}$ 으로 구할 수 있으므로

$\dfrac{200\ \text{kcal}}{10\ \text{kg} \times (35\ ℃ - 15\ ℃)} = 1\ \text{kcal/(kg·℃)}$ 이다.

## 06

$$열량(Q) = 비열(c) \times 질량(m) \times 온도\ 변화(\Delta t)$$
$$= 1\ (\text{kcal/kg·℃}) \times 0.2\ (\text{kg}) \times 10\ (℃)$$
$$= 2\ (\text{kcal})$$

## 07

**바로 알기 |** (1) 물의 비열이 다른 물질에 비해 크므로 바다에 가까운 해안 지방은 내륙 지방보다 연교차나 일교차가 작다.
(2) 뚝배기는 금속 냄비보다 비열이 커서 음식이 쉽게 식지 않는다.

## 08

물은 모래보다 비열이 크다. 따라서 낮 동안 비열이 작은 육지가 먼저 뜨거워지면 상대적으로 따뜻한 육지의 공기가 상승하고, 그 빈자리를 채우기 위해 바다에서 육지로 바람이 부는데, 이를 해풍이라고 한다.

## 09

물체에 열을 가할 때 물질을 이루는 입자의 운동이 활발해져서 입자와 입자 사이의 거리가 멀어지며, 이 현상을 열팽창이라고 한다.

## 10

온도 변화가 클수록 입자의 운동이 더욱 활발해지기 때문에 열팽창 정도가 크다.

## 11

물질의 상태에 따라 열팽창 정도가 다르며, 일반적으로 액체가 고체보다 열팽창 정도가 크다.

## 12

바이메탈은 열팽창 정도가 서로 다른 두 금속을 붙여 만든 장치로, 온도에 따라 휘어지는 정도가 다른 것을 이용하여 자동 온도 조절 장치에 사용한다.

## 13

열팽창 정도가 큰 액체일수록 온도가 높아지면 입자의 운동이 활발해지는 정도가 크므로, 부피가 더 많이 커진다.

## 14

**바로 알기 |** (1) 열팽창으로 인해 전깃줄은 여름에는 늘어지고, 겨울에는 팽팽해진다.
(3) 기온이 높은 낮에는 열팽창으로 기름의 부피가 증가하므로, 낮에 주유하는 것보다 밤에 주유하는 것이 더 이득이다.

## 15

**바로 알기 |** (1) 바이메탈은 열팽창 정도가 작은 금속 쪽으로 휘어진다. 따라서 열팽창 정도는 A가 B보다 작다.
(4) 두 금속의 열팽창 정도의 차가 클수록 더 많이 휘어질 것이다.

## 개념 집중 문제    계산력 향상 문제     109쪽

**1** 50 kcal    **2** 0.22 kcal **3** 5 kcal/(kg·℃)
**4** 0.2 kcal/(kg·℃)    **5** 0.5 kg    **6** 0.4 kg    **7** 25 ℃
**8** 10 ℃

## 1

열량$(Q)$ = 비열$(c) \times$ 질량$(m) \times$ 온도 변화$(\Delta t)$이고, 물의 비열 = 1 kcal/(kg·℃), 물의 질량 = 5 kg, 온도 변화 = 10 ℃이므로
$Q$ = 1 kcal/(kg·℃) $\times$ 5 kg $\times$ 10 ℃ = 50 kcal이다.

## 2

열량$(Q)$ = 비열$(c) \times$ 질량$(m) \times$ 온도 변화$(\Delta t)$이므로
$Q$ = 0.11 kcal/(kg·℃) $\times$ 400 g $\times$ 5 ℃
   = 0.11 kcal/(kg·℃) $\times$ 0.4 kg $\times$ 5 ℃ = 0.22 kcal이다.

**3**

비열$(Q)=\dfrac{\text{열량}(Q)}{\text{질량}(m)\times\text{온도 변화}(\Delta t)}$이고, 물질의 질량$=0.2$ kg, 열량$=40$ kcal, 온도 변화$=40\ ℃$이므로 이 값들을 공식에 대입하여 비열을 구하면 $c=\dfrac{40\text{ kcal}}{0.2\text{ kg}\times40\ ℃}=5$ kcal/(kg·℃)이다.

**4**

비열$(Q)=\dfrac{\text{열량}(Q)}{\text{질량}(m)\times\text{온도 변화}(\Delta t)}$이고, 물질의 질량$=0.2$ kg, 열량$=0.6$ kcal, 온도 변화$=15\ ℃$이므로 이 값들을 공식에 대입하여 비열을 구하면 $c=\dfrac{0.6\text{ kcal}}{0.2\text{ kg}\times15\ ℃}=0.2$ kcal/(kg·℃)이다.

**5**

금속의 비열이 $0.2$ kcal/(kg·℃)이고 열량이 $5$ kcal이며 금속의 온도가 $50\ ℃$ 높아졌으므로 금속의 질량은

$$\text{질량}(m)=\dfrac{\text{열량}(Q)}{\text{비열}(c)\times\text{온도 변화}(\Delta t)}=\dfrac{5\text{ kcal}}{0.2\text{ kcal/(kg·℃)}\times50\ ℃}$$
$$=0.5\text{ kg이다.}$$

**6**

물의 온도가 $10\ ℃$에서 $35\ ℃$로 변하였으므로 물의 질량은

$$\text{질량}(m)=\dfrac{\text{열량}(Q)}{\text{비열}(c)\times\text{온도 변화}(\Delta t)}$$
$$=\dfrac{10\text{ kcal}}{1\text{ kcal/(kg·℃)}\times(35\ ℃-10\ ℃)}=0.4\text{ kg이다.}$$

**7**

$$\text{온도 변화}(\Delta t)=\dfrac{\text{열량}(Q)}{\text{비열}(c)\times\text{질량}(m)}=\dfrac{2\text{ kcal}}{1\text{ kcal/(kg·℃)}\times0.4\text{ kg}}$$
$$=5\ ℃$$

이고, 나중 온도$=$처음 온도$+$온도 변화$=20\ ℃+5\ ℃=25\ ℃$이다.

**8**

$$\text{온도 변화}(\Delta t)=\dfrac{\text{열량}(Q)}{\text{비열}(c)\times\text{질량}(m)}$$
$$=\dfrac{6\text{ kcal}}{0.4\text{ kcal/(kg·℃)}\times0.6\text{ kg}}=25\ ℃$$

이다. 이때 온도가 $25\ ℃$ 높아져서 $35\ ℃$가 되어야 하므로 처음 온도는 $35\ ℃-25\ ℃=10\ ℃$이다.

---

**☀ 단원마무리** ▶ 생각그물 완성하기    110~111쪽

**❶** 온도    **❷** 활발    **❸** 둔    **❹** 높은    **❺** 낮은

**❻** 전도    **❼** 대류    **❽** 복사    **❾** 열평형    **❿** 비열

**⓫** 열량($Q$)    **⓬** 작다    **⓭** 크다    **⓮** 열팽창    **⓯** 작은

**⓰** 큰    **⓱** 증가    **⓲** 감소

# I. 힘과 운동

**개념 완성 문제**      부록 02~05쪽

| | | | | |
|---|---|---|---|---|
| 01 ④ | 02 ① | 03 ① | 04 ② | 05 ③ |
| 06 ⑤ | 07 ② | 08 ⑤ | 09 ③ | 10 ④ |
| 11 ⑤ | 12 ④ | 13 ③ | 14 ② | 15 ③ |
| 16 ① | 17 ① | 18 ④ | 19 ③ | 20 ② |
| 21 ④ | 22 ③ | 23 ④ | 24 ④ | 25 ③ |
| 26 ⑤ | 27 ① | | | |

**01 힘에 의한 현상과 힘의 효과**

①, ② 공이 찌그러지는 것과 활시위를 팽팽하게 잡아당기는 것은 모양의 변화이다.

③, ⑤ 물체가 떨어지는 것과 정지해 있던 수레를 미는 것은 운동 상태의 변화이다.

**바로 알기 |** ④ 야구공을 방망이로 치는 것은 모양과 운동 상태의 동시 변화이다.

**02 과학적 의미의 힘**

과학에서의 힘이란 물체의 모양이나 운동 방향, 빠르기(속력)를 변하게 하는 원인이다.

ㄱ. 굴러오던 공을 잡는 것은 힘이 작용하여 운동 상태가 변한 것을 의미한다.

**바로 알기 |** ㄴ, ㄷ. 얼음이 녹아 물이 되거나 물이 끓어 수증기가 되는 것과 같이 물질의 상태가 변하는 것은 과학에서 말하는 힘이 작용한 경우가 아니다.

**03 힘의 단위와 표시**

② 힘의 단위로는 N(뉴턴)을 사용한다.

③, ④ 힘이 작용하는 곳에서 시작하여 힘의 방향으로 화살표를 그려 나타내며, 화살표의 시작점은 힘의 작용점, 화살표의 길이는 힘의 크기, 화살표가 가리키는 방향은 힘의 방향을 나타낸다.

⑤ 물체가 떨어지는 것은 힘을 받아 운동 상태가 변하는 것이다.

**바로 알기 |** ① 힘을 받으면 물체의 모양이나 운동 상태가 변하지만 질량은 변하지 않는다.

**04 힘의 표시**

화살표의 방향이 북동쪽이므로 힘의 방향은 북동쪽이며, 10 N의 힘이 1 cm이므로 5 cm는 50 N의 힘을 나타낸다.

**05 중력**

③ 물체의 질량이 클수록 중력의 크기가 크다.

**바로 알기 |** ① 중력은 지구가 물체를 끌어당기는 힘이다.

② 지표면에 있는 물체에 중력은 연직 아래 방향으로 작용한다.

④ 지구와 물체 사이의 거리가 가까울수록 중력의 크기가 크다.

⑤ 행성마다 크기가 다른 중력이 작용한다.

**06 중력에 의한 현상**

**바로 알기 |** ⑤ 용수철을 잡아당겼다가 놓을 때 원래 모양으로 돌아가는 것은 탄성력과 관계된 현상이다.

**07 무게와 질량**

② 무게는 물체에 작용하는 중력의 크기로, 중력이 없는 곳에서는 무게를 측정할 수 없다.

**바로 알기 |** ① 무게는 측정 장소에 따라 변한다.

③ 무게는 용수철저울, 앉은뱅이저울 등과 같은 저울로 측정하고, 질량은 양팔저울, 윗접시저울로 측정한다.

④ 무게의 단위로는 N(뉴턴)을 사용하고, 질량의 단위로는 g(그램), kg(킬로그램)을 사용한다.

⑤ 질량은 측정 장소가 달라져도 변하지 않는다.

**08 지구와 달에서의 무게와 질량**

달에서의 중력은 지구에서 중력의 $\frac{1}{6}$이므로, 이 물체의 지구에서의 무게는 68.6 N × 6 = 411.6 N이다. 지구에서의 무게 = 9.8 × 질량이므로, 411.6 N = 9.8 × 질량에서 질량은 42 kg이다.

**09 탄성력**

ㄱ. 힘을 받아 변형된 물체가 원래 모양으로 되돌아가려는 성질을 탄성이라고 하며, 탄성 때문에 나타나는 힘을 탄성력이라고 한다.

ㄷ. 탄성력의 크기는 탄성체가 늘어나거나 줄어든 길이에 비례하며, 탄성체에 작용한 힘의 크기와 같다.

**바로 알기 |** ㄴ. 탄성력의 방향은 탄성체에 작용하는 힘과 반대 방향으로 작용한다.

**10 탄성력의 방향과 크기**

탄성력의 방향은 탄성체에 작용하는 힘과 반대 방향이므로 오른쪽이고, 탄성력의 크기는 탄성체에 작용한 힘의 크기와 같으므로 5 N이다.

**11 용수철을 이용한 무게의 측정**

추 1개의 무게인 3 N의 힘이 작용할 때 2 cm가 늘어나므로, 이 용수철에 어떤 물체를 매달아 10 cm가 늘어났다면 3 N : 2 cm = $x$ : 10 cm에서 $x$ = 15 N이다.

**12 마찰력**

① 두 물체의 접촉면에서 물체의 운동을 방해하는 힘을 마찰력이라고 한다.

② 마찰력은 물체의 운동을 방해하는 방향으로 작용한다.

③ 물체의 무게가 무거울수록 마찰력의 크기가 크다.

⑤ 물체에 힘을 작용하였을 때 물체가 움직이지 않아도 물체에 작용한 힘의 방향과 반대 방향으로 마찰력이 작용한다.

**바로 알기 |** ④ 접촉면의 넓이는 마찰력의 크기와 관계가 없다.

## 13 마찰력의 방향과 크기

ㄱ. 용수철저울의 눈금이 15 N이 되었을 때 물체가 움직이기 시작했으므로, 물체에 작용한 마찰력의 크기는 15 N이다.

ㄷ. 사포를 붙이면 접촉면이 더 거칠어져 마찰력이 커지므로 15 N으로 당겨도 움직이지 않는다.

**바로 알기** | ㄴ. 마찰력의 방향은 용수철저울을 당긴 방향과 반대 방향이므로 물체에 작용하는 마찰력의 방향은 왼쪽이다.

## 14 마찰력의 이용

투수가 공을 던지기 전에 손에 송진 가루를 묻히는 것은 마찰력을 크게 하는 경우의 예이다.

①, ③, ④, ⑤ 마찰력을 크게 하는 경우의 예이다.

**바로 알기** | ② 수영장의 미끄럼틀에 물을 흘려주어 잘 미끄러지게 하는 것은 마찰력을 작게 하는 경우의 예이다.

## 15 부력

③ 부력은 기체나 액체 속에 들어 있는 물체를 위로 뜨게 하는 힘이다.

**바로 알기** | ① 부력의 방향은 물체를 밀어 올리는 방향, 즉 중력의 반대 방향이다.

② 부력이 중력보다 크면 물체가 물 위로 떠오르므로, 물 위에 떠 있는 물체에도 부력이 작용한다.

④ 부력은 물체가 밀어낸 기체나 액체의 무게와 같으며, 기체나 액체 속에 잠긴 물체의 부피에 비례하므로 같은 물체라도 부력의 크기는 달라진다.

⑤ 부력의 크기는 기체나 액체 속에 잠긴 물체의 부피에 비례하므로, 물속에 잠긴 물체의 부피가 클수록 부력의 크기는 커진다.

## 16 부력의 방향과 크기

ㄱ. 나무 도막이 물 위에 떠 있으므로 나무 도막에 작용하는 부력의 크기는 중력의 크기와 같다. 따라서 나무 도막이 받는 부력의 크기는 8 N이다.

**바로 알기** | ㄴ. 나무 도막이 물 위에 떠 있으므로 나무 도막에 작용하는 부력의 크기는 중력의 크기와 같다.

ㄷ. 나무 도막에 작용하는 중력은 아래쪽 방향이고, 부력은 위쪽 방향이다.

## 17 부력의 크기

ㄱ. 두 왕관의 무게가 같으므로, 공기 중에서 왕관에 작용하는 중력은 A와 B가 같다.

**바로 알기** | ㄴ. 두 왕관이 모두 물속에 잠겼을 때 부피가 큰 B가 더 큰 부력을 받아 저울은 A 쪽으로 기울어진다.

ㄷ. 두 왕관의 무게가 같으므로, 두 왕관이 모두 물속에 잠겼을 때 왕관에 작용하는 중력은 A와 B가 같다.

## 18 운동의 기록

① 시간에 따라 물체의 위치가 변하는 현상을 운동이라고 하며, 운동하는 동안 움직인 거리를 이동 거리라고 한다.

②, ③ 속력은 일정한 시간 동안 물체가 이동한 거리를 나타낸 값으로, 운동하는 물체의 빠르기를 나타낸다. 속력의 단위로는 m/s, km/h 등을 사용한다.

⑤ 물체가 느리게 운동할수록 같은 거리를 이동하는 데 걸린 시간이 길다.

**바로 알기** | ④ 물체가 빠르게 운동할수록 같은 시간 동안 이동한 거리가 길다.

## 19 평균 속력

$$평균 \ 속력 = \frac{전체 \ 이동 \ 거리}{걸린 \ 시간} = \frac{24000 \ m}{1200 \ s} = 20 \ m/s$$

## 20 속력 비교

속력은 단위 시간 동안 물체가 이동한 거리를 나타내는 값이므로 단위를 맞춰서 비교한다.

①은 $\frac{100 \ m}{10 \ s} = 10 \ m/s$, ②는 $\frac{108000 \ m}{3600 \ s} = 30 \ m/s$,

③은 $\frac{480 \ m}{60 \ s} = 8 \ m/s$, ④는 $\frac{6000 \ m}{600 \ s} = 10 \ m/s$,

⑤는 $\frac{144000 \ m}{7200 \ s} = 20 \ m/s$이므로, 속력이 가장 빠른 것은 ②이다.

## 21 평균 속력

| 걸린 시간(h) | 0 | 1 | 2 | 3 |
|---|---|---|---|---|
| 이동 거리(km) | 0 | 80 | 150 | 240 |
| 구간 이동 거리(km) | | 80 | 70 | 90 |

버스의 평균 속력이 가장 빠른 구간은 1시간 동안 가장 긴 거리를 이동한 2~3시간 구간이며, 3시간 동안 평균 속력은 총 240 km를 이동하였으므로 80 km/h이다.

## 22 등속 운동

ㄱ. 물체 사이 간격이 일정하므로, 물체의 속력은 일정하다.

ㄷ. 단위 시간 동안 이동한 거리가 일정하므로 이동 거리는 시간에 비례하여 증가한다.

**바로 알기** | ㄴ. 물체의 속력은 $\frac{0.1 \ m}{1 \ s} = 0.1 \ m/s$이다.

## 23 등속 운동을 하는 물체의 그래프

① 시간−이동 거리 그래프에서 기울기는 속력을 의미하므로, 기울기가 큰 A가 B보다 속력이 빠르다.

② A와 B는 시간에 따라 속력이 일정한 등속 운동을 한다.

③ 5초일 때 A는 30 m, B는 10 m를 이동하였으므로, A와 B 사이의 거리는 20 m이다.

⑤ B의 속력은 $\frac{10 \ m}{5 \ s} = 2 \ m/s$로, 1초마다 2 m만큼 이동한다. 따라서 등속 운동을 계속한다면 10초일 때 B의 이동 거리는 20 m이다.

**바로 알기** | ④ A의 속력은 $\frac{30 \ m}{5 \ s} = 6 \ m/s$이므로, 1초마다 6 m만큼 이동한다.

**24** 등속 운동의 시간-속력 그래프

ㄴ. 시간-속력 그래프에서 아랫부분의 넓이는 이동 거리를 나타내므로, 물체는 6초 동안 4 m/s×6 s=24 m를 이동한다.
ㄷ. 물체는 시간에 따라 속력이 일정한 등속 운동을 하며, 등속 운동의 예로는 무빙워크, 컨베이어, 에스컬레이터 등이 있다.
**바로 알기 |** ㄱ. 시간-속력 그래프에서 아랫부분의 넓이는 이동 거리를 나타내므로, A는 이동 거리이다.

**25** 자유 낙하 운동

① 공기 저항이 없을 때 공중에 정지해 있던 공을 가만히 놓으면 중력만의 영향을 받아 아래로 떨어지는 자유 낙하 운동을 한다.
② 자유 낙하 운동을 하는 물체의 속력은 1초마다 9.8 m/s씩 일정하게 증가한다.
④ 자유 낙하 운동을 하는 물체에는 물체의 운동 방향으로 중력이 작용한다.
⑤ 자유 낙하 운동을 하는 물체에는 일정한 크기의 힘이 계속 작용한다.
**바로 알기 |** ③ 자유 낙하 운동을 하는 물체의 속력 변화는 물체의 질량에 관계없이 같다.

**26** 자유 낙하 하는 물체의 시간-속력 그래프

ㄱ. 시간-속력 그래프에서 아랫부분의 넓이는 이동 거리를 나타내므로, 3초 동안 물체의 이동 거리는 $\frac{1}{2}×3\ s×29.4\ m/s=44.1\ m$이다.
ㄴ. 3초 동안 44.1 m를 이동하였으므로, 물체의 평균 속력은 $\frac{44.1\ m}{3\ s}=14.7\ m/s$이다.
ㄷ. 높은 곳에서 떨어질수록 낙하하는 데 오랜 시간이 걸리고, 시간이 지날수록 속력이 빨라지므로 높은 곳에서 떨어질수록 바닥에 도달할 때의 속력이 커진다.

**27** 질량이 다른 물체의 자유 낙하 운동

ㄱ. 자유 낙하 운동을 하는 물체의 속력은 물체의 질량에 관계없이 일정하므로, A와 B는 동시에 떨어진다.
**바로 알기 |** ㄴ. 물체에 작용하는 중력의 크기는 물체의 질량에 비례하므로, 질량이 더 큰 물체 B에 작용하는 중력의 크기가 더 크다.
ㄷ. 자유 낙하 운동을 하는 물체의 속력 변화는 물체의 모양이나 질량에 관계없이 같다.

---

🔖 **실력 향상 문제**  부록 06쪽

**01** ③  **02** ②  **03** ①  **04** ③  **05** ⑤
**06** ④

---

**01** 무게와 질량

ㄱ. 지구에서 이 물체의 무게=10×질량=10×30=300(N)이다. 금성에서 물체의 무게는 지구에서의 0.91배이므로 300 N×0.91=273 N이다.
ㄴ. 질량은 물체의 고유한 양으로, 측정 장소가 달라져도 변하지 않는다. 따라서 화성에서 물체의 질량은 지구에서와 같은 30 kg이다.
**바로 알기 |** ㄷ. 무게는 물체에 작용하는 중력의 크기로, 화성과 달에서 상대적인 중력의 크기가 다르므로 화성과 달에서 물체의 무게는 다르다.

**02** 용수철을 이용한 무게의 측정

무게가 5 N인 추를 매달았을 때 용수철이 3 cm 늘어났으므로 어떤 물체를 매달았을 때 용수철의 길이가 15 cm 늘어났다면 5 N : 3 cm=$x$ : 15 cm에서 $x$=25 N이다.

**03** 마찰력의 크기

물체에는 왼쪽으로 20 N−15 N=5 N의 힘을 작용하는 것과 같으므로, 이 물체에 작용하는 마찰력의 크기는 5 N이다.

**04** 부력의 크기

부력의 크기는 (0.4×10) N=4 N이며, 이때 용수철저울의 눈금은 물체의 무게에서 부력을 뺀 값과 같으므로 (2×10) N−4 N=16 N이다.

**05** 시간-이동 거리 그래프의 분석

ㄱ. 0~1초 동안 기울기가 일정하므로 속력은 일정하다.
ㄴ. 2~3초 동안의 기울기가 가장 크므로 속력이 가장 빠르다.
ㄷ. 0~3초 동안 이동한 거리는 20 m이며, 걸린 시간은 3초이므로 평균 속력은 $\frac{20}{3}$ m/s이다.

**06** 자유 낙하 운동

① 공의 단위 시간당 이동 거리가 증가하고 있으므로 공의 속력은 일정하게 증가한다.
② 공은 자유 낙하 운동을 하므로 공의 운동 방향으로 중력이 작용하고 있다.
③ 물체에 작용하는 중력의 크기는 9.8×0.5=4.9(N)이다.
⑤ 0~3초 동안 물체의 이동 거리는 44.1 m이며, 걸린 시간은 3초이므로 평균 속력은 $\frac{44.1\ m}{3\ s}=14.7\ m/s$이다.
**바로 알기 |** ④ 자유 낙하 운동을 하는 물체는 속력이 1초당 9.8 m/s씩 일정하게 증가하므로, 1초인 순간 물체의 속력은 9.8×1=9.8(m/s)이다.

### 🗨️ 서술형 문제

#### 01 마찰력 크기에 영향을 주는 요인

**모범 답안 |** (다)>(가)=(나)

**해설 |** 마찰력의 크기는 접촉면의 거칠기가 거칠수록 커지지만 접촉면의 넓이와는 관계가 없다. 사포판 위에서 나무 도막을 끌어당길 때가 나무판 위에서 나무 도막을 끌어당길 때보다 마찰력의 크기가 더 크다. 따라서 용수철저울의 눈금의 크기는 (다)>(가)=(나)이다.

#### 02 공기 중과 진공 중에서의 낙하 운동

**모범 답안 |** (1) 쇠구슬 (2) 동시에 떨어진다.

**해설 |** (1) 공기 중에서는 공기 저항이 작용하는데, 질량이 큰 쇠구슬은 공기 저항을 거의 무시할 수 있지만, 쇠구슬보다 질량이 작은 깃털은 공기 저항을 많이 받는다. 따라서 쇠구슬이 깃털보다 더 빨리 떨어진다.

(2) 진공 중에서 물체가 자유 낙하 운동을 할 때는 중력만 작용하기 때문에 물체의 종류나 질량 등에 관계없이 동시에 떨어진다.

#### 03 지구와 달에서의 무게와 질량

**모범 답안 |** 24 kg, 달에서의 중력은 지구에서 중력의 $\frac{1}{6}$이므로 지구에서의 무게＝달에서의 무게×6＝39.2 N×6＝235.2 N이다. 지구에서의 무게＝9.8×질량이므로, 235.2 N＝9.8×질량이다. 따라서 지구에서 이 물체의 질량은 24 kg이다.

| 채점 기준 | 배점 |
|---|---|
| 물체의 질량과 풀이 과정을 모두 옳게 서술한 경우 | 100 % |
| 풀이 과정을 포함하지 않고 물체의 질량만 옳게 쓴 경우 | 30 % |

#### 04 부력의 크기 비교

**모범 답안 |** A는 A에 작용하는 중력의 크기와 부력의 크기가 같아서 중간에 떠 있고, B는 B에 작용하는 중력의 크기가 부력의 크기보다 커서 바닥에 가라앉는다.

| 채점 기준 | 배점 |
|---|---|
| A와 B의 부력의 크기와 중력의 크기를 옳게 비교하여 서술한 경우 | 100 % |
| A와 B 중 하나의 부력의 크기와 중력의 크기만 옳게 비교하여 서술한 경우 | 50 % |

#### 05 등속 운동을 하는 물체의 시간-속력 그래프

**모범 답안 |** 50 m, A와 B는 시간에 따라 속력이 일정한 등속 운동을 하고 있으며, 등속 운동을 하는 물체의 시간－속력 그래프에서 아랫부분의 넓이는 물체의 이동 거리를 나타낸다. 따라서 10초 후 A의 이동 거리＝15 m/s×10 s＝150 m, B의 이동 거리＝10 m/s×10 s＝100 m이므로 A와 B 사이의 거리는 150 m－100 m＝50 m이다.

| 채점 기준 | 배점 |
|---|---|
| 물체가 등속 운동을 하는 것과 시간－속력 그래프에서 아랫부분의 넓이가 이동 거리인 것을 언급하여 옳게 서술한 경우 | 100 % |
| 둘 중 하나만 언급하여 서술한 경우 | 50 % |

#### 06 자유 낙하 운동의 높이 구하기

**모범 답안 |** 176.4 m, 자유 낙하 운동을 하는 물체의 속력은 1초에 9.8 m/s씩 일정하게 증가하므로, 6초 후 지면에 도달하였다면 이때 물체의 속력은 9.8×6＝58.8(m/s)이다. 6초 동안 물체가 이동한 거리는 시간－속력 그래프에서 아랫부분의 넓이와 같으므로 $\frac{1}{2}$×58.8 m/s×6 s＝176.4 m이다.

| 채점 기준 | 배점 |
|---|---|
| 자유 낙하 운동을 하는 물체는 속력이 일정하게 증가한다는 것을 언급하여 옳게 서술한 경우 | 100 % |
| 속력이 일정하게 증가한다는 언급 없이 서술한 경우 | 50 % |

# Ⅱ. 일과 에너지

### 개념 완성 문제

부록 08~10쪽

| | | | | |
|---|---|---|---|---|
| 01 ② | 02 ① | 03 ③ | 04 ④ | 05 ④ |
| 06 ② | 07 ② | 08 ⑤ | 09 ③ | 10 ④ |
| 11 ③ | 12 ③ | 13 ⑤ | 14 ③ | 15 ① |
| 16 ④ | 17 ① | 18 ② | | |

**01 과학에서의 일**

② 바닥에 떨어진 연필을 주웠으므로, 연필에 힘이 작용하여 힘의 방향으로 일을 한 것이다. 따라서 한 일의 양은 0이 아니다.

**바로 알기 |** ①, ③ 이동 거리가 0이므로 한 일의 양은 0이다.
④ 가방에 작용하는 힘의 방향과 가방이 이동하는 방향이 수직이므로 한 일의 양은 0이다.
⑤ 작용한 힘이 0이므로 한 일의 양이 0이다.

**02 물체에 한 일의 양**

물체에 한 일의 양은 작용한 힘과 이동 거리의 곱($W=F\times s$)이므로 $3\,\mathrm{N}\times5\,\mathrm{m}=15\,\mathrm{J}$이다.

**03 과학에서 일을 한 경우와 하지 않은 경우**

(가)에서 한 일의 양은 물체를 미는 일과 중력에 대해 한 일의 합이므로 $5\,\mathrm{N}\times3\,\mathrm{m}+10\,\mathrm{N}\times1\,\mathrm{m}=25\,\mathrm{J}$이고, (나)에서 한 일의 양은 중력에 대해 한 일이므로 $10\,\mathrm{N}\times1\,\mathrm{m}=10\,\mathrm{J}$이다. $1\,\mathrm{m}$ 높이에서 수평으로 $3\,\mathrm{m}$ 이동한 것은 물체에 작용한 힘과 물체의 이동 방향이 수직이므로 한 일의 양이 0이기 때문이다. 따라서 (가)에서 한 일의 양은 (나)에서 한 일의 양의 2.5배이다.

**04 일과 에너지**

① 어떤 물체가 가진 일을 할 수 있는 능력을 에너지라고 한다.
② 에너지는 그 물체가 할 수 있는 일의 양과 같으므로, 일의 단위와 같은 J(줄)을 사용한다.
③ 에너지는 일로, 일은 에너지로 서로 전환될 수 있다.
⑤ 일과 에너지는 서로 전환되므로 물체가 가진 에너지는 물체가 한 일의 양을 측정하여 구할 수 있다.

**바로 알기 |** ④ 물체를 들어 올리며 한 일의 양만큼 물체의 에너지가 증가한다.

**05 중력에 의한 위치 에너지**

중력에 의한 위치 에너지$=9.8\times$질량$\times$높이이므로, A의 중력에 의한 위치 에너지$=9.8\times2\,\mathrm{kg}\times1\,\mathrm{m}=19.6\,\mathrm{J}$, B의 중력에 의한 위치 에너지$=9.8\times4\,\mathrm{kg}\times0.5\,\mathrm{m}=19.6\,\mathrm{J}$이다.

**06 위치 에너지**

물체의 높이가 일정할 때 중력에 의한 위치 에너지는 질량에 비례한다. 높이가 $2\,\mathrm{m}$로 일정하고, 중력에 의한 위치 에너지는 A가 B의 3배이므로, A의 질량은 B의 3배이다.

**07 기준면에 따른 중력에 의한 위치 에너지**

① 물체를 지면에서 옥상으로 옮길 때 한 일의 양은 지면을 기준면으로 할 때 옥상에 있는 물체의 중력에 의한 위치 에너지와 같으므로 $9.8\times2\,\mathrm{kg}\times4\,\mathrm{m}=78.4\,\mathrm{J}$이다.
③ 옥상을 기준면으로 할 때 물체의 높이는 0이므로 물체의 중력에 의한 위치 에너지는 0이다.
④ 기준면에 따라 물체의 높이가 달라지므로, 물체가 가지는 중력에 의한 위치 에너지는 기준면으로부터의 높이에 비례한다.
⑤ 베란다에 질량이 $3\,\mathrm{kg}$인 물체가 놓여 있다면, 지면을 기준면으로 할 때 물체의 높이는 $3\,\mathrm{m}$이므로 물체의 중력에 의한 위치 에너지는 $9.8\times3\,\mathrm{kg}\times3\,\mathrm{m}=88.2\,\mathrm{J}$이다.

**바로 알기 |** ② 베란다를 기준면으로 할 때 물체의 높이는 $1\,\mathrm{m}$이므로, 물체의 중력에 의한 위치 에너지는 $9.8\times2\,\mathrm{kg}\times1\,\mathrm{m}=19.6\,\mathrm{J}$이다.

**08 추의 중력에 의한 위치 에너지와 일**

ㄱ. 추에 해 준 일이 추의 중력에 의한 위치 에너지로 전환되므로 추의 에너지는 증가한다.
ㄴ. 추가 말뚝을 박는 일을 하면 한 일의 양만큼 에너지는 감소한다.
ㄷ. 추의 질량이 클수록, 추의 높이가 높을수록 말뚝이 깊게 박힌다.

**09 운동 에너지**

① 운동하는 물체가 가지는 에너지를 운동 에너지라고 한다.
②, ④ 운동 에너지$=\dfrac{1}{2}mv^2$이므로 운동 에너지는 물체의 속력이 일정할 때 질량에 비례하고, 질량이 일정할 때 (속력)$^2$에 비례한다. 따라서 질량이 $\dfrac{1}{4}$배, 속력이 2배가 되면 운동 에너지는 변하지 않는다.
⑤ 공기 저항이 없는 공간에서도 낙하하는 물체의 속력이 있기 때문에 운동 에너지는 존재한다.

**바로 알기 |** ③ 운동 에너지$=\dfrac{1}{2}mv^2$이므로, 물체의 속력이 3배가 되면 운동 에너지는 9배가 된다.

**10 운동 에너지의 크기**

운동 에너지$=\dfrac{1}{2}mv^2$이므로 $\dfrac{1}{2}\times5\,\mathrm{kg}\times(10\,\mathrm{m/s})^2=250\,\mathrm{J}$이다.

**11 수레에 한 일과 운동 에너지**

운동 에너지$=\dfrac{1}{2}mv^2$이므로, 수레의 속력이 $4\,\mathrm{m/s}$일 때의 운동 에너지는 $\dfrac{1}{2}\times3\,\mathrm{kg}\times(4\,\mathrm{m/s})^2=24\,\mathrm{J}$이고, $8\,\mathrm{m/s}$일 때의 운동 에너지는 $\dfrac{1}{2}\times3\,\mathrm{kg}\times(8\,\mathrm{m/s})^2=96\,\mathrm{J}$이다. 따라서 이 수레에 해 준 일의 양은 $96\,\mathrm{J}-24\,\mathrm{J}=72\,\mathrm{J}$이다.

**12 운동 에너지와 질량 관계**

ㄱ. 수레의 속력이 같을 때 나무 도막의 이동 거리는 수레의 질량에 비례하므로 ㉠은 8(cm)이다.
ㄴ. 수레의 운동 에너지가 나무 도막을 미는 일로 전환되므로 나무

도막의 이동 거리는 수레의 운동 에너지에 비례한다.

**바로 알기 |** ㄷ. 수레의 속력이 같을 때 운동 에너지는 수레의 질량에 비례하므로 A와 B의 운동 에너지의 비는 1 : 2이다.

## 13 운동 에너지와 일의 관계

ㄱ. 운동 에너지는 질량에 비례하고, 속력의 제곱에 비례한다. 따라서 속력이 2배 늘어났으므로, 자의 이동 거리는 $2^2 = 4$배 늘어난 20 cm이다.

ㄴ. 수레의 속력이 1 m/s일 때 자의 이동 거리가 2배 늘어났으므로, 수레의 질량은 2배 늘어난 2 kg이다.

ㄷ. 수레의 운동 에너지는 자를 미는 일을 한다.

## 14 역학적 에너지 전환

③ C에서 운동 에너지의 크기는 A에서 감소한 위치 에너지의 크기와 같으므로, C에서 위치 에너지와 운동 에너지의 크기는 같다.

**바로 알기 |** ① B의 높이는 A 높이의 $\frac{1}{2}$인 C보다 낮으므로 A에서 위치 에너지는 B에서 위치 에너지의 2배보다 크다.

② 속력이 가장 빠른 지점은 운동 에너지가 최대인 곳이므로 가장 낮은 D이다.

④ C → D 구간에서 높이가 낮아지면서 위치 에너지는 감소하고, 운동 에너지는 증가한다.

⑤ E에서 운동 에너지는 A에서 감소한 위치 에너지와 같으므로 A에서 위치 에너지의 $\frac{2}{5}$이다.

## 15 반원형 그릇에서 물체의 역학적 에너지 전환

ㄱ. A → O 구간에서 높이가 낮아지므로, 위치 에너지는 감소한다.

**바로 알기 |** ㄴ. 공기 저항이나 마찰이 없을 때, 운동하는 물체의 역학적 에너지는 항상 일정하게 보존되므로 O에서와 B에서의 역학적 에너지는 같다.

ㄷ. O → B 구간에서 높이가 높아지므로 운동 에너지가 위치 에너지로 전환된다.

## 16 자유 낙하 하는 물체의 역학적 에너지

공에 중력만 작용하여 낙하하는 동안 공의 위치 에너지가 운동 에너지로 전환되므로, 5 m 지점을 지날 때 공의 운동 에너지$=$$(9.8 \times 2)$ N $\times (10-5)$ m$=98$ J이고, 역학적 에너지$=5$ m 높이에서 공의 위치 에너지$+$운동 에너지이므로 $(9.8 \times 2)$ N $\times 5$ m$+98$ J$=196$ J이다.

## 17 비스듬히 던져 올린 물체의 역학적 에너지 보존

공을 던져 올릴 때는 공의 운동 에너지만 있으므로 $\frac{1}{2}mv^2 = \frac{1}{2} \times 0.4$ kg $\times (15$ m/s$)^2 = 45$ J이며, 최고점인 10 m에서의 위치 에너지는 $9.8mh = 9.8 \times 0.4$ kg $\times 10$ m$=39.2$ J이다. 역학적 에너지$=$위치 에너지$+$운동 에너지이므로, 10 m 지점에서 공의 운동 에너지는 45 J$-39.2$ J$=5.8$ J이다.

## 18 역학적 에너지 보존

공의 역학적 에너지는 일정하므로 A점에서 공의 위치 에너지$=$B점에서 공의 위치 에너지$+$운동 에너지이다. $(9.8 \times 4)$ N $\times 5$ m$=$ $(9.8 \times 4)$ N $\times h + \frac{1}{2} \times 4$ kg $\times (7$ m/s$)^2$에서 $h=2.5$ m이다.



| **01** ① | **02** ③ | **03** ② | **04** ⑤ | **05** ③ |
|---|---|---|---|---|

## 01 힘과 이동 거리 관계 그래프

ㄱ. 물체를 처음 2 m 이동시키는 동안 물체에 작용한 힘의 크기는 4 N으로 일정하다.

**바로 알기 |** ㄴ. 물체를 5 m 이동시키는 동안 힘이 물체의 한 일의 양은 그래프 아랫부분의 넓이와 같으므로 8 J$+6$ J$+16$ J$=30$ J이다.

ㄷ. 힘이 물체에 한 일의 양은 물체에 작용한 힘의 크기와 물체가 힘의 방향으로 이동한 거리의 곱과 같다. 따라서 힘의 크기가 일정할 때 물체에 한 일의 양은 이동 거리에 비례한다.

## 02 중력에 의한 위치 에너지와 질량 및 높이의 관계

물체의 중력에 의한 위치 에너지는 $9.8mh$이므로 질량과 높이의 곱에 비례한다. 질량이 4 kg에서 2 kg으로 $\frac{1}{2}$, 높이가 3 m에서 6 m로 2배가 되었으므로 중력에 의한 위치 에너지는 $\frac{1}{2} \times 2 = 1$배가 된다. 따라서 추가 말뚝에 한 일의 양도 1배가 되어 말뚝이 박히는 깊이는 40 cm로 같다.

## 03 일과 운동 에너지

물체에 한 일이 물체의 운동 에너지로 전환되므로 물체의 처음 운동 에너지$+$물체에 한 일$=$물체의 나중 운동 에너지이다. 따라서 $\frac{1}{2} \times 6$ kg $\times (2$ m/s$)^2 + 63$ J$= \frac{1}{2} \times 6$ kg $\times v^2$에서 물체의 나중 속력은 $v=5$ m/s이다.

## 04 역학적 에너지 전환

ㄱ. 역학적 에너지는 위치 에너지$+$운동 에너지이므로, A 지점에서 역학적 에너지는 $(9.8 \times 5)$ N $\times 1$ m$+0$ J$=49$ J이다.

ㄴ. 공기 저항이나 마찰이 없을 때, 역학적 에너지는 항상 일정하게 보존되므로 수평면 B 지점에서 운동 에너지는 49 J이다.

ㄷ. $(9.8 \times 5)$ N $\times 1$ m$= \frac{1}{2} \times 5$ kg $\times v^2$에서 $v=\sqrt{19.6}$ m/s이다.

## 05 자유 낙하 하는 물체의 역학적 에너지 보존

ㄱ. 위치 에너지가 감소한 정도는 B에서가 A에서보다 2배 크므로 운동 에너지가 증가한 정도도 2배이다. 운동 에너지는 속력의 제곱에 비례하므로 B에서의 속력은 A에서 속력의 $\sqrt{2}$배이다.

ㄴ. B를 지나는 순간 물체의 운동 에너지는 감소한 위치 에너지
와 같다. 위치 에너지는 높이에 비례하므로 운동 에너지 : 위치 에
너지=감소한 높이 : B의 높이에서 $(6-2)$ m : $2$ m=$2$ : $1$이다.
**바로 알기** | ㄷ. 낙하한 높이는 ㉠이 ㉡의 2배이므로, 감소한 위치 에
너지는 ㉠이 ㉡의 2배이다.

---

### 🧠 서술형 문제

부록 12쪽

## 01 일의 양

**모범 답안** | (가) : 10 J (나) : 16 J (다) : 29.4 J
**해설** | (가)는 $5$ N$\times 2$ m=$10$ J, (나)는 $4$ N$\times 4$ m=$16$ J, (다)는
수평 방향으로 $1$ m 이동하는 동안 물체에 작용한 힘의 방향과 이동
방향이 수직이므로 일이 0이고, 계단을 따라 $3$ m 높이까지 올라가
는 동안에 한 일은 $(9.8\times 1)$ N$\times 3$ m=$29.4$ J이다.

## 02 역학적 에너지 전환

**모범 답안** | (1) A → B 구간, C → D 구간, E → F 구간
(2) B → C 구간, D → E 구간
**해설** | 롤러코스터의 높이가 낮아지면 위치 에너지가 감소하고, 높
이가 높아지면 운동 에너지가 감소한다.

## 03 높이에 따른 중력에 의한 위치 에너지

**모범 답안** | 196 J, 선반 A에서의 중력에 의한 위치 에너지는
$9.8mh=(9.8\times 5)$ N$\times 10$ m=$490$ J이고, 선반 B에서의 중력에
의한 위치 에너지는 $9.8mh=(9.8\times 5)$ N$\times 6$ m=$294$ J이므로 중
력에 의한 위치 에너지 변화량은 $490$ J$-294$ J=$196$ J이다.

| 채점 기준 | 배점 |
|---|---|
| 높이에 따른 물체의 중력에 의한 위치 에너지 변화량과 풀이 과정을 모두 옳게 서술한 경우 | 100 % |
| 풀이 과정을 포함하지 않고 물체의 중력에 의한 위치 에너지 변화량만 옳게 쓴 경우 | 30 % |

## 04 운동 에너지와 질량 및 속력의 관계

**모범 답안** | 18 cm, 수레의 속력이 일정할 때, 자의 이동 거리는 수
레의 질량에 비례한다. 수레의 질량이 3배 늘어났으므로, 자의 이
동 거리는 3배 늘어난 18 cm이다.

| 채점 기준 | 배점 |
|---|---|
| 수레의 질량과 자의 이동 거리가 비례 관계임을 포함하여 옳게 서술한 경우 | 100 % |
| 자의 이동 거리만 옳게 쓴 경우 | 30 % |

## 05 역학적 에너지 보존

**모범 답안** | 33.5 J, 역학적 에너지는 보존되므로 지면에 도달할 때
의 운동 에너지는 $5$ m 높이에 있을 때의 역학적 에너지와 같다.
따라서 $5$ m 높이에서 위치 에너지와 운동 에너지의 합을 구하면,
$(9.8\times 0.5)$ N$\times 5$ m$+\dfrac{1}{2}\times 0.5$ kg$\times (6$ m/s$)^2=33.5$ J이다.

| 채점 기준 | 배점 |
|---|---|
| 공이 지면에 도달하는 순간의 운동 에너지와 풀이 과정을 모두 옳게 서술한 경우 | 100 % |
| 풀이 과정을 포함하지 않고 운동 에너지만 옳게 쓴 경우 | 30 % |

## 06 진자의 왕복 운동에서 역학적 에너지 보존

**모범 답안** | C, A → B → C 구간에서 위치 에너지가 운동 에너지
로 전환되고, C → D → E 구간에서 운동 에너지가 위치 에너지로
전환되므로 높이가 가장 낮은 C 지점의 운동 에너지가 최대이다.

| 채점 기준 | 배점 |
|---|---|
| 운동 에너지가 최대인 지점과 그 까닭을 모두 옳게 서술한 경우 | 100 % |
| 운동 에너지가 최대인 지점만 옳게 쓴 경우 | 50 % |

# III. 전기 에너지



**01** ③ **02** ⑤ **03** ③ **04** ② **05** ①
**06** ② **07** ④ **08** ① **09** ③ **10** ⑤
**11** ② **12** ①, ④ **13** ③ **14** ② **15** ⑤
**16** ① **17** ④ **18** ① **19** ③ **20** ③
**21** ③ **22** ③ **23** ②, ⑤ **24** ① **25** ③
**26** ⑤ **27** ④ **28** ⑤

## 01 원자의 구조와 전기력

A는 전자, B는 원자핵이다.

ㄱ. 원자핵의 (+)전하량과 전자의 총 (−)전하량이 같으므로, 이 원자는 전기적으로 중성 상태이다.

ㄴ. 서로 다른 두 물체를 마찰하면 전자(A)가 이동하여 두 물체는 서로 다른 종류의 전하로 대전된다.

**바로 알기** | ㄷ. 전자(A)와 원자핵(B) 사이에는 서로 끌어당기는 힘(인력)이 작용한다.

## 02 마찰전기

ㄱ. 마찰 후 A는 (−)전하량이 (+)전하량보다 더 많으므로 (−)전하로 대전되었다.

ㄴ. 두 물체를 마찰한 후 A는 (−)전하를 띠므로, 두 물체를 마찰하는 동안 전자는 B에서 A로 이동하였다.

ㄷ. 마찰 후 A는 (−)전하, B는 (+)전하로 대전되어 두 물체 사이에는 인력이 작용한다.

## 03 정전기 유도

(+)대전체를 가까이 할 때 대전체와 가까운 쪽(A)은 대전체와 다른 종류의 전하인 (−)전하로 대전되고, 대전체와 먼 쪽(B)은 대전체와 같은 종류의 전하인 (+)전하로 대전된다.

## 04 대전과 대전체

털가죽은 고무보다 전자를 잃기 쉬우므로 털가죽과 고무풍선(A)을 마찰하면 털가죽에서 고무풍선(A)으로 전자가 이동하여 고무풍선(A)은 (−)전하로 대전된다. 고무는 플라스틱보다 전자를 잃기 쉬우므로 플라스틱과 고무풍선(B)을 마찰하면 고무풍선(B)에서 플라스틱으로 전자가 이동하여 고무풍선(B)은 (+)전하로 대전된다. 따라서 A와 B 사이에는 서로 끌어당기는 힘(인력)이 작용한다.

## 05 검전기

대전되지 않은 검전기에 (−)대전체를 가까이 하면 전자가 금속판에서 금속박으로 이동하여 대전체와 가까운 금속판은 대전체와 다른 종류의 전하인 (+)전하로 대전되고, 대전체와 먼 금속박은 대전체와 같은 종류의 전하인 (−)전하로 대전된다. 따라서 금속박이 벌어진다.

## 06 검전기를 통해 알 수 있는 것

ㄴ. 대전되지 않은 검전기에 대전체를 가까이 할 때 대전체에 대전된 전하량이 많을수록 금속박이 많이 벌어진다. 플라스틱 막대와 명주 헝겊의 마찰 횟수가 많을수록 플라스틱 막대의 (−)전하량이 많아지므로, 금속박은 B일 때가 더 많이 벌어진다.

**바로 알기** | ㄱ. 명주 헝겊으로 플라스틱 막대를 문지르면 문지르는 횟수에 관계없이 플라스틱 막대는 전자를 얻어 (−)전하로 대전된다.

ㄷ. (−)전하로 대전된 검전기에 같은 종류의 전하인 (−)전하로 대전된 플라스틱 막대를 가까이 하면 금속박은 더 벌어진다.

## 07 전류

도선 속에서는 전자가 (−)극에서 (+)극으로 이동하며, 전자의 이동 방향과 전류의 방향은 반대이므로 (+)극에서 (−)극으로 전류가 흐른다.

**바로 알기** | ④ 전자는 전류가 흐르지 않을 때 불규칙하게 움직인다.

## 08 전기 회로와 물의 흐름

전기 회로와 물의 흐름에서 전지는 펌프, 전선은 파이프, 전류는 물의 흐름, 전구는 물레방아, 스위치는 밸브에 비유할 수 있다.

## 09 저항의 크기

저항은 니크롬선의 길이에 비례하고, 단면적에 반비례한다. 따라서 ① : ② : ③ : ④ : ⑤ $= 2 : 4 : 1 : \dfrac{3}{2} : \dfrac{4}{3}$ 이므로, ③의 저항이 가장 작다.

## 10 저항의 연결

③ 같은 전압을 걸어 주었을 때, (가)는 각 전구에 전압이 나누어 걸리고, (나)는 각 전구에 같은 전압이 걸린다. 따라서 전구 하나의 밝기는 (가)보다 (나)가 밝다.

④ 전체 저항의 크기는 (가)가 (나)보다 크고, 전류는 저항에 반비례한다. (가)와 (나)에 같은 전압을 걸어 주었으므로, 전체 전류의 세기는 (나)가 (가)보다 세다.

**바로 알기** | ⑤ (나)와 같이 전구를 병렬로 연결하는 경우에는 전구 하나가 고장나더라도 다른 전구는 꺼지지 않는다.

## 11 전압-전류 그래프

ㄴ. $V = IR \Rightarrow R = \dfrac{V}{I}$ 이므로 A의 저항은 $\dfrac{3}{4}$ Ω, B의 저항은 $\dfrac{6}{4}$ Ω 이다. 따라서 저항의 비($R_A : R_B$)는 1 : 2이다.

**바로 알기** | ㄱ. 전압−전류 그래프에서 기울기는 $\dfrac{1}{저항}$ 을 나타낸다.

ㄷ. 전압이 같을 때 전류의 세기는 저항에 반비례하므로 저항이 작은 A가 저항이 큰 B보다 전류의 세기가 세다.

## 12 자기장과 자기력선

자기력선은 자석의 N극에서 나와서 S극으로 들어가는 방향으로 형성된다.

**13 직선 도선 주위의 자기장**

직선 도선에 전류를 위쪽으로 흘려줄 때는 시계 반대 방향, 아래쪽으로 흘려줄 때는 시계 방향으로 동심원 모양의 자기장이 형성된다.

**바로 알기 |** ㄷ. 전류를 아래쪽으로 흘려줄 때 도선 전선 주위에는 시계 방향으로 자기장이 형성되므로, A 지점에 나침반을 놓으면 N극이 가리키는 방향은 서쪽이다.

**14 코일 주위의 자기장**

전류는 (+)극에서 (−)극으로 흐르므로, 코일의 왼쪽이 S극, 오른쪽이 N극이다. 따라서 A는 N극이 오른쪽을 가리키는 방향으로, B는 N극이 왼쪽을 가리키는 방향으로 움직인다.

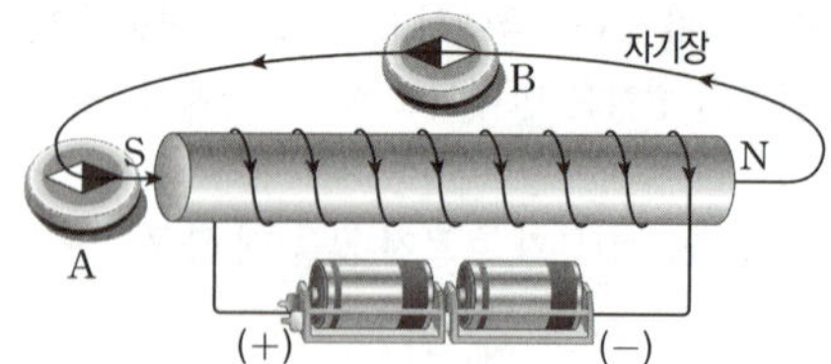


**15 자기장에서 전류가 받는 힘**

오른손의 엄지손가락이 전류의 방향, 네 손가락이 자기장의 방향을 향할 때 손바닥이 가리키는 방향이 힘의 방향이다.

**16 전기 그네**

말굽자석의 N극이 위에 있으므로 자기장의 방향은 아래 방향이다. 따라서 오른손의 엄지손가락이 전류의 방향, 네 손가락이 자기장의 방향을 향하게 하면 손바닥이 가리키는 방향(힘의 방향)은 A이다.

**17 도선이 받는 힘의 방향과 크기**

전류의 방향만 바뀌거나 자기장의 방향만 바뀔 경우 도선이 받는 힘의 방향이 바뀐다.

**바로 알기 |** ㄱ. 세기가 더 강한 자석을 사용하더라도 자기장의 방향은 변하지 않으므로, 도선이 받는 힘의 방향은 바뀌지 않는다.

**18 전동기**

ㄴ. B 부분은 전류의 방향과 자기장의 방향이 나란하므로 힘을 받지 않는다.

**바로 알기 |** ㄱ, ㄷ. A 부분은 아래 방향, C 부분은 위 방향으로 힘을 받아 코일은 시계 반대 방향으로 회전한다.

**19 전동기의 이용**

**바로 알기 |** ③ 전자석은 도선에 전류가 흐를 때만 자석이 되는 성질을 이용한 것이다.

**20 유도 전류의 방향**

자석의 S극을 코일에 가까이 할 때와 자석의 S극을 코일에서 멀리 할 때 유도되는 전류의 방향은 반대이다.

**바로 알기 |** ㄷ. 자석의 S극을 코일 속에 가만히 놓아두면 코일 속 자기장의 변화가 없으므로 유도 전류가 흐르지 않는다.

**21 유도 전류의 세기**

코일을 지나는 자기장의 변화가 클수록 전류가 더 세게 흐른다.

**바로 알기 |** ㄷ. 코일의 감은 수를 적게 하면 코일을 지나는 자기장의 변화가 작아지므로, 전류의 세기가 약해져 전구의 불빛이 약해진다.

**22 전기 에너지의 발생**

자석이 들어 있는 플라스틱 관을 흔들면 자석이 코일 사이를 움직이면서 코일을 통과하는 자기장의 변화 때문에 전자기 유도 현상이 일어나고, 코일에 유도 전류가 흘러 발광 다이오드에 불이 켜진다. ⑤ 플라스틱 관을 세게 흔들다가 멈추면 코일에 자기장의 변화가 없어지므로 발광 다이오드의 불이 꺼진다.

**바로 알기 |** ③ 플라스틱 관을 흔드는 동안 유도 전류의 방향이 계속 바뀌므로 발광 다이오드의 불이 켜졌다 꺼졌다를 반복한다.

**23 수력 발전소에서의 에너지 전환**

수력 발전소에서는 물의 위치 에너지 → 물의 운동 에너지 → 발전기의 역학적 에너지 → 전기 에너지의 과정을 거친다.

**24 세탁기에서의 에너지 전환**

ㄱ. 세탁기에서는 공급된 전기 에너지(A)가 주로 운동 에너지(B)로 전환되며, 이외에도 빛에너지(C), 소리 에너지(D), 열에너지(E) 등으로 전환된다.

**바로 알기 |** ㄴ. 에너지 보존 법칙에 의해 공급된 전기 에너지(A)는 전환된 운동 에너지(B), 빛에너지(C), 소리 에너지(D), 열에너지(E)의 합과 같다.

ㄷ. 전기 에너지의 공급을 중단하더라도 세탁기에서 전환된 열에너지(E)는 다시 전기 에너지(A)로 전환되지 않는다.

**25 전기 기구에서의 에너지 전환**

**바로 알기 |** ③ 선풍기는 전기 에너지를 주로 운동 에너지로 전환하는 전기 기구이다.

**26 소비 전력과 전력량**

ㄴ. 소비 전력은 정격 전압에 연결했을 때 1초 동안 소비하는 전기 에너지의 양이다.

ㄷ. 전기다리미를 30분 동안 사용할 때의 전력량은 1500 W × 0.5 h = 750 Wh이다.

**바로 알기 |** ㄱ. 전기다리미는 전기 에너지를 주로 열에너지로 전환하는 전기 기구이다.

**27 소비 전력과 에너지 전환**

ㄴ. 같은 시간 동안 소비하는 전기 에너지의 양은 형광등이 18 J, LED 전구가 16 J이므로 형광등이 더 많다.

ㄷ. 효율이 좋은 전구일수록 같은 양의 전기 에너지를 소비할 때

전환되는 빛의 양이 많다. 전구의 효율은 같은 양의 빛에너지를 방출할 때 소비하는 전기 에너지의 양이 적을수록 좋으므로, 같은 양의 전기 에너지를 소비할 때 전환되는 빛에너지의 양은 LED 전구가 더 많다.

**바로 알기 |** ㄱ. 형광등이 1초 동안 소비하는 전기 에너지의 양은 12 J+6 J=18 J이므로, 소비 전력은 18 W이다.

## 28 전력량

① 형광등이 10초 동안 소비하는 전기 에너지의 양은 20 W × 10 s =200 J이다.

② 같은 시간 동안 소비하는 전기 에너지의 양은 소비 전력이 클수록 많으므로, 소비 전력이 가장 큰 에어컨이 가장 많다.

③ 하루 동안 소비한 전력량은 형광등이 20 W × 6 h=120 Wh, 에어컨이 1700 W × 2 h=3400 Wh, 텔레비전이 120 W × 4 h= 480 Wh, 전기밥솥이 1200 W × 3 h=3600 Wh로 전기밥솥이 가장 많다.

④ 하루 동안 소비한 총 전력량은 120 Wh+3400 Wh+480 Wh +3600 Wh=7600 Wh=7.6 kWh이다.

**바로 알기 |** ⑤ 한 달(30일) 동안의 전기 요금은 7.6 kWh × 30일 × 50원/kWh=11400원이다.

---

### 🏆 실력 향상 문제

부록 18~19쪽

| | | | | |
|---|---|---|---|---|
| **01** ④ | **02** ③ | **03** ④ | **04** ③ | **05** ① |
| **06** ③ | **07** ①, ④ | **08** ② | **09** ③ | **10** ⑤ |

## 01 정전기 유도

④ 정전기 유도 현상에 의해 A 쪽은 (−)전하, B 쪽은 (+)전하를 띤다.

**바로 알기 |** ①, ② 플라스틱 막대와 털가죽을 마찰하면 털가죽에서 플라스틱 막대로 전자가 이동하여 플라스틱 막대는 (−)전하, 털가죽은 (+)전하를 띤다.

③ (−)전하로 대전된 플라스틱 막대를 알루미늄 캔에 가까이 하면 대전체와 가까운 B 쪽에서 먼 A 쪽으로 전자가 이동한다.

⑤ B 쪽에 (+)전하가 유도되어 플라스틱 막대와 알루미늄 캔 사이에는 인력이 작용한다.

## 02 검전기

명주 헝겊과 고무풍선을 마찰하면 명주 헝겊은 (+)전하, 고무풍선은 (−)전하로 대전된다.

ㄱ. (+)전하로 대전된 명주 헝겊을 A에 가까이 하면 금속판은 (−)전하로 대전된다.

ㄷ. 명주 헝겊과 고무풍선을 많이 마찰할수록 대전되는 전하량이 많아지므로 금속박의 변화가 크다.

**바로 알기 |** ㄴ. 검전기 A와 B 모두 대전되지 않은 상태였으므로, 두 물체를 각각 가까이 할 때 A의 금속박은 (+)전하, B의 금속박은 (−)전하로 대전되어 금속박이 벌어진다.

## 03 옴의 법칙

① 전류는 (+)극에서 (−)극으로 흐르므로 시계 반대 방향으로 흐른다.

② 회로 전체에 흐르는 전류의 세기는 병렬로 연결된 $R_1$과 $R_2$에 나누어 걸린다. 회로 전체에 흐르는 전류의 세기는 $R_3$에 흐르는 전류의 세기와 같으므로, $R_1$에 흐르는 전류의 세기는 0.6 A−0.2 A =0.4 A이다.

③ 병렬로 연결된 $R_1$과 $R_2$에 걸리는 전압은 같으므로, $R_2$에 걸리는 전압은 4 V이다.

⑤ 전기 회로에 흐르는 전체 전류의 세기는 0.6 A이고, 전압은 4 V+8 V=12 V이므로, 전기 회로에서 총 저항은 $\dfrac{12\ \text{V}}{0.6\ \text{A}}$=20 Ω 이다.

**바로 알기 |** ④ 저항=$\dfrac{전압}{전류}$으로, $R_1$=10 Ω, $R_2$=20 Ω, $R_3$=$\dfrac{40}{3}$ Ω 이다. 따라서 가장 큰 저항은 $R_2$이다.

## 04 전류에 의한 자기장

**바로 알기 |** ③ 직선 도선에서 오른손의 엄지손가락이 전류의 방향을 향하도록 도선을 감아쥘 때 나머지 네 손가락의 방향이 자기장의 방향이다. 따라서 B와 C에서 N극은 아래 방향을 향한다.

## 05 자기장에서 도선이 받는 힘

ㄱ. 오른손의 엄지손가락을 펴고 나머지 네 손가락이 전류의 방향을 향하도록 전자석을 감아쥘 때 엄지손가락이 향하는 방향이 자기장의 방향이므로, 전자석 내부에서 자기장의 방향은 오른쪽이다.

**바로 알기 |** ㄴ. 오른손의 엄지손가락이 전류의 방향, 네 손가락이 자기장의 방향을 향할 때 손바닥이 가리키는 방향이 힘의 방향이므로, 도선이 힘을 받는 방향은 B이다.

ㄷ. 전자석의 코일을 더 많이 감으면 자기장의 세기가 커지므로, 도선이 받는 힘의 크기도 커진다.

## 06 전동기

ㄱ. AB 부분은 오른손의 엄지 손가락이 전류의 방향(→), 네 손가락이 자기장의 방향(N → S)을 향할 때 손바닥은 종이면에서 나오는 방향이고, CD 부분은 오른손의 엄지손가락이 전류의 방향(←), 네 손가락이 자기장의 방향(N → S)을 향할 때 손바닥은 종이면에 들어가는 방향이다. 따라서 AB 부분과 CD 부분은 시계 방향으로 힘을 받아 코일이 시계 방향으로 회전한다.

ㄷ. 자석의 극을 바꾸거나 전류의 방향을 바꾸면 코일의 회전 방향이 반대가 된다.

**바로 알기 |** ㄴ. AB 부분과 CD 부분은 모두 시계 방향으로 힘을 받아 코일은 시계 방향으로 회전한다.

## 07 전자기 유도

**바로 알기 |** ② 자석을 빠르게 움직이더라도 코일에서 자석이 가까워질 때와 멀어질 때 전류의 방향이 바뀌므로, 발광 다이오드 A와 B에 번갈아서 불이 들어온다.

③ 자석을 코일 위에 가만히 두면 코일 내부에 자기장의 변화가 없으므로, A와 B 모두 불이 들어오지 않는다.

⑤ 자석을 멀리 할 때 유도 전류가 흐르므로, 전기 에너지가 빛에너지로 전환된다.

## 08 전기 에너지의 전환과 보존

ㄴ. (나)에서는 자석의 운동에 의해 전환된 전기 에너지가 전구에서 빛에너지로 전환된다.

**바로 알기** | ㄱ. (가)에서는 자석의 위치 에너지가 운동 에너지로 전환된다.

ㄷ. (가)에서는 자석의 위치 에너지가 모두 운동 에너지로 전환되지만 (나)에서는 전기 에너지로 전환되는 만큼 진공관 바닥에 도달할 때 운동 에너지가 감소하므로, 진공관 바닥에 도달했을 때 자석의 속력은 (가)에서보다 (나)에서 더 느리다.

## 09 전기 기구의 소비 전력

ㄱ. 에어컨의 소비 전력은 1200 W이므로, 1초 동안 1200 J의 전기 에너지를 소비한다.

ㄴ. 선풍기의 소비 전력은 500 W이므로, 30분 동안 소비하는 전기 에너지는 500 W × 1800 s = 900000 J = 900 kJ이다.

**바로 알기** | ㄷ. 같은 시간 동안 소비하는 전력량은 소비 전력이 큰 에어컨이 선풍기보다 많다.

## 10 전력량

5시간 동안 각 전기 기구를 사용했을 때,
에어컨의 전력량은 1200 W × 5 h = 6000 Wh이고, 선풍기의 전력량은 500 W × 5 h = 2500 Wh이므로 두 전기 기구가 소비한 전력량의 차는 6000 Wh − 2500 Wh = 3500 Wh이다.

### 서술형 문제
부록 20쪽

## 01 마찰 전기

**모범 답안** | (1) 머리카락 → 플라스틱 빗 (2) 인력

**해설** | 머리카락이 플라스틱보다 전자를 잃기 쉬우므로 전자는 머리카락에서 플라스틱 빗으로 이동하여 머리카락은 (+)전하, 플라스틱 빗은 (−)전하를 띠고, 서로 끌어 당기는 인력이 작용한다.

## 02 전류에 의한 자기장

**모범 답안** | (1) A (2) 왼쪽 : N극, 오른쪽 : S극

**해설** | 오른손의 엄지손가락을 펴고 나머지 네 손가락이 전류의 방향을 향하도록 코일을 감아쥘 때 엄지손가락이 향하는 방향이 자기장의 방향이다. 코일 주위에 나침반의 N극이 오른쪽을 향하고 있으므로, 전류는 A 방향으로 흘러 코일의 왼쪽은 N극, 오른쪽은 S극이 형성된다.

## 03 검전기를 이용하여 알 수 있는 사실

**모범 답안** | 대전되지 않은 검전기에 물체를 가까이 할 때 금속박의 변화를 통해 물체의 대전 여부를 알 수 있고, 금속박의 변화 정도를 통해 대전된 전하의 양을 비교할 수 있다. 또한 대전된 검전기에 물체를 가까이 할 때 금속박의 변화를 통해 대전체에 대전된 전하의 종류를 알 수 있다.

| 채점 기준 | 배점 |
| --- | --- |
| 검전기를 이용하여 알 수 있는 사실을 까닭과 함께 세 가지 모두 서술한 경우 | 100 % |
| 검전기를 이용하여 알 수 있는 사실을 까닭과 함께 두 가지만 서술한 경우 | 70 % |
| 검전기를 이용하여 알 수 있는 사실을 까닭과 함께 한 가지만 서술한 경우 | 30 % |

## 04 저항의 연결

**모범 답안** | 병렬연결, 같은 전기 회로에 저항을 병렬로 연결하면 저항이 전원에 각각 연결되므로 하나의 저항이 끊어지더라도 다른 저항에 영향을 주지 않기 때문에 하나의 가로등이 꺼져도 다른 가로등은 꺼지지 않는다.

| 채점 기준 | 배점 |
| --- | --- |
| 가로등에 사용된 저항의 연결 방식과 그 까닭을 모두 옳게 서술한 경우 | 100 % |
| 가로등에 사용된 저항의 연결 방식만 옳게 쓴 경우 | 30 % |

## 05 코일 주위의 자기장

**모범 답안** | 휴대 전화 충전기를 콘센트에 꽂으면 충전기 내부에 있는 코일에 전류가 흐른다. 코일에 전류가 흐를 때 코일 주위에는 자기장이 형성되어 나침반 바늘의 N극이 자기장의 영향을 받게 되므로 북쪽이 아닌 곳을 가리키게 된다.

| 채점 기준 | 배점 |
| --- | --- |
| 전류에 의해 자기장이 형성됨을 언급하여 옳게 서술한 경우 | 100 % |
| 전류에 의해 자기장이 형성됨을 언급하지 않고 서술한 경우 | 50 % |

## 06 소비 전력과 전력량

**모범 답안** | 겨울, 같은 시간 동안 전기 기구를 사용할 때 소비 전력이 클수록 전력량이 크다. 여름에는 냉방을, 겨울에는 난방을 하므로 여름보다 겨울에 사용하는 전력량이 더 클 것이다.

| 채점 기준 | 배점 |
| --- | --- |
| 전력량이 더 큰 계절과 그 까닭을 모두 옳게 서술한 경우 | 100 % |
| 전력량이 더 큰 계절만 옳게 쓴 경우 | 30 % |

# Ⅳ. 빛과 파동



| | | | | |
|---|---|---|---|---|
| 01 ③ | 02 ④ | 03 ④ | 04 ② | 05 ② |
| 06 ⑤ | 07 ④ | 08 ③ | 09 ④ | 10 ③ |
| 11 ④, ⑤ | 12 ③ | 13 ② | 14 ② | 15 ③ |
| 16 ⑤ | 17 ④ | 18 ⑤ | 19 ④ | 20 ① |
| 21 ⑤ | 22 ③ | 23 ③, ④ | 24 ⑤ | 25 ① |
| 26 ⑤ | 27 ② | 28 ④ | 29 ⑤ | |

**01 물체를 보는 과정**

전등에서 나온 빛이 물체에 반사되어 우리 눈에 들어오면 우리는 그 물체를 볼 수 있다.

**02 광원**

광원은 스스로 빛을 내는 물체를 말하며, 거울, 지구, 달은 스스로 빛을 내지 못하고 광원에서 나온 빛을 반사하여 우리 눈에 보이게 된다.

**03 빛의 합성**

A에는 빨간색과 파란색 빛이 합성되어 자홍색, B에는 파란색과 초록색 빛이 합성되어 청록색, C에는 빨간색과 초록색 빛이 합성되어 노란색, D에는 빨간색, 파란색, 초록색 빛이 합성되어 흰색이 나타난다.

**04 빛의 합성**

두 가지 색의 빛을 합성했을 때 흰색이 될 수 있는 관계의 색을 보색이라고 한다. 빨간색 빛＋청록색 빛, 파란색 빛＋노란색 빛, 자홍색 빛＋초록색 빛이 이에 해당한다.

**바로 알기 |** ② 빨간색과 초록색 빛이 합성되면 노란색으로 보인다.

**05 그림자의 색**

그림자는 3개의 빛 중에서 하나가 도달하지 않는 곳에 생긴다. 이때 각 그림자의 색은 도달하지 않는 색의 빛을 제외한 두 빛의 합성색으로 보인다.

ㄷ. C는 빨간색 빛이 물체에 막혀서 생기므로, 초록색과 파란색 빛이 합성된 청록색으로 보인다.

**바로 알기 |** ㄱ. A는 파란색 빛이 물체에 막혀서 생기므로, 빨간색과 초록색 빛이 합성된 노란색으로 보인다.

ㄴ. B는 초록색 빛이 물체에 막혀서 생기므로, 빨간색과 파란색 빛이 합성된 자홍색으로 보인다.

**06 조명에 따른 물체의 색**

물체는 빨간색과 파란색 빛을 반사하고 초록색 빛은 흡수하므로, 흰색(백색광) 조명 아래에서 우리 눈에는 빨간색 빛과 파란색 빛이 합성된 빛의 색인 자홍색으로 보이게 된다.

**07 빛의 반사**

입사각은 입사 광선과 법선이 이루는 각이고, 반사각은 반사 광선과 법선이 이루는 각이다. 입사각의 크기는 반사각의 크기와 같으므로 입사각과 반사각은 모두 50°이다.

**08 난반사**

달을 어디서나 볼 수 있는 것과 영화관의 스크린이 여러 방향에서 보이는 것은 빛이 난반사하기 때문이다.

**바로 알기 |** ㄷ. 빛이 난반사할 때도 반사 법칙은 성립하므로 입사각과 반사각의 크기는 같다.

**09 평면거울에 의한 상의 모습**

평면거울에는 거울 면을 기준으로 물체와 대칭인 모습의 상(좌우가 바뀐 상)이 생긴다. 따라서 현재 시간은 8시 20분이다.

**10 평면거울에 의한 상**

평면거울에 의한 상의 크기는 물체의 크기와 같고, 거울에서 물체까지의 거리는 거울에서 상까지의 거리와 같다. 따라서 거울에서 상까지의 거리는 물체에서 거울까지의 거리와 같은 10 cm이다.

**11 오목 거울과 볼록 거울**

**바로 알기 |** ④ 오목 거울(나)에서는 물체가 가까울 때 물체보다 크고 바로 선 상이 생긴다.

⑤ 상점의 감시용 거울은 넓은 범위를 볼 수 있어야 하므로 볼록 거울(가)을 이용한다.

**12 볼록 거울의 이용**

거울과 물체가 가까울 때 상의 크기가 물체보다 작고 바로 선 모양이므로, 이 거울은 볼록 거울이다. 볼록 거울은 넓은 범위를 볼 수 있어 자동차의 측면 거울에 이용된다.

**13 볼록 거울에 의한 상**

볼록 거울에서 물체를 멀리 이동시키면 상은 바로 선 모양으로 점점 작아진다.

**14 오목 거울의 이용**

**바로 알기 |** ㄱ. 치과에서 사용하는 거울은 오목 거울로, 물체와 거울 사이의 거리가 가까우면 물체보다 크고 바로 선 상이 생긴다.

ㄴ. 물체와 거울 사이의 거리가 멀어질 때, 어느 순간 상이 거꾸로 뒤집히고, 거리가 매우 멀어지면 물체보다 작고 거꾸로 선상이 생긴다.

**15 볼록 렌즈**

ㄱ, ㄷ. ㉠은 가운데가 두껍고 평행하게 입사하는 빛을 한 점에 모으는 것으로 보아 볼록 렌즈에 해당하며, 볼록 렌즈는 별 빛을 모으

는 역할을 하는 망원경의 대물렌즈로 이용된다.

**바로 알기 |** ㄴ. 볼록 렌즈로 가까이에 있는 물체를 보면 실제 물체의 크기보다 크고 바로 선 상이 보이게 된다.

### 16 오목 렌즈의 이용

풍식이는 먼 곳에 있는 물체가 잘 보이지 않으므로 근시이다. 따라서 오목 렌즈를 이용하여 시력을 교정해야 한다.

**바로 알기 |** ⑤ 오목 렌즈를 물체로부터 멀리 가져가면 항상 물체보다 작고 바로 선 상이 생긴다. 물체로부터 멀리 가져갔을 때 거꾸로 선 상이 생기는 것은 볼록 렌즈이다.

### 17 거울과 렌즈가 만드는 상

볼록 렌즈와 오목 거울을 이용하면 빛을 한 점에 모을 수 있다. 이렇게 빛이 한 점에 모이는 성질을 이용하여 물체를 확대해 볼 수 있다.

### 18 파동의 종류

빛, 전파, 물결파, 줄의 진동은 횡파이고, 지진파의 P파는 종파이다.

### 19 물결파의 전파

물은 매질이므로 물결파를 따라 이동하지 않고 제자리에서 위아래로만 진동한다. 따라서 물 위에 떠 있는 코르크 조각도 오른쪽으로 이동하지 않고 위아래로만 진동한다.

### 20 횡파와 종파

**바로 알기 |** ㄴ. (가)에서 파장은 마루(골)에서 이웃한 마루(골)까지의 거리이다.

ㄷ. (가), (나)를 세게 흔들면 진폭이 커진다.

### 21 파장과 주기

파장은 마루(골)에서 이웃한 마루(골)까지의 거리이므로 80 cm이고, 0.5초 동안 파동이 이동한 거리는 20 cm, 즉 $\frac{1}{4}$파장이므로 한 파장이 이동하는 데 걸리는 시간에 해당하는 주기는 2초이다.

### 22 주기와 진동수

진동수는 주기의 역수이므로, 이 파동의 진동수는 $\frac{1}{2\,s}=0.5\,Hz$ 이다.

### 23 종파

용수철을 앞뒤로 흔들면 용수철의 한 부분이 조밀해졌다가 벌어지는 현상이 반복되면서 진동 방향과 나란하게 파동이 진행되는데, 이러한 파동을 종파라고 한다. 이때 용수철의 밀한 부분에서 다음 밀한 부분까지의 거리를 파장이라고 하며, 빨리 움직일수록 진동이 빠르게 반복되므로 B가 A보다 더 빨리 흔든 경우이다. 따라서 진동수는 B가 더 크고, 주기는 A가 더 길다.

### 24 소리의 전달

ㄱ. 소리는 파동의 진행 방향과 매질의 진동 방향이 나란한 종파이다.

ㄴ, ㄷ. 소리는 매질이 있을 때만 전달되며, 매질에 따라 속력이 다르다.

### 25 소리의 전달

소리는 공기 입자의 진동 방향이 파동의 진행 방향과 나란한 종파이다. 따라서 소리의 진행 방향은 A → B → C이며, B에 있던 매질은 좌우로 진동한다.

### 26 소리의 크기와 높낮이 비교

파동의 진동수가 클수록 높은 소리이고, 파동의 진폭이 클수록 큰 소리이다. 따라서 가장 높은 소리는 진동수가 가장 큰 (가)이고, (나)와 (다)는 진동수가 같으므로 소리의 높낮이가 같다. 가장 큰 소리는 진폭이 가장 큰 (다)이다.

### 27 소리의 3요소

ㄴ. (가), (다), (라)는 파형이 같고, (나)는 파형이 다르므로 다른 악기로 연주한 것이다.

**바로 알기 |** ㄱ, ㄷ. 파동의 진폭이 클수록 큰 소리이고 파동의 진동수가 클수록 높은 소리이므로, 가장 큰 소리는 (라), 가장 높은 소리는 (다), 가장 낮은 소리는 (가)이다.

### 28 소리의 높낮이

강철 자를 튕기는 길이가 짧아질수록 진동수가 커져서 점점 높은 소리가 난다.

### 29 소리의 높낮이와 진동수

동일한 피아노를 같은 세기로 낮은 음을 친 다음 높은 음을 쳤으므로, 소리의 크기와 음색은 같고 소리의 높낮이는 더 높아진다. 따라서 파동의 진폭과 파형은 변하지 않고, 파동의 진동수만 더 커진다.

---

**실력 향상 문제**　　　　　　　　　　　부록 26쪽

| 01 ④ | 02 ③ | 03 ④ | 04 ③ | 05 ② |

### 01 물체의 색

파란색 셀로판지는 빨간색 빛과 초록색 빛은 흡수하고, 파란색 빛은 통과시킨다.

### 02 평면거울에 의한 상

평면거울에 의한 상은 물체의 모양과 대칭인 모양이다. 따라서 ⊙ 위치에서 (가)를 통해 보이는 모양과 ⓒ 위치에서 (나)를 통해 보이는 모양은 ③번과 같다.

## 03 빛의 굴절

ㄴ. 물속에 있는 물고기가 실제보다 더 위쪽에 있는 것처럼 보이는 것은 빛의 굴절과 관련 있는 현상이다. 빛의 굴절은 빛이 어느 한 물질에서 다른 물질로 진행할 때 두 물질의 경계면에서 진행 방향이 꺾이는 현상을 말한다.

ㄷ. 빛이 물로 들어갈 때 굴절하기 때문에 물고기가 보이는 곳에 작살을 던지면 물고기에 맞지 않는다. 눈에 보이는 위치보다 약간 아래로 던져야 물고기를 잡을 수 있다.

**바로 알기 |** ㄱ. 구름 사이로 햇빛이 비치는 원리는 빛의 직진과 관련있는 현상이다.

## 04 빛의 굴절

물을 부었을 때 화살표 방향이 바뀌어 보였으므로 물이 든 컵은 볼록 렌즈의 역할을 하며, 렌즈에서는 빛이 굴절한다.

**바로 알기 |** ㄷ. 화살표와 컵 사이의 간격이 아주 가까우면 상이 실물보다 크게 보일 뿐 방향이 바뀌어 보이지는 않는다.

## 05 파동의 속력

소리가 0.5초 동안 20 m를 이동하였으므로, 소리의 속력은 $\dfrac{20\ \text{m}}{0.5\ \text{s}}$ $=40\ \text{m/s}$이다. 파동의 속력 $=$ 진동수 $\times$ 파장이므로,

파장 $=\dfrac{\text{속력}}{\text{진동수}}=\dfrac{40\ \text{m/s}}{500\ \text{Hz}}=0.08\ \text{m}=8\ \text{cm}$이다.

🧠 서술형 문제　　　　　　　　부록 27쪽

## 01 빛의 반사

**모범 답안 |** (1) 60° (2) 30° (3) 30°

**해설 |** (1) A에 입사하는 빛의 입사각이 60°이므로 반사각도 60°이다.
(2), (3) 두 거울이 수직으로 놓여 있으므로 B에 입사하는 빛의 입사각은 30°이고, 반사각도 30°이다.

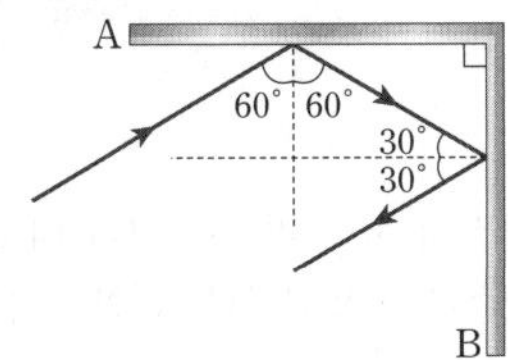


## 02 소리의 높낮이

**모범 답안 |** (라)

**해설 |** 유리병에 담긴 물의 양이 많을수록 병의 진동을 방해하므로 진동수가 작아 낮은 소리가 난다. 따라서 막대로 유리병을 쳤을 때 가장 낮은 소리가 나는 것은 (라)이다.

## 03 물체의 색

**모범 답안 |** 컵이 빨간색과 파란색 빛을 반사하기 때문에 우리 눈에는 두 빛의 합성색인 자홍색으로 보인다.

| 채점 기준 | 배점 |
| --- | --- |
| 컵이 자홍색으로 보이는 까닭을 빛의 반사, 합성과 관련지어 옳게 서술한 경우 | 100 % |
| 빨간색과 파란색 빛을 반사한다고만 쓴 경우 | 50 % |

## 04 오목 렌즈에 의한 상

**모범 답안 |** 오목 렌즈에 의한 상은 렌즈와 물체 사이의 거리와 관계없이 항상 물체보다 작고 바로 선 모양이고, 상의 크기는 렌즈에서 멀어질수록 점점 작아진다.

| 채점 기준 | 배점 |
| --- | --- |
| 거리에 따른 상의 모양과 크기가 어떻게 달라지는지 두 가지 모두 옳게 서술한 경우 | 100 % |
| 거리에 따른 상의 모양과 크기의 변화 중 한 가지만 옳게 쓴 경우 | 50 % |

## 05 파동의 주기와 진동수

**모범 답안 |** 종파에서 파장은 밀(소)한 부분에서 다음 밀(소)한 부분까지의 거리이므로 2 cm이고, 진동수는 주기의 역수이므로 $\dfrac{20\text{번}}{10\text{초}}$ $=2\ \text{Hz}$이다.

| 채점 기준 | 배점 |
| --- | --- |
| 파장과 진동수를 구하는 방법 두 가지 모두 옳게 서술한 경우 | 100 % |
| 풀이 과정을 포함하지 않은 경우 | 50 % |
| 파장과 진동수를 구하는 방법 중 한 가지만 옳게 쓴 경우 | 50 % |

## 06 소리의 3요소

**모범 답안 |** 른, 음파의 진동수는 소리의 높낮이와 관련이 있으며, 높은 음일수록 진동수가 크고 낮은 음일수록 진동수가 작기 때문이다.

| 채점 기준 | 배점 |
| --- | --- |
| 해당하는 가사와 그 까닭을 옳게 서술한 경우 | 100 % |
| 해당하는 가사만 옳게 쓴 경우 | 30 % |

# V. 열과 우리 생활

### 개념 완성 문제
부록 28~30쪽

| 01 ⑤ | 02 ① | 03 ② | 04 ④ | 05 ④ |
| 06 ④ | 07 ③ | 08 ③ | 09 ③ | 10 ② |
| 11 ④ | 12 ② | 13 ⑤ | 14 ⑤ | 15 ④ |
| 16 ③ | 17 ① | 18 ② | | |

## 01 온도와 입자 운동

ㄱ, ㄴ. 온도는 입자 운동이 활발한 정도를 수치로 나타낸 것으로, 온도가 높을수록 입자의 운동이 활발하다. 따라서 온도는 (가)보다 입자의 운동이 활발한 (나)가 더 높다.
ㄷ. 입자 운동이 활발할수록 잉크를 넣었을 때 더 빠르게 퍼지므로, (나)가 (가)보다 빠르게 퍼진다.

## 02 열의 이동

열은 온도가 높은 물체에서 낮은 물체로 이동하는 에너지이다. A에서 B와 C로 열이 이동하고, B에서 C로 열이 이동하므로, 물체의 처음 온도는 A>B>C 순으로 높다.

## 03 전도

바로 알기 | ② 금속을 가열할 때 열은 가열 지점으로부터 전도에 의해 전달된다.

## 04 대류

ㄱ. 사각 유리관의 오른쪽 아래 부분이 가열되어 물이 위쪽으로 이동하므로, 잉크는 왼쪽 아래로 이동한다.
ㄴ. 사각 유리관 안에서는 액체의 대류에 의해 입자가 직접 이동하여 열이 이동한다.
바로 알기 | ㄷ. 사각 유리관의 오른쪽 아래 부분을 가열하므로, 사각 유리관 안에서 물은 시계 반대 방향으로 순환한다.

## 05 열이 이동하는 방법

(가) 적외선 카메라로 사진을 찍으면 체온 분포를 알 수 있는 것은 복사에 의해 직접 이동하는 열을 관측하는 것이고, (나) 추운 날 나무 의자보다 금속 의자에 앉을 때 더 차갑게 느끼는 것은 전도에 의해 열이 이동하는 예이다. (다) 물을 끓일 때 뜨거워진 물은 위로 올라가고, 찬물은 아래로 내려가는 것은 대류에 의해 열이 이동하는 예이다.

## 06 냉난방 기구의 설치

대류에 의해 따뜻한 공기는 위쪽, 차가운 공기는 아래쪽으로 이동하기 때문에 냉방기는 위쪽(A), 난방기는 아래쪽(B)에 설치하는 것이 효율적이다.
⑤ 대류는 공기 입자가 직접 이동하여 열을 전달하는 방법으로, 주로 액체나 기체에서 일어나는 열의 이동 방법이다.

바로 알기 | ④ 차가운 공기는 밀도가 크기 때문에 대부분 아래쪽으로 이동한다.

## 07 단열

에어캡과 솜털 옷은 내부의 공기층(㉠)이 전도(㉡)에 의한 열의 전달을 막아 단열에 효율적이다.

## 08 열평형 상태

열평형은 온도가 서로 다른 두 물체가 접촉했을 때 온도가 같아지는(40 ℃) 것으로, 온도가 높은 물체(A)에서 온도가 낮은 물체(B)로 열이 이동한다. 시간이 흐를수록 A, B의 온도 차가 감소하기 때문에 이동하는 열의 양이 감소한다.
바로 알기 | ③ 온도가 낮은 B는 열평형에 도달할 때까지 온도가 높아지며 입자 운동이 활발해진다.

## 09 열평형 상태의 이용

바로 알기 | ③ 방 안에 에어컨을 틀었을 때 시원함을 느끼는 것은 대류에 의한 열의 이동 현상이다.

## 10 비열

비열은 어떤 물질 1 kg을 1 ℃ 높이는 데 필요한 열량으로, 단위로는 kcal/(kg·℃)를 사용하며, 비열이 클수록 온도를 높이는 데 많은 열량이 필요하다.
바로 알기 | ② 비열은 물질을 구별하는 특성으로 같은 물질이라면 질량에 관계없이 일정하다.

## 11 비열과 온도 변화의 관계

같은 질량에 같은 열량을 가할 때 비열이 클수록 온도 변화량이 작다. 따라서 온도 변화는 비열이 작은 C>A>B 순으로 크다.

## 12 비열에 의한 현상

①, ③ 물은 다른 물질에 비해 비열이 크기 때문에 과열된 기계의 온도를 낮추는 냉각수로 이용되거나, 해안가에서 부는 바람에 영향을 미친다.
④ 사람의 몸은 대부분 물로 이루어져 있어 외부의 급격한 온도 변화에도 체온이 유지된다.
⑤ 금속 냄비보다 뚝배기의 비열이 크기 때문에 데워지는 데에 걸리는 시간은 길지만, 국을 더 오랫동안 따뜻하게 먹을 수 있다.
바로 알기 | ② 음료수 병에 음료수를 가득 채우지 않는 것은 액체의 열팽창에 의해 병이 파손되는 것을 막기 위한 것이다.

## 13 비열과 온도 변화의 관계

ㄱ. 같은 질량에 같은 열량을 가할 때, 시간에 따른 온도 변화가 작을수록 비열이 크다. 따라서 비열은 B가 A보다 크다.

ㄴ. 0~3초 동안 같은 세기의 불꽃으로 가열했으므로, A와 B가 얻은 열량은 같다.

ㄷ. A와 B가 같은 온도까지 도달하는 데 필요한 열량의 비($Q_A$ : $Q_B$)는 비열에 비례하므로, 같은 시간 동안의 온도 변화에 반비례한다. 따라서 $Q_A : Q_B = \dfrac{1}{(30-5)\,℃} : \dfrac{1}{(20-5)\,℃} = 3 : 5$이다.

## 14 비열

비열($c$)$=\dfrac{열량(Q)}{질량(m)\times 온도\ 변화(\varDelta t)}$이므로, A의 비열은

$\dfrac{30\ \text{kcal}}{2\ \text{kg} \times 25\ ℃} = 0.6\ \text{kcal/(kg·℃)}$이다.

## 15 고체의 열팽창

철판을 가열하면 모든 부분이 열팽창하여 부피가 늘어나므로, 구멍과 틈이 넓어지고 전체적인 크기도 커진다.

## 16 바이메탈의 이용

A와 B에 열을 가하면 입자 사이의 거리가 멀어지는 열팽창이 일어나고, 두 금속의 열팽창 정도의 차를 이용하면 전류의 흐름을 조절하여 전열기가 과열되는 것을 막을 수 있다.

**바로 알기 |** ㄴ. 열팽창 정도가 다른 두 금속을 붙여 만든 바이메탈을 가열하면 열팽창 정도가 큰 금속이 더 많이 팽창하므로 열팽창 정도가 작은 금속 쪽으로 휘어진다. 따라서 열팽창 정도는 A가 B보다 크다.

## 17 액체의 열팽창

ㄱ. 열이 따뜻한 물에서 A, B로 이동하여 열팽창이 일어났다.

**바로 알기 |** ㄴ. 물질에 열을 가해도 입자의 크기는 변하지 않는다.

ㄷ. 같은 부피의 두 액체에 같은 열량이 가해졌을 때 부피 변화량은 B가 A보다 크므로, 열팽창 정도는 B가 A보다 크다.

## 18 열팽창과 우리 생활

① 기차의 철로에 있는 틈은 여름철 철로가 팽창했을 때 휘어지는 것을 막기 위한 것이다.

③ 수은 온도계는 수은의 팽창에 의해 체온을 측정할 수 있다.

④ 겨울철보다 여름철에 전깃줄이 팽창하여 길이가 더 길어져 늘어진다.

⑤ 여름철에 온도가 높아지면 열팽창에 의해 가스관의 길이가 길어져 파손될 수 있기 때문에 가스관 중간을 구부린다.

**바로 알기 |** ② 냉장고에 넣은 음식이 차가워지는 것은 열평형의 예이다.



## 01 고체에서의 열의 이동

ㄱ, ㄴ. 고체를 가열하면 가열 지점에서 가까운 지점부터 먼 지점까지 전도에 의해 열이 전달된다. 따라서 가열 지점과 가까운 성냥개비부터 촛농이 녹아 떨어진다.

ㄷ. 열이 전도되는 정도는 물질의 종류에 따라 다르며, 열이 빨리 전도될수록 성냥개비가 빨리 떨어진다. 따라서 성냥개비가 모두 떨어지는 데 걸린 시간이 가장 짧은 구리에서 열이 전도되는 정도가 가장 크다.

## 02 온도가 서로 다른 두 물체를 접촉할 때의 온도 변화

ㄱ. 열은 온도가 높은 물체(B)에서 낮은 물체(A)로 이동한다.

ㄷ. 열평형이 일어날 때 온도가 높은 물체(B)가 잃은 열량과 온도가 낮은 물체(A)가 얻은 열량은 같다.

**바로 알기 |** ㄴ. 8분 이후 두 물체는 열평형이 일어나 입자 운동 정도가 같아진다. 입자의 운동이 멈추는 온도는 $-273\,℃$이다.

## 03 비열과 온도 변화

ㄱ. 비열의 비($c_{물}$ : $c_{모래}$)는 같은 시간 동안의 온도 변화량에 반비례한다. 따라서 $c_{물} : c_{모래} = \dfrac{1}{25-20} : \dfrac{1}{45-20} = 5 : 1$이다.

**바로 알기 |** ㄴ. 같은 물질의 경우 질량이 커지면 같은 열을 가할 때 온도 변화가 감소한다. 따라서 600 g의 물을 같은 조건에서 가열할 경우 나중 온도는 25 ℃보다 낮을 것이다.

ㄷ. 모래보다 물의 비열이 크기 때문에 사막보다 해안 지역의 일교차가 작을 것이다.

## 04 고체의 열팽창

ㄷ. 금속의 온도가 높아질수록 길이가 길어지므로, 가열 시간이 길어질수록 세 바늘이 회전하는 정도가 커진다.

**바로 알기 |** ㄱ. 이 실험은 열팽창을 알아보기 위한 실험으로, 열을 전달하는 속도는 알 수 없다.

ㄴ. 물질의 종류에 따른 열팽창 정도는 알루미늄>구리>철 순이다.

## 05 화재 경보기(바이메탈의 이용)

열팽창 정도가 다른 두 금속을 붙여 만든 바이메탈을 가열하면 열팽창 정도가 작은 금속 쪽으로 휘어진다. 화재가 일어나 바이메탈에 열이 가해지면 B 쪽으로 휘어져 벨이 울리므로, 열팽창 정도는 A가 B보다 커야 한다.



## 01 단열의 이용

**모범 답안 |** (1) 복사　(2) 전도, 대류

**해설 |** 은도금한 유리병은 반사를 일으켜 복사에 의한 열의 이동을 막고, 보온병의 이중벽 내부는 진공으로 되어 있어 전도와 대류에 의한 열의 이동을 막는다.

## 02 비열과 열량

**모범 답안** | 2배

**해설** | 질량과 온도 변화가 같다면 비열과 열량은 비례 관계이다. 따라서 A의 비열은 B의 2배이다.

## 03 효율적인 냉난방

**모범 답안** | 여름, 방 안의 공기는 대류에 의해 차가운 공기는 아래로 이동하고 따뜻한 공기는 위로 이동하면서 열이 이동한다. 따라서 천장에서 따뜻한 공기가 나올 때보다 차가운 공기가 나올 때 대류가 더 잘 일어나 효율적으로 사용할 수 있다.

| 채점 기준 | 배점 |
| --- | --- |
| 대류에 의한 열의 이동과 관련지어 냉난방 기구의 효율적인 이용에 대해 옳게 서술한 경우 | 100 % |
| 대류에 의한 열의 이동은 언급 없이 계절만 쓴 경우 | 30 % |

## 04 열평형 상태의 예

**모범 답안** | 뜨거운 삶은 달걀에서 차가운 물로 열이 이동하여, 열평형 상태에 도달하면 삶은 달걀과 물의 온도가 같아진다.

| 채점 기준 | 배점 |
| --- | --- |
| 열의 이동 방향과 열평형을 관련지어 삶은 달걀과 물의 온도 변화를 옳게 서술한 경우 | 100 % |
| 열의 이동에 대한 언급 없이 삶은 달걀과 물의 온도 변화를 서술한 경우 | 50 % |

## 05 비열과 온도

**모범 답안** | 돌솥, 돌솥은 양은 냄비보다 비열이 크므로 같은 온도만큼 높이는 데 더 많은 열이 필요하다. 따라서 찌개를 끓이는 데 더 오랜 시간이 걸리는 것은 돌솥이다.

| 채점 기준 | 배점 |
| --- | --- |
| 찌개를 끓이는 데 더 오랜 시간이 걸리는 것과 그 까닭을 옳게 서술한 경우 | 100 % |
| 찌개를 끓이는 데 더 오랜 시간이 걸리는 것만 쓴 경우 | 30 % |

## 06 전기 다리미(바이메탈의 이용)

**모범 답안** | 전기다리미 속 바이메탈은 온도가 높아지면 열팽창 정도가 작은 위쪽으로 휘어져서 회로가 끊어져 전류가 차단된다.

| 채점 기준 | 배점 |
| --- | --- |
| 전기다리미에 흐르는 전류가 차단되는 원리를 열팽창과 관련지어 옳게 서술한 경우 | 100 % |
| 열팽창을 언급하지 않고 서술한 경우 | 30 % |

## 07 열팽창과 우리 생활

**모범 답안** | 금은 치아와 열팽창 정도가 비슷해서 열팽창으로 인해 치아가 깨지거나 치료한 부분이 떨어져 나가는 것을 방지할 수 있다.

| 채점 기준 | 배점 |
| --- | --- |
| 충치 치료 시 금을 사용하는 까닭을 열팽창과 관련지어 옳게 서술한 경우 | 100 % |
| 열팽창을 언급하지 않고 서술한 경우 | 30 % |

## 08 열팽창과 우리 생활

**모범 답안** | 위쪽 그릇에는 찬물을 넣고 아래쪽 그릇은 뜨거운 물에 담그면, 찬물을 넣은 위쪽 그릇은 수축되고 뜨거운 물에 담긴 아래쪽 그릇은 열팽창하기 때문에 두 그릇을 쉽게 분리할 수 있다.

| 채점 기준 | 배점 |
| --- | --- |
| 포개진 그릇을 쉽게 분리하기 위한 방법을 열팽창과 관련지어 옳게 서술한 경우 | 100 % |
| 열팽창을 언급하지 않고 서술한 경우 | 30 % |

메가스터디**BOOKS**

www.megastudybooks.com

**내용 문의** | 02-6984-6915  **구입 문의** | 02-6984-6868,9